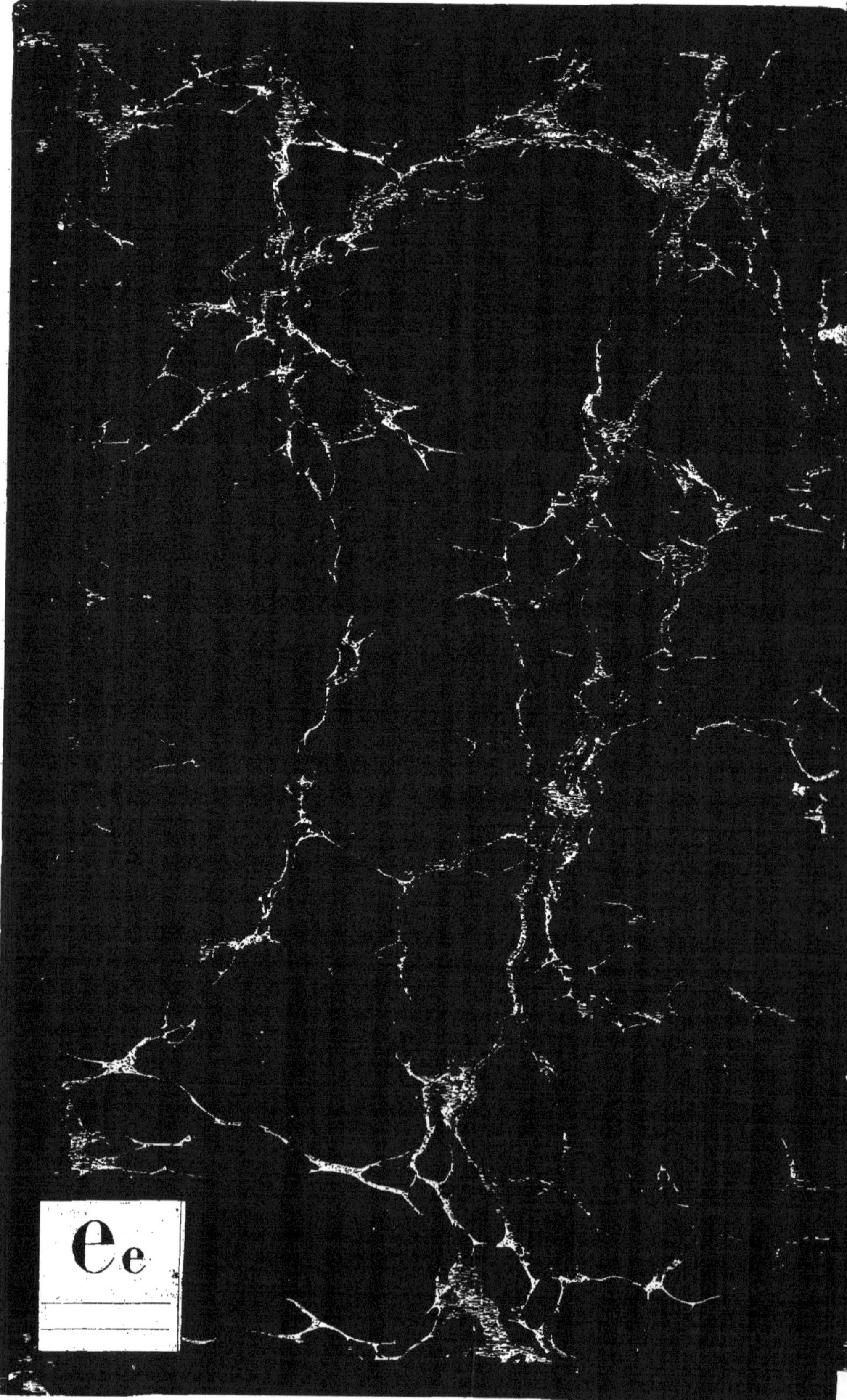

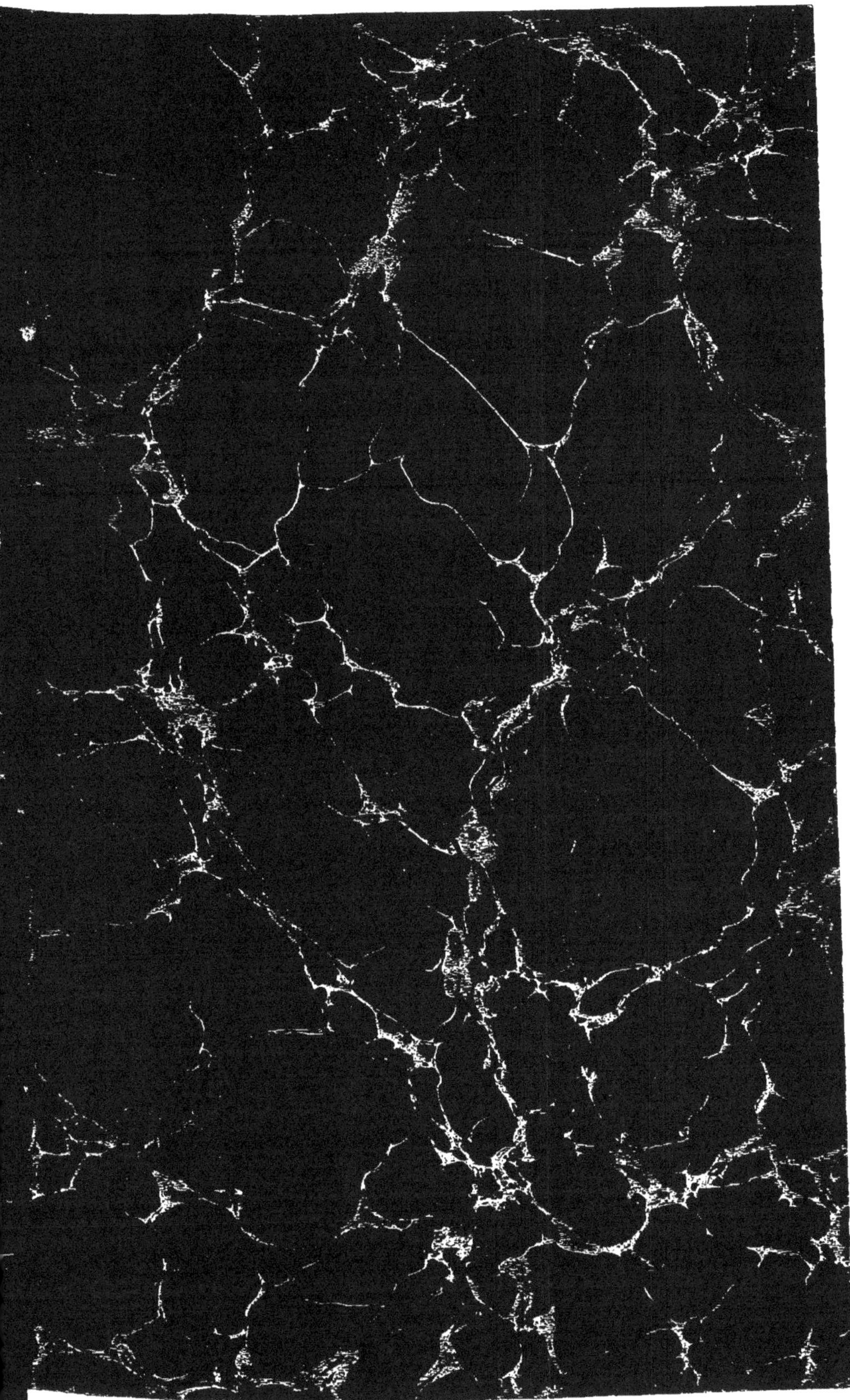

DE LA

PROFESSION D'AVOCAT

DE LA

PROFESSION D'AVOCAT

I. DEVOIRS, HONNEUR, AVANTAGES, JOUISSANCES

II. LE STAGE. — III. LA PLAIDOIRIE

IV. LOIS ET RÈGLEMENTS

DISCOURS PRONONCÉS

PAR

FÉLIX LIOUVILLE

Docteur en droit

Bâtonnier de l'Ordre des Avocats de Paris

RÉUNIS ET PUBLIÉS

AVEC UNE TABLE MÉTHODIQUE, ALPHABÉTIQUE ET HISTORIQUE

PAR ALBERT LIOUVILLE

Avocat, docteur en droit

TROISIÈME ÉDITION

PARIS

IMPRIMERIE ET LIBRAIRIE GÉNÉRALE DE JURISPRUDENCE

COSSE ET MARCHAL, IMPRIMEURS-ÉDITEURS

Libraires de la Cour de cassation

27, PLACE DAUPHINE, 27

1864

PRÉFACE

En publiant en un seul volume les *Quatre discours sur la Profession d'Avocat*, nous accomplissons un devoir, doux et triste à la fois. C'est une dette pieuse que nous payons à la plus chère des mémoires ; et il nous est permis de penser que nous réalisons ainsi l'un des vœux de notre bien-aimé père.

Il est probable que, dans la nouvelle édition à laquelle il songeait, il eût complété son œuvre et fondu en un seul livre ces discours, dont l'ensemble forme un véritable TRAITÉ DE LA PROFESSION D'AVOCAT. Combien devons-nous regretter qu'il n'ait pu le faire !

Mais ce qu'une destinée cruelle l'a empêché d'accomplir, il ne nous appartenait pas de le tenter. Nous ne pouvions que réunir ce qui était dispersé.

Nos amis, nos confrères et ceux qui voudront connaître les règles et l'histoire de notre belle profession, retrouveront donc intacte, dans cette nouvelle édition, conforme aux fascicules publiés antérieurement par ordre du Conseil, une œuvre accueillie par le Palais avec tant de faveur. Nous n'avons fait qu'y ajouter quelques documents nouveaux et une table alphabétique, historique et raisonnée des matières.

*

AVERTISSEMENT

DE LA DEUXIÈME ÉDITION [1]

Ce travail [2], lu à l'ouverture des Conférences, le 22 novembre 1856, a été immédiatement reproduit, sans les *Notes*, par les journaux judiciaires.

Quelque temps après, il a été publié in-4°, avec les *Notes*, aux frais de l'Ordre, et distribué aux magistrats et aux avocats du Barreau de Paris.

Sur la couverture de cet imprimé, l'auteur a indiqué, en ces termes, le but de ses notes :

J'ai accumulé les citations dans les notes de ce discours, afin qu'il pût être pour les stagiaires un *Cartulaire* renfermant les principaux titres de notre profession, en même temps qu'un *Manuel* où ils pussent lire et les devoirs qu'elle nous impose et les raisons sérieuses qui doivent nous la faire aimer.

§

Ces considérations nous ont porté à croire qu'il pourrait y avoir quelque utilité à mettre ce discours aux mains soit des avocats des autres barreaux, soit de ceux qui, par la suite, viendront prendre place au barreau de Paris.

---

1. — Paris, Cosse et Marchal, 1 vol. in-12. 1857. — Nous ne pouvions mieux faire, pour donner de ce livre l'idée la plus juste et la plus exacte possible, que de reproduire ici l'avertissement que l'auteur lui-même avait placé en tête de l'édition in-12 qu'il avait donnée de son premier Discours, ainsi que la Préface du quatrième, dans lesquels il a expliqué la pensée qui lui a inspiré cet ouvrage.

2. Premier discours sur la Profession d'avocat : *Devoirs, honneur, avantages, jouissances* de la Profession d'Avocat.

§

Derrière le titre et le sous-titre de l'édition in-4°, se trouvent deux citations relatives au caractère même de la Profession. Nous les reproduisons ici, afin que cette édition soit aussi complète que la première.

1°

Aimons notre état, mes chers confrères, si nous voulons l'exercer avec honneur et succès : cela est vrai pour toutes les carrières, mais plus encore pour celle du Barreau. . . . . Et qu'on ne traite pas de vanité puérile ces sentiments de préférence et d'attachement que notre profession nous inspire ; en ce genre, du moins, l'illusion même serait bien excusable : car la bonne opinion qu'on se fait de son état est peut-être le meilleur gage de fidélité et de dévouement aux devoirs qu'il impose.

. . . Ce n'est pas seulement comme honorable et brillante que notre profession a droit de nous plaire et de nous attacher. Elle doit nous être chère à d'autres titres encore. Il y aurait surtout ingratitude à oublier que nous lui devons cette existence douce, exempte de soucis comme de repentirs, si paisible dans son agitation même, si variée dans son apparente uniformité, si préférable à ces conditions plus enviées,

Où la fortune vend ce qu'on croit qu'elle donne.

Ah ! il en était bien convaincu ce digne magistrat, longtemps notre confrère [1], que nous serons heureux, moi de citer et vous d'entendre une fois de plus : « Après avoir vu, dit-il « quelque part [2], tant de révolutions diverses, tant de gran- « des fortunes précipitées dans la disgrâce, tant d'hommes « méprisables élevés aux premières places ; en observant la « basse adulation des solliciteurs, la complaisance dévouée

1. M. Dupin aîné.
2. *Préface des Lettres sur la profession d'avocat*, 4e édition, 1818.

« des parvenus, les angoisses des principaux dignitaires et « leurs soucis pour se maintenir en dignité ; tout ce qu'il a fallu « souvent de dégradation, d'intrigue, de délation pour atteindre « aux emplois ; les perplexités où chaque mutation de gouver- « nement a jeté la plupart des fonctionnaires ; les variations « reprochées à quelques uns d'entre eux ; les excès auxquels « plusieurs se sont livrés dans l'espoir de faire oublier ou par- « donner des excès antérieurs, quel est l'avocat qui ne s'estime « heureux de n'avoir jamais été qu'avocat, défendant les mal- « heureux de tous les temps, les victimes de tous les partis, se « mettant sur la voie de tous les principes, combattant toutes « les injustices, proclamant toutes les vérités utiles, et se dé- « clarant le protecteur né de tous les droits, de tous les intérêts « et de toutes les libertés. »

PAILLET, *Discours d'ouverture des Conférences*, 1839.

2°

« Quelle profession plus belle, en effet, que celle qui pro- « tége les biens et défend l'honneur, qui combat la fraude, « repousse la calomnie, renverse l'échafaud prêt à s'élever « contre l'innocence?. . . . .

« Celui qui n'aspire à la grandeur que par la vertu, à « la gloire que par les services, à la fortune même que par « ses travaux, ne trouve point de profession qui l'y conduise « par des voies plus sûres, qui l'y élève par des moyens plus « naturels, par des efforts plus dignes, plus sentis que ceux de « l'avocat. (*D'Aguesseau.*) Le faible le supplie, le fort s'incline « et implore son aide; les fils de la fortune, les bien-aimés de « la gloire se disent ses clients. Ceux qui réfléchissent la splen- « deur du prince viennent implorer ses secours ; le prince lui- « même lui confie ses intérêts ; il lui recommande et les faibles « et les pauvres de son peuple, ceux qu'il se plaît à secourir et « ceux qui se dévouent à sa défense et à celle de l'État. (*Décret « du 6 brumaire an V.*) Mais il ne s'élève à tant de mérite que « par des études pénibles ; il n'acquiert la célébrité que par « de longs travaux ; il ne remplit quelquefois son ministère « que par le sacrifice de ses propres intérêts ; il achète la re-

« nommée et quelques jouissances de gloire par la perte de « son repos et au prix de toutes les privations. »

GIBAULT, avocat, docteur régent à la Faculté de droit de Poitiers. *Guide de l'Avocat*, 1814, Paris, BEAUCÉ, in-12, page 16.

F. L.

Paris, Juin 1857

CITATIONS ET NOTES

IMPRIMÉES EN DEHORS DU CORPS DE L'OUVRAGE [1]

1°

J'ai, dans les Notes de mes Discours, accumulé les citations. Il peut donc s'en trouver beaucoup d'inutiles : j'engage, cependant, mes chers Stagiaires à les vérifier *toutes;* et je ne leur cache pas mon but. J'espère qu'en vérifiant une citation, ils feront comme moi, qui, après vérification d'un mot ou d'une virgule, ne puis m'empê-

---

1. Ces citations et ces notes avaient été placées par l'auteur derrière le titre et le sous-titre des Discours sur la Plaidoirie et sur les Lois et Règlements. Elle n'avaient pu prendre place dans le corps de l'ouvrage. Nous avons cru devoir les reproduire également dans cette nouvelle édition, mais en même temps les imprimer à la suite de l'avertissement de l'édition in-12 dont elles sont le complément naturel. Nous conservons de la sorte au lecteur plusieurs passages remarquables concernant la Profession, et qu'il eût été fâcheux de ne pas comprendre dans cette édition.

cher de lire toujours un peu, et quelquefois beaucoup de ce qui précède et de ce qui suit. De telle façon que ce sera pour eux une occasion de se mettre en l'esprit d'excellentes notions, importantes à connaître pour bien plaider.

A suivre ce conseil je leur promets plaisir et profit : et j'ose espérer qu'on dira d'eux ce que TERRASSON disait des Stagiaires de son temps :

« L'expérience met, tous les jours, sous ses yeux (ceux « du jeune Avocat) de jeunes concurrents à qui l'amour du « travail tient lieu de toutes les passions. L'inconstance, « l'emportement, tout est éteint en eux par l'avidité de l'é- « tude. Les jours s'échappent trop rapidement à leur gré. « Ils querellent même le sommeil et les autres besoins de la « nature, quand ils viennent les interrompre dans leurs re- « cherches. On a plus de peine à les arracher de dessus leurs « livres qu'on n'en aurait à en tirer d'autres d'un spectacle en- « chanteur, et tandis que ceux-ci les plaignent d'un travail opi- « niâtre, ils les plaignent, eux-mêmes, de ne pas connaître le « plaisir secret qui y est attaché. »

2°

. . . . Être avocat n'est autre chose que préférer l'étude aux plaisirs, le labeur au repos, l'honneur au profit.

. . . .

Celui-là ne le peut être qui ne connaît les livres que par l'intitulation, qui ne les voit qu'en leur frontispice, ou qui ne les lit que comme les chiens d'Égypte boivent l'eau du Nil, savoir, en courant.

. . . . Un avocat est un œil toujours ouvert, une main toujours en action pour le secours des autres, un esprit qui ne se relâche point. Ce n'est pas dans la mollesse d'un lit, ce n'est pas dans l'amusement du jeu, ce n'est pas au giron des dames et par leur entretien que se forment les avocats.

. . . . Qu'on ne se flatte donc pas sur les avantages qu'on peut avoir de la nature, qu'on n'estime pas qu'ils puissent seuls réussir : si l'on n'y joint le travail, les veilles, les matinées et l'exercice du barreau, il y aura toujours à redire, et il est à craindre que l'on ne fasse autant de fautes que d'essais, de chutes que de saillies; pareils aux enfants qui veulent courir, lorsqu'ils n'ont pas encore la force et le pouvoir de marcher.

. . . . L'homme et le travail font l'homme, l'honnête homme, l'homme de lettres, l'excellent avocat. Ainsi nous devons cette formation, cette perfection, partie à la nature et le surplus à nous-même, c'est-à-dire à la peine que nous prenons à cultiver ce que nous tenons de la nature, et, quoique le concours de ces deux principes, la nature et l'art, semble nécessaire, s'il y avait de la répugnance à les assembler, et qu'il fallût choisir l'un des deux, nous estimerions que l'art et l'étude seraient à préférer au bénéfice de la nature, et, quoi qu'on dise de ses faveurs, un avocat réussirait plutôt par l'art et la peine, sans un naturel avantageux, qu'il ne ferait sans le travail, par une nature facile.

Mais ce n'est pas tout d'acquérir la science, il faut que la probité l'accompagne; si celle-là peut commencer un avocat, c'est celle-ci qui l'achève.

. . . . Concluons donc qu'un avocat, tant fût-il disert et savant, qui ne préférerait la vertu aux ruses, la réputation au lucre, la conscience à la vanité, serait autant ou plus éloigné de sa profession, que les sophistes l'étaient du nom de sages et de philosophes.

HENRYS, *Harangues.* — Edition de 1772, t. IV, p. 386.

3°

« Ceux qui savent comme l'on vit en ce théâtre de la justice « connaissent ingénument que les juges y seraient du tout « inutiles et sans fonctions, si les avocats ne venaient à leur « secours, et, par leur industrie et laborieux travail, ne leur « découvraient la vérité déguisée par les artifices des plaideurs, « et l'équité plongée et comme abîmée dans les gouffres et fon- « drières de la chicanerie.. . . . .

« Les avocats, dira quelqu'un, n'ont point de puissance sur « la vie et les biens des hommes ; mais, au contraire, je dis « qu'elle dépend plus d'eux que de personne au monde. Qui « est celui, si innocent en ce monde, auquel quelquefois la ca- « lomnie ne s'attache, et que, par artificieuses faussetés, elle « ne jette en un manifeste péril de perdre l'honneur et la vie ? « Qui est celui qui a son patrimoine à si bon titre et si bien « assuré qu'il ne puisse craindre les ruses d'un notable brouil- « lon qui le jettera dans les pays de la chicanerie ?

« *Hunc expulit alter,*
« *Illum nequities et vafri inscitia juris.*

« Mais l'avocat, accourant à son secours, armé de ces deux « grands et puissants traits, l'érudition et l'éloquence, le retire « de la foule, le met en sauveté, contraint les juges de lui prêter « l'autorité publique pour sa protection et défense. Tellement « que, si la pureté de notre religion ne nous empêchait d'user « des termes des anciens, nous pourrions à bon droit appeler « les avocats les dieux tutélaires de la justice et de l'inno- « cence. »

DUVAIR, *Discours d'ouverture du Parlement d'Aix* (1602)[1].

Cet éloge de notre profession, fait par un magistrat aussi éminent, a déjà été cité par notre confrère J. BONNET, dans ses *Considérations sur le Barreau français*, que son illustre père a insérées au tome II de ses œuvres. Je le cite de nouveau pour montrer aux Stagiaires à quel degré d'estime étaient parvenus nos anciens ; et les engager à mériter, par leurs talents et leurs vertus, qu'on en pense et qu'on en dise autant d'eux.

F. L.

1. Ce discours se trouve sous ce titre : *A l'ouverture du parlement de la Saint-Remy mil six-cent-deux*, dans le Bouquet des plus belles fleurs de l'Éloquence de Laserre. Paris, Pierre Billaine, 1624, 1 vol. in-12. — Voir les Œuvres politiques morales et meslées du sieur Du Vair, premier président au Parlement de Provence. Cologne, 1614, gros in-8°.

PRÉFACE DU QUATRIÈME DISCOURS

(ÉDITION IN-4°)

Cet opuscule [1] clôt la série des *Instructions familières* que je résolus d'offrir aux stagiaires, dès que, par la bienveillance du Conseil, je fus appelé à l'insigne honneur du bâtonnat.

Mon premier Discours, du 22 novembre 1856 (*Devoirs, Honneurs, Avantages et Jouissances de la profession d'Avocat*), expose les devoirs généraux de notre belle profession, et recherche les raisons qui doivent nous la faire aimer.

Le second, du 17 août 1857 (*Le Stage*), indique les travaux qui constituent spécialement le Stage et la manière de le rendre utile.

Le troisième, du 28 novembre 1857 (*La Plaidoirie*), demande à l'expérience et aux maîtres de la parole les moyens d'étudier une affaire et de la présenter aux juges.

J'y ai joint un Appendice sur les *Mémoires* et les *Consultations*.

Enfin, le Discours du 16 août 1858 (*Lois et Règlements*), que je publie aujourd'hui, indique par quelles Lois et quels

---

1. Quatrième discours sur la profession d'avocat : LOIS ET RÈGLEMENTS DEPUIS CHARLEMAGNE, prononcé le 16 août 1858, à la clôture des conférences. Imprimé aux frais de l'Ordre, il a paru sous la forme in-4° en décembre 1859.

Il nous a paru utile de reproduire la Préface du quatrième Discours, dans laquelle l'auteur, résumant sa pensée, explique le plan qu'il a suivi pour cet ouvrage et le sentiment qui l'a guidé en publiant la série de ses *Instructions familières.*

L'œuvre que nous publions conservera de la sorte toute sa personnalité.

Règlements notre profession a été régie depuis Charlemagne.

A chacun de ces Discours j'ai joint des *Notes* qui, malgré leur étendue, n'ont pas la prétention d'instruire les Stagiaires, mais dont le but est de les engager à s'instruire eux-mêmes par l'étude attentive et assidue des originaux.

J'ai fait pour eux ce que j'aurais désiré qu'on eût fait pour moi; le guide que j'ai cherché, en entrant dans la carrière, j'ai essayé de le leur donner. Si j'ai pu être utile à quelques-uns, mes vœux sont accomplis. Cependant la tâche n'est pas remplie, et je sens tout ce qui manque. Mais de plus habiles viendront, qui diront, mieux que je ne pourrais le faire, tout ce qui est nécessaire à l'instruction de cette jeunesse qu'attendent la justice et la patrie, et dont on ne peut avoir été le guide, ne fût-ce qu'un jour, sans en rester, pour toute la vie, l'ami fidèle et dévoué.

F. L.

Paris, le 10 août 1859.

I

DEVOIRS

HONNEUR, AVANTAGES, JOUISSANCES

DE LA PROFESSION D'AVOCAT

ÉLOGES DONNÉS A CETTE PROFESSION

NOTICES NÉCROLOGIQUES. — ÉLOGE DE PAILLET.

DE LA

PROFESSION D'AVOCAT

> « Le plus précieux et le plus rare de
> « tous les biens est l'amour de son état.
> « Il n'y a rien que l'homme connaisse
> « moins que le bonheur de sa condition.»
>
> D'AGUESSEAU, Ire *Mercuriale*, 1698 [1].

CHERS CONFRÈRES,

Ma première pensée, en prenant possession de ce fauteuil, se porte naturellement vers le Conseil de l'Ordre. Je n'ignore pas que je ne dois qu'à son extrême bienveillance la faveur inespérée d'un titre qui, à mes yeux, est le plus beau et le plus précieux de tous les titres. Aussi, je le prie d'agréer la sincère expression d'une reconnaissance qui doit être et qui sera éternelle.

Qu'il me soit permis d'ajouter que cet acte du Conseil

---

1. « Qui fit, Mœcenas, ut nemo, quam sibi sortem
« Seu ratio dederit, seu fors objecerit, illa,
« Contentus vivat? Laudet diversa sequentes?
« . . . .
« *Agricolam laudat juris legumque peritus,*
« *Sub galli cantum consultor ubi ostia pulsat.* »
HORATIUS FLACCUS, *Sermo* I.

ne s'arrête pas au nouveau bâtonnier et qu'il renferme un puissant encouragement pour le Barreau tout entier.

En nommant mes prédécesseurs, le Conseil avait choisi deux hommes que leur éloquence et leur renommée imposaient à ses suffrages[1]. En faisant son dernier choix, le Conseil proclame hautement que, pour obtenir cette récompense suprême, il peut suffire de l'amour de son état, d'un travail opiniâtre et de la constante observation des règles de notre profession; il vous apprend, par là, chers confrères, qu'il n'est personne, parmi vous, qui n'y puisse prétendre, et que chacun des soldats de la milice judiciaire[2] a lui aussi dans sa giberne le bâton de maréchal.

§

Je viens de parler de *l'amour de son état.*

D'AGUESSEAU le souhaite à tous comme le plus précieux et le plus rare de tous les biens[3].

J'avouerai volontiers, quant à moi, que j'ai l'amour de notre profession; je n'hésite pas même à dire que j'en ai la passion et que je l'aime avec le respect, la reconnaissance et la tendresse d'un fils pour sa mère[4].

Je désire trouver en vous ces sentiments et je voudrais les inspirer à ceux qui ne les ont pas encore; car ils sont une des premières conditions du bonheur.

---

1. Mes BERRYER et BETHMONT.
2. *Militia togata.*
3. Mercuriale, 1698.
4. « Voilà *le Plaisir de plaider* qui passe, » disait un jour mon excellent ami PAILLET, en me voyant traverser la salle des Pas-Perdus.

§

Permettez-moi donc de vous entretenir de notre Profession.

§

Rien, dans ce discours, ne sera nouveau; c'est la voix des anciens, c'est la voix de la tradition que je veux, seule, vous faire entendre.

Je ne prétends pas, cependant, vous imposer son autorité. Ce que je vais vous dire, je le soumets, au contraire, à votre examen, car nous ne croyons rien, ici, sur la parole du maître; nous sommes au pays natal de la discussion, dans le champ clos des arguments; nous vivons dans une lice toujours ouverte, et où l'on ne dépose les armes qu'après les avoir courageusement essayées.

Je suis, d'ailleurs, de ceux qui pensent, avec Bayle, que l'esprit humain ne peut jamais abdiquer; je suis de ceux qui croient que son libre examen est de tous les temps, de tous les pays, de toutes les matières; qu'il est perpétuel, permanent et imprescriptible.

Examinez donc et vérifiez.

Les maximes de notre profession ne redoutent pas le contrôle, et, quant à l'honneur que nous tirons d'elle et aux avantages qu'elle nous procure, il est difficile d'en contester l'existence.

Ce que j'aurais plutôt à craindre, c'est l'évidence et la vulgarité; et j'eusse volontiers, par cette raison, choisi quelque autre sujet, si cette conférence n'eût renfermé que des anciens.

Mais je ne pouvais oublier qu'elle ne s'ouvre que pour

vous, jeunes Stagiaires, et que c'est à vous que sont dues mes instructions. Or, ce qui n'est plus nouveau pour ceux qui vous ont précédés l'est encore pour vous. Vous arrivez au seuil de ce Palais, vous en demandez l'entrée; et, à la porte même, vous trouvez le Bâtonnier, dont le désir et le bonheur sont de vous accueillir, de vous instruire de nos règles, de vous guider et d'aplanir les obstacles que vous pouvez rencontrer, — heureux de faire pour vous, à la fin de sa carrière, ce que ses anciens ont fait pour lui, quand il l'a commencée.

§

Cherchons donc, ensemble, si notre profession mérite cet attachement, cet amour, cette passion que tout à l'heure je vous souhaitais.

PREMIÈRE PARTIE

DEVOIRS, HONNEUR, AVANTAGES, JOUISSANCES

CHAPITRE PREMIER

BUT. — BASES. — MOYENS.

I

BUT DE LA PROFESSION D'AVOCAT

Son but est le but même où tend la justice : *Faire rendre à chacun le sien.*

De sorte que celui qui est injustement menacé dans son bien, dans sa liberté, dans sa vie, dans son honneur, trouve, par elle et par nous, protection et sécurité.

De sorte que le petit, le faible, l'opprimé, le spolié, couverts par le dévouement qu'elle nous inspire, grandis par le courage qu'elle nous donne, trouvent, par elle et par nous, force, appui, restitution [1].

II

BASES DE LA PROFESSION

Notre profession repose sur la probité, le travail et le désintéressement.

---

1. « Il n'existe pas, dans la société, un être faible et sans protec-« tion, poursuivi par une passion puissante et déguisée ; il n'est pas un « droit méconnu, pas une liberté violée, qui n'appelle à son secours « un avocat et pour qui un avocat ne se présente, prêt, s'il le faut, à « se dévouer pour un intérêt qui n'est pas le sien. »

MÉMOIRE *pour les Avocats du Barreau de Paris,* affaire PARQUIN.

§

1° PROBITÉ.

Il ne s'agit pas ici de cette honnêteté vulgaire qui, restituant avec fidélité ce qu'on lui a confié, rend exactement poids pour poids et mesure pour mesure. Il s'agit de cette délicatesse de sentiments, *point d'honneur de la probité* [1], qui, craignant toujours de rester en deçà du devoir, va toujours au delà.

Que d'autres qualifient cette délicatesse d'excessive et se plaignent de ses exigences ! Nous trouvons, quant à nous, qu'elle est aussi naturelle et aussi nécessaire à notre profession que la parole elle-même [2].

---

1. « La délicatesse en affaires est le point d'honneur de la probité. « Ne pensez pas qu'elles puissent être séparées longtemps. Quand la « première s'en va, l'autre se lève pour la suivre. »

LAMENNAIS, *Pensées diverses*, CCLXV.

« Le conseil de discipline sera chargé de veiller à la conservation de « l'honneur de l'Ordre des Avocats; de maintenir les *principes de pro-* « *bité et de délicatesse qui font la base de leur profession.* »

NAPOLÉON, *Décret du* 10 *décembre* 1810, art. 23.

2. « Étant, en conséquence, le principal ingrédient de la profession « de l'advocat la probité; car il n'en est pas ainsi de cet estat comme « des autres fonctions. Le médecin, soit juste ou injuste, pour- « veu qu'il soit sçavant en son art, ne laisse pas d'être médecin; le « grammairien, quelques mœurs qu'il aye, s'il s'entend à parler cor- « rect, demeure toujours grammairien; ainsi est-il des autres arts ; on « les mesure par la science, on ne considère point la volonté. En la « profession d'advocat, on ne considère pas moins la volonté que la « science. »

LA ROCHE FLAVIN, Conseiller au Parlement, *XIII livres des Parlements de France*, in-folio, BORDEAUX (1617), *Des Advocats*, liv. 3, ch. 3, n° 1.

« On ne peut être un parfait avocat, si on n'est honnête homme et « homme de bien. »

BIARNOY DE MARVILLE, *Règles pour former un Avocat*, IVe partie, règle 22, à la suite de l'*Histoire abrégée des Avocats*, par BOUCHER D'ARGIS.

M. MOLLOT, notre ancien confrère, juge au tribunal de la Seine, ac-

« Ce que les autres hommes, a dit un magistrat de la « Cour de Paris, ce que les autres hommes appellent « des qualités extraordinaires, les avocats les considè- « rent comme des devoir indispensables [1]. »

§

2° TRAVAIL.

Ceux d'entre vous qui pourraient redouter l'excès du travail doivent se garder de faire un pas de plus ; car ce qui les attend, s'ils avancent, c'est ce *labor improbus* dont parle Virgile [2], c'est un travail sans repos.

« La vacation des avocats, dit La Roche Flavin, gué- « rit les gens de paresse, parce que estre avocat et se « lever matin sont deux choses inséparables [3]. »

---

tuellement conseiller honoraire à la Cour de Paris (1863), a écrit dans son excellent livre : « Si le style est tout l'homme, la probité est « tout l'avocat. » *Règles de la profession d'avocat,* devoirs généraux, page 10.

Cette définition omet la seconde partie de celle que nous a léguée l'antiquité, en parlant de l'orateur : *Vir probus dicendi peritus.* Je la cite, cependant, pour faire voir que la probité est la pierre angulaire de notre profession.

Avant lui, du reste, l'orateur Cæcilius avait dit : « Innocentia est « Eloquentia. »

1. M. le président Dupuis, *Répertoire* de Favard de Langlade, v° *Avocat.*

2. « Tùm variæ venêre artes : labor omnia vicit
« Improbus et duris urgens in rebus egestas. »
Georgica, lib. I, v. 145.

3. La Roche Flavin, liv. 3, ch. 2, n° 12.

La Bruyère va plus loin :

« La fonction de l'avocat est pénible, laborieuse, et suppose dans « celui qui l'exerce un riche fonds et de grandes ressources.

« Il n'est pas seulement chargé, comme le prédicateur, d'un certain « nombre d'oraisons composées avec loisir, récitées de mémoire, avec

Ce que je dois vous faire remarquer sur ce point, c'est que le travail de l'avocat n'est qu'un des côtés de sa probité professionnelle.

En se chargeant d'une affaire, l'avocat se donne tout entier à son client, — tout entier! jusqu'aux limites du juste et du vrai [1].

En conséquence, l'étude la plus approfondie et le travail le plus constant sont, pour lui, à partir de ce moment, non pas seulement une dette perpétuellement exigible, mais encore une dette perpétuellement exigée.

Ne l'oubliez jamais! Lorsqu'un avocat n'apporte pas à l'affaire dont il est chargé tout le soin et tout le travail qu'il peut lui donner, ce n'est pas de négligence seule-

---

« autorité, sans contradicteurs, et qui, avec de médiocres changements, « lui font honneur plus d'une fois; il prononce de graves plaidoyers « devant des juges qui peuvent lui imposer silence, et contre des ad- « versaires qui l'interrompent; il doit être prêt sur la réplique; il « parle, en un même jour, dans divers tribunaux, de différentes affai- « res. Sa maison n'est pas pour lui un lieu de repos et de retraite, « ni un asile contre les plaideurs: elle est ouverte à tous ceux qui « viennent l'accabler de leurs questions et de leurs doutes: il ne se « met pas au lit, on ne l'essuie point, on ne lui prépare point des ra- « fraîchissements; il ne se fait point dans sa chambre un concours de « monde de tous les états et de tous les sexes, pour le féliciter sur « l'agrément et sur la politesse de son langage, lui remettre l'esprit « sur un endroit où il a couru risque de demeurer court, ou sur un « scrupule qu'il a sur le chevet, d'avoir plaidé moins vivement qu'à « l'ordinaire.

« Il se délasse de longs discours par de plus longs écrits, il ne fait « que changer de travaux et de fatigue. J'ose dire qu'il est, dans son « genre, ce qu'étaient, dans le leur, les premiers hommes apostoliques.»

La Bruyère, *Caractères*, ch. 15, *De la Chaire*.

1. « Le véritable zèle ne passe point les bornes du devoir. »

Thibault, avocat à la Cour souveraine de Lorraine et Barrois, *Tableau de l'Avocat*, Nancy, chez Pierre-Antoine, in-12, 1737, ch. 2, n° 11.

ment, chers confrères, c'est d'improbité qu'il peut être accusé [1] !

§

3° DÉSINTÉRESSEMENT.

C'est dans les sentiments de délicatesse que vous inspirera notre profession et dans sa dignité même que vous trouverez, d'ordinaire, la source de votre désintéressement.

Ainsi, vous n'accepterez jamais une part dans les procès dont vous serez chargés, et votre robe de défenseur ne cachera jamais aux yeux du juge un plaideur secret, aussi intéressé au succès que le plaideur apparent.

Ainsi, vous n'imposerez pas des honoraires excessifs à la peur et aux embarras de vos clients; et, si leur frayeur vous les apporte, vous en modérerez spontanément l'exagération.

Ainsi, la rémunération qu'on vous offrira ne sera pas, pour vous, l'occasion d'humiliantes discussions et de honteux marchandages, fût-elle cent fois au-dessous du service rendu ou du travail accompli ; — et vous ne demanderez pas à la justice la rémunération qu'on ne vous offrira pas, l'eussiez-vous cent fois méritée.

Vous saurez comprendre que c'est en apportant cette délicatesse dans l'exercice de notre profession, que nos anciens l'ont entourée de cette auréole d'honneur qui lui attire, de toutes parts, le respect dont vous profitez aujourd'hui et dont vous devez, à votre tour, faire profiter ceux qui viendront après vous.

---

1. Le serment imposé par JUSTINIEN aux avocats porte : « *Nihil studii relinquentes, quod sibi possibile est.* » L. 14, C. § 1, *de Judiciis*.

En conséquence, vous ferez comme vos prédécesseurs; et, ce désintéressement négatif ne vous suffisant pas plus qu'il ne leur a suffi, vous donnerez gratuitement, comme eux, l'appui de vos conseils, de votre parole et de votre dévouement à l'indigent dont la cause sera juste.

C'est d'une origine encore plus pure, alors, que sortira votre désintéressement, car vous le puiserez dans le sentiment de cette fraternité humaine, dont l'idée chrétienne est la vivante expression [1].

Je ne vous parle pas, ici, des nominations d'office, où il vous est *interdit* de recevoir quoi que ce soit, de l'accusé ou de sa famille; je parle des défenses volontaires, que vous pouvez vous dispenser d'accepter, mais dans lesquelles, lorsque le client est pauvre, les avocats, dignes de ce nom, ont toujours été heureux de s'employer, à la manière du chrétien qui prête, *nihil indè sperantes* [2].

III

MOYENS

Les moyens qu'emploie notre profession sont la conviction et la persuasion, c'est-à-dire l'action de l'esprit et du cœur sur l'intelligence et la sensibilité, domination puissante, mais tout intellectuelle et toute morale.

Ne l'obtient pas qui veut [3]!

---

1. « Omnes enim fratres estis. »

SAINT MATHIEU, ch. XXIII, v. 8.

2. « Verum tamen diligite inimicos; bene facite et mutuum date, « nihil indè sperantes. »

SAINT LUC, ch. VI, v. 35.

3. CICÉRON y trouve une incroyable difficulté.

A cette question : Pourquoi y a-t-il si peu de grands orateurs? il

L'élévation de l'esprit, la chaleur de l'âme, le mouvement de la parole ne suffisent pas pour la conquérir. Il faut encore à ces dons heureux de la nature joindre une science solide, variée, immense [1].

Vous en apprécieriez l'étendue et vous comprendrez aussi la nécessité de la consolider sans cesse, si vous

---

répond : « Il faut que l'éloquence soit quelque chose qui exige plus « d'études et d'instruction qu'on ne le pense en général. »

Il ajoute :

« Quis enim aliud, in maximâ discentium multitudine, summâ ma- « gistrorum copia, præstantissimis hominum ingeniis, infinita causa- « rum varietate, amplissimis eloquentiæ propositis præmiis, esse « causæ putet, nisi rei quemdam incredibilem magnitudinem ac diffi- « cultatem ? »

Et il le prouve.

Jeunes stagiaires, lisez sa preuve :

« Est enim et scientia comprehendenda rerum plurimarum, sine quâ « verborum volubilitas inanis atque irridenda est : et ipsa oratio con- « formanda, non solum electione, sed etiam constructione verborum ; « et omnes animorum motus, quos hominum generi rerum natura tri- « buit, penitùs pernoscendi ; quod omnis vis ratioque dicendi, in « eorum, qui audiunt, mentibus aut sedandis aut excitandis expro- « menda est. Accedat eodem oportet lepos quidam facetiæ et eruditio « libero digna, celeritasque et brevitas respondendi et lacessendi, « subtili venustate atque urbanitate conjuncta.

« Tenenda, præthereà, est omnis antiquitas, exemplorumque vis : ne- « que legum aut juris civilis scientia negligenda est.

« Nam quid ego de actione ipsâ plura dicam ? Quæ motu corpòris, « quæ gestu, quæ vultu, quæ vocis confirmatione ac varietate mode- « randa est : quæ sola per se ità quanta sit histrionum levis ars et « scena declarat ; in quâ, cum omnes in oris et vocis et motus mo- « deratione elaborent, quis ignorat quam pauci sint fuerintque quos « animo æquo spectare possimus ?

« Quid dicam de thesauro rerum omnium, memoriâ ? quæ, nisi « custos inventis cogitatisque rebus et verbis adhibeatur, intelli- « gimus omnia, etiamsi præclarissima fuerint in Oratore, peritura. »

CICÉRON, *Dialogi tres, de Oratore*, lib. I, n° 5.

1. « Humanités, littérature, histoire, droit, pratique, *aucun genre* « *d'étude et de science* ne doit être étranger à l'avocat ; il faut qu'il

songez que vous êtes appelés à parler ou à écrire *sur tout ce qui peut être le sujet d'une discussion judiciaire* [1].

« ait ce que Cicéron appelle : *omnium rerum magnarum atque artium « scientiam.* »

M. Dupin aîné, analysant Camus. V. *Recueil des pièces concernant l'exercice de a profession d'Avocat.* Préface, page 6.

Avant eux, La Roche Flavin avait écrit :

« Hésiode dit, en un passage, que la charrue, dont on laboure la « terre, doibt avoir cent pièces de bois toutes différentes. Celui qui « veut estre bon advocat se doit équipper de cent outils ; outre la « science du droit, qui est le fondement de nostre art, il faut qu'il ait « parfaitement estudié en la grammaire, en la rhétorique, dialectique, « la science des mœurs, les politiques, les poëtes, les historiens. . .

« . . . . Il n'est pas besoin que le bon advocat, outre les sciences « dont nous avons parlé, entende exactement les autres. Il suffit qu'il en « sache autant qu'il luy est de besoing pour en parler, en bon orateur, « quand l'occasion s'y présente. Cet homme donc ainsi équippé et « surtout ayant la probité et courage de bien faire, nous ne doutons « point qu'avec le temps il ne puisse grandement réussir, mêmes se « rangeant à ce barreau auquel reluit tout ce qui est excellent en « nostre art. » Liv. 3, nº 77.

1. Rendons grâce au progrès du temps ! car, à une époque qui n'est pas très-éloignée de nous, lorsque, à la honte de nos pères, on brûlait encore les sorciers, une procédure légale était organisée pour les juger, et il est probable que la prudence des bâtonniers d'alors recommandait aux stagiaires de faire comme Pic de La Mirandole, et d'étudier, d'une égale ardeur, les deux parties de sa thèse *De omni re scibili — et quibusdam aliis.*

Cette étude était nécessaire ; car, s'agissant de vaincre le diable, il fallait en savoir au moins autant que lui.

Les cas pouvaient être très-embarrassants.

Exemple :

« En 1608, en la prévôté de la Marche, le sorcier Thomas Gaudel, « n'ayant d'autre moyen de salut, se mit à accuser tous ses juges, de- « puis le procureur général du Bassigny jusqu'au greffier. Le cas « parut si embarrassant, que l'on fut à Langres, avec ordre *d'en con- « férer avec les plus fameux avocats de cette ville.* »

M. Dumont, juge à Saint-Mihiel : *Justice criminelle des duchés de Lorraine et de Bar, du Bassigny et des Trois-Evêchés*; Nancy, imprimerie de Dard. 1848. Tome II, page 56.

On trouve mille autres cas non moins embarrassants, soit dans cet

CHAPITRE DEUXIÈME

HONNEUR ET AVANTAGES

§

L'*honneur* que nous tirons de notre profession est grand [1], et les *avantages* qu'elle nous procure sont nombreux.

---

ouvrage, plein de savantes recherches, soit dans la *Démonomanie des sorciers*, par Bodin (1580); *Quatre livres des Spectres* (1586); Nicolai Remigii *Dæmonolatriæ* (1595); — Nicolas Remy était procureur général à Nancy; — *Discours des Sorciers avec six advis en faict de Sorcellerie et une Instruction pour un juge en semblable matière*, par Boguet, magistrat (1608); — *Tableau de l'inconstance des mauvais anges et démons*, par Pierre de l'Ancre, conseiller au Parlement de Bordeaux (1613); — *Notables et singulières questions de Droit, recueillies* par Jean Chenu, avocat au Parlement de Paris (1620); — *Histoire des diables de Loudun* (1740); etc... Témoignages étranges de la folie humaine, que j'ai pu consulter, aux vacances dernières, dans la curieuse bibliothèque d'un des plus savants juges de la Lorraine.

1. « Quid tàm, porro, regium, tàm liberale, tàm magnificum quàm « opem ferre supplicibus, excitare afflictos, dare salutem, liberare pe- « riculis, retinere homines in civitate? Quid autem tàm necessarium « quàm tenere semper arma quibus vel tectus ipse esse possis, vel « provocare improbos, vel te ulcisci lacessitus! »

Cicéron, *Dialogi tres, de Oratore*, lib. I, n° 8.

« Laudabile vitæque hominum necessarium Advocationis officium... » Imp. Anastasius, l. 4. *C. de Advocatis diversorum judicum.*

« Quamvis tàm magno, tàm necessario, tàm sancto officio... »

Justinien, *Novellæ*.

I

HONNEUR

Quant à l'honneur qui, de notre profession, rejaillit sur nous, il a pour cause l'universalité et la grandeur des services qu'elle nous donne l'occasion de rendre, services journaliers et qui s'adressent à tous, puisque, tuteurs naturels des petits [1], nous sommes aussi les conseillers des grands [2].

Les riches, en effet, et les puissants du monde ont, comme les pauvres, recours à notre parole ; nous comptons les princes et les rois au nombre de nos clients ; et, comme l'a dit d'AGUESSEAU à vos ancêtres : « Ceux « dont la fortune entraîne toujours, après elle, une foule « d'adorateurs, viennent déposer chez vous l'éclat de « leurs dignités pour se soumettre à vos décisions et « attendre de vos conseils la paix et la tranquillité de « leurs familles [3]. »

---

1. L'avocat général FAYE, en sa 6e remontrance, nous applique les paroles du Psalmiste : « Tibi derelictus est Pauper, et Orphano tu « eris adjutor. »

2. « N'y ayant prince, seigneur, ny personnage de si grande es- « toffe ou fortune, qui n'aist affaire du conseil et de l'assistance de « l'advocat en ses plus importantes affaires, et non seulement pour la « conservation de ses biens temporels, mais, aussi, de son honneur, « et quelsquefois de sa propre personne. »

LOYSEL, *Dialogue des Advocats du Parlement de Paris.*

3. *L'Indépendance de l'Advocat*, 1693.

Nous n'avons indiqué ici que le principe et la source de l'honneur que nous tirons de notre Profession. Il eût été trop long de montrer comment se manifestait cet honneur.

Nous renvoyons, sur ce point, à l'opuscule de COCQUART : *Lettres ou dissertations où l'on fait voir que la profession d'Avocat est la plus belle de toutes les professions.* Londres, 1773. In-12.

Ce n'est pas que nous entendions soutenir sa thèse. Il est des pro-

II

AVANTAGES

Les *avantages* dont nous jouissons, par elle, sont l'honorabilité de la vie, la pureté et la stabilité de la fortune, l'égalité et la confraternité des rapports professionnels.

§

1° HONORABILITÉ DE LA VIE.

Unis, dans ce Palais, par une vie commune, soumis à une discipline sévère, mis en contact journalier avec les magistrats, ces pontifes de la loi, et les officiers ministériels, ces auxiliaires, comme nous, de la justice [1], obligés d'étudier et d'invoquer sans cesse les préceptes de la loi naturelle et les prescriptions des lois positives, nous devons à notre profession le rare bonheur de vivre dans une atmosphère de haute intelligence et de haute moralité.

---

fessions aussi belles que la nôtre; nous en convenons volontiers. Mais on trouve, dans ses Lettres, l'indication de tout ce que l'antiquité et les modernes ont fait pour honorer la profession d'avocat, et il est bon que les Stagiaires les lisent.

1. « Procureurs! Homère vous apprendra votre devoir dans son « admirable Iliade, livre X! »

C'est en ces termes que le Premier Président Du Harlay s'adressait aux Procureurs de son temps.

N'ayant ni son autorité ni son grec, nous dirons aux avoués, nos contemporains : Si vous voulez lire l'éloge, — en prose, — de votre profession, parcourez l'opuscule que Louis Croustel a fait paraître, en 1749, *Essai sur la profession de procureur* (in-12, sans nom d'auteur et sans indication de ville). Si vous voulez en lire la satire, consultez *la Découverte des mistères du Palais*, Paris, 1693, in-18, sans nom d'auteur. On n'y épargne, ni vos ancêtres, ni les nôtres, ni les notaires, ni les huissiers, ni les intendants des grandes maisons.

§

2° PURETÉ ET STABILITÉ DE LA FORTUNE.

D'AGUESSEAU loue notre profession d'être à l'abri des coups de la fortune et de ne devoir ses succès qu'au travail et au mérite :

« Vous aspirez, dit il, à des biens qui ne sont pas sou-« mis à la domination de la fortune. Elle peut, à son « gré, disposer des honneurs ; aveugle dans ses choix, « confondre tous les rangs et donner aux richesses les « dignités qui ne sont dues qu'à la vertu : quelque grand « que soit son empire, ne craignez pas qu'il s'étende sur « votre profession.

« Le mérite, qui en est l'unique ornement, est le seul « bien qui ne s'achète point, et le public, toujours libre « dans son suffrage, donne la gloire et ne la vend jamais.

« Vous n'éprouvez ni son inconstance, ni son ingrati-« tude : vous acquérez autant de protecteurs que vous « avez de témoins de votre éloquence ; les personnes les « plus inconnues deviennent les instruments de votre « grandeur ; et, pendant que l'amour de votre devoir est « votre unique ambition, leurs voix et leurs applaudisse-« ments forment cette haute réputation que les places les « plus éminentes ne donnent pas »[1].

La moralité et la stabilité d'une position conquise par cette voie sont facilement appréciables par elles-mêmes ; mais elles deviennent plus précieuses, encore, à une époque où la société, se laissant volontairement entraîner, par le courant des idées et des intérêts, vers ces valeurs

---

1. *L'Indépendance de l'Avocat*, Discours prononcé à l'ouverture de Audiences, 1693.

mouvantes que la Bourse tient dans une perpétuelle agitation, se plonge avidement, chaque matin, dans la dangereuse tentation du jeu.

Heureux ceux qui, fondant leur fortune sur le travail, sont obligés, par les devoirs de leur profession, de détourner leurs regards de ce jeu trompeur. Songez-y, le jeu n'obéit qu'aux gens trop habiles, et, défiant les calculs des autres, il n'a, pour ceux-ci, d'autre règle que le caprice : il donne aux événements les conséquences les plus imprévus, met la *baisse* dans une nouvelle apportant la paix du monde, et suspend la *hausse* à la selle fantastique d'un *Tartare* imaginaire [1] !

§

3° ÉGALITÉ.

Parmi nous, chers confrères, règne l'*égalité*.

On n'y connaît d'autres distinctions que les différents degrés du mérite et de la vertu.

D'AGUESSEAU a signalé ce caractère en des termes tels que la grande voix de 1789 semble n'être que l'écho des éloquentes paroles du magistrat de 1693 :

« Heureux, dit-il, d'être dans un état où faire sa for-
« tune et faire son devoir ne sont qu'une même chose ;
« où le mérite et la gloire sont inséparables ; où l'homme,
« unique auteur de son élévation, tient les autres hom-
« mes dans la dépendance de ses lumières et les force de
« rendre hommage à la seule supériorité de son génie !

« Ces distinctions qui ne sont fondées que sur le hasard

1. Prise de Sébastopol, annoncée, deux ans à l'avance, par un prétendu Tartare.

« de la naissance, ces grands noms, dont l'orgueil du « commun des hommes se flatte et dont les sages mêmes « sont éblouis, deviennent des secours inutiles dans une « profession dont la vertu fait toute la noblesse et dans « laquelle les hommes sont estimés, non par ce qu'ont fait « leurs pères, mais par ce qu'ils font eux-mêmes.

« Ils quittent, en entrant dans ce corps célèbre, le « rang que les *préjugés* leur donnaient dans le monde, « pour reprendre celui que *la raison leur donne dans* « *l'ordre de la nature et de la vérité.*

« La justice, qui leur ouvre l'entrée du Barreau, efface « jusqu'au souvenir de ces différences *injurieuses à la* « *vertu*, et ne distingue plus que par le degré de mérite « ceux qu'elle appelle également aux fonctions d'un « même ministère »[1].

§

4° CONFRATERNITÉ.

Nulle profession, chers confrères, ne présente, à un degré aussi marqué que la nôtre, le sentiment de la confraternité.

Ce sentiment ne se manifeste pas seulement par cet appui mutuel que certaines corporations procurent, également, à ceux qui les composent. Il apparaît et il nous unit dans tous les actes de notre vie professionnelle.

La confraternité est née, parmi nous, de l'organisation et des nécessités mêmes de notre profession.

---

1. *L'Indépendance de l'Avocat*, 1693.

Les mêmes études nous ont préparés, une même école nous a formés, un même esprit nous anime; et, réunis dans un même temple, c'est sur le même autel que nous sacrifions, alors même que nous paraissons divisés par la contradiction des vœux que nous adressons à la Justice.

Nous ne pouvons plaider, au civil, sans le concours d'un confrère, qui nous combat aujourd'hui, mais qui, demain, sera notre allié et notre collaborateur; car la consultation et la défense nous réunissent souvent sous le même drapeau.

Et, quand nos drapeaux sont opposés, il nous importe encore, et il importe à nos clients, que nous restions fraternellement unis, puisque l'un de nos premiers devoirs est de tenter la conciliation, avant d'engager le combat.

Nos succès personnels, exclusivement obtenus par le travail et le mérite, ne pouvant, jamais, être le résultat de l'intrigue, de la faveur ou du hasard, ne peuvent, non plus, allumer l'envie et n'engendrent, jamais, qu'une généreuse émulation.

Joignez à ces raisons le respect traditionnel des nouveaux pour les anciens et l'affection paternelle des anciens pour les nouveaux, et vous comprendrez que cette confraternité, dont on loue notre Ordre et dont il se vante, à si juste titre, est une conséquence presque nécessaire de notre organisation.

Il faut nous en féliciter; car, dans une profession que l'on ne peut, pour ainsi dire, exercer seul; où il faut, si souvent, avoir un collègue en face de soi; où ce collègue change tous les jours; où, appelé pour le combat, ce collègue, animé par le devoir et la conviction, parle avec hardiesse contre celui qu'il a pour adversaire; où l'esprit s'excite par la contradiction; où la vivacité de l'attaque appelle une plus grande vivacité de la réponse, que deviendrions-nous, grand Dieu! si la confraternité ne descendait du ciel pour tempérer ces luttes; si aux armes acérées elle ne substituait des armes courtoises; si, tempérant notre zèle et modérant notre ardeur, elle n'empêchait les querelles de clients de dégénérer en querelles d'avocats; si, à la fin de chaque audience, elle ne jetait son *quos ego*... à ces flots tumultueux, dont l'auditoire seul répète le murmure!

C'est elle, c'est cette confraternité dont, un jour, vous connaîtrez toutes les douceurs, qui, seule, nous arrête, et, seule, nous permet, la journée finie, de serrer fraternellement ces mains toujours amies, quoique toujours rivales [1].

---

1. « Le peuple reproche aux avocats de se parler en amis après « s'être vivement querellés à l'audience. Les guerriers font de même « après le combat, pourvu que la loyauté n'ait pas manqué dans la « lutte. D'ailleurs, les avocats ne sont pas chargés d'une seule cause. « Se brouillent-ils avec leur adversaire, tel procès qu'ils pourraient « demain concilier ne s'arrangera pas; tel éclaircissement ne sera pas « donné; une grande partie du bien que doit faire leur profession sera « impraticable.

Me CHARRIÉ, *Méditations sur le Barreau.*

CHAPITRE TROISIÈME

JOUISSANCES DE LA PROFESSION.

§

Après avoir constaté l'honneur que notre Profession jette sur nous et les avantages qu'elle nous donne, recherchons quelles sont ses *jouissances*.

Elle en a de grandes, chers confrères, — sans parler des vacances, — ce repos nécessaire, dont le charme principal est de rendre plus libre, plus fréquent et plus intime notre commerce avec ces vieux auteurs qu'Horace et le bon goût nous recommandent de lire et le jour et la nuit [1].

§

1° LE PLAISIR DE TRAVAILLER.

Et d'abord, *le plaisir de travailler*.

Je n'ai rien à vous en dire; vous le connaissez comme moi.

C'est le travail qui, dès votre enfance, vous prenant par la main, vous a, de degrés en degrés, conduits jusque dans cette enceinte; c'est lui qui, jour par jour, a formé les trésors de votre mémoire; c'est lui qui a fortifié, élevé, agrandi votre intelligence; c'est lui qui, étendant l'horizon de votre esprit, vous a rendus contemporains de tous les âges, et vous a faits les hôtes,

---

1. « Nocturna versate manu, versate diurna! » HORACE, *De Arte poetica*.

les commensaux, les confidents et les juges de tous les héros, de tous les sages, de tous les savants, de tous les poëtes, de tous les artistes, de tous ceux qui, depuis que le monde existe, ont été, par le génie, couronnés rois de l'humanité.

Vous en connaissez donc tous les charmes [1].

Mais vous êtes encore au printemps; pour vous, l'arbre de la vie n'a pas encore conquis toutes ses feuilles. Puissiez-vous ne pas apprendre, avant qu'elles soient tombées, que le travail est, sur la terre, le plus grand des consolateurs!

§

Quant à la nature des occupations qui vous attendent, il ne s'agira pas, pour vous, de ces travaux monotones et sans attrait qui, n'ayant en leur faveur que leur utilité, se répètent et se copient sans cesse. Les vôtres seront la variété même, car ils s'appliqueront à des faits toujours différents, à des actes sur l'interprétation desquels les juges eux-mêmes sont rarement d'accord, à des lois, diversement interprétées par ceux mêmes qui les ont faites et que, d'ailleurs, on change et on augmente sans cesse [2].

Obligés d'étudier perpétuellement la morale, la législation, l'histoire, la littérature, les sciences et les arts, vous devrez, en outre, rechercher leur application aux

---

1. Cicéron fait dire à Brutus que ce qu'il aime dans l'éloquence, c'est moins la gloire et les fruits qu'elle procure que l'étude elle-même et l'exercice de l'esprit :

« Dicendi autem me non tam fructus et gloria, quam studium ipsum « exercitatioque delectat. » *Brutus*, VI.

2. « Notre Profession touche à tout, me disait, il y a peu de jours, « notre éminent confrère Dufaure. J'ai plaidé, hier, une affaire de « théâtre; aujourd'hui, je vais plaider une affaire de sacristie. »

affaires humaines, et, muets dépositaires des secrets les plus cachés des familles, vous aurez sans cesse sous les yeux l'émouvant spectacle des hommes aux prises avec l'intérêt.

§

La satisfaction morale qui résulte de cette culture perpétuelle et si variée de l'esprit n'est pas l'apanage exclusif de notre profession, j'en conviens; d'autres la possèdent comme elle; mais il est des plaisirs qui lui sont particuliers.

§

2° LE PLAISIR DE CONCILIER.

Et, avant tout, *le plaisir de concilier.*

Quoi de plus doux que d'appeler et d'obtenir une transaction sur un procès grave, obscur, difficile, dont la perte peut ruiner un honnête homme?

Quoi de plus doux que d'étouffer, dans son germe, le scandale qui menace une famille entière et d'éloigner d'elle le déshonneur?

Quoi de plus doux que de ramener la concorde entre amis, entre parents, entre époux?

Lorsque nous obtenons ce résultat, chers confrères, nous nous élevons à la dignité du lévite accomplissant sur la terre sa divine mission de paix.

Concilier! c'est le plus grand service que nous puissions rendre. Il dépasse souvent celui du succès même, car il éteint la haine en éteignant le procès[1].

---

1. Aussi, le trait le plus saillant de l'éloge que Cicéron fait de Servius Sulpicius, qu'il appelle le plus grand de tous les jurisconsultes

Vous aurez donc à vous souvenir, pendant toute votre carrière, que votre premier devoir est de tenter la conciliation. Vous n'y arriverez souvent, je vous le prédis, qu'avec beaucoup de peine et à vos dépens.

La transaction que vous proposerez exigera, par cela seul qu'elle sera une transaction, le sacrifice d'un droit apparent, et coûtera à l'amour-propre du plaideur, que cet amour-propre conduit près de nous aussi souvent que l'intérêt. Peut-être votre client entrera-t-il en défiance de vos lumières et de votre zèle ; peut-être, même, vous soupçonnera-t-il de connivence avec son adversaire et renoncera-t-il à votre patronage.

Cependant, il pourra céder ; — mais rarement de bon cœur, et, l'éclat de la plaidoirie n'ayant pas frappé ses yeux, il vous remerciera d'un salut, comme s'il n'y avait eu ni procès, ni travail, ni effort, ni service. Heureux serez-vous s'il ne vous garde pas rancune des conseils qu'il aura suivis et si, quelque procès nouveau survenant, il ne se met pas en quête d'un défenseur qui lui paraisse entrer plus énergiquement dans ses intérêts !

Mais vous ne vous découragerez pas. Vous aurez fait votre devoir d'honnête homme, et, si l'occasion se présente de nouveau, vous n'aurez qu'un souci, ce sera de recommencer.

---

romains, est-il de n'avoir jamais préféré la poursuite d'un procès à sa conciliation :

« Omnes ex omni ætate qui in hac civitate intelligentiam juris « habuerunt, si unum in locum conferantur, cum Serv. Sulpicio non « sint comparandi. Neque enim ille magis juris consultus quam justi- « tiæ fuit. Ita ea quæ proficiscebantur a legibus et a jure civili, semper « ad facilitatem æquitatemque referebat, *neque constituere litium ac- « tiones malebat quam controversias tollere.*

CICÉRON, *Philippica nona*, V.

§

3° LE PLAISIR DE PLAIDER.

Le *plaisir de plaider* est l'un des plus vifs qui existent au monde.

Cette création de l'esprit et de la parole procure à l'avocat la triple jouissance qu'éprouvent l'homme de lettres, l'improvisateur et l'acteur, — avec la réalité et la lutte, par surcroît, — sans parler de la satisfaction qui résulte d'une tâche terminée, d'un devoir accompli, d'un service rendu.

En parlant du plaisir de plaider, je n'ai pas seulement en vue la plaidoirie d'apparat, prononcée au criminel, et au travers de laquelle l'auditeur ému aperçoit ou l'exil ou le bagne ou la hache, quand, des flots de peuple envahissant le prétoire, elle chausse le cothurne, et, soutenue par l'éclat de l'affaire, la gravité ou la singularité des faits et le génie de l'orateur, elle monte à la hauteur des harangues de l'antiquité. Je parle même de la plaidoirie civile, lorsque, contente du simple brodequin, elle élève un peu la voix, dans les questions d'état, les nullités de mariage, les séparations, les testaments, les pétitions d'hérédité, les questions d'art, de science ou de propriété littéraire.

N'est-ce pas, en effet, une grande jouissance que d'aborder une cause juste, d'en développer les différentes parties, d'y placer chaque argument en son lieu ; de rendre au droit persécuté un public hommage, de soutenir un opprimé, d'attaquer un oppresseur, d'arracher le masque à un hypocrite; de chercher, de trouver le chemin qui, de gré ou de force, conduit au cœur du juge;

de lire, dans ses yeux, le progrès de la cause, de voir, minute par minute, la conviction se former, croître, monter, arriver au comble ; — et de s'asseoir, alors, plein d'espoir, au milieu d'un murmure d'approbation, près d'un client ému jusqu'aux larmes, qui serre vos mains dans les siennes, et qui, s'il l'osait, vous étoufferait sous ses embrassements, à la face des juges et du public?

Mais pourquoi, même, cet appareil?

Il n'y a si mince plaidoirie qui n'ait, avec elle, sa petite satisfaction avouable et son petit orgueil légitime. Il y a plaisir à savoir, en public, revêtir d'un langage approprié même le simple récit d'un fait ou la discussion d'un point de droit peu compliqué; car cela encore n'est ni facile ni donné à tous.

Et si cela suffit, d'ailleurs, au gain du procès, on n'est ni sans mérite pour l'avoir trouvé, ni sans goût pour avoir su s'y restreindre.

§

4° LE PLAISIR DE GAGNER UN PROCÈS.

Mais que dirai-je du *plaisir de gagner un procès?*

Ce n'est pas pour lui-même que l'avocat a parlé; il ne lui suffit donc pas d'avoir, pour lui-même, gagné la couronne; ce qu'il désire, ce qu'il cherche, ce qu'il espère, ce qu'il attend avec anxiété, c'est l'arrêt sauveur [1].

---

1. « Il n'est aucune cause que l'avocat qui la plaide ne croie juste ; « et tous ses désirs, toutes ses passions, toute son âme, tous ses sacri- « fices doivent être pour la justice. »

GUADET, plaidoyer pour Me Rivière. (*Le Barreau de Bordeaux, de* 1775 *à* 1815, par Henri CHAUVOT.)

Dès qu'il l'a obtenu, travaux, fatigues, ennuis, inquiétudes, tourments, tout disparaît, tout s'envole ; ses souhaits sont exaucés, son but atteint, son devoir rempli ; il court à d'autres combats ; il oublie le service qu'il a rendu ; et, souvent, de son côté, le client, trop occupé, sans doute, à essuyer ses larmes, oublie son défenseur.

CHAPITRE QUATRIÈME

DEVOIRS DE LA PROFESSION.

§

Je viens de vous parler, chers Confrères, des jouissances de notre profession.

Mais je dois vous rappeler que ce qui la gouverne, la domine et la caractérise, c'est le DEVOIR.

Le Devoir!... Il est partout; il est au fond de tout; il est dans le travail, il est dans le plaisir! que dis-je? c'est lui seul qui est la source, qui est la semence du plaisir.

Les devoirs que vous imposera notre profession sont nombreux et difficiles, et vous devrez y penser sans cesse; mais la droiture naturelle de votre cœur vous les rendra faciles et doux.

Ils dérivent tous de la loi suprême de notre institution. Cette loi, c'est l'amour sincère et profond, c'est la poursuite ardente et opiniâtre de la justice et de la vérité.

§

1° JUSTICE DE LA CAUSE.

De là sortira, pour vous, l'obligation de ne jamais accepter une cause qu'après l'avoir examinée avec l'attention la plus scrupuleuse, et de ne la défendre que lorsqu'elle vous paraîtra juste [1].

Cette règle est sans exceptions au civil ; et si elle en reçoit une au criminel, c'est que l'humanité l'ordonne, que la pitié l'exige et que les lois la commandent [2].

§

2° COURAGE DE LA DÉFENSE.

De là, encore, naîtra, pour vous, le devoir de soutenir la cause que vous aurez acceptée, avec une invincible constance et contre tout adversaire, quel qu'il soit, s'agît-il de l'homme le plus puissant de la terre, — et dussiez-vous en être écrasés !

Si, par malheur, quelque hésitation venait vous saisir dans l'accomplissement de ce devoir sacré, songez alors au noble patronage que vous exercez, songez à l'Ordre auquel vous appartenez, songez que, derrière vous, cet Ordre est là, — tout entier, — pour vous soutenir, et

---

1. « Injustis sane causis patrocinari nobis nefas est. »

Husson, *de Advocato*, lib. III, cap. v, page 6. Paris, in-4°, 1666.

La Roche Flavin, — après avoir rapporté la sublime réponse que paya de sa tête le grand Papinien, sollicité par Caracalla de justifier le meurtre de Géta : « *Perpetrari a te parricidium potuit, excusari a me* « *non potest,* » — ajoute :

« Si un avocat, homme de bien, est appelé en consultation sur une « mauvaise cause, jamais il ne la conseillera; si on la lui baille à « défendre, jamais il ne la plaidera ; s'il la juge, toujours il la condem- « nera. » La Roche Flavin, liv. 3, n° 17.

2. « Licet nocentem aliquando deffendere; vult hoc multitudo, « patitur consuetudo, fert etiam humanitas. »

Cicéron, *de Officiis*, n° 84.

vous verrez bientôt votre zèle, votre courage et vos forces croître avec la grandeur de la résistance, et s'élever à la hauteur des obstacles que vous aurez rencontrés [1].

§

3° DÉCOUVERTE DE L'INJUSTICE.

Mais si vous venez à reconnaître l'injustice, jusqu'alors cachée, de la cause que vous avez entrepris de défendre, n'hésitez pas un instant, et, à quelque moment que ce soit, séparez-vous d'elle, l'eussiez-vous déjà plaidée, en tout ou en partie [2].

---

1. « S'il n'est pas séant à l'avocat de rechercher par vanité les cau« ses éclatantes, d'éviter par mollesse les difficiles, de mépriser par « orgueil les abjectes, il aurait bien plus de tort de refuser par lâcheté « celles où la grandeur et l'autorité se font craindre. Produisés donc « hardiment à la face de la Justice les causes les plus dénuées de pro« tection et de crédit; que la fermeté de votre défense fasse sentir aux « juges quelle doit estre l'intégrité de leur décision; que la force de « votre discours supplée à la faiblesse du crédit de vos clients, sans « que la dignité des puissances vous éblouisse, ni leur fortune vous « corrompe, ni leur faste vous intimide, ni leurs caresses vous amol« lissent, ni leur crédit vous décourage. Que la présence de ces adver« saires redoutables, qui, souvent, ont plus de pouvoir sur les autres « que sur eux-mêmes, assure votre constance au lieu de l'ébranler. « Tirés de nouvelles forces de leurs propres forces, en comparant avec « leur grandeur et leur pompe l'obscurité et la bassesse de vos par« ties..... »

L'Eloge et les Devoirs de la profession d'Avocat, p. 209, 1713, in-12°. Sans nom d'auteur au titre, dans l'approbation du censeur ou dans le privilége.

Cet ouvrage est de FYOT DE LA MARCHE, comte de Montpon, conseiller au parlement de Paris.

2. « Neque vero pudor obstet, quo minus susceptam, cum melior « videretur, litem, cognita inter dicendum iniquitate, dimittat, cum « prius litigatori dixerit verum. Nam et in hoc maximum, si æqui judi« ces sumus, beneficium est, ut non fallamus sana spe litigantem. »

QUINTILIEN, liv. XII, ch. 7.

L'avocat qui se fait, sciemment, le soutien de l'iniquité, se rend lui-même coupable d'iniquité; l'avocat qui protége, sciemment, une mauvaise action, commet lui-même cette mauvaise action; — plus vil et plus condamnable alors que le méchant dont il devient le complice, parce qu'il est plus éclairé et qu'il n'a pas pour lui l'excuse des passions [1].

§

4° JUSTICE DES MOYENS.

Mais il ne suffit pas que la cause vous paraisse honnête et juste; vous ne devez la défendre que d'une ma-

---

« § 1. Patroni autem causarum..... sacrosanctis Evangeliis tactis « juramentum præstant quod *omni quidem virtute, sua omnique ope,* « *quod verum et justum existimaverint, clientibus suis inferre procura-* « *bunt*: nihil studii relinquentes, quod sibi possibile est; non autem « credita sibi causa cognita, quod improba sit, vel penitus desperata, et « ex mendacibus allegationibus composita, ipsi scientes prudentesque « mala conscientia liti patrocinabuntur; *sed et si, certamine proce-* « *dente, aliquid tale sibi cognitum fuerit, a causa recedent, ab hujus-* « *modi communione sese penitus separantes*. »

JUSTINIEN, l. 14, C., *de Judiciis*.

De même, au Parlement de Paris : « Quod ab initio, vel expostfacto, « cum viderint causam esse injustam, statim eam dimittent. »— *Juramentum advocatorum Parlamenti*.

« Mais quelle plus forte recommandation de la droiture aux avocats « que le serment qu'ils font à présent, quand ils sont reçus et qu'ils « renouvellent si solennellement tous les ans, de garder inviolablement les lois et les statuts de leur profession, c'est-à-dire, entre « autres points, de ne se charger d'aucune cause qui leur paraisse « mauvaise et de l'abandonner sur-le-champ; si, l'ayant crue bonne « d'abord, ils découvrent après qu'elle ne vaut rien? »

FYOT DE LA MARCHE, *l'Eloge et les devoirs de la profession d'avocat*, p. 157.

1. « Nam si lucro pecuniaque capiantur, veluti abjecti atque degeneres inter vilissimos numerabuntur. »

Imp. VALENTIANUS et VALENS, l. 6, C. *De postulando*.

nière honorable et honnête ; « les combats du barreau, « a très-bien dit le conseiller au Parlement Fyot de « La Marche, ne sont pas des œuvres de ténèbres, « des combats de chicane et de fraude ; ce sont des com- « bats de zèle et de lumières [1]. » Vous rejetterez donc loin de vous, chers Confrères, tout moyen trompeur, toute ruse, tout subterfuge ; et, quoique vous n'obéissiez qu'au devoir en agissant ainsi, vous n'oublierez pas que celui qui a trompé, une seule fois, ses Confrères et ses juges, se rend, pour toute sa vie, justement suspect à tous les yeux.

§

5° PRUDENCE ET MODÉRATION.

Je vous ai parlé de la constance, de l'ardeur, de l'opiniâtreté même que vous devez apporter à la poursuite du juste et du vrai ; je n'ai pas besoin d'ajouter que cette ardeur ne doit rien ôter à la prudence de vos conseils, à la circonspection de vos actes, à la modération de votre parole.

Choisis tout exprès pour empêcher les passions et les colères des plaideurs de venir troubler le cours de la justice, vous manqueriez à votre mission si vous n'écartiez avec soin toute invective, toute satire, toute injure, toute insulte. Faites-le par devoir, par justice, par modération

---

1. Fyot de la Marche, page 238.

« Ce n'est pas assez de dire : j'ai une bonne cause, je la gagnerai « *aut virtute aut dolo* ; il faut vaincre par bons et légitimes moyens ; « *justa juste exequanda sunt*, et, faisant autrement, on fait d'une bonne « cause une mauvaise. »

La Roche Flavin, liv. III, § xxv.

naturelle, par bon goût; — et faites-le aussi par intérêt pour vous-même; car l'insulte retombe sur son auteur plus souvent qu'elle ne blesse celui qu'il veut atteindre; et qui remue de la boue en est presque toujours le premier sali [1].

§

6° RESPECT POUR LA MAGISTRATURE.

Songez aussi qu'en toute circonstance votre devoir est de montrer une vénération profonde pour cette magistrature qui vous protége de sa justice, de sa force et de sa bienveillance [2].

---

1. « Et toutes les resons à destruire la partie adverse si doit dire « courtoisement, sans VILENIE dire, de sa bouche, ne en fait, ne en « dit. » — *Etablissements de* SAINT LOUIS, chap. XIV, règle 13.

« Li bailli, de son office, puet bien débouter l'advocat que il ne « soit ois en advocations devant li, liquiex est coustumier de dire « vilenie au bailly ou as jugeeurs ou à la partie à qui il a affaire; car « male chose serait se tele manière de gens ne pouvaient être déboutez « de l'advocation. »

PHILIPPES DE BEAUMANOIR, *Coustumes de Beauvoisis*, ch. V, de de l'office des Advocats. Paris, Jacques Morel, 1690, avec notes de La Thaumassière.

2. HUSSON a très-bien décrit le caractère de ce respect :

« Ultimum quod in Togato deposcitur officium ipsos spectat magi- « stratus; docet enim nos omnem implere justitiam, eosque præcipue « venerari observantia apud quos dicimus et peroramus. Tremant « populi, metuant que potestatem Dei ministram, non enim sine causa « gladium habet et portat; nos autem, non tremimus, non metuimus, « sed honoramus et colimus. Ipsa enim timor non est boni operis et « non in frequenter laudem ab illo nostrum accipit ministerium. Agi- « mus, ergo, ut diximus, confidenter apud senatum, non serviliter; at « etiam reverenter, non petulanter, quantumque a famulatu nostrum « distat officium, tantum abest a fastu. »

De advocato, lib. III, cap. 46.

§

7° INDÉPENDANCE ET LIBERTÉ.

Enfin, parlez avec l'indépendance et la liberté qui sont l'apanage de notre profession; mais ne vous laissez pas abuser par les mots : l'indépendance de l'avocat n'a pour base que l'indépendance de son caractère ; et, quant à la liberté de sa parole, il l'achète par le respect qu'il a constamment pour les lois et pour la vérité, et il ne la conserve que par le respect qu'il a constamment pour lui-même [1].

---

1. « L'indépendance et la liberté que les avocats réclament et qu'ils « ne cesseront jamais de réclamer, parce que jamais ils ne cesseront « d'en être dignes, est celle qu'invoquait pour eux M. l'avocat général « Séguier lorsqu'il disait qu'il est une noble véhémence et une sainte « hardiesse qui font partie du ministère des avocats; qu'il est des cri- « mes qu'ils ne sauraient peindre avec des couleurs trop noires, pour « exciter la juste indignation des magistrats et la rigueur des lois. « Voilà leurs prérogatives, voilà leurs priviléges; ils n'en reconnais- « sent, ils n'en demandent point d'autre. Ils veulent être libres, oui, « sans doute! mais c'est pour défendre avec courage l'innocent et « l'opprimé, et non pour devenir eux-mêmes les instruments de l'op- « pression. Ils veulent être indépendants, oui, sans doute! mais c'est « pour pouvoir dire la vérité sans danger, et non pour devenir im- « punément les organes du mensonge. Ils veulent être libres, oui, « sans doute! mais c'est pour que l'intrigue et la puissance n'enchaî- « nent pas leurs mains consacrées à l'emploi glorieux de désarmer « l'injustice, et non pour que la haine et la vengeance puissent impu- « nément les armer de leurs poignards. Ils veulent être indépendants, « oui, sans doute! mais c'est pour que la crainte ne glace point leur « langue alors qu'elle se prépare à démasquer l'imposture, et non pour « que la calomnie puisse la délier à son gré. »

GUADET, plaidoyer pour M. Rivière (*le Barreau de Bordeaux, de 1775 à 1815*, par Henri CHAUVOT page 136).

CHAPITRE CINQUIÈME

RÉSULTAT.

§

Si nous cherchons maintenant, chers Confrères, le *résultat* que vous promet un long et honorable exercice de notre profession, nous voyons, au premier rang, la justice satisfaite, de grands services rendus, de bonnes actions accomplies ; nous trouvons ensuite la considération personnelle obtenue, toujours; l'aisance de la famille, fréquemment ; la fortune, de temps à autre; les dignités, assez souvent. Nous pouvons ajouter, enfin, qu'il ne nous est pas interdit de rêver quelquefois la gloire [1] !

---

1. Godefroy prétend que notre profession est un chemin très-certain pour aller au ciel :

« Audentér jam dicam inter jurisconsultum et virum bonum nihil « interesse, certissimum denique ad cœlum viam esse nostram juris « professionem, si ad æquum et bonum revocetur. »

De son côté, Fyot de la Marche indique les noms de quelques-uns des Saints que notre profession a donnés à l'Église; j'y vois, avec bonheur, celui de Saint-Evre, sixième évêque de ma chère ville de Toul (500 à 507) :

« Mais n'est-ce pas trop promettre, et l'envie d'exalter la profession « d'avocat ne m'engage-t-elle pas un peu trop avant? Les preuves me « manqueront peut-être au besoin. Églises de Toul et de Milan, de « Constantinople et d'Auxerre, qui vous glorifiez avec tant de raison

§

Telle est notre profession.

Trois mots la définissent : Probité, Savoir et Talent, mis au service de la Justice.

« d'avoir veu assis dans vos chaires épiscopales les Evres et les Am-
« broises, les Chrysostômes et les Germains ; où se sont formées ces
« lumières qui vous ont autrefois éclairées avec tant de fruit et de
« succès ? N'est-ce pas dans la profession du barreau ? »

Fyot de la Marche, *L'Eloge et les Devoirs de la Profession d'avocat*, page 50.

DEUXIÈME PARTIE

ÉLOGES DONNÉS A LA PROFESSION D'AVOCAT.

§

Je viens de vous en parler en style vulgaire; mais elle a trouvé des apologistes dignes d'elle et que nous ne pouvons citer trop souvent, parce qu'en relisant les lettres de noblesse qu'ils nous ont données, nous nous encourageons à mériter ces glorieux témoignages.

I

EMPEREURS ROMAINS.

Je laisse de côté les magnifiques éloges que JUSTINIEN a empruntés aux empereurs qui l'ont précédé, et qui nous assimilent aux plus vaillants défenseurs de l'empire [1].

1. Imp. LEO et ANTHEMIUS AA. Callicrati PP. illyrici.
« Advocati, qui dirimunt ambigua fata causarum, suæ que defensio- « nis viribus in rebus sæpe publicis ac privatis lapsa erigunt, fatigata « reparant, non minus provident humano generi, quam si præliis atque « vulneribus patriam parentesque salvarent. Nec enim solos nostro « imperio militare credimus illos, qui gladiis, clypeis et thoracibus « nituntur, sed etiam advocatos : militant namque causarum patroni, « qui, gloriosæ vocis confisi munimine, laborantium spem, vitam et « posteros defendunt. » (L. 14, C. *De advocatis diversorum judiciorum.*)

II

SAINT-YVES, HUSSON, FYOT DE LA MARCHE.

Je n'oserais pas dire, même avec SAINT-YVES [1], HUSSON [2], et FYOT DE LA MARCHE [3], que « la pro- « fession d'avocat remonte jusqu'au Verbe divin, plai- « dant devant Dieu pour défendre la postérité d'A- « dam, plus malheureuse que coupable ; » et, surtout, je n'oserais pas conclure, avec le dernier de ces auteurs, tout conseiller au Parlement qu'il ait été, « qu'on ne doit « pas être surpris si cette profession, ainsi sortie de cette « source divine, ne se conduit que par des sentiments « élevés et conserve dans son progrès toute la noblesse « de son principe. »

Soyons plus modeste.

Ce ne sera pas l'être assez, peut-être, que de vous lire

---

1. «... Lequel était persuadé que l'origine de la profession d'avo- « cat remontait jusqu'au temps fortuné où le Verbe divin, après la « faute de notre premier père, daigna lui-même se rendre auprès de « Dieu l'avocat du genre humain. »

COQUART, *Lettres*, etc., page 7.

2. *De advocato libri quatuor, auctore* MARINO HUSSON, *in Senatu parisiensi advocato. Parisiis,* 1666.
Voici sa dédicace : « VERBO *increato eidemque incarnato humani « generis, ab origine mundi* PATRONO *nec non apud Patrem usque ad « consummationem sæculi* ADVOCATO.

« *Adsum tandem,* etc. »

3. FYOT DE LA MARCHE. *L'Eloge et les devoirs de la profession d'avocat,* 1713, in-12, pages 23 et 24.

la brillante énumération par laquelle il définit notre profession; mais cette peinture renferme des traits si vrais et si frappants, que je ne puis me refuser au plaisir de la mettre sous vos yeux :

« Sans armes, dit-il, cette profession épouvante la « force; sans effort, elle arrête la violence; sans appa- « reil, elle réduit la puissance et le faste à la modestie et « à la crainte. La pauvreté la recherche comme son « azyle; l'abondance, comme son appuy; l'honneur, « comme sa lumière; la réputation, comme sa ressource; « la vie même, comme un moyen de conservation. La « Justice la prise comme un des principaux instruments « de ses oracles; l'éloquence la chérit comme sa fille; la « vertu est singulièrement son motif et sa récompense; « la science luy sert de guide et de règle, et la renom- « mée porte partout l'éclat de ses succès et de sa gloire. « Elle touche les indifférents; elle rassure les faibles; elle « contient les puissans; et, comme les particuliers l'ad- « mirent, les juges l'estiment, la protégent et la chéris- « sent. Enfin, attirer sans contrainte, se faire suivre sans « commandement, se produire sans vanité, attaquer et « défendre sans péril, céder sans honte et triompher sans « orgueil, ce sont ses caractères; s'enrichir sans rapine, « s'accréditer sans cabale, s'élever sans faveur, se main- « tenir sans bassesse, vieillir sans corruption, ce sont ses « avantages; avoir des joies pures, une gloire sans tache, « uue réputation sans bornes, un mérite sans envie, c'est « son bonheur et sa perfection [1]. »

---

1. *L'Éloge et les devoirs de la profession d'avocat*, 1713, in-12, pages 23 et suivantes.

III

D'AGUESSEAU.

D'Aguesseau a écrit en son honneur un véritable dithyrambe :

« Dans cet assujettissement presque général de toutes « les conditions, dit-il, un Ordre aussi ancien que la magistrature, aussi noble que la vertu, aussi nécessaire « que la justice, se distingue par un caractère qui lui « est propre, et, seul entre tous les états, il se maintient « toujours dans l'heureuse et paisible possession de son « indépendance.

« Libre, sans être inutile à sa patrie, il se consacre au « public sans en être l'esclave...

« Exempte de toute sorte de servitudes, la profession « d'avocat arrive à la plus grande élévation, sans perdre « aucun des droits de sa première liberté ; et, dédaignant « tous les ornements inutiles à la vertu, elle peut rendre « l'homme noble sans naissance, riche sans biens, élevé « sans dignité, heureux sans le secours de la fortune[1]. »

---

1. *L'Indépendance de l'Avocat.* Discours de rentrée. 1693.

Au bas de ce magnifique portrait, sera-t-il permis de suspendre ce simple dessin ?

« Des hommes, que les talents et la probité firent appeler au minis« tère de la défense judiciaire se présentèrent avec le titre modeste « d'appelés, *advocati* ; ils prirent quelquefois celui de patrons, d'amis, « de défenseurs ; il n'est aucune de ces expressions qui n'emporte avec « elle l'idée de services, de bienfaits, de bienveillance. Quand il ne « fut besoin que d'un louable dévouement, l'avocat fut un être géné« reux ; quand il fallut, dans la suite, des connaissances, des études,

§

Peut-être vous viendra-t-il à la pensée que ces éloges s'adressent uniquement à ces rares génies qui, de loin en loin, reçoivent de Dieu lui-même le don de l'éloquence.

Vous vous tromperiez.

Il s'agit de la profession considérée en soi ; il s'agit de tous ceux qui, doués de facultés ordinaires, cultivent les vertus de leur état et se livrent, avec ardeur et conscience, aux travaux qu'elle leur impose.

C'est D'AGUESSEAU lui-même que j'appelle en témoignage :

« Quoique rien, dit-il, ne semble plus essentiel aux « fonctions de votre ministère que la sublimité des pen- « sées, la noblesse des expressions, les grâces extérieures « et toutes les grandes qualités dont le concours forme la « parfaite éloquence, ne croyez pourtant pas que la « parfaite éloquence soit absolument dépendante de tous « ces avantages...

« Ces talents extraordinaires, cette grande et sublime « éloquence, sont des présents du ciel qu'il n'accorde que « rarement. On trouve à peine un orateur parfait dans « une longue suite d'années ; tous les siècles n'en ont pas

---

« il fut un savant dévoué et généreux. Le peuple, plus éloigné, regarda « avec admiration les combats difficiles qu'il eut à rendre ; l'huma- « nité, la justice consacrèrent ses efforts ; le prince le protégea ; l'être « sauvé le combla de bénédictions, le nom de défenseur ne fut plus « prononcé qu'avec enthousiasme. Leur profession fut une des plus « grandes aux yeux de la société, des plus respectables aux yeux de la « loi. »

GIBAULT, avocat, docteur régent à la faculté de droit de Poitiers, *Guide de l'Avocat*, page 15.

« produit ; et la nature s'est reposée longtemps après « avoir formé les Cicéron et les Démosthène.

« Que ceux qui ont reçu ces glorieux avantages jouis-« sent d'une si rare félicité ; qu'ils cultivent ces semences « de grandeur qu'ils trouvent dans leur génie...

« Mais si les premiers rangs sont dus à leurs grandes « qualités, on peut vieillir avec honneur dans les seconds, « et, dans cette illustre carrière, il est glorieux de suivre « ceux mêmes qu'on n'espère pas d'égaler.

« Ajoutons, à la gloire de votre Ordre, que l'éloquence « même, qui paraît son plus riche ornement, ne vous « est pas toujours nécessaire pour arriver à la plus grande « élévation, et le public a fait voir, par d'illustres « exemples, qu'il savait accorder la réputation des plus « grands avocats à ceux qui n'avaient jamais aspiré à la « gloire des orateurs.

« La science a ses couronnes aussi bien que l'élo-« quence. Si elles sont moins brillantes, elles n'en sont « pas moins solides ; le temps, qui diminue l'éclat des « unes, augmente le prix des autres. Ces talents, stériles « pendant les premières années, rendent avec usure, « dans un âge plus avancé, les avantages qu'ils refusent « dans la jeunesse, et votre Ordre ne se vante pas moins « des grands hommes qui l'ont enrichi par leur érudition « que de ceux qui l'ont orné par leur éloquence.

« C'est ainsi que, par des routes différentes, mais tou-« jours également assurées, vous arrivez à la même gran-« deur, et ceux que les moyens ont séparés se réunissent « dans la fin [1]. »

---

1. D'Aguesseau. De l'*Indépendance de l'Avocat*. Discours de rentrée, 1698.

IV

M. LE BATONNIER DELANGLE [1].

Ces appréciations, déjà anciennes, que je mets sous vos yeux, pour qu'elles vous soient un perpétuel encouragement, et parce qu'elles peuvent servir à consoler quelques-uns d'entre vous, comme elles m'ont consolé moi-même, ces appréciations ont été reproduites dans les temps qui ont suivi et je les retrouve dans le discours de l'un de nos plus célèbres bâtonniers :

« Quand l'âge aura mûri votre expérience, nous di-« sait Me Delangle, en 1836, vous comprendrez ce « qu'est, même dans les rangs secondaires, une profes-« sion dont l'exercice n'expose pas à des nuits sans som-« meil, et dans laquelle la considération et l'estime pu-« blique sont l'infaillible récompense du travail et de la « probité [2]. »

Méditez ces paroles, chers confrères.

Quand elles ont été prononcées devant nous, nous les avons, de confiance, couvertes de nos applaudissements, et, à mesure que l'expérience est venue, l'expérience nous en a démontré la sagesse et la vérité.

---

1. Aujourd'hui, premier Président à la Cour impériale de Paris. [Depuis, Garde des sceaux (1863)].

2. Discours d'ouverture des conférences, 24 novembre 1836.

V

CAMUS.

Si les louanges données à notre profession ne sont pas réservées au grand orateur seul, c'est que l'orateur n'est pas l'avocat. *Bien parler en public* est une des fonctions, et la plus brillante sans doute, de l'avocat ; mais elle n'est pas la seule. *Bien conseiller, dans le cabinet*, en est une autre, plus modeste, il est vrai, mais non moins importante ; — de sorte que l'idée du parfait avocat entraîne quelque chose de plus que l'idée du parfait orateur.

C'est ce qu'atteste le savant Camus :

« Qu'est-ce donc, dit-il, que j'entends par un avocat ? « Un homme de bien, capable de conseiller et défendre ses « concitoyens. — Caton définissait l'orateur : un homme « de bien qui sait parler, *vir probus dicendi peritus*. J'a- « joute au talent de parler, celui de conseiller. En même « temps que l'avocat parle et écrit comme un orateur, « je veux qu'il pense et qu'il raisonne comme un juris- « consulte...

« ...... Il est beau, sans doute, de voir Démosthènes « arracher le masque aux pensionnaires de Philippe... « Cicéron poursuivre tantôt Catilina, tantôt Marc-An- « toine ; mais, dans tout ceci, c'est l'orateur seulement « que vous apercevez.

« Voici ce qu'il faut ajouter, pour rendre complète « l'idée d'un véritable avocat :

« Se sacrifier, soi et toutes ses facultés, au bien des

« autres; se dévouer à de longues études, pour fixer les « doutes que le grand nombre de nos lois multiplie ; de- « venir orateur pour faire triompher l'innocence oppri- « mée ; regarder le bonheur de tendre une main secou- « rable au pauvre comme une récompense préférable à « la reconnaissance la plus expressive des grands et des « riches ; défendre ceux-ci par devoir, ceux-là par inté- « rêt, tels sont les traits qui caractérisent l'avocat [1]. »

VI

LOYSEL

Loysel va plus loin et fait dire à *Pasquier :*

« En somme, ie désire en mon advocat le contraire de « ce que Cicéron requiert en son orateur, qui est l'élo- « quence en premier lieu et puis quelque science de « droit; car ie dis, tout au rebours, que l'advocat doit « surtout être savant en droit et en pratique et médiocre- « ment éloquent, plus dialecticien que rhéteur, et plus « homme d'affaires et de iugement que de grand et long « discours. I'en parle, par adventure, trop librement, « mais puisque vous m'y avez poussé, i'en ay dit entre « nous ce que i'en pense [2]. »

---

1. Camus, *Lettres sur la profession d'avocat*. Lettre Ire.

« L'Orateur a été défini *vir bonus, dicendi peritus*; j'ai pensé que l'A- « vocat pouvait être défini *vir bonus, juris et dicendi peritus*; c'est tout « mon plan. » Gibault, avocat, docteur régent à la faculté de droit de Poitiers, — *Guide de l'Avocat.*

2. Loysel, *Dialogue des Advocats du Parlement de Paris.*

« Les advocats doivent être plus curieux de la science et doc-

VII

L'ABBÉ FLEURY.

Et c'est probablement aussi ce qu'en pensait le sage et judicieux abbé Fleury, lorsqu'il écrivait :

« Je n'entends pas, ici, par éloquence, ce qui fait faire « ces harangues de cérémonie et autres discours étudiés « qui chatouillent l'oreille en passant et ne font le plus « souvent qu'amuser. J'entends l'art de persuader effec- « tivement, soit que l'on parle en public ou en particu- « lier ; j'entends ce qui fait qu'un avocat gagne plus de « causes qu'un autre, qu'un magistrat est plus fort dans « les délibérations de la compagnie ; en un mot, ce qui « fait qu'un homme se rend maître des esprits par sa « parole [1]. »

VIII

HENRION DE PANSEY.

Les louanges données à notre profession ne seraient pas complètes si je n'y joignais ce que notre ancien

---

« trine que des parolles et de la beauté et ornement de langage. »
La Roche Flavin, *XIII livres des Parlements*, chap. II, n° 21.

L'opinion de Loysel et de La Roche Flavin est partagée par Fyot de la Marche, *l'Éloge et les devoirs de la profession d'avocat*, page 135.

1. L'abbé Fleury, *Du choix des études*, n. 31.

confrère, HENRION de PANSEY, a dit de notre indépendance :

« Libre des entraves qui captivent les autres hommes, « trop fier pour avoir des protecteurs, trop obscur pour « avoir des protégés, sans esclaves et sans maîtres, l'avo- « cat serait l'homme dans sa dignité originelle, si un tel « homme existait sur la terre [1]. »

§

Ne perdez jamais de vue ces portraits de famille ; qu'ils

---

1. *Éloge de Dumoulin,* 1772, en tête de son *Traité des fiefs.*

Sur tous ces témoignages Paillet fait une curieuse observation :

« Chose remarquable ! Ce n'est pas même à des avocats que notre état « est redevable de ses glorieuses définitions : elles seraient suspectes « de partialité. Il les doit aux magistrats les plus éminents par leurs « fonctions, et surtout par leurs vertus et leurs lumières. [*D'Aguesseau,* « *Henrion de Pansey,* etc.] Or, ces intelligences d'élite, affranchies de « toutes préventions, ne connaissant d'autre passion que celle de la « vérité et du bien public, envisageant, de leur sphère élevée, l'ordre « social dans son ensemble, n'usaient-elles pas, en quelque sorte, de « leur droit, lorsqu'elles marquaient à chaque état sa place légitime, « selon sa nature et son utilité réelle ?

« Et si leur bienveillance pour le Barreau les avait entraînées à leur « insu, jusqu'à l'exagération et la flatterie, il est un autre juge, bien « compétent sans doute, à qui l'on ne ferait pas le même reproche. C'est « NAPOLÉON ! Eh bien ! qu'on relise son décret de 1810 ; certes, il s'y « montre pour nous plus avare de concessions que d'entraves ; mais on « y voit pourtant que si la profession d'avocat *a fixé ses regards,* c'est « qu'il a remarqué en elle *une profession dont l'exercice influe puissam-* « *ment sur la distribution de la justice...; Un état qui a ses bases essen-* « *tielles dans la probité, la délicatesse, le désintéressement, le désir de la* « *conciliation, l'amour de la vérité et de la justice, le zèle éclairé pour* « *les faibles et les opprimés.* Là même se lit le mot de *liberté,* mot aussi « rare que la chose, à cette époque, mais qui s'imposait comme une « nécessité dans la réorganisation du Barreau, tant il se trouvait inti- « mement lié à ses souvenirs et à ses traditions. »

PAILLET, *Discours d'ouverture des Conférences,* 1839.

soient pour vous les représentations variées d'un idéal sans cesse présent à vos yeux et dont vous devez sans cesse chercher à vous rapprocher, afin de transmettre intact à vos successeurs le dépôt d'honneur que nos ancêtres ont remis en nos mains.

TROISIÈME PARTIE

NOTICES NÉCROLOGIQUES

Me voici parvenu, chers Confrères, à la partie douloureuse de ma tâche, aux pertes que nous avons faites.

§

Mais, d'abord, qu'il me soit permis de m'arrêter devant les tombes qui, cette année, se sont ouvertes pour recevoir les dépouilles mortelles de plusieurs magistrats.

Le respect que nous avons pour la magistrature, le dévouement que notre Ordre lui a toujours montré, la communauté de notre origine [1], le grand nombre de

---

1. « Dans tous les pays où la vie, la fortune et la liberté des citoyens « furent comptées pour quelque chose, la justice se montre entourée « d'hommes généreux ayant mission de l'implorer pour les autres; on « trouve auprès du magistrat chargé de juger ses semblables le patron « chargé de les défendre; l'équité des jugements est placée sous la ga- « rantie de la liberté des discussions.

« Voilà pourquoi le chancelier d'Aguesseau, avec l'éclat de sa ma- « jestueuse éloquence, proclamait notre Ordre *aussi ancien que la Ma-* « *gistrature, aussi nécessaire que la justice*, et, ajoutait-il, *aussi noble* « *que la vertu*.

« Cette fraternité d'origine, cette tendance vers le même but, cette « coopération à la même œuvre, forment le premier et le plus puissant « lien qui rattache la magistrature au barreau et le barreau à la ma- « gistrature.

« Destinés à vivre, pour ainsi dire, d'une vie commune, l'avocat et le

magistrats éminents qu'à toutes les époques de son histoire elle nous a empruntés, l'union intime de nos travaux et des siens, l'aide que nous lui portons, la protection dont elle nous couvre, la bienveillance dont elle nous honore, tout me fait un devoir de parler de ses pertes comme si elles nous étaient personnelles, tout m'autorise, tout m'engage à mêler respectueusement nos douleurs à ses douleurs [1].

I

M. ROLLAND DE VILLARGUES [2].

M. ROLLAND DE VILLARGUES, l'un des conseillers les plus savants de la Cour, écoutait avec religion

---

« magistrat ne doivent-ils pas éprouver le besoin d'une estime réci-
« proque? etc., etc. »

PHILIPPE DUPIN, *Discours d'ouverture des conférences*, 22 nov. 1834.

1. PASQUIER (*Recherches sur la France*) et LOYSEL (*Dialogue des advocats*) attestent qu'il n'est pas de grande famille parlementaire qui n'ait pris naissance au barreau, et appellent notre profession la *Porte des Dignités*.

Il en a été ainsi de tous les temps.

C'est la remarque que faisait, en 1828, notre ancien confrère, M. le premier Président DE SÈZE, recevant conseiller notre ancien confrère BONNET ; mais, en faisant cette remarque, il se plaignait de ce que, pour arriver à la magistrature, on ne suivît pas assez longtemps ce rude et glorieux chemin :

«... Cette belle profession, qui fait de la parole une si prodigieuse
« puissance, mais qu'on néglige trop aujourd'hui, dans laquelle on
« s'essaye à peine, dont la mollesse du siècle redoute trop les fatigues,
« qu'on se hâte de sacrifier à des places, et qui, cependant, lorsqu'on
« l'exerce avec éclat et dignité, devient, elle-même, votre récompense,
« vous conduit à tous les honneurs, vous présente à toutes les gloires.»

Voir le bel éloge d'HENRION DE PANSEY, également sorti de nos rangs pour devenir le collègue et le successeur de De Sèze, par M. PAILLART, premier président honoraire à la cour de Nancy.

2. ROLLAND DE VILLARGUES, né le 24 nov. 1787,—mort le 18 mars 1856. Il a écrit dans le *Journal des Notaires* (dès 1808), dans les

sur le siége et travaillait avec le plus grand soin dans le cabinet. Sa réputation de science n'était pas un de ces bruits qui trompent; c'est sur des livres, et d'excellents livres, qu'elle était fondée.

Après lui vivra son *Traité des Substitutions;* et le *Notariat* peut dire ce qu'il doit de conseils et de lumières aux autres écrits d'un homme dont la science seule occupa la vie entière et qui fut aussi éclairé que laborieux.

Chez lui, la conscience était droite, le savoir sans prétentions; et personne ne fut jamais ni plus affable ni plus modeste.

Annales du Notariat, dans le *Recueil* de *Denevers* et *celui de Sirey.*

Il a publié un *Traité des Enfants naturels,* et un *Traité des Substitutions* (trois éditions).

En 1828, il a publié le *Répertoire de la jurisprudence du Notariat* (deux éditions) et, depuis 1828, vingt-huit volumes intitulés *Jurisprudence du Notariat,* faisant suite au Répertoire.

En 1836, il a donné le *Code du Notariat.*

Substitut à Melun (9 avril 1816).
Juge à Melun (27 janvier 1819).
Juge suppléant à Paris (30 août 1820).
Juge chargé de l'instruction (24 février 1825).
Juge titulaire d'instruction (12 février 1826).
Simple Juge (28 novembre 1827).
Conseiller (4 juin 1831).
Membre de la Légion d'honneur (1841).

Il nous est doux, en louant un magistrat mort, de trouver l'occasion de louer un magistrat vivant.

M. Taillandier, ancien avocat à la cour de cassation, alors conseiller à la Cour royale, aujourd'hui conseiller à la Cour suprême, avait été désigné pour cette croix. L'ayant appris, il se rendit à la chancellerie, y fit agréer son refus, obtint que la croix fût donnée à M. Rolland de Villargues et se regarda comme cent fois plus heureux de cette *double faveur* que si, au lieu de lui retirer sa décoration, on lui en avait donné deux.

De pareils traits font aimer et admirer la Magistrature.

II

M. BARBOU [1].

La mort inattendue de M. le Président BARBOU n'a pas frappé la Cour plus douloureusement que le Barreau.

M. Barbou était l'un des magistrats les plus éminents de France.

Doué d'un esprit vif et pénétrant, armé d'une sagacité rare, imbu de la profonde connaissance du Droit et des affaires, éclairé par une longue expérience, il écoutait, à l'audience, avec cette attention persistante, — qui est une grande partie de la Justice, — sans laquelle il n'y a pas de bon magistrat, — et, qui, seule, soutient les défenseurs dans l'exercice de leurs fonctions [2].

---

1. Eugène-Valérie BARBOU, né en 1800, — mort le 20 sept. 1856.
Juge suppléant à Paris (février 1826).
Juge (2 février 1831).
Juge d'instruction (3 mai 1831).
Vice-Président (27 janvier 1840).
Conseiller (22 mars 1848).
Président de Chambre (12 janvier 1856).
Membre de la Légion d'honneur (mai 1849).

2. « .... Præsertim cùm primùm religioni suæ patientiam debeat, « quæ magna pars justitiæ est. » PLINE LE JEUNE, liv. VI, ép. 2.

« Considérons-le sur ce tribunal sacré d'où il dispense la lumière et « les influences des loix. Admirons, dans cette place, sa patience et sa « douceur... Il ne sait ni interrompre ni rebuter avec aigreur. Il « écoute sans inquiétude, sans chagrin et avec une attention qui sou- « lage, qui anime ceux qui parlent. Ha ! qu'il était loin de cette impa- « tience brutale qui égorge et les affaires et les parties, et qui traîne « presque toujours à sa suite ou l'erreur ou l'injustice ! »

PATRU, *Œuvres diverses*, 2e part. *Éloge de M. le premier Président* POMPONE DE BELLIÈVRE.

Il ne se bornait pas à écouter ; il consignait, au fur et à mesure qu'ils passaient devant lui, les arguments notables des plaidoiries, et il le faisait avec un soin qui nous donnait la ferme assurance que la Cour les retrouverait tout entiers à son délibéré.

Ne se fiant pas à une sagacité qui eût pu se croire dispensée d'un examen ultérieur, il allait au fond des affaires, lisait les pièces, dépouillait les défenses ; et ses arrêts, pleins de force et de clarté, attestaient et reflétaient ce long travail [1].

Sa bienveillance pour le Barreau était inépuisable, et ce que nous lui donnions en respect, il nous le rendait en affabilité.

Toutes les fois que le permettait le rôle de son audience, il nous accordait, avec empressement, ces facilités qui ne nuisent à personne, qui sont utiles à tous, et que, la plupart du temps, nous ne demandons aux magistrats que lorsque nous y sommes forcés et pour le service de la justice. Il comprenait les nécessités de notre profession et nous aidait à sortir des embarras où, si souvent, elle nous jette ; tout comme il comprenait la douceur de se faire

---

1. Si les ingénieuses conjectures de M. DE LAMARTINE sur l'époque où a été écrit *le Livre de Job* sont fondées (*Cours familier de Littérature*, XIIe Entretien), il en résulte que le travail du juge dans les affaires difficiles était, et avec raison, un sujet de gloire *dès avant le déluge* ; car on lit, au chapitre 39, ces magnifiques paroles, qu'après quatre mille ans, il nous est permis d'appliquer à M. le Président Barbou :

« J'étais couvert de ma Justice ; elle me servait de vêtement ; mon « équité était, pour moi, comme un manteau et comme un diadème ;

« ....

« J'étais le père des pauvres, et *quand la cause que j'avais à juger* « *m'était obscure, je ne négligeais aucune peine pour la bien connaître.* »

LE LIVRE DE JOB, ch. 39, v. 14 et 15.

aimer, et profitait, pour y arriver, des facilités que lui donnait sa haute position.

Ses refus eux-mêmes avaient une certaine grâce; il s'en excusait, de manière à bien faire comprendre qu'il ne refusait que ce qu'il lui était impossible d'accorder; et, cependant, personne n'a jamais trouvé que sa courtoisie ait porté la moindre atteinte à sa fermeté.

Je suis donc l'organe du Barreau tout entier, en disant que, si la dignité de Président de Chambre eût été donnée à l'élection, nos suffrages unanimes la lui eussent décernée; qu'il a, dans son court passage à la Présidence, réalisé les espérances qu'avait fait naître sa nomination; et que l'unanimité de nos regrets salue sa mémoire d'un long et douloureux adieu.

III

M. MÉRILHOU [1].

J'ai encore à vous entretenir d'un autre magistrat, de M. le conseiller à la Cour de cassation, MÉRILHOU;

1. Joseph MÉRILHOU, né le 15 octobre 1788, — mort le 18 oct. 1856.
Conseiller auditeur à la Cour impériale de Paris (1814).
Substitut à la Cour (cent-jours).
Admis au tableau de l'Ordre à la date du 5 décembre 1820.
Secrétaire général de la Justice (29 juillet 1830).
Ministre de l'Instruction publique et des Cultes (3 novembre 1830).
Garde des sceaux (27 décembre 1830).
Député (6 juillet 1831).
Conseiller à la Cour de cassation (21 avril 1832).
Pair de France (3 octobre 1837).
Grand Officier de la Légion d'honneur (20 mars 1846).

parce qu'il a été notre confrère et que, pendant dix ans, nous l'avons vu combattre à notre tête.

Combattre est le mot propre; car son époque a été celle d'une lutte journalière et acharnée entre le Barreau et le Pouvoir, et Me Mérilhou a été, surtout et avant tout, un avocat politique.

La gravité des procès dont il fut chargé, les difficultés qui entouraient ces procès, le courage et le talent qu'il y déploya, la vigueur de ses défenses, la solidité de sa parole écrite, lui firent alors une grande et légitime renommée.

Au souvenir de ces temps, que les révolutions bien plus que le nombre des années ont mis si loin de nous, je sens encore tressaillir mon cœur.

J'entends encore ces grandes paroles dont l'énergie nous enflammait. J'entends les frémissements de cette ardente jeunesse qui s'entassait dans le Prétoire pour recevoir son baptême politique de ces plaidoiries ardentes, où paraissait respirer l'amour de la Patrie et de la Liberté.

Oui, en écoutant les hardis tribuns judiciaires de ces temps orageux, il nous semblait entendre la Patrie elle-même, réfugiée dans le temple de la Justice, réclamer de nous sa délivrance, et notre jeune enthousiasme s'enivrait à répéter ces patriotiques harangues.

Mais la victoire de 1830 met fin à ces périlleuses défenses.

M. Mérilhou entre alors dans la politique active et dans l'administration; il occupe les premiers postes de l'État; les dignités s'accumulent sur sa tête, et enfin il s'assied et il meurt sur les bancs de la Cour suprême.

Ici, sa vie échappe aux appréciations de ce discours. Un seul fait en doit être retenu, c'est que, nommé secrétaire général au ministère de la justice, M. Mérilhou contribua à faire rendre l'ordonnance, célèbre et si longtemps sollicitée, du 27 août 1830, qui rendit à l'Ordre une partie de son antique liberté, en nous restituant l'élection directe du Bâtonnier et du Conseil en même temps que le droit de plaider, sans *exeat*, dans tous les ressorts.

A ce titre, M. Mérilhou a droit à la reconnaissance du Barreau [1].

IV

Me MILLET [2]

L'Ordre a perdu, dans Me MILLET, un avocat distingué par le talent et la probité.

C'était un bon et digne confrère. Jeune encore, il s'était déjà placé dans un rang élevé; il était recommandable par les qualités du cœur et celles de l'esprit, la conscience dans le travail, la facilité de la parole et un caractère excellent [3].

---

1. Mais cette reconnaissance est due, surtout, à notre Bâtonnier, Me DUPIN aîné, qui en réclame une part pour DUPONT (de l'Eure). — V. la note de M. DUPIN aîné, en tête de l'Ordonnance, page 721, vol. I, du *Recueil des pièces concernant la profession d'avocat.*

2. Philippe-Auguste MILLET, né à Dieppe, le 18 décembre 1818, — mort le 16 décembre 1855.

Admis au tableau à la date du 25 janvier 1841.

3. « Millet avait embrassé sa profession par choix, et les commen-

V

Me ROUSTAIN [1]

Nous avons fait une seconde perte dans la personne d'un avocat qui n'a jamais paru au palais, mais qui s'était consacré à l'enseignement du droit, Me ROUSTAIN, travailleur infatigable et savant collaborateur de MM. Du Caurroy et Bonnier [2].

« cements lui furent d'autant plus difficiles que son père, le destinant « à la profession qu'il avait embrassée lui-même (les Douanes), ne pro- « mit son consentement qu'au succès. Il fut donc obligé de faire face « aux dépenses de ses examens et de se suffire à lui-même, pendant « deux ans, en donnant des leçons et en menant de front son surnu- « mérariat au ministère des finances. Cette rude jeunesse l'avait trempé; « son caractère en était sorti capable de lutter contre les plus formida- « bles difficultés de la vie et d'en triompher. Je l'ai vu aux prises avec « un travail ardu et pourtant infructueux, avec une situation qui était « plus que de la gêne, et je ne l'ai jamais vu manquer ni de courage, « ni de vaillante espérance, ni de dignité; je dois ajouter que les résul- « tats avaient pleinement répondu à tant d'efforts généreux. Lorsqu'il « nous fut enlevé, les obstacles étaient aplanis. Le présent, entouré « d'estime, de relations sûres, d'amitiés profondes, promettait un ave- « nir fécond, et mon cher Philippe, trois jours avant de tomber malade, « disait, en élevant son fils dans ses bras : Que nous manque-t-il main- « tenant? — Rien. Nous étions plus heureux qu'on ne doit, sans doute, « l'être en ce monde ! »

En transcrivant ce fragment d'une lettre écrite par la femme distinguée, par la digne compagne que Millet s'était choisie, j'ai voulu donner à la mémoire de notre cher confrère le plus doux témoignage qu'elle pût recevoir, et montrer, en même temps, aux jeunes stagiaires par quel invincible courage une ferme volonté franchit les plus grands obstacles.

2. Jean-Baptiste-Pierre ROUSTAIN, né le 2 décembre 1804, — mort le 8 août 1856.

Admis au tableau à la date du 15 novembre 1829.

Suppléant à la faculté de droit, au concours (16 juillet 1839).

Professeur à une chaire de droit romain (4 juillet 1855).

2. *Commentaire théorique et pratique du Code civil* (1848).

L'École de Droit est notre mère nourrice ; tous ses membres sont nos confrères; son souvenir est une de nos joies; et nous unissons, avec sympathie, notre deuil à son deuil, lorsqu'elle perd un de ces savants professeurs qui nous ont donné les premières leçons.

VI

Me LACAILLE [1]

Il y a quelques jours à peine, nous allions au temple demander à l'Esprit de lumière et de vérité de descendre sur la justice humaine; et, à ce moment même, l'un de nos stagiaires les plus distingués nous était enlevé.

Lauréat de l'École de Droit, Me LACAILLE avait, l'an dernier, obtenu l'honneur du secrétariat, et tout se réunissait en lui, science, talent, facilité, travail, pour nous autoriser à croire que son nom ne figurerait pas sans éclat sur notre tableau ; — et voilà que la mort vient anéantir, sans pitié, tant de jeunesse, tant d'intelligence, tant d'aménité et tant de légitime espoir!

---

1. Octave LACAILLE, né à Tonnerre, le 10 septembre 1834, — mort à Paris, le 3 novembre 1856.

Admis au stage le 14 août 1854.

QUATRIÈME PARTIE

ÉLOGE DE Mᵉ PAILLET [1]

§

Enfin, nous avons perdu un homme qui réunissait au plus haut degré la science du jurisconsulte et la parole de l'orateur, un de ces hommes dont le ciel est avare et qui font la gloire des professions qu'ils embrassent.

Vos regrets et votre admiration ont nommé Mᵉ PAILLET, que la mort nous a si cruellement ravi, quand nous portons encore le deuil de PHILIPPE DUPIN, — cette grande lumière du barreau, si promptement et si malheureusement éteinte [2]!

---

1. Alphonse-Gabriel-Victor PAILLET, né à Soissons le 17 nov. 1796, — mort à Paris le 17 novembre 1855.
Admis au tableau à la date du 11 décembre 1824.

2. Philippe-Simon DUPIN, né à Varzy le 6 octobre 1795, — mort à Pise, le 14 février 1846.
Admis au tableau à la date du 31 décembre 1816.
Élevé par son illustre frère, Philippe Dupin fut un des plus grands avocats du barreau français ; plein de verve, d'entraînement, de grâce et d'énergie ; nourri de la science du droit ; littérateur élégant ; doué d'un admirable bon sens, d'une inappréciable finesse, d'une incroyable facilité ; propre à toute affaire ; s'élevant, quand la cause l'exigeait, à la plus haute éloquence et descendant, lorsqu'il le fallait, jusqu'aux détails de la pratique.
Jurisconsulte consommé, quand fut-il pris au dépourvu par une

Le Bâtonnier qui m'a précédé a déjà, rendu un double et brillant hommage à la mémoire de Paillet [1]; mais j'aurais manqué aux désirs du Conseil et à mes propres sentiments, si je ne lui avais aussi payé mon tribut de respect et d'admiration.

I

PAILLET, JURISCONSULTE ET ORATEUR.

Paillet avait de si grandes qualités d'esprit et de cœur que ceux qui l'ont entendu s'en souviendront toujours et que ceux qui l'ont approché le pleureront toute leur vie.

Aussi, quoique, par un oubli tout involontaire, son nom n'ait pas été prononcé à l'audience de rentrée, soyez certains que ce nom était dans la mémoire et sur lèvres de tous les auditeurs; soyez certains que ce n'est pas sans une vive et profonde émotion que la Cour n'a plus aperçu dans nos rangs en deuil, l'orateur qui, pendant trente années, l'a tenue sous le charme de sa parole;

---

question de droit? Invincible dialecticien, par quel argument fut-il, jamais, trouvé sans réponse? Ingénieux et souple narrateur, qui, jamais exposa et déroula un fait avec plus d'adresse, de grâce et de sel? Quelle intelligence eut jamais plus de ressources? quelle parole plus de force? quel esprit plus de nerf et plus de variété? — Et, dans le monde et avec nous, qui fut plus facile, plus à la main, plus gai, plus entraînant? Qui fut plus disposé à rendre service? Qui fut meilleur ami?

Dix années ont passé; et ce n'est qu'en les mouillant de mes larmes que j'écris ces lignes, insuffisant tribut payé à sa mémoire.

1. A ses funérailles, le 19 novembre 1855, et à l'ouverture des conférences, le 13 décembre suivant.

soyez certains qu'au moment solennel où nous avons tous, — excepté lui, — prêté ce serment auquel il a toujours été si fidèle, soyez certains que la Cour lui a, de concert avec nous, donné ce pieux souvenir que Cicéron appelle la seconde vie des morts [1].

PAILLET avait l'esprit éminemment élégant, souple et fin ; l'expression claire, correcte, choisie, ingénieuse ; le maintien digne et ferme ; le geste sobre [2].

A une loyauté parfaite, à la science approfondie du droit et de la pratique, il joignait une littérature variée, qu'il cultivait sans cesse.

Ses travaux furent immenses, ses plaidoiries innombrables. Il a paru dans toutes les grandes affaires de son époque et s'est trouvé à la hauteur de tous les rôles qu'on lui a confiés.

Solide ou brillant, abondant ou concis, prudent ou vif, élégant ou simple, calme ou ironique, suivant l'occasion, mais toujours puissant, clair, ordonné, spirituel ; toujours maître de son sujet, n'en sortant jamais, ayant toujours le mot propre, il ne laissait de doutes, après avoir parlé, que sur la question de savoir ce qu'il fallait le plus

---

1. « Vita etenim mortuorum in memoriâ vivorum est posita. »
CICÉRON, 9e Philippique, V.

2. PAILLET était de grande taille, un peu osseux, maigre, d'un visage très-caractérisé, l'œil vif, portant sur ses traits fortement accentués une empreinte d'énergie, que faisait souvent disparaître la grâce d'un sourire spirituel.
Il ne portait ni barbe, ni favoris, ni moustaches.

applaudir de la solidité du fonds ou de la beauté de la forme.

Il est rare de réunir, au point où les réunissait PAILLET, les vertus cardinales de l'oraison, la grâce et la force, la clarté et la brièveté, la méthode et l'unité.

Ornés avec goût et sobriété, ses plaidoyers avaient plusieurs caractères particuliers. D'abord, un tact exquis; puis, une admirable finesse d'idées et d'expressions; et, enfin, une certaine force contenue, une puissance intérieure qu'il modérait, dont on sentait l'ardeur, les muscles, les nerfs, les veines, mais dont on voyait, en même temps, et la bride et le mors.

Son éloquence, contrepied de celle du paysan du Danube, avait poussé, aussi loin que possible, l'art de tout dire à l'aide des allusions, des réticences et des demi-mots. Il laissait à d'autres, esprits plus virils ou plus mal avisés, la crudité du mot entier, donnant, ainsi, aux juges le plaisir de le découvrir, à travers la gaze transparente de sa merveilleuse parole.

La modération de cette parole n'était pas un de ses moindres avantages, j'allais presque dire un de ses artifices, car l'orateur n'ignorait pas que le juge en tiendrait compte et à sa cause et à lui-même.

Nommer PAILLET, c'est nommer, tout à la fois, le désintéressement et la bienveillance.

Dans un écrit secret, réservé à sa famille, il se félicite, avec un légitime orgueil, de n'avoir pas, dans sa fortune, une obole qu'il ait sollicitée [1]; et chacun de nous lui rendra ce témoignage que personne n'a jamais pratiqué la confraternité à cœur plus ouvert. Il vous en a, jeunes stagiaires, donné un gage éclatant, puisque, non content de vous laisser sa vie pour exemple, il a fondé un prix pour récompenser ou encourager ceux d'entre vous qui se distingueront le plus [2].

§

J'ai trouvé son portrait peint par la main d'un maître : permettez-moi de le placer sous vos yeux et comparez-le, soit à vos souvenirs, soit à ce marbre vivant que le

1. Un riche client envoie à Paillet les pièces d'une affaire très-importantes. Huit jours après, il arrive pour s'entendre avec lui sur sa défense. « Votre procès, lui dit Paillet, est mauvais et je ne puis m'en charger. » Le plaideur est d'abord interdit : il semble ne pas comprendre qu'un avocat refuse une occasion de gagner de l'argent. Mais bientôt, se rassurant, il prend le dossier, fait semblant de le feuilleter comme s'il y cherchait quelques raisons en faveur de sa cause, et y glisse, de manière à être vu, dix mille francs, en billets de banque : après quoi, le rendant à Paillet : « Veuillez donc, je vous prie, revoir ce dossier, « j'ai la conviction qu'en l'étudiant derechef, vous y trouverez du « nouveau et que vous me défendrez. » Alors Paillet, avec son fin sourire : « Je ne sais pas ce que je pourrais trouver de nouveau dans les « pièces; mais comme il n'y a rien de nouveau dans l'affaire, depuis « que je vous ai donné mon avis, permettez-moi de m'en tenir à mon « premier examen. »

2. « Je soussigné, Alphonse-Gabriel-Victor Paillet, avocat à la Cour « d'appel de Paris, ancien Bâtonnier, déclare par mon présent testament « léguer à l'Ordre des avocats à la Cour d'appel de Paris un capital de « 10 000 fr., qui sera versé sans formalités entre les mains du Trésorier « et dont je prie le Conseil de l'Ordre d'employer le produit annuel à « récompenser et encourager, en cadeaux de livres ou autrement, celui « ou ceux des avocats stagiaires qui lui paraîtraient avoir le plus de « droits à cette distinction, m'en rapportant d'ailleurs entièrement à sa « prudence pour donner à cette disposition l'exécution la plus utile et « la plus convenable. « Paillet.

« Paris, ce 3 avril 1852. »

Conseil a placé dans la chambre de ses délibérations et qui, par mon ordre, préside aujourd'hui votre conférence :

« Voilà ses yeux pleins de feu et dont le regard était « si ferme, voilà son air, d'abord froid et réservé, qui « cachait tant de vivacité et de grâces; je reconnais « même ce sourire fin, cette action négligée, cette pa- « role douce, simple, insinuante, qui persuadait, avant « qu'on eût le temps de s'en défier. »

Cette peinture si ressemblante, chers confrères, c'est le portrait de l'homme que Minerve conduisait par la main; FÉNELON en a tracé le dessin; HOMÈRE en a fourni les couleurs [1].

II

PAILLET, ARBITRE

La science de PAILLET, sa nombreuse clientèle, sa réputation d'honnêteté, l'ont fait souvent choisir pour arbitre.

Personne n'apportait à la cause qu'il devait juger plus d'attention pour la comprendre, plus de lumières pour la décider; et cependant personne n'accordait plus de latitude à la défense.

Rien d'obscur ne passait devant ses yeux qu'il ne le fît éclaircir par un débat contradictoire.

---

1. *Télémaque,* livre IX.

Le beau marbre qui orne notre salle de délibération est dû au ciseau de PRADIER.

Il a été offert à l'Ordre par la famille de Paillet.

Loin de refuser la réplique, il la provoquait; et si, après elle, quelque point était encore ou douteux ou nié, il insistait pour que la lumière fût faite complétement.

C'est qu'il considérait la réplique comme une partie essentielle de la défense et comme un droit sacré, dont l'exercice ne pouvait être refusé sans danger notable pour la justice.

Il avait encore une autre raison pour l'accorder : c'était, disait-il, afin de ménager le temps; ayant constaté que, par la nature même des choses et l'obligation où il se trouve de tout chercher, de tout prévoir et de tout réfuter d'avance, l'avocat qui sait que la réplique lui sera refusée est au moins deux ou trois fois plus long que celui qui peut compter sur le droit de réponse[1].

---

1. « .... La réplique n'est point une nouvelle plaidoirie, c'est la ré- « ponse *nécessaire* à un fait, à un moyen, à une pièce non prévus, « non possibles à prévoir; c'est *une partie essentielle du droit de dé-* « *fense*. En appel, le refus de réplique peut entraîner des erreurs irré- « parables! » M. Mollot, 146, p. 116.

§

Rien de plus simple, si on craint l'abus, que de limiter la réplique.

J'ai la conviction que trente minutes de réplique assurées feraient gagner à la Cour un temps énorme et lui éviteraient de longues fatigues. Ce qu'y gagnerait la Justice est incalculable; et je prédis au Premier Président qui nous accordera ces trente minutes, une immortalité, consacrée par l'éternelle reconnaissance des plaideurs et du Barreau.

Il n'y a pas longues années, l'un des avocats les plus célèbres du Barreau, et, j'ajouterai, des plus substantiels et des plus concis, se lève après avoir entendu son confrère; il demande à répondre quelques mots : « La Cour vous a entendu avec patience, lui dit le Président, la « réplique est inutile. » « Monsieur le Président, lui répond l'avocat « avec une noble fierté, je n'ai jamais eu besoin de la patience de per- « sonne : mon adversaire, trompé par son client, a commis de graves « inexactitudes. J'ai le droit de les rectifier; bien plus, en demandant

Malgré tant de précautions pour rassurer sa conscience, personne n'abordait la décision à rendre avec plus d'hésitation que PAILLET.

C'est qu'il n'ignorait pas les dangers qui entourent celui qui rend la justice; c'est qu'il savait que la mission du juge, la plus noble et la plus belle qu'un homme puisse recevoir de la main des hommes, est aussi la plus périlleuse[1] !

Que de piéges, en effet, autour d'elle ! que de fois on se trompe, en un jour, avec les intentions les plus pures et les plus droites ! que de fois, croyant punir l'erreur ou le mensonge, on crucifie la vérité !

Et prenez garde qu'il ne s'agit pas ici des mauvais juges; de ces juges dont parlent les annales des temps passés[2]; des juges qui avaient des yeux pour ne pas voir

---

« à répondre, je fais mon devoir. C'est à la Cour à voir si elle veut faire « le sien, en me permettant de répliquer, ou si elle préfère être trom- « pée. » La Cour se lève, délibère et autorise la réplique. — Heureuse, mais trop rare exception !

Supposez un jeune avocat, ou un ancien, moins autorisé; aucune réplique, — un avocat insulté, — des juges dans l'erreur, — un mauvais arrêt, — une famille ruinée !

Trente minutes de réplique assurées sauveraient de pareils dangers, qui peuvent se présenter tous les jours.

1. « La plus belle fonction de l'humanité est celle de rendre la justice. » VOLTAIRE, *Essai sur les mœurs*, chap. 85.

« Qu'elle est admirable par la grandeur qu'elle présente ! Qu'elle est « effrayante par les vertus qu'elle exige et par la responsabilité qu'elle « impose ! »

PHILIPPE DUPIN, *Discours d'ouverture de la conférence*, 22 novembre 1834.

2. Du seizième au dix-huitième siècle, on peut consulter DUMOULIN, LOYSEAU, D'ARGENTRÉ, HENRYS, BRETONNIER et les autres, que cite COQUARD dans sa lettre intitulée : *Lettre à M. ***, où l'on examine si les juges qui président aux audiences peuvent légitimement interrompre les avocats lorsqu'ils plaident* (1733). — Lettre que M. Dupin aîné a réé-

et des oreilles pour ne pas entendre[1] ; des juges vers qui tout accès était ouvert aux promesses du pouvoir[2]; des juges qu'aveuglait la haine ou la faveur, ou qu'entraînaient leurs passions; des juges dont l'opinion était systématiquement ou conforme ou contraire à l'opinion du Président ou à l'opinion de leur voisin; des juges qui

---

ditée, en 1830, dans le *Recueil des pièces concernant la profession d'avocat.*

Mais ce qu'il faut lire et relire, sur ce sujet, ce sont les XIX mercuriales de D'AGUESSEAU, de 1698 à 1713, — et spécialement, l'*Amour de son état, la Dignité du Magistrat, les Mœurs du Magistrat, de l'Esprit et de la Science. la vraie et la fausse Justice, la Science du Magistrat, l'Attention, la Prévention.*

Ces mercuriales sont une des œuvres les plus remarquables de d'Aguesseau; elles ont conservé son style fleuri, pompeux et plein d'une dignité un peu apprêtée; mais elles se décorent, presque à chaque page, de peintures, de caractères, de portraits, de maximes et de mots si vifs et si fortement frappés que Juvénal lui-même n'hésiterait pas à les signer de son nom.

D'Aguesseau savait que les bons juges couvriraient ses discours de leurs applaudissements et que les mauvais ne manqueraient pas de s'en servir pour l'accuser de parler mal de la magistrature; — aussi va-t-il au-devant de ceux-ci :

« Ceux, dit-il, ceux que leur conscience condamne en secret nous « accuseront, peut-être, d'en avoir trop dit. Mais nous craignons bien « plus que ceux qui sont véritablement sensibles à l'honneur de leur « Compagnie ne nous reprochent de n'en avoir pas dit assez, et c'est à « ces derniers que nous voulons plaire uniquement. Leur exemple est « une censure infiniment plus forte que la nôtre, à laquelle nous ren- « voyons les premiers. » IIe Mercuriale, *La Censure publique*, page 66.

1. Il est probable qu'après avoir lu le Président DE MONTESQUIEU, personne n'a oublié la visite du Persan Rica au juge qui avait vendu sa bibliothèque pour acheter sa charge. *Lettres persanes*, 1721, 68e lettre.

2. En ces temps-là, on a pu voir des juges qui allaient au-devant des désirs du pouvoir, et l'histoire a retenu le sanglant outrage adressé par le cardinal de Richelieu à ceux qui, installés dans sa maison de Ruel, mirent à ses pieds la tête du maréchal de Marillac : « Il faut avouer

dormaient[1], calculaient, dessinaient ou causaient à l'audience; des juges *Branle-teste,* comme on les appelait au Parlement, si on en croit le conseiller La Roche Flavin; des juges qui, à l'audience, écrivaient leur correspondance, lisaient une gazette, taxaient un mémoire, composaient une ordonnance, rédigeaient la sentence de la veille ou le rapport du lendemain; des juges qui interrompaient ou injuriaient ou rabrouaient le défenseur[1];

« que Dieu donne aux juges des lumières qu'il refuse aux autres « hommes! » 1632.

1. Racine n'était que plaisant lorsqu'en 1668, il écrivait dans *les Plaideurs* :

Léandre.
« Mais où dormirez-vous, mon père?
Perrin-Dandin.
A l'audience. »

Mais M. Dupin aîné ne plaisantait pas lorsqu'en 1830, — à l'occasion de l'ancien avocat général Gilles Bourdin, qui sommeillait lucidement, sans dormir, et priait l'avocat de continuer, quand celui-ci s'arrêtait par respect, — il dit de quelques juges de son temps : « *Aujourd'hui,* on se réveille en disant : *c'est entendu!* »

V. note sur Loysel, *Recueil de pièces concernant la profession d'avocat,* t. I, p. 215. V. aussi D'Aguesseau, XIVe Mercuriale, l'*Attention.* 1771, édition de M. Pardessus, 1819, t. I, p. 182.

1. En 1602, Loysel écrivait :

« Où est l'honneur que i'ai entendu de vous, mon père, avoir esté « autresfois au Palais, et la faveur que Messieurs les Présidents portoient aux ieunes advocats de vostre temps, les escoutant doucement, « supportans et excusans leur fautes, et leur donnans courage de mieux « faire; au lieu que maintenant il semble à quelques-uns que nous « soions d'autre bois ou estoffe qu'eux, et quasi des gens de néant, « nous interrompans et rabroüans à tout bout de champ, nous faisans « parfois des demandes qui ne sont nullement à propos; et non-seulement à nous autres ieunes gens qui le pourrions quelquefois avoir « mérité, mais bien souvent aux anciens et à ceux qui entendent si « bien leurs causes, que l'on voit, par la fin et la conclusion, que « ceux qui leur avoient fait ces interrogatoires et interruptions avoient « eux-mêmes tort, et non les advocats plaidans, qui se trouvoient n'avoir

qui hachaient et mutilaient la plaidoirie[1]; qui forçaient l'avocat à changer la disposition de son discours ou ne lui permettaient pas de terminer et de compléter la dé-

---

« rien dit qui ne fust pertinent et nécessaire à leur cause. Non, mon « père, non : il ne faut plus espérer que la dignité qui a esté jadis en « l'ordre des advocats y demeure, au moins tant que ce beau règlement « durera. »

Dialogue des advocats du Parlement de Paris.

Sur ces manières d'agir, autrefois en usage, il faut lire :

La 2e lettre de Coquart, 1733, sous ce titre : *Lettre à M.* ***, etc.

L'arrêté du Conseil de l'Ordre du 3 décembre 1832 (M. Mollot, p. 520) ;

L'arrêté du Conseil de l'Ordre du 18 avril 1833 (M. Mollot, p. 521);

Le *discours du bâtonnier* Parquin du 28 novembre 1833 ;

Le *Mémoire pour les Avocats de Paris*, de février 1834, signé Parquin, Archambault, Gairal, Thévenin, Mauguin, Couture, Colmet-d'Aage, Lamy, Caubert, Hennequin, Gaudry, Mollot, Lavaux, Philippe Dupin, D.-B. Leroy, Delangle, Marie, Chaix-d'Est-Ange, Duvergier, Crousse, Paillet;

Le *discours du bâtonnier* Philippe Dupin, du 23 nov. 1834, *sur les rapports de la magistrature et du barreau.*

Le *discours du bâtonnier* Delangle, du 24 nov. 1836 ;

Le *procès fait aux membres du Conseil de l'Ordre en* 1844.

1. La liberté est de l'essence de la défense, au civil comme au criminel.

Au civil comme au criminel, le mot d'Ammien Marcellin est vrai : « Reum autem non audiri latrocinium est, non judicium. »

Le bel et courageux opuscule de M. Dupin aîné, *de la libre défense des accusés*, appartient à toutes les juridictions, — comme aussi la maxime qu'il emprunte à Ayrault : « Dénier la défense est un crime ; « la donner, mais non pas libre, c'est tyrannie. »

« Nemini defensio deneganda est, NE QUIDEM DIABOLO, ut doctores « loquuntur, vehementius, ad exagerandum defensionis favorem... « Quamvis justa defensionis causa non appareat... siquidem nullum « delictum tam notorium est, quod non habeat aliquas excusationes. »

Thonniker et les auteurs qu'il cite, *Advocatus prudens in foro criminali*, etc., cap. IV, p. 11, in-4°, Chemnitii, apud Conradum Stœsselium, 1702.

fense[2]; des juges qui abrégeaient tout, non pas parce que leur capacité voyait tout, mais parce que leur vanité

---

1. « Et quelle bonne idée le public peut-il avoir de certains juges « qui, bien loin de garder une oreille pour l'avocat de l'intimé, lui « donnent quelquefois à peine le temps de dire à quoi tendent ses « conclusions? qui, par les interruptions qu'ils font à l'avocat même de « l'appelant, pour le presser de finir, le réduisent souvent à la néces- « sité de laisser en arrière ses meilleurs moyens? Quel juste sujet de « mécontentement et de murmure pour de misérables parties, à qui « on ravit, en les condamnant si brusquement, la faible consolation de « penser que du moins on ne les a pas condamnées sans les en- « tendre! »

1753. Coquard, *loco citato*.

Aujourd'hui, l'intimé se réjouit d'être interrompu, car on ne l'interrompt que pour lui faire gagner son procès. Quant à l'appelant, on l'écoute tant qu'il veut; — mais il n'a pas la réplique.

Pothier, lui-même, l'immortel Pothier, a encouru ce reproche :

« Doué d'une modération inaltérable et d'une rare tranquillité d'âme, « Pothier n'avait qu'une passion, celle de la justice et de la vérité. « Quelquefois, il faut l'avouer, cette passion, si louable dans son prin- « cipe, altérait en lui l'impassibilité du magistrat. Simple juge, il avait « peine à renfermer ses impressions pendant le cours des plaidoiries; « Président, il interrompait souvent les défenseurs, engageait des « discussions avec eux, et faisait ainsi dégénérer l'audience en contro- « verse. De maladroits panégyristes ont voulu lui faire de ce défaut « même un sujet d'éloge. Ils ont oublié que le premier devoir du juge « est d'écouter, et qu'il doit s'imposer souvent d'entendre ce qui lui « paraît inutile, s'il ne veut s'exposer à étouffer des détails nécessaires.»

M. S.-B. Berville, alors avocat, aujourd'hui Président de chambre à la Cour de Paris, *Notice sur la vie et les ouvrages de Pothier*, en tête des œuvres de Pothier, Paris, Thomine et Fortic, Imprimerie de Pierre Didot l'aîné, 1821, page 10.

Aussi, notre cher Paillet avait-il, au début de son bâtonnat, constaté la nécessité des défenses complètes.

« Ce guide infaillible (*le sentiment du devoir*) vous dira, par exemple, « comment on concilie l'obéissance aux lois avec la liberté de discus- « sion, le respect pour le magistrat avec l'indépendance du défenseur, « qui, après tout, sont ceux de la justice elle-même; car mutiler la « défense, c'est outrager la justice, c'est arracher de sa main le flam- « beau qui doit éclairer sa marche à travers les ténèbres de l'erreur et « de la mauvaise foi. Et, je n'hésite pas à le dire, mieux vaudrait, pour

croyait tout voir [1], ou parce que, esclaves de la statistique, comme le disait si bien notre célèbre bâtonnier M. Delangle, ils se préoccupaient bien plus du nombre que du poids des jugements [2] ; des juges, enfin, qui se croyaient

---

« l'avocat, résigner à l'instant le mandat de son client et renoncer à la « parole, que d'accepter pour lui-même la responsabilité d'une défense « illusoire ou dangereuse quand elle n'est pas libre et complète. »

Paillet, *Discours prononcé à l'ouverture des conférences*, 1839.

« La Magistrature, a dit Philippe Dupin, a droit à nos respects. Mais « le Barreau a aussi droit à des égards.

« Il a besoin surtout de voir respecter son indépendance. C'est en « elle seule qu'il peut trouver la force nécessaire pour accomplir sa « mission. Elle seule peut communiquer à ses paroles de l'éclat et de « l'énergie : tout ce qui n'est point libre est sans force et sans dignité...

« Mais, par indépendance, je n'entends pas seulement ce qui met à « l'abri la liberté de la personne ; j'entends aussi ce qui met à couvert sa « dignité. Je n'entends pas seulement l'affranchissement des radiations, « des suspensions, des censures arbitraires ; j'entends encore l'absence « des interpellations, offensantes pour l'honneur ou blessantes pous le « talent, l'abstention de ces interruptions qui déconcertent l'orateur ou « désorganisent une discussion. Je revendiquerais, surtout pour les « jeunes avocats, non-seulement l'impassibilité qui ne trouble point, « mais la bienveillance qui encourage et qui soutient... Au lieu de « rehausser par la bienveillance les qualités du grand magistrat, l'amour « de la justice, une haute indépendance, une impartialité soutenue, des « services rendus au pays et à la liberté, qui voudrait s'exposer à être « méconnu ? Pourquoi semer des ressentiments contre soi, là où l'on « pourrait si facilement cueillir une ample moisson de reconnaissance? »

Philippe Dupin, *Discours d'ouverture des conférences*, 22 novembre 1834.

1. « Celui qui voit tout abrége tout. » Montesquieu.

2. « Depuis peu de temps, il faut le dire, un mal que nous avons vu « naître, la *Statistique*, envahit la justice. Comme si le temps n'était « plus à l'avocat, on le lui mesure avec avarice ; la liberté des discus- « sions est menacée et l'amour des chiffres est devenu un obstacle réel « à l'exercice de la parole.

« L'action de la justice doit être prompte sans doute... et c'est le « devoir du Barreau de s'associer aux efforts qu'elle tente pour atteindre « ce but. Mais que peut-on exiger de nous, sinon d'éviter les dévelop- « pements qui fatiguent sans fruit l'attention du juge ? Je regarde

quittes de tout, parce qu'en descendant du Tribunal, ils

« comme une obligation pour l'avocat de ne se présenter à l'audience « qu'après une préparation qui lui permet la brièveté. Mais, quand il a « sincèrement accompli cette tâche, il doit être écouté. Le Magistrat ne « sait pas tout et ne devine pas tout ; qu'il souffre donc qu'on l'instruise, « et qu'à cet effet il laisse à l'avocat tout le temps que réclame la cause, « non comme une tolérance, et sauf à s'en venger par des manifesta- « tions qui troublent et déconcertent, mais parce que l'entier exercice « du droit de l'avocat importe à la Justice elle-même.

« Tous les esprits ne sont pas façonnés au même moule ; la pensée « n'a pas, chez tous les hommes, la même activité, elle ne revêt pas « chez tous les mêmes formes simples et vives, qui savent plaire et con- « vaincre à la fois. La forme du langage est variée comme les impres- « sions qu'il traduit. Est-ce que le juge ne doit point apprécier ces « différences et en tenir compte ? Est-ce qu'il ne doit pas, quelque « prédilection qu'il ressente pour la concision, se garder de l'imposer « aux dépens de la clarté ? Est-ce qu'il doit, enfin, infligeant à l'avocat « le supplice du lit de Procuste, le contraindre à mutiler l'œuvre qu'il « a préparée ?

« Le mal que je signale, en prenant racine, détruirait, infaillible- « ment, l'art oratoire parmi nous...

« Un intérêt plus puissant encore que celui du Barreau, l'intérêt « sacré de la justice, se trouve compromis par ces dispositions. Telle « cause semble au premier coup d'œil défavorable, désespérée, pour « ainsi dire, qui se relève et triomphe en définitive...

« On peut donc quelquefois regretter amèrement la précipitation, la « patience jamais. »

Me Delangle, *Discours d'ouverture des conférences*, 22 novembre 1836.

Nous regrettons de ne pouvoir transcrire, ici, qu'un court fragment de cette allocution célèbre. Elle doit être lue en entier.

Jamais les droits du Barreau n'ont été plus fortement et plus dignement soutenus que dans ce discours et dans celui de Philippe Dupin, — deux chefs-d'œuvre.

M. Mollot, aussi, a parlé de la Statistique comme il faut en parler :

« La Statistique, cette conception de fraîche date, ne prouve qu'une « chose, le zèle des magistrats. Si nous ne réclamons pas, elle étouffera « le Barreau.

« En effet, l'habitude de juger vite les petites causes conduit tout « aussi vite à rétrécir les grandes. Que deviennent les moyens oratoires, « les efforts de la science, au milieu de ce cercle étroit où on les en- « lace ? Que feront les jeunes avocats, qui, tout préparés qu'ils doivent

avaient, comme Ponce Pilate, été se laver les mains [1]!

Non, ce n'est point de ces juges que je parle. Ils sont d'ailleurs si rares aujourd'hui qu'on peut les considérer comme ayant disparu.

Je parle, au contraire, des juges de ce temps; de ceux que nous voyons tous les jours et dont le zèle et le talent méritent et obtiennent notre respect [2]; je parle des juges intègres, instruits, éclairés, réfléchis; des juges que n'atteignent ni les présents, ni les promesses, ni les menaces, de quelque part qu'ils viennent; des juges aussi éloignés de la haine que de la faveur [3];

« être par de fortes études et d'utiles exemples, ne plaident qu'en « tremblant une lourde affaire? Ne penseront-ils pas que l'instruction « est pour eux inutile? Et les parties! Elles y perdent la garantie d'une « défense complète! Quelle que soit la sagacité du juge, on l'a dit depuis longtemps, il ne peut apprendre la cause *qu'en l'écoutant.* »

Première partie des Règles, n° 146, page 116 (1842).

Mais, avant la Statistique, Loysel avait écrit :

« Qui tost juge et qui n'entend
« Faire ne peut bon jugement. »

Institutions coutumières, liv. VI, tit. III, n° 13.

1. « Videns autem Pilatus quia nihil proficeret, sed magis tumultus « fieret, acceptâ aquâ, lavit manus coram populo, dicens : Innocens ego « sum a sanguine justi hujus ; vos videretis. »

Saint-Matthieu, chap. XXVII, v. 24.

Et remarquez que Pilate était bien intentionné! On voit, dans la Passion, ses efforts redoublés pour sauver Jésus. Mais on y voit, également, qu'il n'a pas eu le courage de son opinion, quoique ce fût aussi l'opinion de sa femme :

« Sedente autem illo pro tribunali, misit ad eum uxor ejus, dicens : « Nihil tibi et justo illo ; multa enim passa sum hodiè per visum propter « eum. » V. 19.

2. V. *suprà*, ce que nous disons, spécialement, de MM. Barbou et Rolland de Villargues.

3. Oh! le beau mot, et que de fautes il rachète : « Monsieur le garde « des Sceaux, la Cour rend des arrêts; elle ne rend pas de services! »

des juges dont l'opinion n'a pour guide que la loi et le droit, à ce point qu'ils craignent de substituer leur équité à l'équité du législateur; des juges qui, à l'audience, sont tout entiers à la cause dont la décision leur est confiée, et qui ne quittent l'audience que pour la longue et sévère étude du cabinet; des juges qui laissent à la défense son libre cours, qui l'aident, qui la facilitent, qui la soutiennent; des juges qui, de tous leurs souhaits et de tous leurs efforts, appellent la lumière et qui ouvrent toutes les portes à la vérité; des juges toujours préoccupés de cette idée qu'ils tiennent dans leur main la fortune ou l'honneur des familles, et qu'une simple distraction de leur part peut compromettre ce dépôt sacré; des juges qui ont tout écouté et tout compris à l'audience, qui ont tout vu et tout lu au dossier; des juges, enfin, pontifes immaculés de la Justice, qui, devant Dieu et devant les hommes, n'ont rien à se reprocher [1]!

Et je dis que, malgré tous leurs efforts et toutes leurs

---

1. C'est du magistrat véritable que D'AGUESSEAU a dit et que nous disons après lui :

« Les autres ne vivent que pour leurs plaisirs, pour leur fortune, pour « eux-mêmes. Exempt des inquiétudes que donne au commun des « hommes le soin de leur fortune particulière, tout, en lui, est consacré « à la fortune publique : les jours, parfaitement semblables les uns aux « autres, ramènent, tous les ans, les mêmes occupations avec les mêmes « vertus; et, par une heureuse uniformité, il semble que toute sa vie « ne soit que comme un seul et même moment, dans lequel il se pos- « sède tout entier pour se sacrifier tout entier à sa patrie. On cherche « l'homme en lui et l'on n'y trouve que le magistrat : sa dignité le suit « partout, parce que l'amour de son état ne l'abandonne jamais; et, « toujours le même, en public, en particulier, il exerce une perpétuelle « magistrature, plus aimable, mais non pas moins puissante, quand elle « est désarmée de cet appareil extérieur qui la rend formidable. »

1re Mercuriale, *De l'Amour de son état*, page 57.

qualités, la faiblesse humaine vient encore s'asseoir avec eux sur le siége où ils prennent place, et qu'en songeant aux périls qui entourent leur conscience, chacun comprend la longue hésitation que Paillet éprouvait à rendre ses jugements.

Je n'ai pas besoin de dire que, malgré ses hésitations, Paillet, dès que la vérité lui apparaissait, la saisissait avec ardeur et imprimait à ses décisions le caractère de sa haute intelligence et de sa haute probité.

III

PAILLET, LÉGISLATEUR.

Paillet a fait partie des assemblées parlementaires, tout en continuant à rester parmi nous. Ses travaux, dès lors, ne pouvaient y être nombreux ; mais ceux qui ont paru portent l'empreinte de son talent et de son caractère. Ils sont clairs, méthodiques, bien raisonnés et parfaitement déduits.

Tout législateur et tout homme politique qu'il ait été, vous n'attendez pas de moi que je vous parle ici de ses opinions.

Ne les partageant pas, je ne serais pas un juge désintéressé ; et je me récuse.

J'ai d'ailleurs pour m'abstenir une autre raison.

Si les opinions religieuses, sincères et de bonne foi, ne sont que des manières différentes d'aimer et d'honorer

Dieu, pourquoi ne verrions-nous pas, dans les opinions politiques, sincères et de bonne foi, des manières différentes d'aimer et de servir la patrie, au lieu d'y chercher des motifs de haine et des causes de proscription ?

La tolérance n'est pas l'indifférence : elle s'allie avec le patriotisme le plus pur, comme avec la piété la plus fervente.

Mais, tout en n'examinant pas les opinions politiques de Paillet, il me sera permis d'en vanter la constance.

C'est un mérite que peuvent apprécier amis et ennemis.

A quelque drapeau qu'on appartienne, on honore et on salue avec respect ces cultes désintéressés qui, ayant leurs racines dans le cœur, résistent à tous les vents, sortent vainqueurs de tous les orages, et que la contagion ne saurait jamais atteindre !

§

Salut donc à ta mémoire : politique aux opinions sincères, avocat désintéressé, jurisconsulte savant, grand orateur, bon confrère, excellent ami !

Salut à toi, qui n'as jamais voulu être autre chose qu'un avocat, qui as désiré que ta robe fût ton linceul [1], et à qui ta robe a servi de linceul !

Salut à toi, bâtonnier frappé sur la brèche et enseveli

1. Paroles de Paillet.

dans un de tes triomphes, comme il convient à un soldat de la Justice !

Salut ! ta perte sera longtemps sentie et pleurée, ta place longtemps vide, et nos fastes conserveront à jamais, comme un de leurs plus beaux titres de gloire, le souvenir de ton nom et de tes talents [1] !

IV

Et à toi aussi, salut et trois fois salut, profession chérie !

Je te devais ce public hommage, à toi qui fus l'enthousiasme de ma jeunesse, la passion de ma vie entière, la source de mes joies, la consolation de mes douleurs !

Salut, terre classique de la probité, du savoir et de l'éloquence !

Salut, champ d'asile des vaincus de tous les partis !

Temple sacré de l'indépendance et de la liberté, salut !

---

1. Six cents avocats, en robe, le Conseil en tête, ont suivi, à pied, le cercueil de Paillet jusqu'au cimetière du Père-Lachaise.

Soissons, sa ville natale, a ordonné qu'un monument public reproduirait ses traits. Il a été inauguré le Dimanche 2 août 1863 sur la place de la mairie.

Le Conseil de l'Ordre a décidé que son buste serait placé dans la salle des délibérations et que son éloge serait prononcé à la première distribution du prix qu'il a fondé par son testament.

Des vers ont été publiés en son honneur.

Une conférence d'étudiants en droit s'est placée sous le patronage de son nom et s'appelle *Conférence Paillet*.

C'est à toi, noble et chère profession, de me dicter les paroles qui doivent inspirer ton amour à cette brillante jeunesse confiée à mon zèle!

Puissent mes instructions conserver et alimenter dans son cœur le culte du beau et du bon, l'amour du vrai, le sentiment de l'indépendance, l'ardeur pour le travail, le désintéressement et le désir des succès honnêtes!

Fais en sorte que je voie grandir et triompher ces jeunes athlètes, doux espoir d'un barreau dont ils seront un jour et l'orgueil et la gloire!

Et, quand le temps sera venu, sois-moi propice jusqu'à la dernière heure, et, mettant le comble à tes bienfaits, accorde-moi cette mort à la barre, que PAILLET, pour couronner sa vie, a eu le bonheur d'obtenir de toi!

PROFESSION D'AVOCAT

II

LE STAGE

TRAVAUX DE LA CONFÉRENCE

NOTICES NÉCROLOGIQUES

J'ai, dans les notes de mes discours, accumulé les citations. Il peut donc s'en trouver beaucoup d'inutiles; j'engage, cependant, mes chers stagiaires à les vérifier *toutes*; et je ne leur cache pas mon but. J'espère qu'en vérifiant une citation, ils feront comme moi, qui, après vérification d'un mot ou d'une virgule, ne puis m'empêcher de lire toujours un peu, et quelquefois beaucoup de ce qui précède et de ce qui suit. De telle façon, que ce sera pour eux une occasion de se mettre en l'esprit d'excellentes notions, importantes pour notre profession.

F. L.

PROFESSION D'AVOCAT

LE STAGE

« Le travail éloigne de nous trois grands maux
« l'ennui, le vice et le besoin. »

VOLTAIRE.

CHERS CONFRÈRES

Directeur et observateur assidu de vos travaux, le Bâtonnier ne veut pas que l'année s'écoule sans avoir dit publiquement qu'il est content de vous, lui qui n'a pas laissé passer une conférence sans vous apporter ses critiques, parfois un peu vives, mais dans lesquelles votre cœur n'a dû voir et n'a vu que l'ardent désir de vous maintenir dans la bonne voie, et l'inquiète sollicitude d'un père pour ses enfants [1].

C'est pour lui, croyez-le bien, une immense satisfaction que de pouvoir attester à tous vos progrès et vos succès.

---

1. Ce discours a été prononcé le 17 août 1857 à la clôture des conférences.

Il a été imprimé aux frais de l'Ordre, chez Simonet-Delaguette et a paru en mars 1858 sous la forme in-4°.

PREMIÈRE PARTIE

TRAVAUX DE LA CONFÉRENCE

§

Et, d'abord, les *Rapports* des secrétaires ont été très-bien faits, tous, sans exception; et quelques-uns, excellents.

La matière, parfaitement étudiée; la doctrine, élucidée avec soin; la jurisprudence, bien analysée; les questions clairement posées et nettement discutées, voilà ce que tous vous ont offert comme thème de vos travaux [1].

De ces heureuses semences devaient naître de bons *Plaidoyers;* et la prévision n'a pas été démentie.

Tous ceux qui ont parlé n'ont pas été, sans doute, à la hauteur des secrétaires, élite choisie parmi les meilleurs. Mais le plus grand nombre a mérité vos fraternels applaudissements.

---

1. Avant 1830, les Secrétaires, au nombre de douze, étaient nommés par le Bâtonnier; depuis 1830, ils étaient élus au scrutin, dans une assemblée générale de l'Ordre; ils sont, aujourd'hui, choisis par le Conseil, sur la présentation du Bâtonnier, qui dresse une liste de vingt-quatre noms.

Les Secrétaires de l'année 1856-1857 étaient :

MM[es] Brésillion, Larnac, Delorme, Seigneur, Montachet, Trouiller, Desportes, Pougnet, Hérisson, Bournat, Alix, Petiton.

Ce que je veux remarquer, surtout, c'est un progrès manifeste dans la méthode générale du discours.

Au commencement de l'année, la plupart des plaidoyers semblaient coulés dans un moule unique.

L'orateur commençait par le *Droit romain*, passait aux *Coutumes*, disait un mot des *Lois intermédiaires* et arrivait au *Code Napoléon*, qu'il discutait un peu, après s'être assis, un instant, aux bancs du *Conseil d'Etat* et avoir interrogé, pendant quelques minutes, le collége des *Tribuns*.

Quant à la *Jurisprudence*, on en parlait à peine.

Le caractère principal de ces harangues était *historique*.

Quelques observations ont suffi pour vous faire comprendre que le Conseil ne nous réunit pas ici pour assister à des essais sur l'histoire du Droit, mais pour imiter l'audience et nous rapprocher, autant que possible, des discussions judiciaires; que, dès lors, la méthode historique devait faire place à la méthode dogmatique et que les richesses du droit devaient être employées par vous, non pas à la parure, comme bijoux et ornements, mais à l'attaque et à la défense, comme instruments de guerre et armes de combat.

Dès que ceci a été compris, il est sorti de vos débats de véritables discussions, formées de vos méditations personnelles, d'arguments empruntés à la doctrine et à l'histoire du Droit, et de tout ce que la jurisprudence peut donner de substantiel à qui sait la consulter et l'analyser, de telle sorte que les innocents préludes de cette enceinte se sont ainsi rapprochés de ces discussions sérieuses auxquelles l'audience vous conviera bientôt.

C'est, à mes yeux, un grand et utile changement, un notable progrès.

L'an prochain, je l'espère, grâce à l'expérience acquise, et à l'aide des modifications que viennent de subir nos exercices, ce progrès augmentera encore[1].

§

Après avoir rappelé ce qui s'est fait dans le cours de l'année, veuillez me permettre, puisque la forme et la courte durée des conférences m'ont empêché de donner à mes instructions toute l'étendue dont elles ont besoin,

---

1. Les travaux de la conférence étaient ainsi disposés :

Un des Secrétaires lisait un Rapport écrit sur une question préalablement soumise au Bâtonnier.

La question était affichée quinze jours durant et, pendant cette quinzaine, le Rapport était à la disposition de tous.

La discussion était soutenue par quatre stagiaires, deux pour l'affirmative et deux pour la négative.

C'est le sort qui les désignait sur une double liste où chacun s'était inscrit, *suivant son opinion.*

Ils parlaient alternativement, de manière que le second répondait au premier, le troisième au second et le quatrième au troisième.

Les derniers étaient invités par le Bâtonnier à ne pas suivre de thèmes préconçus, mais à s'attacher, surtout, à la réfutation de ce qu'on venait de dire avant eux, afin de se former à la réplique.

Le Bâtonnier résumait.

Il faisait, presque toujours, connaître son opinion sur la manière dont chaque avocat avait plaidé.

La conférence votait sur la question.

A la dernière conférence, cette marche a été modifiée, en ce qu'au lieu de quatre stagiaires, trois seulement ont été appelés à la plaidoirie.

Les deux premiers ont plaidé et répliqué. De plus, ils ont été tenus de lire des conclusions écrites, développées, déposées et échangées à l'avance.

Le troisième a fait l'office de ministère public.

C'est cette marche qui sera suivie l'an prochain.

veuillez me permettre de les compléter, en vous parlant aujourd'hui, un peu plus longuement qu'à l'ordinaire, du *Stage* et de la *manière de l'utiliser*.

§

Mais, avant d'aborder ce sujet si important pour vous, un double devoir me retient.

§

Je dois d'abord adresser au Conseil de l'Ordre l'expression de ma vive reconnaissance pour le nouveau gage de confiance qu'il a bien voulu me donner, en me plaçant une seconde fois à la tête du Barreau.

Récompenser ainsi mon zèle et mon dévouement, c'est payer mes faibles efforts d'un prix qui payerait, et au delà, les plus éminents services.

Que le Conseil reçoive donc mes actions de grâces et l'hommage d'une gratitude dont ma vie entière portera témoignage !

DEUXIÈME PARTIE

NOTICES NÉCROLOGIQUES

Donnez maintenant, avec moi, un dernier et douloureux salut à ceux que nous avons connus et aimés et qui nous ont quittés pour ce monde meilleur où, débarrassés des entraves terrestres et des disputes humaines, l'âme, rendue à sa dignité première, peut enfin se reposer dans la contemplation perpétuelle de ce qui est essentiellement vrai et juste, essentiellement bon et beau.

I

M. LE CONSEILLER PIERRON [1]

Et d'abord honorons la mémoire de M. le conseiller PIERRON, à peine descendu dans la tombe.

Honorons cette conscience si pure et presque si naïve, cette attention soutenue qui, pour nous, est la première nécessité de l'audience, ce religieux accomplissement de

---

1. Charles-Philippe-René PIERRON, né le 27 février 1795, mort le 5 août 1857.

Conseiller auditeur à Douai (30 janvier 1822).

Substitut du Procureur général à Douai (6 février 1828).

Conseiller à Douai (30 novembre 1831).

Conseiller à Paris (25 février 1848).

tous ses devoirs, cette lutte héroïque avec la maladie cruelle qui le dévorait depuis si longtemps, et enfin cette aménité et cette bienveillance pour le barreau, qui nous étaient si douces et si précieuses.

MM. LES CONSEILLERS DURANTIN ET MICHELIN.

Le souvenir d'une bienveillance semblable se mêle aux regrets que nous donnons à la mémoire de MM. les conseillers DURANTIN[1] et MICHELIN[2], que la mort a frappés dans la retraite où les avait accompagnés le respect de tous.

D'un côté, la calme administration de la justice, l'étude laborieuse et patiente des affaires, l'affabilité et la bienveillance atteignant leurs dernières limites.

De l'autre, l'éclat, la verve, la promptitude d'esprit, la supériorité d'intelligence, la vivacité, la pénétration, la

---

1. Jean-Marie DURANTIN, né le 10 juin 1786, mort le 27 juin 1857.
Avoué à Senlis.
Suppléant du juge de paix de Senlis (7 février 1830).
Procureur du Roi à Senlis (4 octobre 1830).
Juge au tribunal de la Seine (12 octobre 1833).
Juge d'Instruction (18 novembre 1833).
Vice-Président (27 janvier 1840).
Conseiller à la Cour de Paris (10 mai 1846).
Membre de la Légion-d'honneur.

2. Antoine-Victor MICHELIN, né le 21 août 1791, mort le 22 février 1857.
Juge auditeur à Provins (27 mars 1816).
Juge à Chartres (27 mars 1816).
Juge suppléant, chargé de l'instruction, à Paris (15 août 1821).
Juge (5 novembre 1826).
Juge d'Instruction (18 novembre 1833).
Vice-Président de la Chambre temporaire (15 avril 1837).
Vice-Président (13 juillet 1837).
Conseiller (28 mars 1844).

sagacité merveilleuse, la connaissance profonde des affaires, la prompte et lumineuse investigation de la vérité.

Dans tous les deux, désir égal de rendre bonne et loyale justice, sans distinction de rangs, de dignités, de noms propres; sans égards pour l'amitié, les affections, la faveur; sans préoccupation de haine, de passion, d'intérêt; ne consultant jamais que le droit qui milite pour chacun et la loi qui plane sur tous.

II

MM. BOITEUX, DEMANTE, HORSON, LAFON DE CANDAS, A. DALLOZ.

Le Barreau a, de son côté, fait des pertes cruelles.

Me Boiteux, qui fut membre du Conseil et qui se distinguait par de profondes connaissances en droit, une argumentation vigoureuse, un grand désintéressement[1]; Me Demante, dont la plupart d'entre vous ont reçu les leçons, professeur éminent, d'un jugement si sûr, d'un enseignement si clair, et qui analysait nos lois avec tant de rectitude, esprit élevé, cœur droit[2]; Me Horson, le type du travailleur, avocat plein de feu et de science,

---

1. Boiteux (Antoine), né le 17 juillet 1790, mort à Paris le 28 avril 1837.

Admis au tableau à la date du 31 août 1811. Ancien membre du Conseil.

2. Demante (Antoine-Marie), né à Paris, le 26 septembre 1789, mort

oracle dans les matières commerciales[1]; Me LAFON DE CANDAS, l'honnêteté et la bienveillance personnifiées, fidèle et persévérant dans ses convictions, comptant autant d'amis qu'il avait de confrères[2]; tous ces hommes, distingués à divers titres, ont traversé notre profession en y laissant une trace honorable et tous ont droit à votre souvenir et à vos regrets.

Deux d'entre eux ont écrit des livres que l'on pourra toujours consulter avec fruit; mais, parmi ceux que nous

---

à Paris le 28 décembre 1856.

Admis au tableau à la date du 26 août 1809.

Professeur suppléant à l'École de droit, par concours (26 juin 1819).

Professeur à une chaire de première création (11 décembre 1821).

Officier de la Légion d'honneur.

Ancien collaborateur de la *Thémis*.

Auteur des ouvrages suivants :

1° *Programme d'un Cours de droit français fait à la Faculté de Droit de Paris*. Alex. Gobelet (3 éditions).

2° *Cours analytique du Code Napoléon*.

L'ouvrage devait avoir de 7 à 9 volumes.

Les deux premiers ont paru; le troisième est imprimé. L'auteur travaillait au quatrième, quand la mort l'a frappé.

Voir le *Discours* prononcé sur sa tombe par M. le professeur Oudot et la *Notice sur M. Demante*, par M. l'abbé Faudet, curé de Saint-Roch.

1. HORSON (Edme), né à Choisy-le-Roi, le 7 septembre 1792, — mort à Versailles, le 5 mai 1857 ; — ancien agréé au Tribunal de Commerce de la Seine ; — admis au tableau à la date du 19 août 1824.

Il a publié :

Questions sur le Code de commerce ou *Recueil des articles de jurisprudence commerciale insérés dans le Journal du Commerce, depuis* 1823 *jusqu'en* 1829. 2 vol. in-8°, Paris, Renard, 1829.

Mon excellent confrère et ami Le Blond a consacré à Horson, dont il a été le collaborateur, une Notice, insérée dans le journal *le Droit* du 24 mai 1857.

2. LAFON DE CANDAS (Hilarion) né le 25 septembre 1799, — mort le 14 mai 1857.

Admis au tableau à la date du 12 août 1826.

avons perdus, il est un écrivain qui a puissamment concouru à élever un monument véritable à la science du droit, Me Armand Dalloz, auteur du *Dictionnaire général et raisonné de législation, de doctrine et de jurisprudence*, et, surtout, collaborateur principal de son frère dans le *Répertoire méthodique et alphabétique*, vaste encyclopédie, qui vivra tant que vivra le droit français et où le nom de notre cher confrère est écrit à chaque page [1].

---

1. Dalloz (Armand-Pierre-Jean), né à Saint-Claude (Jura), en 1797, — mort à Paris, le 19 juin 1857.

Admis au tableau à la date du 20 août 1836.

Chevalier de la Légion d'honneur.

Auteur :

1° Du *Dictionnaire général et raisonné de législation, de doctrine et de jurisprudence* ;

2° Avec son frère, Me Dalloz aîné, du *Répertoire méthodique et alphabétique de législation, de doctrine et de jurisprudence ;*

3° Avec son frère, Me Dalloz aîné, de la *Jurisprudence générale, Recueil périodique et critique de jurisprudence, de législation et de doctrine ;*

4° Avec M. Édouard Clerc, du *Manuel théorique et pratique du notariat.*

TROISIÈME PARTIE

LE STAGE

§

Après avoir payé cette dette pieuse, parlons maintenant du Stage [1].

§

Cet apprentissage de la profession d'avocat n'est pas une institution nouvelle; elle était réglementée dès le quatorzième siècle[2].

Au dix-septième siècle, LA ROCHE-FLAVIN écrit qu'il y a trois espèces d'avocats : les *Ecoutants*, les *Plaidants* et les *Consultants;* les uns, dit-il, *fleurs prêtes à fructifier*, les autres, *fruits tout faits, qui se cueillent tous les jours*, et, enfin, les derniers, *fruits en pleine*

---

1. « Le Stage est le temps d'épreuve que les règlements exigent du « jeune Avocat pour prouver qu'il réunit en lui les conditions d'apti- « tude, d'expérience et de moralité nécessaires à l'exercice de sa pro- « fession. »

DALLOZ, *Répertoire,* v° *Avocat,* chap. I, sect. II, art. 3, n° 93.

2. *Ordonnances réglementaires du Parlement sur les Huissiers, les Avocats et Conseillers, les Procureurs et les Parties.* (1344.) V. *infrà,* page 95, note 1.

maturité, qui ne peuvent longtemps arrester sur l'arbre[1].

Quand nos pères ont, dans leur sagesse, créé cette institution intermédiaire, ils ont été guidés par cette pensée que l'avocat, qui aborde l'exercice réel de sa profession, n'est pas un majeur qui entre dans son bien; que ce n'est pas seulement sa réputation et sa fortune qu'il peut compromettre en plaidant, mais bien la fortune, la vie, la liberté, l'honneur de ses concitoyens. Ils en ont conclu qu'on ne pouvait prendre trop de précautions; que les études et les examens scolaires, excellente préparation, ne présentent pas une garantie complète, et qu'au seuil de cette *libre* et *volontaire association*[2], que, par hon-

1. La Roche Flavin, *XIII livres des Parlements de France*, in-folio, Bordeaux (1617), liv. III, *des Avocats*, chap. 2, n° 1.

2. L'association est toute volontaire; et, de là, cette maxime que notre tableau nous appartient.

Nul n'a droit de s'y faire inscrire contre l'appréciation du Conseil de l'Ordre, — ni licencié, ayant prêté serment d'Avocat, qui ne peut appeler de la décision refusant de l'admettre au stage, — ni stagiaire, ayant accompli les trois ans de stage, qui ne peut appeler de la décision refusant de l'admettre au tableau.

Ajoutez que le procureur général n'a pas droit d'appel en ces matières.

Aussi, sur ces différents points, les décisions du Conseil de l'Ordre ne sont pas motivées. Il ne doit compte à personne de ses raisons de décider.

« Un autre principe, qui est fondamental dans les statuts de l'Ordre, « nous constitue *maîtres absolus de notre tableau*. En d'autres termes, « le procureur général ne peut pas plus attaquer l'inscription d'un « avocat au tableau que celui-ci attaquer la décision qui refuse de l'y « admettre; l'une et l'autre sont sans appel. Cette règle conservatrice « de l'Ordre, aussi ancienne que lui, respectée par tous les gouverne- « ments, se fonde sur une vérité de droit naturel, déjà rappelée : toute « société ne peut exister qu'autant qu'elle se compose d'hommes de « son choix. L'ordre des avocats n'est, je le répète, qu'une vaste agré- « gation d'hommes qui s'unissent, par des motifs communs de travaux « et d'affections, et qui, pour se convenir, doivent réunir, au plus haut « degré, toutes les conditions de moralité et d'honneur indispensables

neur, on appelle un *Ordre*[1], il était nécessaire de placer une longue épreuve complémentaire, embrassant à la

---

« à l'exercice de leur ministère. En donnant à l'Ordre une organisation « légale, ni le décret de 1810 ni l'ordonnance de 1822 n'ont entendu « lui enlever la condition essentielle de son existence. »

M. Mollot, *Règles de la profession d'Avocat*, IIe partie, *Lois et règlements*, titre VII, page 192, à la note.

1. Le nom d'*Ordre* remonte à l'empereur Justin qui, sous ce titre, organisa les avocats en une sorte de collége.

Les avocats au Parlement de Paris ont toujours pris ce nom, depuis 1300, — et le Parlement le leur a reconnu en toute occasion.

M. Mollot s'exprime ainsi, à ce sujet :

« Selon toute vraisemblance, les avocats voulaient ainsi se distinguer « des autres corporations qui commençaient à se former sous les déno- « minations de *Confréries*, *Corps*, *Communautés*. Les graves abus « qu'elles amenèrent depuis justifieraient, au besoin, la prudence des « avocats. »

Règles de la profession d'Avocat, Ire partie, *Règles*, Exposition, page 3, à la note.

Et voici ce qu'écrivait d'Aguesseau, en 1750 :

« Mais peut-on même dire que ceux qui exercent la profession d'a- « vocat dans un parlement forment un corps ou une société qui mérite « véritablement ce nom ? C'est ce qu'il serait peut-être assez difficile « de soutenir.

« Les avocats ne sont liés entre eux que par l'exercice d'un même « ministère ; ce sont plusieurs sujets qui se destinent également à la « défense des plaideurs, plutôt que les membres d'un seul corps, si « l'on prend ce terme dans la signification la plus exacte.

« Le nom de *Profession* ou d'*Ordre* est celui qui exprime le mieux la « condition ou l'état des avocats ; et s'il y a une espèce de discipline « établie entre eux pour l'honneur et la réputation de cet Ordre, elle « n'est que l'effet d'une convention volontaire plutôt que l'ouvrage de « l'autorité publique, si ce n'est dans les matières sur lesquelles il y a « des règles établies, soit par les ordonnances de nos Rois, ou par les « arrêts des Parlements ; s'ils ont des distinctions justement acquises « par leurs talents et par leur capacité, ce sont des prérogatives atta- « chées à la profession qu'ils exercent, plutôt que des priviléges accor- « dés par le Roi à un corps ou à une communauté ; et ils jouissent, « pour parler le langage des interprètes du droit, *non ut universi, sed* « *ut singuli*. »

Lettre du 6 janvier 1750. Édit. Pardessus, 1819, t. 10, p. 516.

fois le TRAVAIL et les MŒURS, sous la surveillance et la direction des anciens [1].

---

1. C'est ce que disaient en 1344, sous Philippe VI, les Ordonnances réglementaires du parlement. — Dans celles de ces Ordonnances qui regardent les avocats et conseillers, nous lisons :

« (V) *Item.* Quia circâ advocationis officium *facti experientia* et *obser-* « *vantia stili curiæ* multùm prodest, advocati, qui, de novo, ad hujus- « modi officium per curiam sunt recepti, abstinere debent, propter « eorum honorem et damnum quod partibus, propter eorum forsitan « negligentiam, provenire posset, ne ex abrepto et impudenter advo- « cationis officium exerceant ; sed, *per tempus sufficiens*, advocatos « antiquos et expertos audiant diligenter, ut sic *de stilo curiæ* et *advo-* « *candi modo* primitùs *informati*, suum patrocinium præstare et advo- « cationis officium laudabiliter et utiliter possint et valeant exercere. »

Recueil général des anciennes lois françaises, par DECRUSY, ISAMBERT et JOURDAN, t. IV, p. 508.

La surveillance des mœurs des Stagiaires est spécialement confiée au Conseil de l'Ordre :

Le décret du 14 décembre 1810 disait (art. 23) : « Il portera une « attention particulière sur *les mœurs et la conduite des jeunes avocats* « *qui feront leur stage ;* il pourra, dans le cas d'inexactitude habituelle « ou d'inconduite notoire, prolonger d'une année la durée de leur stage, « même refuser l'admission au tableau. »

L'ordonnance du 20 novembre 1822 porte (art. 14) : « Ils surveillent « les *mœurs et la conduite des avocats stagiaires.* »

CHAPITRE PREMIER

LE TRAVAIL

§

Cet utile noviciat, transition des bancs de l'École à la Barre des Tribunaux, sépare la *Théorie pure*, que l'on quitte, de la *Pratique*, vers laquelle on va.

Le *Stage* doit donc être un mélange habile et raisonné de l'étude des *textes*, qu'il ne faut jamais oublier, et de l'étude des *affaires*, qu'à ce moment il s'agit d'apprendre.

§

Quoique l'avocat ne soit ni auteur ni professeur, il doit, à son jour, à son heure et sur un point donné, en savoir autant qu'eux.

Par conséquent, il ne lui est pas permis d'interrompre, un seul instant de sa vie, les études et les travaux qui le rapprochent de leur science.

Mais c'est aux affaires contentieuses qu'il est essentiellement destiné.

Il les étudie, les apprécie, les conseille et les transige.

Il les dirige, conjointement avec l'avoué.

Seul, il les plaide.

Et, souvent, au moment décisif, c'est lui qui, sur le champ de bataille même, indique le mouvement de procédure qui doit assurer la victoire.

Son apprentissage ne peut donc rester dans le domaine du pur esprit; car ceux qui, dès le matin, frapperont à sa porte, ne viendront lui demander ni des leçons ni des thèses; ce qu'ils rechercheront, ce sera la direction sûre et immédiatement réalisable des affaires, malheureusement trop réelles, où seront engagées leur fortune et la tranquillité de leur famille.

La question fondamentale est donc, pour le jeune avocat, de savoir comment il pourra s'initier à la pratique des affaires, tout en se maintenant à la hauteur des connaissances que donne la théorie.

I

CLÉRICATURE

Le premier, le meilleur, le plus sûr et le plus court moyen serait de ne se présenter au Stage qu'*après avoir pris tous ses grades dans l'étude d'un avoué.*

Ceux qui se livrent à ce travail, *concurremment avec le Stage*, ne comprennent pas encore la dignité de leur profession, commettent une infraction à nos règlements, s'exposent à une punition grave et courent le danger de devenir mauvais clercs, en restant mauvais avocats.

Ceux qui, pour entrer dans une étude, attendent *l'époque où leur Stage sera fini* s'exposent à ne pas tirer de ce Stage le profit qu'ils en auraient obtenu, si, pour préface, ils lui avaient donné la procédure; et ils mettent une fâcheuse interruption entre le Stage et la Plaidoirie, qui en est la continuation naturelle.

Quant à ceux qui *s'en passent* et ne voient là que trois ou quatre années perdues et un retard préjudiciable à leur carrière, ils cèdent à une impatience aveugle et croient, probablement, que le laboureur récolte avant d'avoir semé.

Ce qu'ils veulent, uniquement, c'est un titre, ignorant que ce n'est rien d'être *avocat inscrit* et que ce qu'il faut, avant tout, c'est être *avocat instruit.*

Ils supposent que la clientèle arrive d'autant plus vite qu'on est venu plus tôt.

Ils apprendront, à leurs dépens, que la clientèle vient à celui qui s'en montre digne, quelle que soit l'époque où il apparaît au Barreau, et que le temps consacré à l'examen actif des procès, loin d'éloigner d'elle le jeune avocat, l'en rapproche, au contraire, de tous les progrès qu'il fait et de toutes les connaissances qu'il acquiert dans la direction des affaires contentieuses.

Ils apprendront que la grâce, la facilité, la connaissance des lettres, la science du droit, — admirables qualités! qu'elles viennent de Dieu ou du travail, — ne suffisent pas dans les discussions du Palais, et qu'il faut y joindre la science des affaires, puisque ce sont des affaires qu'on y discute et qu'on y juge.

Ils apprendront, enfin, que l'Esprit des affaires ne descend pas sur ceux qui se contentent de lui adresser un *Veni Creator*, et ils concluront, trop tard, avec nous et avec l'expérience, que pour obtenir ses faveurs, il faut lui offrir en holocauste une partie de sa jeunesse, et, pendant plusieurs années, pâlir sur la Procédure[1].

§

Et comment en serait-il autrement?

Que sommes-nous? — Les soldats du Droit.

Et la Procédure, qu'est-elle, de son côté?

L'organisation de cette guerre légale, substituée, par nos mœurs adoucies, au duel judiciaire qui, lui-même, avait remplacé les guerres privées.

---

1. « Ne doivent les jeunes advocats, comme, en passant, l'avons ci-« dessus touché, se haster ni se précipiter à la plaidoirie, qu'ils n'ayent « jetté de bons fondements. Les fruits hatifs ne sont point de garde. « Les anciens (ainsi que dict Varro en son quatriesme livre *De re « rusticâ) precabantur florem, ne tam citò floreret*. Les poëtes donnent « un bel épithète au rossignol; ils l'appellent *Lusciniam tardiloquam « aut tardilinguam*; il chante tard, mais il chante le mieux de tous les « oiseaux. Les champions des jeus olimpiques juraient qu'ils s'étaient « exercés dix mois. Si cela se fesait aux combats du corps, que se deb-« vait-il faire à ceux d'esprit où il y a tant de variété? Les anciens pre-« naient mauvais augure quand les astres se levaient trop tost; ils appe-« laient cela *prœsiderare*. Le jeune homme qui s'esprouve trop tost, « dict discrtement l'advocat général d'Espesses, jette des racines d'im-« pudence qui ressemblent au lierre; elles étouffent les bonnes racines « de vertu. La modestie sied bien à tous, mais c'est une vertu spéciale « aux jeunes, comme la prudence aux vieux. Devant que de se mettre « aux actions et exercices de la prudence, il faut faire ce que dict « Platon, *Principium scientiæ est stupere*; il faut contempler et ad-« mirer les autres : *fovenda est consuetudo Pythagorica, in tacendum « per biennium*. Ils practiquent ce que disait en gaussant *Menedemus « Eretriensis* que ceux qui navigeaient à Athènes, la première année « étaient *sages*, la deuxième *Philosophes*, la troisième *Rhéteurs* et la « quatriesme *Rien du tout* : comme, aux escolles du droit, on dict, de « mesmes, que, la première année, les estudiants sont *Docteurs*, la « la seconde *Licenciés*, la troisiesme *Bacheliers* et la quatriesme *Escho-« liers*. »

La Roche Flavin, *des Parlements de France*, liv. III, chap. II, n° 10, page 241.

De telle sorte qu'il est permis de dire que les études des procureurs ont pris la place des salles d'escrime où pouvaient se préparer les champions de la *Justice de Dieu.*

Or, vous ne croyez pas, je pense, que ces avocats cuirassés entrassent dans la lice sans s'être préalablement exercés et qu'il suffît, au moment décisif, de leur dire à l'oreille comment il fallait dégaîner et manier l'épée?

Pourquoi donc l'avocat des temps nouveaux négligerait-il d'apprendre, comme eux, le maniement des armes que la loi elle-même lui donne pour attaquer l'injustice et défendre le bon droit[1]?

§

Mais la cléricature ne peut-elle pas être remplacée par un travail analogue?

Dépouiller et analyser des dossiers ne suffit-il pas?

Devenir le collaborateur d'un ancien, partager ses

---

1. Pour favoriser l'étude de la procédure, tout en respectant la règle qui défend aux stagiaires de travailler chez un avoué, le Conseil de l'ordre a pris, le 31 mars 1857, l'arrêté suivant :

« Le Conseil, après avoir entendu M. le Bâtonnier en son rapport, « arrête :

« 1° Les stagiaires qui désireront travailler dans une étude pourront « obtenir du Conseil la faculté de suspendre leur stage ;

« 2° Pendant la durée de la suspension, ceux qui l'auront obtenue ne « pourront ni exercer les fonctions d'avocat, ni en porter le costume. « Ils ne pourront reprendre le cours de leur stage qu'avec l'autorisa- « tion du Conseil ;

« 3° L'inscription au tableau ne remontera, lorsqu'il y aura eu sus- « pension de stage, qu'à trois années avant la demande d'inscription au « tableau. »

travaux, essayer de préparer ses consultations et ses plaidoyers, n'est-ce pas une occupation qui puisse suppléer la cléricature?

Non.

Pas plus que l'œil ne peut remplacer la main et la vue le toucher.

Le clerc n'étudie pas les dossiers; il les fait.

Chaque pièce est son œuvre; chaque acte est sa pensée; chaque ligne reçoit son empreinte.

La direction de l'affaire, c'est lui qui en est le maître; les progrès de l'instance, c'est lui qui y préside; les embarras, les doutes, les surprises, les péripéties, c'est lui qui les éprouve ou les prévient, les tranche ou les dénoue.

En étudiant, sans relâche, la procédure active, en épiant sa marche, ses détours et ses piéges, il parvient à la saisir, à la diriger, à s'identifier avec elle.

En la serrant, sans cesse, de près, il la force à lui donner ses secrets; il lui arrache ses mystères.

Il faut, il est vrai, pour y parvenir, qu'il se serve d'une langue quelquefois barbare; mais, si barbare quelle soit, cette langue, toujours énergique, est celle que parlent les dossiers; et, pour s'entretenir avec eux, il est nécessaire de la savoir.

Aussi, lorsqu'il la sait, ces dossiers ne l'effrayent plus. Il n'a pas à demander à celui qui les lui apporte par quel bout il doit les prendre; il ne donne à personne le droit de rire de la manière dont il les tient; il n'a pas à en épeler les lettres, il les lit couramment; et, ne perdant pas son temps aux pages inutiles, il va droit à l'essentiel, il le comprend et s'en empare[1].

§

Est-ce à dire qu'il n'y ait pas eu et qu'il n'y ait pas, encore, au Barreau, des hommes éminents qui n'aient pas suivi cette voie?

Je suis loin de le prétendre.

Mais soyez certains que l'ignorance de la pratique en a arrêté plus d'un au seuil de la carrière; que ceux qui ont persévéré sont rares; qu'ils ont éprouvé, dans le cours de leur vie, des embarras et des difficultés que leur eût évités la connaissance de la procédure; et qu'il n'est pas de jour, peut-être, où ils n'aient regretté de l'avoir négligée.

Ajoutez à cela que ceux qui ont triomphé de cet obstacle étaient doués de talents supérieurs. Or, ce n'est pas au Génie que je prétends proposer des règles. Le Génie a ses lois, qui ne sont pas celles du vulgaire.

---

1. V. la 2e lettre de CAMUS (Recueil de M. *Dupin*, t. II, p. 284). Nous sommes d'accord sur la *nécessité* de travailler dans une étude d'avoué; nous différons sur l'époque.

CARRÉ n'adopte pas notre opinion et prétend, avec M. DUPIN, que POTHIER était de son avis (même Recueil, pages 428 et suiv.). Mais ses arguments portent à faux. Il part de ce point que, dans une étude d'avoué, on se borne à copier des actes de procédure! Or, c'est là une erreur capitale.

Le *principal clerc* — et c'est ce qu'il faut devenir pour profiter de ce travail—, a une action personnelle et directe sur les procédures; tous les jours il cherche, avec soin, quels doivent être la meilleure direction et les meilleurs moyens d'un procès; tous les jours, il formule, lui-même, cette direction et ces moyens par les actes les plus utiles; et c'est ainsi qu'il parvient à cette connaissance des affaires, sans laquelle on court risque de ne jamais savoir conseiller et plaider.

Quand je rencontre un homme de génie, je me découvre, je le salue et j'admire; — je me garderais bien de l'envoyer à l'école et, surtout, de lui faire la leçon.

Que les hommes de génie n'étudient donc pas la Procédure! Ils le peuvent et je leur en donne licence; — mais que les autres, s'ils veulent m'en croire, aient soin de commencer par là.

§

N'exagérez rien, cependant, et ne donnez pas à mes paroles une portée qu'elles ne peuvent avoir.

Si je vante la pratique, c'est que j'ai vu des hommes de grand esprit et de belle langue perdre plus de procès qu'ils n'en gagnaient, — tout en développant de grandes qualités oratoires, — parce qu'étrangers aux affaires, ils détournaient leur talent de la question du procès, et couraient après quelque chose de plus brillant qu'elle.

Mais je dis hautement que la pratique ne suffit pas, et que, pour en profiter, il faut l'aborder avec la science de l'école et lui donner cette science pour compagne assidue, de manière que la Théorie se solidifie au contact de la Pratique, et qu'à son tour la Pratique s'élève et s'épure au contact de la Théorie.

Théorie et Pratique sont deux sœurs qui, dans les affaires, ne doivent jamais se quitter.

Malheur à l'avocat qui fait dire à ceux qui l'ont écouté : « Il a tracé son sillon; mais ce n'est qu'un manœuvre. » Mais malheur, surtout, à l'avocat dont il est permis de dire quand son discours a cessé :

« C'est un ballon qui crève et du vent qui s'envole! » [1]

---

1. De Lamartine, *Épître à Casimir Delavigne.*

II

HISTOIRE, RÈGLEMENTS, RÈGLES ET USAGES DE LA PROFESSION.

Mais prenons le Stagiaire tel qu'il se présente, soit qu'il vienne directement de l'École, soit qu'il ait fait une utile station dans l'étude d'un avoué.

Que doit-il faire, en arrivant parmi nous?

Comme sa ferme volonté doit être d'observer fidèlement nos *Règles* et nos *Usages* [1], son premier devoir est de les apprendre.

Il faut aussi, pour les comprendre mieux, qu'il étudie l'*Origine* et l'*Histoire* de notre Profession, ainsi que les *Lois*, *Ordonnances* et *Décrets* qui, de tout temps, l'ont réglementée [2].

---

1. Nos usages sont des lois.
L'art. 45 de l'*ordonnance du 20 novembre* 1822, porte :
« *Les usages observés dans le barreau* relativement aux droits et aux « devoirs des avocats dans l'exercice de leur profession *sont maintenus*.»

2. Les stagiaires doivent consulter spécialement :
1° M. DUPIN aîné, *Profession d'avocat, Recueil de pièces concernant l'exercice de cette profession*. Paris, B. Warée aîné, 2 vol. in-8, 1830.
On y trouve : le discours de rentrée de M. *Dupin*, Bâtonnier (1829); l'histoire abrégée de l'Ordre des avocats, par *Boucher d'Argis*, avec un appendice de M. *Dupin*; Pasquier, ou Dialogue des advocats du Parlement de Paris, de *Loysel*, avec un appendice tiré d'un discours de M. *Delacroix Frainville*; les lettres de *Camus* sur la profession et les études de l'avocat; des lettres de MM. *Berville, Dupin, Cormenin, Pardessus, Carré, Philippe Dupin*, sur le même sujet ; le petit livre : *De la libre défense des accusés*, de M. *Dupin*; la lettre de *Coquart* à M***; l'*Examen de l'ordonnance du* 20 *novembre* 1822, par *Daviel*, etc., etc.
2° M. MOLLOT, *Règles sur la profession d'avocat*, suivies 1° des

III

COLONNES

Afin de vous rendre cette étude plus facile, le Conseil vous a distribués en *Colonnes* et vous a prescrit d'assister à des *Réunions* plus ou moins fréquentes, où nos règles s'exposent, où se discutent nos usages et que conduit la prudence de deux de ses membres, toujours prêts à répondre à vos questions [1].

---

lois et règlements qui la concernent; 2° des précédents du Conseil de l'Ordre des avocats à la Cour royale de Paris, avec des notes historiques et explicatives. In-8, Joubert, 1842.

Je suis heureux de pouvoir annoncer une édition nouvelle de cet excellent ouvrage.

1. Les colonnes où sont distribués les *Stagiaires* ne ressemblent ni aux colonnes, antérieures à la suppression de l'Ordre en 1790, ni aux colonnes établies par l'ordonnance de 1822 et mises en oubli depuis 1830.

1°

En 1790, le tableau était divisé en dix fractions appelées *colonnes*.

Cette division remontait à 1662 et avait été causée par la difficulté de tenir les assemblées générales, par suite du nombre considérable des membres de l'Ordre.

Chacune de ces colonnes avait ses assemblées et conférences particulières, et nommait, *par la voie de l'élection*, deux députés qui, réunis au Bâtonnier en exercice et aux anciens Bâtonniers, réglaient toutes les affaires de l'Ordre. Ces députés étaient mandataires de leurs confrères, leur rendaient compte de ce qui se passait au comité et y portaient le vœu de leurs colonnes.

2°

Lors du rétablissement de l'Ordre des Avocats, la loi du 13 mars 1804 décréta la formation d'un tableau, mais n'en ordonna pas la division.

3°

Ce fut l'ordonnance du 20 novembre 1822 qui prescrivit la répartition des avocats inscrits, en sept colonnes, au plus; et composa le Conseil, des avocats ayant exercé les fonctions de Bâtonnier, *des deux plus anciens de chaque colonne*, suivant l'ordre du tableau, et d'un secrétaire choisi par le Conseil.

Le stagiaire ne doit pas manquer à une seule de ces

La répartition fut faite par les anciens Bâtonniers et le Conseil, alors en exercice, et dut être renouvelée tous les trois ans.

En tout cela, il ne s'agissait que des avocats *inscrits au tableau.*

L'art. 33 de l'ordonnance avait bien dit que les Stagiaires seraient répartis et inscrits à la suite de chacune des colonnes, selon la date de leur admission; mais cet article, sans objet, resta sans exécution à Paris.

4°

L'Ordonnance du 11 août 1830, rendant à l'Ordre la nomination directe du Conseil et du Bâtonnier, détruisit, par une conséquence nécessaire, les colonnes organisées en 1822.

5°

En 1852, M. le Bâtonnier Gaudry proposa la création de *colonnes pour les stagiaires seulement,* afin de pouvoir, dans des réunions, au moins annuelles, les initier aux règles et usages de l'Ordre, les rapprocher des membres du Conseil et leur donner l'occasion de soumettre leurs doutes et leurs embarras à leurs chefs de colonne et, par suite, au Conseil, dans les cas graves.

Sur cette proposition, le Conseil a pris, à la date du 6 mai 1852, l'arrêté suivant :

Le Conseil arrête :

« Vu les art. 14 et 45 de l'ordonnance du 20 novembre 1822 :

« Art. 1er. — Les Stagiaires seront divisés en colonnes.

« Art. 2. — La division sera faite en nombre égal dans chaque co-« lonne par les soins du Bâtonnier, assisté de deux membres du Con-« seil et du Secrétaire.

« Art. 3. — Les noms seront ainsi répartis par la voie du sort, et « seront inscrits dans chaque colonne, par ordre alphabétique.

« Art. 4. — Au fur et à mesure de chaque admission au stage, les « noms seront alternativement placés dans l'une des dix colonnes. Le « numéro de chaque colonne sera indiqué sur la cote du dossier de « l'avocat stagiaire, au moment de son admission au stage.

« Art. 5. — Chaque colonne sera présidée par deux membres du « Conseil, indiqués par le sort, pour chaque colonne, sans qu'il puisse « y avoir, dans une colonne, plus d'un ancien Bâtonnier; elle devra « être réunie au moins deux fois par an par les chefs de la colonne, « aux époques réglées par le Bâtonnier, et dans le local de la Biblio-« thèque.

« Art. 6. — Le jour et l'heure de cette réunion seront indiqués par « lettres adressées aux avocats stagiaires, au moins quinze jours à l'a-

assemblées[1]; et lorsque, sur un point quelconque, un doute lui apparaît, son premier devoir est de soumettre ce doute à ses chefs.

Il doit savoir en outre qu'il n'y a pas, dans l'Ordre, un ancien qui ne soit heureux d'aider son inexpérience et de venir à son secours en toutes matières et en toute occasion.

« vance ; leurs noms seront inscrits sur une feuille de présence, et « lors de leur demande d'admission au tableau, leurs absences ou « leurs présences seront prises en considération.

« Art. 7. — Les chefs de colonne donneront les explications qu'ils « jugeront convenables sur les usages, les règles, les devoirs et les « droits de la profession.

« Art. 8. — Chaque colonne aura pour secrétaire l'un des douze se- « crétaires de la Conférence. Ils seront chargés de prendre note des « présences et de dresser un procès-verbal sommaire de la séance. »

La répartition des stagiaires fut d'abord faite en nombre égal, et sans distinction de la date du stage, entre toutes les colonnes.

Mais, en 1855, M. le Bâtonnier Bethmont fit une répartition rationnelle, dont la base est l'époque où le stage a commencé et dont l'avantage est de mettre ensemble des avocats de même instruction et de les faire conduire pendant les trois années du stage normal, par les mêmes chefs, si ces chefs restent au Conseil.

D'après cette organisation, les colonnes sont au nombre de 10.

La 1re comprend les stagiaires ayant plus de cinq années de stage.

La 2e les stagiaires étant dans leur cinquième année.

La 3e et les sept autres, jusqu'à la 10e, reçoivent, tous les quatre ans, à tour de rôle, les stagiaires de première année et les conduisent jusqu'à la quatrième inclusivement.

La répartition des stagiaires de première année se fait toujours entre deux colonnes dont les numéros se suivent.

Nous avons maintenu ce qu'avait si bien fait M. Bethmont.

1. Le Bâtonnier lui-même ne peut accorder de dispense générale :

« Le Conseil décide qu'il ne peut être accordé d'exemption générale « de non présence aux réunions de colonnes. » (*Arrêté du* 23 *juin* 1857.)

IV

CONFÉRENCES.

Après les colonnes se placent nos *Conférences* hebdomadaires, dont l'origine remonte à 1710, et qui ont été instituées conformément aux intentions testamentaires de notre confrère de Riparfonds, léguant ses livres à notre bibliothèque, dont les premiers fonds avaient été faits par lui[1].

---

1. Les Romains connaissaient ces exercices et les trouvaient utiles. CICÉRON fait dire à CRASSUS, s'adressant à *C. Cotta* et à *P. Sulpicius:*

« Et exercitatio quædam suspicienda vobis est : quanquàm vos quidem « jampridèm estis in cursu : sed ii qui ingrediuntur in studium, quique « ea quæ agenda sunt in foro, tanquàm in acie, possunt etiam nunc « exercitatione quasi ludicrâ prædiscere ac meditari. . . . .

« Equidem, probo ista, quæ vos facere soletis, ut, causâ aliquâ positâ « consimili causarum earum quæ in forum deferuntur, dicatis quàm « maximè ad veritatem accomodatè. (*De Oratore*, lib. I, n° 32 et 33.)

Quant à nos Conférences, voici ce qu'en disent BOUCHER D'ARGIS et FYOT DE LA MARCHE :

« Outre les Conférences particulières, il est bon d'aller, aussi, à celle « qui se tient dans la Bibliothèque que feu M. Riparfonds a léguée en « 1704 à l'Ordre des Avocats. . . . .

« Les Conférences de doctrine y furent commencées dans la même « année (1710), conformément aux intentions de M. de Riparfonds, et, « depuis, interrompues en 1712 et 1713, pendant toute l'année 1717 et « depuis le mois de mai 1719 jusqu'au 10 janvier 1722.

« Cette Conférence a toujours été célèbre par l'émulation que les « jeunes gens y ont fait paraître et par la bienveillance des anciens qui « viennent pour y communiquer leurs lumières. »

BOUCHER D'ARGIS, *Histoire abrégée de l'Ordre des Avocats*, chap. IX. *Du devoir des jeunes avocats.*

« Les questions y sont résolues avec tant de science, de solidité et de « lumière, que si les décisions n'ont ni la force ni l'éclat des arrêts, « elles en ont la maturité et le mérite. »

FYOT DE LA MARCHE, *l'Éloge et les devoirs de la profession d'avocat*, page 262.

§

Puisque j'ai nommé M. de Riparfonds, il n'est pas hors de propos de

§

Nos conférences exigent une rigoureuse assiduité; car, indépendamment de l'utilité spéciale attachée à chacune d'elles, il sort de leur suite et de leur enchaînement, organisés à l'avance, une utilité d'ensemble qu'on ne néglige pas impunément[1].

---

dire que ses livres et ceux qui avaient été donnés, légués ou acquis depuis cette époque jusqu'en 1790 n'existent plus dans notre bibliothèque.

En 1793, ils ont été dispersés dans les dépôts du gouvernement.

« La plupart de ces livres (c'est-à-dire les livres de droit) reposent « aujourd'hui dans la bibliothèque du Conseil d'État et dans celle de « la Cour de cassation, où chacun de MM. les Conseillers, lorsqu'ils « les consultent, peuvent lire sur le titre que *ces livres sont à nous*. « Titulus perpetuò clamat. »

M. Dupin *aîné*, appendice à l'histoire abrégée de l'Ordre des Avocats de *Boucher d'Argis*. Recueil de pièces, page 140.

L'œuvre de Riparfonds a été reprise, en 1806, par le vénérable Ferey, dont le testament, rapporté par M. *Dupin* (recueil, page 140), mérite l'attention des Stagiaires, qui n'y liront pas sans fruit l'expression des sentiments de reconnaissance inspirés à ce savant vieillard par une profession dont, par sa science et sa probité, il a été l'un des ornements.

Quant aux livres qui, de notre bibliothèque, avaient passé au Conseil d'Etat, notre ancien Bâtonnier, *M. Baroche*, Président de ce Conseil, m'a dit qu'ils étaient aujourd'hui à la bibliothèque du Louvre.

1. « L'assiduité estant une des choses les plus recommandables aux « jeunes advocats; car il pourrait advenir que les jours qu'ils seraient « absens, ils perdraient la commodité d'ouïr ce que par adventure de « long temps il n'y aurait occasion de dire. Joinct qu'être assidu et con- « tinuer à une chose par l'espace de quelques temps, nous rend plus « capables et plus entendus que si, avec relasches et interruptions fré- « quentes, nous y employons toute notre vie. »

La Roche Flavin, *XIII livres des Parlements de France*, liv. III, chap. II, n° 7, p. 240.

On peut dire de nos Conférences ce qu'Horace dit de toute œuvre dont les parties sont bien coordonnées :

. . . . . Tantùm series juncturaque pollet !

(*De Arte poetica.*)

L'inexactitude est punie par une prolongation de stage, et même pa le refus d'admission au tableau.

Aussi, je ne reconnais pas pour stagiaire véritable celui qui ne les suit pas très-assidûment; encore moins celui qui y entre, sans désir d'y rester; qui s'assied, cause, n'écoute pas, empêche ses voisins d'écouter, et, au bout d'une demi-heure, se lève avec bruit, interrompt le discours commencé, sans égards pour ses confrères, et s'en va, dérangeant les chaises, comme s'il n'avait eu d'autre but, en venant ici, que de faire remarquer la coupe plus ou moins élégante du vêtement non réglementaire que sa robe ne cache qu'à moitié.

§

Les combats simulés de cette pacifique enceinte ne sont, il est vrai, que de pâles images des combats du barreau. Mais ils en donnent une idée et ils y préparent.

Ils permettent même de pénétrer un peu, par l'étude de la jurisprudence, dans la réalité des affaires.

Un des grands avantages de ces réunions est de vous accoutumer à un auditoire dont il est nécessaire de fixer l'attention pour qu'il vous écoute.

La crainte salutaire qu'il vous inspirera et la brièveté du temps qui vous sera donné seront un premier et puissant aiguillon pour vous forcer à apprendre l'art difficile de développer vos pensées et l'art, —plus difficile encore et plus chéri des auditeurs, —d'être courts, tout en étant complets.

C'est en briguant, avec zèle et assiduité, le suffrage de vos pairs que vous vous préparerez, aussi, à la réplique et à ces promptes et vives ripostes, partie si importante de l'esprit du Barreau [1].

---

1. « Il y avoit encores, continua M. Pasquier, Danqueclin et Millet, « qui plaidoient aussi en la même cause de Cabrières; mais les princi-

C'est ici, enfin, que par un effet ordinaire de la lutte même et à raison de l'estime réciproque qui en naît, lorsqu'elle a été loyale, c'est ici que vous nouerez les doux liens de la confraternité, ce grand bonheur de notre profession!

§

Les *Rapports* et les *Plaidoyers* de la Conférence exigent assez de travail pour que ceux à qui le sort attribue la parole tirent de cet exercice un grand profit.

Pour que ceux qui écoutent en tirent un profit semblable, le moyen est facile.

Il leur suffit : d'étudier avec soin les rapports; de se préparer comme s'ils devaient parler; de suivre la discussion, le Code sous les yeux et la plume à la main; et, rentrés chez eux, d'écrire le résumé de ce qu'ils ont entendu.

A ce prix, la Conférence leur sera éminemment utile.

Mais tenez pour constant que l'assistance passive n'entraîne avec elle aucun résultat et que l'unique moyen de profiter de nos réunions est de joindre à une assiduité sans lacune ce travail méthodique et continu, à l'aide duquel, seul, l'idée prend possession de l'esprit et s'y incorpore pour ne plus le quitter.

§

Classés suivant l'ordre des Codes, les travaux de la

« paux de ce temps-là estoient maistres Jacques Canaye, parisien; « Claude Mangot, loudunois; et François de Marillac, auvergnat, *duquel* « *on faisoit plus d'estime que des deux autres en ce qu'il estoit fort en* « *la réplique......* »

Loisel, *Pasquier* ou *Dialogue des advocats du Parlement de Paris.*

Conférence vous permettent de revoir les dispositions capitales de la législation civile et criminelle.

C'est une *école d'application* où les questions, identiques à celles que vos professeurs ont déjà agitées devant vous, sont discutées par vous-mêmes, d'une façon nouvelle, plus personnelle et plus saisissante[1].

V

CONFÉRENCES AUXILIAIRES

Vous ne devez pas vous borner à la conférence du Palais.

Vous vous êtes, pour la plupart, préparés à ses exercices publics par les travaux plus faciles de réunions intimes, où la timidité naturelle des débuts a été accueillie par un auditoire plus familier et rassurée par une amitié plus étroite.

Il est bon de continuer ces conférences qui, après avoir été d'utiles préparations, deviennent ensuite de profitables auxiliaires[2].

---

1. Dans le courant de l'année 1856-1857, nous avons discuté le 1er livre du Code Napoléon, de novembre à Pâques; le 2e livre, de Pâques à la Pentecôte; les successions et donations, de la Pentecôte au mois d'août.

2. « C'est pour prévenir les inconvénients sans nombre de ces études « solitaires qu'ont été inventées les *Conférences*. Cette heureuse méthode, « par laquelle plusieurs esprits mettent en commun leurs travaux et « leur science, fait évanouir presque toutes les difficultés. Par elle, cha- « que associé revient de chaque assemblée riche des réflexions et des « connaissances des autres qu'il a, de même, enrichis des siennes. Cet « heureux échange tourne au profit de tous; car il n'est pas des trésors « de la science comme de ceux de la fortune; on les donne sans s'ap- « pauvrir, on les partage sans les diminuer. A la faveur de ces associa- « tions studieuses, tout prend une forme plus riante; on a moins de « fatigue et plus de plaisirs. Ce travail a un but fixe, un objet déterminé.

VI

AUDIENCES

A côté des travaux de la conférence, et sur la même

« L'émulation vient animer de son puissant aiguillon des efforts qui,
« sans elle, sont toujours tièdes et languissants.
« . . . .
« Qu'il me soit permis encore, puisque je parle ici des Conférences,
« de dire un mot de celles auxquelles on donne l'apparence même d'un
« tribunal, où, sous des noms supposés et à l'aide d'une cause feinte,
« deux jeunes défenseurs viennent, dans les formes mêmes de l'au-
« dience et avec le ton qui lui convient, s'exercer à la partie la plus im-
« portante de l'éloquence, l'action. C'est là qu'on perd cette timidité
« qui altère souvent les meilleures choses et étouffe les plus beaux mou-
« vements, cette gêne et cette contrainte, ennemies nées du naturel et
« des grâces; là, des critiques familières et réciproques indiquent à
« chacun la partie faible de son talent ou les défauts qui l'obscurcissent,
« et lui épargnent ces leçons données par un public mécontent; leçons
« terribles qui ne se manifestent que par des revers et ne corrigent que
« par des chutes. C'est là qu'on oublie les factions, dont on est envi-
« ronné, pour se livrer avec ardeur à un exercice après lequel on aspire.
« C'est là, enfin, que chacun peut traiter, à son gré, les plus grandes
« causes et les plus petites; des questions de droit ou de fait ou de pro-
« cédure; s'exercer dans tous les genres; prendre tous les tons; s'in-
« struire à adapter à chaque sujet des mots et des discours convenables;
« prendre une expérience anticipée des mouvements de l'audience, et,
« souvent, apprendre quel est le genre de son talent.
« Je sais qu'il est facile de jeter du ridicule sur ces exercices; mais je
« sais encore mieux qu'il faut chasser cette mauvaise honte, qu'on peut
« avoir, de s'échauffer ainsi pour des fictions et de se livrer à des imi-
« tations que quelques-uns regardent comme des puérilités; je sais
« encore mieux que c'est après s'être livré à de pareilles imitations
« qu'on apporte, la première fois qu'on paraît au barreau, une liberté
« dans l'action, un ton, une aisance qui étonnent. Les inflexions de voix
« que demande la plaidoirie; la chaleur qu'elle exige, les tournures qui
« lui sont familières, les gestes qui doivent l'accompagner; le ton assuré,
« qui seul fait impression; la variété d'accent, qui prévient la mono-
« tonie; la facilité d'une discussion d'abondance; la vigueur et la pré-
« sence d'esprit nécessaires pour la réplique; toutes ces qualités de l'o-

ligne, se trouve placée la *fréquentation des audiences* [1].

Quand on annonce une affaire importante par la gravité des faits, la situation des parties ou le nom des orateurs, la foule des stagiaires ne fait pas défaut et les loueurs de robes ne peuvent satisfaire aux demandes. On assiége les portes, on se pousse, on se presse, on s'entasse sur les siéges.

Je ne blâme pas cet empressement.

Je le loue, au contraire.

Seulement, je voudrais qu'il ne fût pas le résultat d'une curiosité passagère, qu'il vînt du désir raisonné et permanent de s'instruire et qu'on le retrouvât partout.

L'assistance à un débat éclatant laissera, sans doute, après elle, comme tout grand spectacle, un bon souve-

---

« rateur, indépendantes de sa science et sans lesquelles sa science ne « sera rien, comment les acquérir, si ce n'est à l'aide de ces fictions « prétendues puériles?

« Gardez-vous donc, ô vous qui voudrez atteindre de bonne heure à « la perfection de l'art oratoire, gardez-vous de rougir de vos heureuses « imitations et de vos utiles essais! C'est en élevant la voix, seul, sur « les bords de la mer, c'est en récitant ses discours aux vagues écu« mantes que le prince des orateurs grecs s'instruisit à allumer dans le « cœur des Athéniens l'enthousiasme de la liberté et à faire trembler, « du haut de la tribune aux harangues, le redoutable Macédonien. »

BONNET, *Discours prononcé à la rentrée des Conférences* (1786).

1. C'est en grande partie pour que les stagiaires écoutent les anciens à l'audience, et se forment ainsi à la plaidoirie, que le stage a été établi : « Sed, per tempus sufficiens, *advocatos antiquos et expertos audiant* « *diligenter*, ut sic de stilo curiæ et *advocandi modo* primitùs *informati*.» (*Ordonnance* de 1344. V. *suprà*, page 15, à la note 1.)

Le décret du 14 décembre 1810 disait, art. 15 : « La preuve du stage « ou *fréquentation assidue aux audiences* sera faite par un conseil de « discipline. »

L'ordonnance du 20 novembre 1822 porte, art. 34 : « Les avocats « stagiaires ne pourront plaider ou écrire dans aucune cause qu'après

nir ; mais l'assistance de tous les jours aux audiences ordinaires laissera, seule, une instruction solide, et, seule, formera des avocats[1].

§

On peut, pour la fréquentation des audiences, procéder de diverses façons : suivre le criminel ou s'adonner au civil, pour retourner, ensuite, de l'un à l'autre, ou bien les suivre tous les deux à la fois; choisir une seule chambre, soit de la Cour, soit du Tribunal, ou bien en adopter deux ou trois; étudier spécialement la manière d'un grand avocat ou bien celles de plusieurs en même temps.

L'important est de se faire une méthode, et, l'ayant faite, de la suivre assidûment.

Mais ce qui est essentiel, c'est de s'attacher, comme si on en était chargé soi-même, aux affaires qu'on entend

---

« avoir obtenu, de deux membres du conseil de discipline appartenant « à leur colonne, un certificat constatant leur *assiduité aux audiences* « pendant deux années ; ce certificat sera visé par le conseil de discipline.

« Sont dispensés de l'obligation imposée par l'art. 34 ceux des stagiaires ayant atteint leur vingt-deuxième année (art. 36). »

1. « Ne se doibvent les jeunes avocats ennuyer des petites causes « qu'ils oyent mal plaider, parce qu'on proffite autant aux mauvais « plaidoyers qu'aux bons; tout ainsi que le bon mesnager de Xenophon « fait aussi bien proffit de ses ennemis que de ses amis. Et doibvent « penser que ce n'est rien d'avoir escouté, s'ils ne pensent pas, après, « à ce qu'ils ont ouy; et s'ils ne joignent le proffit avec le plaisir, comme « font les beuveurs d'Allemaigne, qui, après avoir beu dans leurs verres peints ou dans leurs goubellets d'argent, ils les renversent sur « la table, pour voir les histoires et mappemondes qui sont peintes ou « gravées au-dessous. »

La Roche Flavin, *des Parlements de France*, liv. III, chap. II, n° 11, page 242.

plaider; c'est d'écouter, d'une attention également soutenue, les observations des deux parts; c'est de faire des recherches approfondies sur les questions dans lesquelles on est ainsi volontairement intervenu; c'est de se constituer le préparateur secret des deux plaidoyers; c'est de composer la réplique, dans l'intervalle des audiences; c'est de comparer avec soin les idées qu'on aura pu trouver avec celle des deux avocats, soit pour jouir de l'ineffable plaisir de s'être rencontré avec eux, soit pour recevoir une leçon salutaire, en voyant se produire des arguments qu'on n'aura pas su prévoir; c'est enfin de s'établir, à part soi, juge du procès et de formuler d'avance une sentence, afin de la contrôler par celle que rendra la justice.

Et, de tout cela, un résumé par écrit[1].

C'est ainsi que, tournant à son utilité particulière le bon et le mauvais, dont il sera l'assidu spectateur, le Stagiaire, jugeant les orateurs auxquels il doit succéder un jour, se formera sur leurs qualités, évitera leurs défauts, et fera avec sûreté les premiers pas vers cet art suprême,

---

1. Voici ce que recommandait QUINTILIEN, à ce sujet :

« Quare juvenis, qui rationem inveniendi eloquendique à præcepto-« ribus diligenter acceperit (quod non est infiniti operis, si docere « sciant et velint) exercitationem quoque modicam fuerit consecutus, « oratorem sibi aliquem (quod apud majores fieri solebat) deligat, quem « sequatur, quem imitetur. Judiciis intersit quam plurimis, et sit certa-« minis, cui destinatur, frequens spectator. Tum causas vel easdem quas « agi audierit stylo et ipse componat, vel etiam alias, *veras modò*, et « utrinque tractet; et quod in gladiatoribus fieri videmus, decretoriis « exerceatur, ut fecisse Brutum diximus pro Milone. »

De Institutione oratoriâ, lib. X, cap. V.

qui consiste à intéresser les juges par l'exposé des faits et à se rendre maître de leur conviction par la discussion du droit[1].

VII

CAUSES D'OFFICE

A côté du gymnase oratoire de la conférence, à côté du spectacle instructif des audiences se placent les travaux pratiques que le Bâtonnier a le bonheur de pouvoir confier à votre dévouement et à votre désintéressement.

§

Au *petit criminel*, le bâtonnier reçoit, chaque jour, des

---

1. On demandait à DEMADES quel précepteur d'éloquence il avait eu : « *Le Barreau d'Athènes!* » répondit-il.

CICÉRON fait dire à MARC ANTOINE *l'orateur* :

« ... Quùm in sole ambulem, etiam aliam ob causam ambulem, fieri « naturâ tamen ut colorer; sic quùm istos libros ad Misenum (nam Romæ « vix licet) studiosius legerim, sentio orationem meam illorum tactu « quasi colorare. »

De Oratore, lib. II, n° 14.

La fréquentation du barreau fera sur les stagiaires l'effet des livre grecs et du soleil sur Marc Antoine; au contact des avocats plaidants, leur esprit prendra de la couleur.

« Tout ainsi, dit LA ROCHE FLAVIN, qu'il y a une science de bien « dire, il y en a, aussi, une de bien ouïr; et comme ceux qui sont « sourds de nature ne savent et ne peuvent rien dire d'autant qu'ils « n'ont jamais rien entendu et que le parler vient de l'ouyr : aussi, « certe, est impossible de bien parler et bien dire sans avoir, première- « ment, bien ouy et bien écouté, à cause de quoy, les jeunes advocats « ne doibvent se hâter ny hasarder de plaider, sans avoir esté longue- « ment auditeurs et assidus aux plaidoiries. »

LA ROCHE FAVIN, *XIII Livres des Parlements de France*, livre III, chap. III, n° 47.

demandes d'*avocats d'office*, soit au premier, soit au second degré.

Il appelle à remplir ce rôle tous ceux qui ont parlé à la conférence : il lui suffit même qu'on ait fait preuve de bonne volonté en s'inscrivant pour parler.

Néanmoins, il réserve les affaires de la Cour pour les membres du Secrétariat et pour ceux des stagiaires dont les plaidoiries de conférence ont été remarquées[1].

§

Au *grand criminel*, le bâtonnier nomme très-rarement, mais il a le droit de présentation ; et, tous les trois mois, il adresse à M. le procureur général, pour être transmise à MM. les présidents d'assises, une liste qui commence par le nom d'un ancien bâtonnier.

Sur cette liste figurent, ensuite, quatre membres du conseil, douze avocats ayant place au tableau, les douze secrétaires de la conférence, et, enfin, douze stagiaires ayant fait leurs preuves.

§

Bien avant la loi sur l'*assistance judiciaire*[2], nos règlements avaient institué un *bureau d'assistance* qui donnait gratuitement aux pauvres des consultations et des avocats[3].

---

1. Pendant l'année 1856-57, il a été distribué 820 causes du petit criminel à 137 avocats.

2. Loi du 22 janvier 1851.

3. 1° Les *Établissements de Saint-Louis* ordonnent, en 1278, qu'il soit, au besoin, commis des avocats d'office *pour la défense des indigents, des veuves et des orphelins*.

Le roi Charles V fait, en 1364, un règlement qui ordonne que les

La loi nouvelle n'a donc rien ajouté à ce que l'Ordre a, de tout temps, considéré comme son premier devoir;

---

avocats prêteront leur ministère aux *pauvres* plaideurs *près du siège des requêtes.*

Une ordonnance de François Ier prescrit, en 1536, que des avocats d'office seront donnés aux *misérables personnes.*

Après la mort de Henri IV, les avocats décident spontanément qu'un jour de la semaine sera consacré à délibérer dans leur bibliothèque sur les consultations gratuites. Six anciens avocats sont nommés pour ce travail et les stagiaires y prennent part pour leur instruction.

Cette organisation dure jusqu'en 1790.

§

2° En 1810, le décret du 14 décembre portait :

« Le conseil de discipline pourvoira à la *défense des indigents* par l'éta-« blissement d'un bureau de consultation gratuite, qui se tiendra une « fois par semaine.

« Les causes que ce bureau trouvera justes seront, par lui, envoyées, « avec son avis, au conseil de discipline, qui les distribuera aux avocats, « par tour de rôle.

« Voulons que le bureau apporte la plus grande attention à ces con-« sultations, afin qu'elles ne servent pas à vexer des tiers qui ne pour-« raient, par la suite, être remboursés des frais de l'instance.

« Les jeunes avocats admis au stage seront tenus de suivre exacte-« ment les assemblées du bureau de consultation.

« Chargeons expressément nos procureurs de veiller spécialement à « l'exécution de cet article et d'indiquer eux-mêmes, s'ils le jugent « nécessaire, ceux des avocats qui devront se rendre à l'assemblée du « bureau, en observant, autant que faire se pourra, de mander des avo-« cats à tour de rôle. »

En conséquence, et par arrêté du 15 mai 1811, le Conseil décide que le bureau des consultations gratuites aura séance tous les mardis et qu'il sera composé de deux anciens avocats, de deux modernes, de deux jeunes et d'un membre du conseil de discipline.

En 1821, six anciens avocats sont priés d'y assister.

Les consultations étaient discutées en assemblée générale, mais délibérées seulement par le Bâtonnier présidant le Bureau, par les anciens avocats appelés pour l'assister, par les avocats inscrits sur le tableau qui voulaient prendre part à la délibération et par les secrétaires admis par le Bâtonnier pour former le bureau de la conférence.

La consultation, délibérée par l'assemblée, était rédigée par le rapporteur et sa rédaction lue et mise aux voix à la conférence suivante.

c'est nous qui avons ajouté à la loi, en ne recevant pas les honoraires que son tarif nous alloue.

Depuis la loi, le Bâtonnier nomme un avocat pour chaque affaire.

Dans ce genre de procès, la marche est plus compliquée qu'au criminel; pour la suivre, il faut savoir la procédure civile.

Le Bâtonnier a donc été forcé de restreindre ses choix, et sa liste est composée : d'abord, d'avocats inscrits au tableau pendant les trois dernières années; puis, des douze Secrétaires; après eux, des Stagiaires s'étant distingués à la conférence; enfin, des Stagiaires ayant pris leurs grades dans une étude d'avoué.

C'est à ces hommes, déjà éprouvés, qu'est confiée la grande mission de défendre les pauvres et de payer, ainsi, à la société le privilége qu'elle nous donne [1].

Mais cette mission ne leur appartient pas exclusivement. L'organisation dont je viens de vous entretenir n'existe que pour le cours ordinaire des choses; car, sur cette liste du dévouement, l'Ordre tout entier est perpétuellement inscrit, sans distinction d'âge et de mérite; et, quand l'occasion le requiert, tous sont prêts, le Bâtonnier en tête, à remplir ces pieux devoirs, que nos traditions nous ont habitués à considérer comme la plus sacrée de toutes les dettes.

---

1. Pendant l'année 1856-1857, il a été distribué 542 causes d'assistance judiciaire à 138 avocats.

VIII

LOIS, COMMENTAIRES, JURISPRUDENCE, REVUES, QUESTIONS.

Mais là ne s'arrêtent pas les travaux dont vous pouvez profiter.

Il vous faut, pendant tout le cours du Stage, revoir, sans cesse, le texte de ces lois célèbres que nous a léguées la Ville éternelle, de ces lois que l'admiration de l'univers salue encore du nom de *raison écrite* et dont Charlemagne a pu dire, en ses Capitulaires : « La loi « romaine est la mère de toutes les lois humaines [1]. »

A côté de ces textes immortels, vous avez à placer, pour les comparer avec eux, le texte de nos *lois françaises*, que nous empruntent, à l'envi, tant de peuples voisins et qui servent, en ce moment, à la réforme de presque toutes les législations étrangères [2].

Enfin, vous devez vous tenir au courant des *Com-*

---

1. « Lex romana, quæ est omnium humanarum mater legum. »
BALUZE, *capit.* I, p. 1226.

« Ces belles lois, de qui toutes les nations reçoivent des réponses « d'une éternelle vérité. »

D'AGUESSEAU.

2. « Le meilleur code de lois civiles qui soit sorti de la main des « hommes. »

Philippe DUPIN, *Rapport sur un plan de travail pour une Conférence d'avocats* (1826). Recueil de M. Dupin, page 501.

mentaires et de la *Jurisprudence*[1], et lire attentivement les *Revues de législation*[2].

N'oubliez pas que ce n'est pas seulement par la lecture que vous devez entretenir l'étude du droit. Vous ferez bien de prendre quelques *spécialités* difficiles et obscures, afin de chercher, comme Dumoulin, le fil de ces labyrinthes[3].

Vous pouvez encore, ou vous tracer à vous-mêmes une série de *questions* sur différentes matières ou essayer d'écrire quelques *monographies*.

Je ne blâmerais pas un Stagiaire qui aurait le courage de *recommencer son droit*; — et, quel qu'ait pu être le succès de son premier travail, je prophétise que ses plaidoiries se ressentiraient du second.

Enfin, j'ai entendu M. MERLIN recommander à son petit-fils d'apprendre par cœur le Code civil[4].

---

1. Voir spécialement :

Jurisprudence générale, par MM. Dalloz.

Recueil général des lois et arrêts, fondé par Sirey, rédigé par MM. Devilleneuve et Carette.

Journal du Palais, par MM. Stéph. Cuénot, Th. Gelle et A. Fabre.

2. Voir spécialement :

Revue critique de législation et de jurisprudence, par MM. Troplong, Wolowski, Paul Pont, etc. — *Cotillon*, libraire.

Revue historique de droit français et étranger, publiée sous la direction de MM. Ed. Laboulaye, De Rozière, Dareste, C. Ginoulhiac; — *A. Durand*, libraire.

Revue pratique de droit français, par MM. Ch. Demangeat, Ch. Ballot, F. Mourlon, E. Olivier. — *A. Marescq* et *E. Dujardin*, libraires.

3. *Extricatio labyrinthi dividui et individui.*

4. Surtout, il faut *écrire*; — Car, d'après CICÉRON, « la plume est le

IX

LÉGISLATION ÉTRANGERE

Si le Droit romain et le Droit français, — ces deux colonnes d'un même temple, — doivent principalement attirer vos regards, ce n'est pas uniquement sur eux que vous devez fixer votre attention.

La *Législation étrangère* ne peut pas être négligée, à

« meilleur et le plus habile de tous les maîtres pour nous former à « l'éloquence. »

Aussi fait-il dire à CRASSUS :

« Caput autem est quod (ut verè dicam) minimè facimus (est enim « magni laboris, quem plerique fugimus), quàm plurimùm scribere. « *Stilus optimus et præstantissimus dicendi effector ac magister* : neque « injuriâ. Nam si subitam et fortuitam orationem commentatio et cogi- « tatio facilè vincit, hanc ipsam profectò assidua ac diligens scriptura « superabit.

« Omnes, enim, sive artis sunt loci, sive ingenii cujusdam atque pru- « dentiæ, qui modo insunt in eâ re de quâ scribimus, anquirentis nobis « omnique acie ingenii contemplantibus ostendunt se et occurunt : « omnesque sententiæ verbaque omnia quæ sunt cujusque generis « maximè illustria sub acumen stili subeant et succedant necesse est : « tùm ipsa collocatio conformatioque verborum perficitur in scribendo « non poëtico sed quodam oratorio numero et modo.

« Hæc sunt quæ clamores et admirationes in bonis oratoribus effi- « ciunt, neque ea quisquam, nisi diù multùmque scriptitarit, etiamsi « vehentissimè se in his subitis dictionibus exercuerit, consequetur : « et qui à scribendi consuetudine ad dicendum venit, hanc affert fa- « cultatem, ut etiam subitò si dicat, tamen illa quæ dicantur similia « scriptorum esse videantur : at que etiam, si, quandò, in dicendo « scriptum attulerit aliquid, quum ab eo dicesserit, reliqua similis ora- « tio consequetur.

« Ut, concitato navigio, quùm remiges inhibuerunt, retinet tamen « ipsa navis motum et cursum suum, intermisso impetu pulsuque re- « morum : sic, in oratione perpetuâ, quùm scripta deficiunt, parem « tamen obtinet oratio reliqua cursum, scriptorum similitudine et vi « concitata. »

CICÉRON, *De Oratore*, lib. I. n° 33.

une époque où la communauté des intérêts, les progrès de la raison humaine et les merveilleux chemins que trace l'industrie tendent à confondre tous les peuples en une seule nation.

X

MATHÉMATIQUES, CHIMIE, PHYSIQUE, MÉCANIQUE

Ce que les Colléges et les Facultés ont pu vous apprendre de *Mathématiques*, de *Chimie*, de *Physique* et de *Mécanique* a besoin aussi, — utile semence! — d'être cultivé avec soin; car les contrats industriels et les procès en contrefaçon deviennent, chaque jour, de plus en plus nombreux.

XI

PHILOSOPHIE, HISTOIRE, LITTÉRATURE

Enfin, puisque c'est par la parole et par la plume que vous êtes appelés à mettre en communication vos clients avec leurs juges et qu'une des nécessités de votre profession est de vous faire écouter avec plaisir et de vous faire lire avec intérêt, n'oubliez jamais que la *Philosophie*, qui élève l'âme, l'*Histoire*, qui la remplit de si hauts enseignements, et la *Littérature*, qui porte l'expression au niveau de la pensée, attendent de vous une étude perpétuelle et un amour qui ne faiblisse jamais [1].

---

1. 1° *Philosophie*.

Voici ce que Cicéron dit de la *Philosophie*, dans ses rapports avec

XII

CABINET D'UN ANCIEN

Commencé et suivi de cette manière, le Stage pourra s'achever ou, s'il est fini, se compléter dans le cabinet d'un ancien.

Reçu comme membre de la famille, aidé de conseils paternels, étudiant des affaires de toute espèce, recevant et interrogeant de nombreux clients, ici, le jeune avocat sortira tout à fait des fictions; et son travail, devenant une partie même des plaidoyers de son ancien, acquerra une valeur nouvelle.

Premier juge des affaires qu'il suivra jusqu'à leur

---

l'art de parler : « III. . . . . . Et fateor me oratorem, si modò « sim aut etiam quicomque sim, non ex rhetorum officinis sed ex Aca- « demiæ spatiis extitisse. Illa, enim, sunt curricula multiplicium vario- « rumque sermonum, in quibus Platonis primùm impressa sunt vestigia : « sed et hujus et aliorum philosophorum disputationibus et exagitatus « maxime orator est et adjutus. . . . .

« IV. Positum sit, igitur, in primis, (quod post magis intelligetur) sine « philosophiâ non posse effici quem quærimus eloquentem : non ut in « eâ tamen omnia sint, sed ut sic adjuvet, ut palæstra histrionem; « parva enim magnis sæpè rectissimè conferuntur. Nàm nec latiùs nec « copiosiùs de magnis variis que rebus sine philosophiâ potest quiscam « dicere. Si quidem etiam in Phœdro Platonis hoc Periclem præstitisse « ceteris dicit oratoribus Socrates, quod is Anaxagoræ physici fuerit « auditor : à quo censet eum, quùm alia præclara quædam et magni- « fica didicisset, uberem et fœcundum fuisse, gnarumque (quod est « eloquentiæ maximum) quibus orationis modis quæque animorum « partes pellerentur. Quod idem de Demosthene existimari potest, cujus « ex epistolis intelligi licet, quam fraquens fuerit Platonis auditor, Nec, « verò, sine philosophorum disciplinâ, genus et speciem cujusque rei « cernere, neque eam definiendo explicare, nec tribuere in partes pos- « sumus, nec judicare quæ vera, quæ falsa sint, neque cernere conse- « quentias, repugnantia videre, ambigua distinguere. Quid dicam de « naturâ rerum, cujus cognitio magnam orationis suppeditat copiam?

terme, et dont il connaîtra et le fort et le faible, il appréciera, mieux que personne, le talent et les efforts des deux adversaires.

Que dis-je? la cause qu'il aura préparée lui appartiendra comme s'il devait la plaider lui-même; il lui sera permis de se passionner pour elle; il aura le droit de s'attrister des revers et de se réjouir des succès, comme s'il s'agissait de lui-même et de ses clients.

Un jour, peut-être, sera-t-il, par le bruit de son propre nom et par l'éclat de ses propres triomphes, l'orgueil du

---

« De vitâ, de officiis, de virtute, de moribus, sine multâ earum ipsarum « rerum disciplinâ, aut dici aut intelligi potest? »

CICÉRON, *De Oratore*, n° 3.

Et il recherche (*de Oratore*, lib. III. n°s 14 ad. 24) quelle philosophie convient le mieux à un orateur.

2° *Histoire*.

Dans le chapitre intitulé : *Necessariam oratori cognitionem historiarum*, QUINTILIEN s'exprime ainsi sur l'étude de l'*Histoire* :

« In primis verò abundare debet orator exemplorum copiâ, cùm ve- « terum tùm etiam novorum. . . . .

« Sciat, ergò, quam plurima : undè etiam senibus auctoritas major « est quod plura nosse et vidisse creduntur : quod Homerus frequen- « tissimè testatur. Sed non est expectanda ultima ætas; cum studia « prestent, ut, quantum ad cognitionem pertinet rerum etiam præteritis « seculis vixisse videamur. »

QUINTILIEN, *De institutione oratoriâ*, lib. XII, cap. IV.

3° *Littérature*.

Quant à la *Littérature*, nous n'avons pas besoin de donner ici des preuves de son influence sur les idées et sur le style : nous ne ferons à ce sujet qu'une réflexion, c'est qu'il ne s'agit pas de lire beaucoup de livres, mais de lire beaucoup les bons livres, suivant le précepte de QUINTILIEN :

« Sed dùm assequimur illam firmam (ut dixi), facilitatem, optimis « assuescendum est : et multâ, magis quàm multorum, lectione for- « manda mens et ducendus est color. »

QUINTILIEN, *De institutione oratoriâ*, lib. X, cap. I.

patron qui l'aura formé, et, — rendant plus qu'il n'aura reçu — un jour, peut-être, deviendra-t-il une partie de la réputation et de la gloire du maître qui ne sera plus[1] !

§

De ce que je viens de vous dire, chers enfants, concluez, avec moi, que le moyen d'utiliser son Stage est de se donner à soi-même une tâche de travail volontaire, égale à la tâche forcée de l'avocat le plus occupé[2].

---

1. Si les jeunes gens font bien de recourir aux leçons des anciens, c'est, pour les anciens, un devoir et un bonheur de les accueillir.

Personne, sur ce point, n'a été plus heureux que moi.

J'ai eu plus de trente collaborateurs, très-distingués, pour la plupart; tous, de bonnes manières et d'excellentes mœurs, et il me semble que ma famille s'est augmentée d'autant. Quelques-uns ont quitté le Palais; mais le plus grand nombre y est resté, et, tous les jours, je compte, avec orgueil, leurs succès, — obtenus, quelquefois, à mes dépens. Deux d'entre eux sont déjà au Conseil de l'Ordre, et je puis dire que, lorsqu'ils y sont entrés, j'ai éprouvé autant de plaisir que lorsque j'y suis entré moi-même.

2. Cette tâche accomplie donnera tout à la fois et le fond et la forme, comme l'observe très-bien Quintilien :

« Namque et hoc qui fecerit ei *res* cum *nominibus suis* occurent.
« Sed opus est studio præcedente et acquisitâ facultate et quasi repo-
« sitâ Namque ista quærendi, judicandi, comparandi anxietas, dûm
« discimus, adhibenda est, non cùm dicimus. Alioqui, sicut qui patri-
« monium non pararunt, subindè quærunt, itâ, in oratione, qui non
« satis laborarunt. Si præparata vis dicendi fuerit, erunt in officio, sicut
« non ad requisita respondere, sed ut semper sensibus inhærere videan-
« tur, atque, ut umbra corpus, sequi.

Quintilien, *De institutione oratoriâ*, lib. VIII, Præmium.

Et qu'on ne dise pas que ce poids est trop lourd ; la variété des études le rendra facile à porter :

« Je considère les autres études accessoires à celle du droit comme
« un *délassement* ; ainsi, le repos dont l'esprit a besoin, après s'être
« livré à des méditations profondes et abstraites, fournit, de lui-même,
« une place à ces études. On peut, dans la matinée, donner une heure
« à l'histoire, et, dans l'après-midi, le même espace de temps à la litté-

CHAPITRE DEUXIÈME

PREMIÈRE CAUSE. — PRÉPARATION DE L'AVENIR. — RÉCOMPENSES

I

PREMIÈRE CAUSE

C'est ainsi qu'au lieu de perdre ce que vous avez acquis, — comme font la plupart de ceux qui ne donnent à nos Conférences que leur signature, — c'est ainsi que vous étendrez, chaque jour, les conquêtes de votre in-

---

« rature ; on lui consacrera les premiers moments où l'on rentre dans le « cabinet après le repas ; il y aurait quelque danger à se livrer alors à « des objets plus sérieux. Si l'on suit exactement cette méthode jusqu'à « ce que le temps vienne où l'on n'aura plus le loisir de disposer de « deux heures sur *douze ou treize que l'on peut habituellement donner* « *au travail,* on connaîtra insensiblement ce qu'il y a de plus excellent « dans l'histoire et la littérature. »

Camus, 2e lettre, *Etudes nécessaires à un avocat.*

En insérant cette lettre dans son *Recueil,* M. Dupin met en note : « Douze ou treize heures de travail par jour; entendez-vous, jeunes « gens? » (Page 289.)

A quoi je me permets d'ajouter qu'il y a dix-sept à dix-huit heures disponibles par jour, — de quatre heures du matin à neuf ou dix heures du soir, — et que dans ces dix-sept à dix-huit heures, il n'est pas très-difficile, à tout homme de bonne volonté, d'en tailler douze ou treize pour le travail.

telligence; c'est ainsi que vous vous accoutumerez, d'avance, à ces travaux cyclopéens que, plus tard, exigeront de vous des plaidoiries quotidiennes; c'est ainsi que, vous tenant, sans cesse, en haleine par le travail, vous ne serez surpris ni par votre première cause ni par celles qui la suivront.

La première cause! chers confrères, que de nobles cœurs ce mot a fait battre, dans l'enceinte de ce Palais où vivent, encore, par le souvenir, tant d'illustres avocats, nos glorieux ancêtres!

Que de désirs l'appellent! que d'inquiétudes l'accueillent! que d'anxiétés l'entourent!

Soyez toujours prêts pour elle! car elle vient, d'ordinaire, à l'improviste, sans qu'on sache à l'avance ni par quel heureux chemin elle passera, ni quelle circonstance, trois fois bénie, lui donnera le jour, ni quelle fée bienfaisante l'introduira près de vous!

Tantôt, elle se fait attendre de manière à désespérer, et, tantôt, elle arrive avant l'heure. Bonheur inattendu! surprise presque effrayante!

Ce n'est qu'en tremblant qu'on l'aborde. On y pense et le jour et la nuit, heureux d'y être entré, inquiet et malheureux de ne savoir comment en sortir!

On hâte, de tous ses vœux, le jour où sur la barre du tribunal on posera sa main novice, et, par une inexplicable contradiction, on craint que cette journée ne luise trop tôt! On compte les mois, les semaines, les jours, les heures; on aborde ses amis, on leur annonce la grande nouvelle; on s'étonne, presque, qu'ils l'ignorent et que sur le radieux visage qu'on leur présente, ils n'aient pas su lire quelque signe du futur plaidoyer.

Mais l'heure a sonné ; l'huissier a battu l'audience ; les parents et les amis sont là ; le tribunal est plein de bienveillance ; il vous écoute, il vous soutient, il vous aide. — Vous parlez ! — et, sous ces heureux auspices, vous marquez, enfin, votre place au Barreau, vous épousez votre profession !

Votre avenir peut dépendre de ce jour solennel ; et quel qu'en soit le résultat, vous en conserverez, soyez-en sûr, un éternel souvenir.

§

Le sentiment profond qui, ce jour-là, vous aura envahis, jamais vous ne l'éprouverez au même point ; — mais il n'est pas de cœur généreux qui, à chaque nouveau procès, ne retrouve une certaine émotion et, quelquefois, une sorte d'anxiété [1].

Seulement, la source de cette émotion n'est plus tout à fait la même.

C'est bien, encore, le sentiment profond du devoir ; c'est bien, encore, la vive sollicitude pour un client,

---

1. CICÉRON, plaidant pour Cluentius Avitus, déclare qu'il n'a jamais pris la parole sans être vivement ému :

« Semper equidem magno cum metu incipio dicere ; quotièscumque « dico, totiès mihi videor in judicium venire non ingenii solum sed « etiam virtutis atque officii : ne aut id profiteri videar, quod non pos- « sim implere, quod est impudentiæ, aut id non efficere, quod possim, « quod est aut perfidiæ aut negligentiæ. »

CICÉRON, *Pro Cluentio Avito*, n° 18.

Et voici encore ce qu'il fait dire à CRASSUS, s'adressant à *Q. Mucius*

dont le sort peut dépendre de vos paroles ; c'est bien, encore, l'amour de la gloire ou le désir de la réputation ; mais, sous l'aile du temps et au souffle de l'expérience, une chose a changé. C'est parce qu'il n'avait rien vu que tremblait le Stagiaire, et c'est, problablement, parce qu'il a trop vu que l'Ancien n'a pas cessé d'avoir peur [1].

II

PRÉPARATION DE L'AVENIR

Quoi qu'il en soit, préparez, de longue main, la vie qui vous attend ; faites de fortes provisions de science pour ce long et pénible voyage ; forgez, de vos propres mains, des armes bien trempées pour ce combat perpétuel ; mettez-vous en état d'être, vous-mêmes, — après la Justice et la Vérité, — l'instrument principal de vos victoires ; et faites, dès aujourd'hui, tout ce que vous pourrez, afin que personne n'ait le droit de vous dire que vous avez été pour quelque chose dans vos défaites.

Scævola, à *Marc Antoine* l'orateur, à *Cotta* et à *Sulpicius*, c'est-à-dire aux premiers orateurs et jurisconsultes de leur temps.

« Equidem, et in vobis animadvertere soleo et in me ipso sæpissimè « experior, ut exalbescam in principiis dicendi et totâ mente atque « omnibus artubus contremiscam. »

Et, après l'approbation de tous, Marc Antoine répond à *Crassus* :

« Sæpè, ut dicis, animadverti, Crasse, et te et cæteros summos ora- « tores, quanquàm tibi par, meâ sententiâ, nemo unquàm fuit, in di- « cendi exordio permoveri. »

Cicéron, *De Oratore*, lib. I, n°s 26 et 27.

1. Alea judiciorum.

III

RÉCOMPENSES

C'est aux mains de l'Avenir que se trouve la rémunération des travaux dont je vous ai déroulé la liste. Mais, dès à présent, — et en dehors de l'immense satisfaction qu'apporte avec soi tout travail, — le Stage vous offre plus d'une récompense.

D'abord l'honneur du *Secrétariat*, qui n'est accordé qu'à douze sur cinq ou six cents [1].

Puis, l'honneur des *Discours de rentrée*, qui n'en admet que deux [2].

---

1. Au 6 août 1857, les stagiaires étaient au nombre de 604.

Les avocats inscrits au tableau s'élevaient à 714.

2. « A la fin de chaque année judiciaire, les avocats, stagiaires et « inscrits, sont convoqués en asssemblée générale et procèdent à « l'élection de six candidats stagiaires, parmi lesquels le Conseil en « choisit deux qui auront l'honneur de prononcer, l'année suivante, à « la première séance de la Conférence, deux discours sur des sujets « que leur donne le Conseil. Le sujet de ces discours est, de préfé- « rence, l'éloge des confrères célèbres que l'Ordre a eu le malheur de « perdre dans le cours de l'année. Cet usage, si propre à exciter l'ému- « lation des jeunes stagiaires, existait avant 1790. Il a été rétabli, en « 1831, sur la proposition de M. Mauguin, Bâtonnier. »

M. Mollot, *Règles sur la profession d'avocat*. 3e partie. Des Précédents, tit. I, chap. IV. Conférence des avocats, n° 84 (1842).

En 1852, sur la proposition de M. le Bâtonnier Gaudry, il a été décidé que la présentation des candidats au discours serait faite par le Bâtonnier et que le nombre en serait réduit à quatre, parmi lesquels le Conseil en choisit deux.

Cette année, le choix du Conseil est tombé sur Me Larnac, chargé

Enfin, l'honneur de la *médaille de Paillet*, qui peut n'être décernée qu'à un seul.

Ce sont là de grandes récompenses pour votre jeunesse, car c'est le Conseil de l'Ordre, lui-même, qui les donne, après avoir examiné, avec le plus grand soin, les travaux et les mœurs des candidats, que lui présente le Bâtonnier [1].

---

de faire l'éloge de Paillet, et sur Me Brésillon, chargé d'examiner quelle peut être l'influence de la jurisprudence sur la législation.

1. Les ordonnances réglementaires du Parlement qui, en 1344, ont institué le Stage, n'en fixaient pas la durée : *Per tempus sufficiens*. V. *suprà*, page 96, à la note 1.

Un arrêt de règlement du 17 juillet 1693 porte que l'inscription au Tableau ne sera accordée qu'aux avocats en plein exercice et qui auront *fréquenté le barreau depuis deux années au moins*.

Le 5 mai 1751, arrêt du Parlement qui ordonne que l'on ne pourra plus être inscrit sur le tableau qu'*après quatre années de fréquentation du barreau*;

Le décret du 14 décembre 1810 et l'ordonnance du 20 novembre 1822 réduisent la durée du stage à *trois ans*.

Le stage peut être prolongé par voie de discipline.

Il peut être, aussi, prolongé volontairement.

Le Conseil tolère la prolongation volontaire pendant la quatrième année, afin de favoriser les stagiaires qui désirent devenir secrétaires de la Conférence ou faire le discours de rentrée.

Mais il ne tolère pas un stage qui dépasse cinq années.

CHAPITRE TROISIÈME

LES MŒURS

Je viens d'unir, dans une seule idée, les mœurs et le travail; cela devait être; car le bon avocat, ce n'est pas seulement l'intelligence, la science et l'habileté, c'est, avant tout, la moralité[1].

I

PURETÉ DE MOEURS

Conservez donc avec soin la pureté de la vie; pour vous-mêmes, d'abord, parce que c'est un inépuisable trésor, un aide constant, une perpétuelle consolation, un invincible bouclier; pour vos clients, ensuite, parce que c'est l'honnête homme bien plus que l'homme éminent que se plaît à suivre la conscience du juge.

---

1. QUINTILIEN ne se contente pas de la définition de Caton : *Vir bonus dicendi peritus.*

« Je donne, dit-il, plus d'étendue à ma pensée et il ne me suffit pas « de dire que l'orateur doit être homme de bien; je dis, de plus, « qu'il n'y a que l'homme de bien qui puisse être orateur.

« Sit, ergò nobis orator, quem constituimus, is, qui à M. Catone de- « finitur : *vir bonus dicendi peritus...* longiùs tendit hoc judicium « meum. Neque enim tantum id dico eum qui sit orator virum bo- « num esse oportere; sed ne futurum quidem oratorem, nisi virum « bonum. »

QUINTILIEN, *De institutione oratoriâ,* lib. XII, cap. I.

II

AMITIÉ [1]

Je vous ai parlé de la confraternité professionnelle. Ne vous en contentez pas, et, pour adoucir les aspérités de la route, formez entre vous et cultivez studieusement ces chastes amitiés qui éloigneront votre jeunesse des sociétés que souille le vice et des liaisons que gangrène le libertinage.

L'amitié est chose sainte.

Après l'avoir vu naître d'un attrait instinctif, vous la verrez grandir par la communauté du travail et de la vertu[2].

Dans la prospérité, elle doublera votre joie; et si, dans les mauvais jours, votre courage a besoin de soutien, c'est sur elle que vous vous appuierez [3].

---

1. « Amicitiæ vis... in eo ut unus quasi animus fiat ex pluribus. »
CICÉRON, *De Amicitiâ*, n° 25.

« La sainte Cousture des âmes. »
MONTAIGNE, *Essais*, livre I, chap. XXVI.

« Le Mariage de l'âme. »
VOLTAIRE.

« Le besoin de vivre dans un autre est le complément de la vie « humaine. »
RÉVEILLÉ PARISE, *De la Vieillesse*, partie Ire, chap. III.

2. « Pour les cœurs corrompus l'amitié n'est point faite.
« O divine Amitié! Félicité parfaite,
« Seul mouvement de l'âme où l'excès soit permis,
« . . . .
« Sans toi, tout homme est seul; il peut, par ton appui,
« Multiplier son être et vivre dans autrui. »

VOLTAIRE, *Discours en vers sur l'homme*, 4e, *De la modération en tout*.

3. « Deux malheureux sont comme deux arbrisseaux faibles qui, « s'appuyant l'un sur l'autre, se fortifient contre l'orage. »
VOLTAIRE.

L'amitié, c'est l'ange gardien lui-même, qui descend du ciel et s'incarne sur la terre pour y faire notre bonheur[1]!

III

FAMILLE

Ayez sans cesse les yeux tournés vers la maison paternelle, source de toutes les bonnes inspirations, vous surtout, qu'à son grand regret et par amour pour vous, votre famille tient éloignés d'elle!

N'oubliez pas que, pour vous donner une profession libérale, votre vieux père ne prend pas encore le repos qu'exigerait le double poids de sa vieillesse et de ses

---

1. « Vos autem hortor ut ità virtutem locetis, sinè quâ amicitiâ « esse non potest, ut, eâ exceptâ, nihil amicitiâ præstabiliùs pu- « tetis. » CICÉRON, *De Amicitiâ*, n° 27.

En renvoyant mes chers stagiaires au traité *de Amicitiâ* de CICÉRON, je ne dois pas oublier que ce grand orateur a joint la pratique à la théorie. Son amitié pour Atticus est connue, et nul d'entre nous ne doit ignorer en quels termes il a célébré la mort de son rival Hortensius, car ses paroles nous donnent une idée fidèle de la confraternité du barreau :

« I. Quùm, è Ciliciâ decedens, Rhodum venissem et, eò, mihi de « Q. Hortensii morte esset allatum, opinione omnium majorem animo « cœpi dolorem. Nàm et amico amisso, quum consuetudine jucundâ, « tum multorum officiorum conjunctione me privatum videbam..... « Dolebamque quod non, ut plerique putabant, adversarium aut obtrec- « tatorem laudum mearum, sed socium potiùs et consortem gloriosi « laboris amiseram. Etenim, si, in leviorum artium studio, memoriæ « proditum est poëtas nobiles poëtarum æqualium morte doluisse, quo « tandem animo ejus interitum ferre debui, cum quo certare erat glo- « riosius quàm omninò adversarium non habere? Quam, præsertim, « non modo nunquàm sit aut illiùs à me cursus impeditus, aut ab illo « meus, sed, contrà, semper alter ab altero adjutus et communicando, « et monendo, et favendo. » CICÉRON, *Brutus*, n° 1.

longs travaux; que la lampe de votre mère s'allume plus tôt et s'éteint plus tard qu'il ne conviendrait à ses forces affaiblies; que la dot de votre sœur s'est fondue en partie dans vos coûteuses études; et que, pour payer tant et de si généreux sacrifices, vous n'aurez jamais assez de bonne conduite, de travail et de reconnaissance!

IV

PATRIE

Que votre cœur soit le foyer de tous les sentiments généreux!

A l'amour du travail, à l'amour de la famille, au dévouement de l'amitié, à la pitié pour les malheureux, joignez l'amour de la gloire et enveloppez toutes ces nobles affections du saint amour de la patrie.

N'oubliez jamais qu'avant d'être des avocats, vous êtes des citoyens.

Et laissez-nous, à nous qui partons, laissez-nous le consolant espoir d'être remplacés par une génération virile, digne, par ses mœurs et son courage, d'obtenir la liberté, et, quand elle l'aura obtenue, digne, par sa modération et sa constance, de la conserver à toujours!

PROFESSION D'AVOCAT

III

LA PLAIDOIRIE

MÉMOIRES. — CONSULTATIONS

PROFESSION D'AVOCAT

LA PLAIDOIRIE

LES MÉMOIRES ET LES CONSULTATIONS

> « In causarum contentionibus ma-
> « gnum est quoddam opus, atque
> « haud sciam an de humanis operibus
> « longè maximum. »
>
> Cicéron, *De Oratore*.

CHERS CONFRÈRES

Notre illustre Paillet a terminé sa vie par un acte qui porte témoignage de la profonde affection qu'il avait pour notre barreau.

Il a légué à l'Ordre une somme de dix mille francs, « dont le produit doit servir à récompenser ou encourager « celui ou ceux des jeunes Stagiaires qui paraîtront au « Conseil avoir le plus de droit à cette distinction [1]. »

---

1. « Je, soussigné, Alphonse-Gabriel-Victor Paillet, avocat à la Cour « d'appel de Paris, ancien Bâtonnier, déclare, par mon présent testa- « ment, léguer à l'Ordre des avocats à la cour de Paris un capital de

Le Conseil a décidé que cette récompense serait distribuée tous les deux ans [1]; et, cette année, son choix est tombé sur nos jeunes confrères, DOMBEY-BEAUPRÉ et Achille DELORME, le premier, ancien secrétaire de Paillet, tous les deux, anciens secrétaires de la Conférence.

Je déclare, en conséquence, que MM. DOMBEY-BEAUPRÉ et ACHILLE DELORME ont mérité et obtenu l'honneur de recueillir, pour cette année, le legs de PAILLET, et je leur remets la médaille, que le Conseil a fait frapper à cette occasion.

Que cette récompense les encourage! qu'elle soit, pour

« 10 000 fr. qui sera versé sans formalités entre les mains du trésorier, et dont je prie le Conseil de l'Ordre d'employer le produit annuel à récompenser et encourager, en cadeaux de livres ou autrement, celui ou ceux des avocats Stagiaires qui lui paraîtraient avoir le plus de droits à cette distinction, m'en rapportant, d'ailleurs, entièrement à sa prudence pour donner à cette disposition l'exécution la plus utite et la plus convenable.

« 3 avril 1852 .»

PAILLET.

1. Délibération du 4 décembre 1855.

Le Conseil arrête:

. . . .

« 4° Pour l'accomplissement de la volonté de M. Paillet, et afin de réaliser religieusement cette volonté dans les termes et l'esprit de l'acte testamentaire, il sera distribué tous les deux ans, aux jeunes avocats inscrits au tableau du Stage, à titre d'encouragement et de récompense, soit en cadeau de livres, soit autrement, les fruits accumulés pendant deux années de la rente léguée par M. Paillet;

« 5° Une commission composée des Bâtonniers présentera au Conseil le nom du Stagiaire ou les noms des Stagiaires qui lui paraîtraient avoir mérité cette distinction; le Conseil prononcera sur cette présentation;

« 6° Une médaille rappelant la fondation de M. Paillet sera remise aux Stagiaires désignés par le Conseil pour recueillir la récompense qu'il leur a léguée.»

eux, le présage du succès, et, pour vous tous, un motif d'émulation.

Réussir par le travail ! c'est la seule manière de répondre à la pensée du grand avocat dont le souvenir est dans le cœur de tous et dont la vie vous sera, tout à l'heure, racontée d'une manière digne de lui [1].

Quant à moi, je parlerai encore de PAILLET, sans prononcer son nom, puisque l'objet de ce discours est la *Plaidoirie*, dont son glorieux souvenir est désormais inséparable.

La liaison des idées m'a conduit à ce sujet.

Après avoir, à l'ouverture des Conférences, essayé de vous faire connaître les *Devoirs généraux de la Profession* [2]; après avoir, à leur clôture, esquissé les travaux du *Stage* [3], j'arrive, naturellement, à la *Plaidoirie*, partie capitale de votre existence professionnelle.

N'ai-je pas, d'ailleurs, le bonheur de vous nommer dans quelques affaires, et, dès lors, mon devoir n'est-il pas de rechercher, avec vous, ce que vous devez faire pour remplir la mission que je vous confie?

Heureux, si mes conseils sont, pour vous, de quelque utilité, et si, n'ayant pu être, pour me servir de l'expression d'Horace, la lame qui coupe et qui brille, il m'est donné d'être la pierre qui l'aiguise ou l'outil qui la polit [4] !

---

1. Discours de Mᵉ LARNAC : *Éloge de Paillet.*

2. *Devoirs, honneur, avantages et jouissances de la profession d'avocat* (discours d'ouverture des conférences de 1856-1857).

3. *Le Stage* (discours de clôture des conférences de 1856-1857).

4. « . . . . . Ergò fungor vice cotis, acutum
« Reddere quæ ferrum valet, exsors ipsa secandi. »
HORATIUS FLACCUS, *De Arte poetica.*

PREMIÈRE PARTIE

LA PLAIDOIRIE [1]

Les affaires que vous aurez à plaider seront criminelles ou civiles.

PREMIÈRE SECTION

AFFAIRES CRIMINELLES

Les affaires criminelles dépendent du petit ou du grand criminel.

---

1. CICÉRON fait dire à MARC-ANTOINE *l'orateur :* qu'il ne sait pas si la plaidoirie n'est pas l'œuvre *la plus difficile de l'esprit humain :*

« Omnium ceterarum rerum oratio, mihi crede, ludus est homini « non hebeti, neque inexercitati, neque communium litterarum et po- « litioris humanitatis experti : *in causarum contentionibus* MAGNUM *est* « *quoddam* OPUS, atque *haud sciam an de humanis operibus* LONGÈ « MAXIMUM. »

De Oratore, lib. II, nº 17.

C'est qu'il avait toujours devant les yeux ce modèle inimitable qu'il a dépeint dans l'*Orator*, et dont il déclare n'avoir jamais trouvé la copie parfaite.

CHAPITRE PREMIER

PETIT CRIMINEL

§

Au petit criminel, soit en première instance, soit à la Cour, s'offrent, en première ligne, celles dont l'instruction se fait à l'audience.

Vous avez, d'abord, à en conférer avec votre client ou avec ceux qui le représentent.

Ce préliminaire appartient à tous les genres d'affaires et il exige de vous patience, attention, sagacité.

§

Tout procès est une infirmité; et, sous plus d'un rapport, nous ressemblons au médecin : — priant la Justice, comme il prie la Nature, de nous venir en aide et de guérir nos malades; triomphant, comme lui, de succès qui, souvent, n'appartiennent qu'à la Divinité que notre voix implore; et, comme lui, remplis d'espérances que souvent elle trompe.

Nous avons, dans la lutte, sa science, son ardeur et son dévouement. Ayons aussi son admirable patience; — car, toujours rempli de sa cause, le client ne croit jamais donner assez de détails. Tout est important à ses yeux; les circonstances les plus indifférentes lui paraissent du plus haut intérêt; et il vous faudra plus d'une fois ramener à la question le trop long conteur : mais prenez garde que, si tout ce qu'il vous dit ne va pas au procès, il s'y rencontre presque toujours quelque chose d'instructif pour l'affaire.

Cela tient, d'abord, à ce qu'il est éclairé par l'intérêt personnel, la plus subtile des lumières pour faire voir ce qui est utile, le plus épais des bandeaux pour empêcher de voir ce qui est juste.

Cela vient, ensuite, de ce qu'il soumet son procès à une méditation sans relâche, de sorte que rien ne lui échappe de ce qui y touche.

Que votre attention et votre patience se réunissent donc pour l'écouter.

§

C'est souvent, d'ailleurs, le seul moyen de trouver le mot décisif du procès; car ce mot ne sera pas toujours celui qu'on vous dira le premier.

Quelquefois même, on ne vous le dira pas.

Et il pourra arriver, surtout en matière criminelle, que votre client fasse tous ses efforts pour vous le cacher : — s'imaginant que, pour vous avoir trompés, il trompera plus facilement la justice, et ne comprenant pas que l'ignorance où il vous tient ne peut aboutir qu'à un immense et déplorable désappointement et pour vous et pour lui.

§

Une des difficultés de votre tâche sera donc, quelquefois, de rechercher ce qu'on voudra vous dérober; comme une partie de votre talent consistera à le découvrir, car ce n'est qu'en connaissant l'affaire à fond que vous pourrez bien et complétement la plaider.

Demandez donc des preuves, des titres, des actes, des registres, des lettres; demandez quels témoignages on peut apporter; et, quand on vous les aura indiqués, insistez sur leurs détails et recherchez, avec votre client, quelles en seront les particularités.

Cette insistance est d'une importance extrême.

A en croire l'accusé, son affaire est certaine; tout est clair, prouvé, évident; tout témoignage par lui annoncé sera décisif; on abandonnera probablement l'accusation.

Mais, hélas! il arrive fréquemment qu'à l'audience ses preuves décisives sont nulles, et qu'amenés devant le tribunal, ses meilleurs témoins ne le connaissent pas, n'étaient pas au lieu de la scène, n'ont rien vu, rien entendu.

Que dis-je? Il arrive quelquefois, — et c'est alors bien pis, — il arrive que ceux qu'il appelle à son aide ne le connaissent que trop et ne l'ont, pour son malheur, que trop vu et trop entendu.

§

Ce n'est pas assez d'insister sur les détails; créez des objections, poussez-les avec force, demandez des réponses catégoriques, et, pour devenir défenseurs invincibles, constituez-vous, dès l'abord, adversaires redoutables. C'est par là que vous arriverez à bien connaître le fort et le faible du procès et à deviner d'avance quel sera le drame de l'audience, seul moyen d'y jouer votre rôle avec sûreté et avec éclat [1].

---

1. Cicéron fait ainsi parler Marc-Antoine *l'orateur* :
« . . . . Hoc ei primùm præcipiemus, quascumque causas erit ac-
« turus ut eas diligenter penitùsque cognoscat. . . . . . .

Ce conseil ne s'adresse pas seulement aux affaires criminelles; il convient, aussi, aux affaires civiles.

Soyez, cependant, prévenus qu'au civil, cet excellent moyen d'apprendre une affaire vous fera, de temps à autre, perdre quelques clients; il s'en trouvera qui s'étonneront que vous plaidiez si bien la cause opposée, et qui, sans plus tarder, vous tenant pour adversaires, vous retireront immédiatement le dossier; il y en a même qui croiront que vous n'avez pu, sans trahison, connaître et développer si fortement les moyens contraires; — ne se doutant pas que la perspicacité et la vigueur que vous montrez contre eux dans le cabinet est, tout à la fois, une preuve de votre zèle pour eux et un

---

« Equidem soleo dare operam ut de suâ quisque re me ipse doceat, « et, ut ne quis alius adsit, quò liberiùs loquatur, et agere adversarii « causam ut ille agat suam et quidquid de suâ re cogitarit in medium « proferat. Itaque, quùm ille discessit, tres personas unus sustineo, « summâ animi æquitate, meam, adversarii, judicis. Qui locus est « talis ut plus habeat adjumenti quàm incommodi, hunc judico esse « dicendum; ubi plus mali quàm boni reperio, id totum abjudico atque « ejicio. »

Cicéron, *De Oratore*, lib. II, n° 24.

Par les détails dans lesquels il entre, Quintilien prouve que, ni la nature des clients n'a changé, depuis qu'il a écrit, ni la nature des conseils à donner aux jeunes avocats; car voici ce que nous lisons en son livre :

« Liberum, igitur, demus antè omnia iis, quorum negotium erit, « tempus ac locum : exhortemurque, ultrò, ut omnia quamlibet ver-« bosè, et, undè volent, repetito tempore exponant. Non enim tàm « obest audire supervacua quàm ignorare necessaria. Frequenter au-« tem et vulnus et remedium in iis orator inveniet, quæ litigatori in « neutram partem habere momentum videbantur.

« Nec tanta sit acturo memoriæ fiducia, ut subscribere audita pigeat. « Nec semel audisse sit satis : cogendus eadem iterùm ac sæpiùs dicere « litigator; non solùm quià effugere aliqua primâ expositione potue-« runt, præsertim hominem (quod sæpè evenit) imperitum; sed, etiam, « ut sciamus an eadem dicat : plurimi, enim, mentiuntur, et, tanquàm

gage certain de l'énergie qu'à l'audience vous déploierez contre leurs ennemis.

Que le désir de leur être utile l'emporte, dans votre cœur, sur la crainte de leur déplaire ; souvenez-vous que bon chirurgien ne s'arrête pas à la surface de la plaie et que, pour la guérir, il la sonde à toute profondeur, dût le blessé un peu souffrir et beaucoup crier.

« non doceant causam sed agant, non ut cum patrono sed ut cum ju-« dice, loquuntur. Quapropter, nunquàm satis credendus est, sed « agitandus omnibus modis et turbandus et evocandus. Nàm, ut me-« dicis non apparentia, modò, vitia curanda sunt, sed, etiam, invenienda « quæ latent, sæpè, ipsis, ea, qui sanandi sunt, occulentibus; ità, ad-« vocatus plura quàm ostenduntur aspiciat.

« Nàm, cùm satis in audiendo patientiæ impenderit, in aliam rursùs « ei personam transeundum est; agendusque adversarius, proponen-« dum quidquid omninò excogitari contrà potest, quidquid recipit in « ejusmodi disceptatione natura. Interrogandus quam infestissimè ac « premendus. Nàm, dùm omnia quærimus, aliquando ad verum, ubi « minimè expectavimus, pervenimus.

« In summâ, optimus est in dicendo patronus incredulus. Promittit « enim litigator omnia, testem populum, paratissimas consignationes, « ipsum denique adversarium quædam non negaturum. Ideoque opus « est intueri omne litis instrumentum : quod videre non est satis, perle-« gendum erit. Nàm frequentissimè aut non sunt omninò quæ promit-« tebantur, aut minùs continent, aut cum aliquo nocituro permixta « sunt, aut nimia sunt, et fidem hoc ipso detractura, quod non habent « modum. Deniquè linum ruptum, aut turbatam ceram, aut sine agni-« tione signa frequenter invenies : quæ, nisi domi excusseris, in foro « inopinata decipient : plusque nocebunt destituta quàm non promissa « nocuissent. »

QUINTILIEN, *De Institutione oratoriâ*, lib. XII, cap. VIII.

CHAPITRE DEUXIÈME

GRAND CRIMINEL

§

Dans les affaires du grand criminel ou dans celles du petit qui sont précédées d'une instruction, vous avez une base certaine ; des témoins ont été entendus ; des constats dressés ; des expertises faites ; le parquet a conclu ; un renvoi a saisi la justice ; vous avez sous la main tous les éléments du procès.

N'en négligez aucun ; faites-en des extraits longs et textuels ; approfondissez-les ; confrontez-les, les uns avec les autres, de manière qu'aucun des faits ne vous échappe et que ceux mêmes qui ont été oubliés se révèlent à vous ; — l'innocent, qu'une sorte de fatalité accable, est quelquefois sauvé par une circonstance d'abord insignifiante ; c'est au feuillage imaginaire de deux arbres inventés par l'accusation, que la chaste Susanne a dû son salut et sa gloire, quand, déjà condamnée, elle marchait au supplice [1].

---

1. « 45. Cùmque duceretur ad mortem, suscitavit Dominus spiritum « sanctum pueri junioris, cujus nomen Daniel . . . .

« 51. Et dixit ad eos Daniel : Separate illos ab invicem procul et di- « judicabo eos.

« 52. Cum ergo divisi essent alter ab altero, vocavit unum de eis et « dixit ad eum : . . . .

« 54. Nunc, ergo, si vidisti eam, dic sub quâ arbore videris eos col- « loquentes sibi. Qui ait : *Sub schino*. . . . .

§

L'audience et ses preuves ne sont pas toujours semblables à l'information et à ses témoignages.

Des faits inattendus peuvent surgir ; le témoin qui n'a pas hésité à l'instruction peut hésiter à l'audience ; plus fidèle ou moins incertaine, sa mémoire peut ajouter ou retrancher ; et, suivant les circonstances, l'expression écrite, prenant de l'ombre ou de la lumière, peut se transfigurer en bien ou en mal.

Soyez attentif à ces changements ; adressez au Magistrat qui dirige les débats les questions nécessaires à votre succès ; que la timidité de vos débuts ne vous arrête pas ; vous ne ferez un vain appel ni à sa patience, ni à sa sagacité ; ne cherchant que la vérité, il entrera, avec empressement, dans toutes les voies que vous ouvrirez vers elle.

Quoique nous n'ayons pas la prétention de rivaliser avec les excentricités d'outre-mer, les interpellations d'audience nous appartiennent ; nous pouvons les pousser aussi loin que l'exige le salut de notre client ; et, quand nous prions respectueusement la justice de vouloir bien les faire, nous n'avons d'excuses à demander à personne ;

« 55. Dixit autem Daniel : Rectè mentitus es, in caput tuum. . .
« 56. Et, amoto eo, jussit venire alium et dixit ei . . . . . .
« 58. Nunc, ergô, dic mihi sub quâ arbore comprehenderis eos loquentes sibi. Qui ait : *Sub prino*.
« 59. Dixit autem Daniel : Rectè mentitus es, in caput tuum. . .
« 60. Exclamavit itaque omnis cœtus, voce magnâ. . . . . .
« 61. Et interfecerunt eos et salvatus est sanguis innoxius in die illâ. »

DANIEL, cap. XIII.

c'est l'exercice de notre droit ; c'est plus encore, c'est l'accomplissement de notre devoir.

§

A l'aide de vos extraits, des observations de votre client et des réflexions qui naîtront de l'étude approfondie des faits et de la loi, vous pouvez composer votre plaidoirie ; grave et vigoureuse, si vous poursuivez un crime ; énergique et ferme, si vous défendez un innocent ; suppliante et agenouillée, si vous avez derrière vous un criminel repentant, qui a été entraîné par la fragilité humaine, et dont l'action est entourée de ces circonstances atténuantes qui, aux yeux mêmes de la morale et de la loi, vont, quelquefois, jusqu'à donner excuse aux crimes.

§

Il est un point qui exige une attention particulière.

Quel que soit le mérite des magistrats qui dirigent la procédure criminelle, des nullités peuvent se glisser dans cette procédure. C'est à vous de les découvrir et de les signaler. Plus d'un condamné a dû sa liberté ou sa vie au soin qu'a pris son avocat de faire constater une irrégularité. Il n'y a pas longues années qu'envoyé deux fois à la mort par les déclarations unanimes de deux jurys, un homme a vu son innocence proclamée par une troisième décision, également unanime.

Ne négligez donc rien.

Souvenez-vous qu'à ce moment suprême, vous êtes le seul appui de votre client, son seul asile et son dernier soutien, et faites pour lui ce que ferait son père.

La condamnation prononcée ne met pas fin à vos devoirs, puisque derrière elle peut se trouver *la Grâce*.

DEUXIÈME SECTION

AFFAIRES CIVILES

Ce qui regarde la plaidoirie civile, dans sa préparation et son exécution, s'applique, en beaucoup de points, à la plaidoirie criminelle et complétera ce que je viens de vous dire de celle-ci.

CHAPITRE PREMIER

PRÉPARATION

Voyons d'abord ce qui la prépare, à savoir : l'*Etude de l'affaire*, la *Note d audience* et la *Méditation*.

I

ÉTUDE DE L'AFFAIRE

Après avoir conféré avec votre client ou lu quelque sommaire indiquant l'objet du procès, vous classez vos pièces, suivant l'ordre des dates.

Si chacune d'elles ne porte pas sa date à la marge, vous l'y consignez, afin de la mieux retenir, et d'éviter, plus tard, des recherches fatigantes pour vous et pour le tribunal.

Vous lisez ensuite vos pièces avec le plus grand soin,

dans l'ordre chronologique, en indiquant, par quelque signe, les passages qui vous paraissent les plus importants, et en consignant, sur des feuilles séparées, les observations successives que vous suggère la lecture[1].

De chaque pièce utile faites un extrait, autant que possible littéral.

Quant aux passages décisifs, copiez-les en entier, sans en omettre une virgule; car, suivant les prescriptions des anciennes ordonnances, « les avocats doivent lire véritablement et entièrement, sans omission, interruption ou « déguisement, aux points et endroits servans à la cause, « tant pour une partie que pour l'autre[2]. »

Les pièces de votre adversaire, que vous devez toujours demander en communication, appellent un travail semblable.

---

1. « La lecture attentive et complète des pièces doit être le premier « soin. C'est un brocard du palais qu'*il y a des indulgences pour ceux* « *qui lisent tout*; et cela est juste. Car, non-seulement on a l'esprit et « la conscience en repos, mais encore, quelquefois, on découvre un « renseignement important dans un recoin des pièces où on ne l'aurait « pas soupçonné. »

DELAMALLE, *Essai d'institutions oratoires*, liv. II, chap. 1.

2. « Et si enjoignons à tous lesdits advocats qu'en lisant lesdits « actes, exploits et autres pièces servans à la décision de la cause, ils « les lisent véritablement et entièrement, sans omission, interruption « ou desguisement, aux points et endroits servans à la cause, tant pour « une partie que pour l'autre. Et ce, sous peine de vingt sols parisis, « et d'amende arbitraire quant à ceux qui seront trouvés coustumiers, « pour laquelle seront enregistrés par le clerc qui enregistrera la plaidoirie et sera levée sur eux sans déport. »

Ordonnances de juillet 1539 *sur la juridiction du grand Conseil*, art. 22. (François Ier, Poyet chancelier.) Recueil d'*Isambert, Jourdan*, et *Decrusy*, t. 12, p. 581.

Si le dossier renferme des *Notes* ou *Mémoires* détaillés, vous devez aussi en prendre connaissance, afin de tirer parti des faits, des actes et des réflexions qu'ils renferment.

Viendront alors les recherches de Droit et de Jurisprudence.

Enfin, pour éclaircir tous vos doutes, ayez, pour terminer, de nouvelles communications avec votre client et, autant que possible, avec l'officier ministériel auteur des conclusions.

Je place ainsi le client avant et après le travail de l'avocat, afin qu'il en soit et l'inspirateur et, au besoin, le rectificateur.

§

L'une des choses que je vous recommande, spécialement dans cette étude, c'est l'ordre chronologique.

L'ordre chronologique fera renaître l'affaire sous vos yeux ; en la voyant commencer, grandir et s'étendre, vous en deviendrez, pour ainsi dire, les seconds créateurs, et vous en apercevrez, d'une manière aussi claire que certaine, le caractère primitif et les complications successives ; de telle sorte qu'elle entrera, peu à peu et tout entière, dans votre esprit, et que votre mémoire en retiendra facilement tous les détails.

L'ordre chronologique est à l'étude des procès ce qu'une bonne classification est à l'étude des sciences naturelles.

II

NOTE DE PLAIDOIRIE

Quand tous vos documents auront été ainsi lus et analysés, toutes vos recherches faites, et que les conférences orales vous auront appris tout ce qu'elles peuvent vous apprendre, vous aurez à faire votre *Note de plaidoirie.*

§

Mais doit-on faire une Note de plaidoirie?

Il est des avocats qui peuvent s'en passer et à qui rien n'échappe de ce qui doit être dit. Mais ces avocats sont en très-petit nombre, et il faut les regarder comme des hommes extraordinairement privilégiés [1].

Qui peut les imiter doit le faire; car la spontanéité de la parole a des grâces inestimables, d'adorables inspirations, de profondes ressources.

Mais l'improvisation a des dangers si grands, et il est si facile d'oublier une pièce ou un argument, qu'il vaut mieux, d'ordinaire, se fier au papier.

§

Que doit renfermer ce papier?

Faut-il y mettre toute la plaidoirie, pour la lire ou l'apprendre par cœur?

En général, car toute règle a ses exceptions, la lec-

---

1. « . . . . Pauci, quos amavit æquus
« Jupiter, ...
« Dis geniti, potuêre. » . . . .
P. Virgilius Maro, *Æneidos*, lib. VI, v. 130.

ture d'un plaidoyer a peu d'attrait pour le juge; et la récitation ne lui est pas fort agréable.

Si on lit, le juge se préoccupe, tout d'abord, du gros cahier que tient l'avocat; et sa frayeur en compte perpétuellement les feuilles, parce qu'il sait qu'on ne les a écrites qu'à son intention et qu'on ne peut lui faire grâce d'une syllabe.

Si on récite, le juge ne voit pas le cahier, mais il le devine. Il craint, de plus, que l'avocat oublie un mot ou une phrase et que, n'ayant personne derrière lui pour *secourir sa mémoire troublée*[1], il n'allonge encore sa plaidoirie, en courant après le mot rebelle ou la phrase indocile.

L'avocat qui récite ressemble trop, d'ailleurs, à l'écolier qui répète sa leçon, et ramène désagréablement ses auditeurs à l'âge de la férule.

Ce n'est pas tout.

---

1. Racine avait paré à cet inconvénient :

Dandin.

« Çà, qu'êtes-vous ici?

Léandre.

Ce sont les avocats.

Dandin.

« Vous?

Le Souffleur.

Je viens secourir leur mémoire troublée.

Dandin.

« Je vous entends. »

Racine, *Les Plaideurs,* acte III, scène 3.

Pour que sa conviction apparaisse et engendre celle du juge, il lui est absolument nécessaire de toujours dissimuler son travail, et cette dissimulation exige un art consommé.

L'avocat qui récite pourra donc souvent obtenir le prix de mémoire; il est rare qu'il obtienne le prix de séduction; il pourra, à force d'écrire, perfectionner son style; mais il perdra bientôt la faculté d'improviser et de répliquer instantanément.

Une remarque commune à ces deux manières de plaider, c'est qu'elles isolent l'avocat des incidents d'audience; qu'elles l'empêchent de profiter des idées nouvelles qui naissent, soit du travail créateur d'un esprit qui discute, soit des arguments de l'adversaire, et qu'elles le privent de ces heureuses inspirations qui jaillissent quelquefois de la publicité des débats et de la présence des hommes assemblés[1].

§

Faut-il, pour éviter cet excès, ne mettre sur sa *Note d'audience* que quelques mots, quelques signes, quelques hiéroglyphes, auxquels se rattacheront les idées générales du plaidoyer?

Oui; pourvu qu'on soit bien sûr de ne pas perdre de vue les idées accessoires, qui ont aussi une importance quelquefois décisive.

Mais est-on bien certain, quand on n'a noté que les

1. L'auteur (TACITE ou tout autre) du *Dialogue des Orateurs*, dit fort bien que le concours d'un peuple passionné enflamme les orateurs les plus froids : « Ut frigidissimos quoque oratores ipsa certantis populi « studia excitare et incendere potuerint. » (N° 49). — Mais comment cet incendie passerait-il à travers le cahier préparé?

idées principales, de retrouver, au moment nécessaire, toutes les idées accessoires utiles?

C'est un point au moins douteux.

§

Si nous n'admettons pas comme règle générale l'absence de Note, si nous rejetons la note trop courte, si nous pensons qu'une note complète a d'énormes inconvénients, nous sommes conduits par la force des choses à une note moyenne, c'est-à-dire substantielle quant au fond, et très-brève quant à l'expression.

§

Et nous arrivons à la même conséquence par une considération empruntée à l'état particulier de notre barreau.

C'est que rien n'y est plus incertain que le jour et l'heure des plaidoiries. On n'y plaide souvent le procès que plusieurs mois après la préparation ; quelquefois au jour où on s'y attend le moins et quand le matin a été consacré à l'étude d'une autre affaire, sur laquelle on comptait.

De telle sorte que, si des notes bien explicatives n'étaient là, toujours prêtes pour l'audience, il faudrait à chaque nouveau renvoi un nouveau travail ; et il serait souvent impossible à l'avocat un peu occupé de répondre à l'appel du juge qui lui ordonne de prendre la parole.

§

Pour concilier toutes les exigences de la situation, pour ne rien perdre de ce qu'on aura pensé avant d'aborder l'audience, pour ne pas manquer ce qui peut venir à l'esprit pendant qu'on plaide, pour conserver à l'improvisation sa facilité, et à la réplique sa souplesse, ce qu'il y a de mieux à faire est donc de préparer une *Note* ayant ce double caractère : d'être suffisamment explicative, afin que l'intelligence en saisisse au premier regard le sens et la portée, et cependant suffisamment libre de détails, afin que, sous la brusque influence des incidents et des impressions d'audience, la parole y puisse facilement intercaler des développements imprévus.

Vous pourrez rédiger cette Note de façon que l'improvisation porte, en tout ou en grande partie, sur le langage.

Vous pourrez, dans les affaires solennelles, y placer quelques morceaux entièrement composés.

Vous pourrez apprendre ces morceaux par cœur.

Il y a mille manières de varier ces rédactions et de s'en servir. La meilleure est celle qui laisse à la parole l'apparence d'une improvisation complète. Mais, pour atteindre ce but, il faut une grande étude, une longue habitude, un œil prompt et un esprit ferme [1].

---

1. Au vrai, la meilleure méthode est celle qui aide le mieux à bien plaider celui qui l'emploie; et chacun, dès lors, peut avoir la sienne.

PASQUIER.

Voici, au témoignage de LOISEL, quelle était la méthode de *Pasquier*, et, probablement, la sienne aussi ; car il approuve :

« Et comme il vouloit reprendre le cours de ses advocats, ie lui dis :
« Puisque vous en êtes venu si avant, je vous prie vouloir aussi dire à
« ces ieunes gens une chose de laquelle ils m'ont souvent requis, qui
« est s'ils se doivent accoustumer à escrire leurs plaidoiers?

« Je vous diray, dit M. *Pasquier*, non pas ce que vous devez tous
« faire, car chacun a son talent et divers naturel, mais ce que i'ay
« faict pendant que i'ay esté employé au palais; vous en retiendrez et
« ferez votre profit, ainsi que vous adviserez. Quand ie vins premiè-

§

Il est un point qui serait indigne de leçons sur l'Art oratoire, mais que, dans cette instruction toute familière,

---

« rement au barreau, i'escrivois entièrement ce que ie pensois devoir « dire, et l'apprenois par cœur, et m'en trouvois bien, et l'ai pratiqué « depuis aux plus grandes causes dont i'ay esté chargé et trouve que « c'est ce qui m'a fait mon style de parler et d'escrire. Es moindres « causes, ie me contentois de faire un bon et fidèle extraict tant de « mon sac que de celuy de ma partie adverse et d'y remarquer le « principal poinct, en y adjoustant quelque ornement dont ie m'avisois, « pour ietter l'œil dessûs, quand ma cause s'appeloit; car de parler sur « le champ sur ses pièces, comme i'en ai vu aucuns de mes compa- « gnons, ie l'admire plustost que ie ne l'approuve, d'autant que quelque « bon esprit que l'on ait, en plaidant ainsi tumultuairement et sans y « avoir pensé, l'on ne peut trouver si promptement ce que l'on désire- « roit, et eschappent souvent les choses que l'on voudroit retenir. »

Loisel, *Pasquier* ou *Dialogue des advocats.*

COCHIN.

« Quoique peu d'avocats aient été aussi occupés que *Cochin*, per- « sonne, cependant, ne travailla ses causes avec plus de soin : il pensait « que toute négligence de la part de l'avocat est un coupable abus de « confiance et qu'au barreau, plus que partout ailleurs, le Génie c'est « la patience et le travail. Voici comme il se préparait avant de paraître « à l'audience : après avoir lu attentivement les titres et la procédure, « il se faisait rendre raison de l'affaire par le procureur; s'il la trouvait « telle qu'il pût s'en charger, il faisait venir la partie elle-même et non « ses gens d'affaires et l'interrogeait; puis, il prenait en communication « le sac de son adversaire et cherchait à découvrir son plan de défense, « fesant, tour à tour, dans son cabinet, la fonction de demandeur, de « défendeur et de juge.

« Tant de préparations ne suffisaient pas encore pour rassurer sa « défiance en lui-même et jamais il ne se présentait devant la Cour « sans avoir écrit ce qu'il devait dire. Ce soin, qu'il s'imposa long- « temps, lui avait acquis une si heureuse facilité d'élocution que, sur « la fin de sa vie, il crut pouvoir enfin tenter les chances de l'impro- « visation, encore les Notes qu'il prenait étaient-elles si étendues « qu'elles pouvaient passer pour de véritables plaidoyers. »

Clair et Clapier, Notice sur *Cochin*, *Barreau français*, 1re série, t. II, p. 174.

GERBIER.

« C'est très-rarement qu'au barreau on voyait dans ses mains d'autres « papiers que les pièces du procès. Ses plaidoyers étaient-ils donc dans « sa mémoire? Voici l'histoire, et très-exacte, de leur composition :

je ne puis passer sous silence; je veux parler de la *disposition graphique* de la Note de plaidoirie.

« Il s'y préparait lentement, longuement; il couvrait d'écritures de « grands papiers et, de ce qu'il avait écrit il ne devait en rien dire; il « effaçait presque le tout avec la même lenteur; il n'en restait pas plus « d'une vingtaine de lignes, et moins en forme de phrases qu'en for- « mules de géométrie. Je ne crois pas qu'il sût l'algèbre des mathéma- « tiques; il s'en était fait une pour l'éloquence.

« Lorsqu'il montait dans sa voiture pour se rendre au temple de la « Justice où tout Paris l'attendait, comme on attendait à *Zaïr* ou *Tan-* « *crède* que Le Kain parût, ces formules qu'il tortillait dans ses mains « agitées étaient sa seule préparation visible, et c'était pourtant de ces « caractères comme mystérieux qu'allaient sortir les merveilles de la « parole. »

Clair et Clapier, Notice sur *Gerbier*, *Barreau français*, 1re série, t. VI, p. 350.

« Je tiens de Gerbier qu'il se préparait beaucoup de mémoire et se « livrait ensuite à l'impulsion du moment : telle était, aussi, la méthode « de la plupart de ceux qui l'avaient précédé. Je possède plusieurs « recueils manuscrits de ses notes pour l'audience, qui ne contiennent « que des exordes, des plans avec des divisions, des citations, et les « indications de quelques morceaux de mouvement. »

Delamalle, *Essai d'institutions oratoires*, liv. I, chap. iv, art. 1, § 4.

HENNEQUIN.

« On sera étonné d'apprendre qu'un des hommes les plus spirituels du « Palais, celui de tous, peut-être, dont la conversation est la plus bril- « lante, a conservé ces lentes et studieuses préparations que ne dédai- « gnait pas Cochin, arrivé à l'apogée de sa gloire, et qu'il ne vient au « Palais qu'avec des Notes pleines de détails qui ont reçu la confidence « presque entière de ses travaux et de ses pensées. Que vont dire tant « de gens qui s'obstinent à se fier, avec une candeur si souvent trom- « pée, à l'Inspiration, déesse capricieuse, et qui, de la meilleure foi du « monde, prennent le plancher du barreau pour un trépied? »

M. Os. Pinard, *Le Barreau*, p. 168; édition de 1843.

§

Sur les *moyens de faciliter la plaidoirie*, l'usage de la *Mémoire*, les *Notes* et l'*Improvisation*, les stagiaires peuvent consulter, notamment :

Cicéron, *Ad Herennium*, lib. III, cap. 16 ad 24. — *De Oratore*, nos 86, 87 et 88.

Quintilien, *De Institutione oratoriâ*, lib. XI, cap. 2.

Delamalle, *Essai d'institutions oratoires*, liv. I, chap. v, art. 3, et liv. V, chap. ii, art. 2, § 1er et § 2e.

Vous ne devez pas la lire, et cependant vous devez la regarder souvent ; car elle est le guide perpétuel de la plaidoirie.

Si vous l'écrivez à toutes lignes, comme on écrit ou comme on imprime, votre œil ne pourra saisir le fil des idées qu'en suivant les caractères, c'est-à dire en lisant.

Il faut donc, en l'écrivant, décomposer les idées et les phrases principales en idées et en phrases secondaires, et les disposer par lignes de grandeurs différentes, de telle façon qu'un seul coup d'œil embrasse, en même temps, et l'idée principale et les idées complémentaires.

Faite de cette manière, votre Note de plaidoirie vous permettra de voir, sans lire : elle abandonnera une large place à l'improvisation; elle ne nuira pas aux inspirations d'audience; et, de plus, laissée au dossier, elle pourra encore servir à l'affaire : le ministère public et le juge chargé du délibéré ne seront pas fâchés de retrouver là un avocat muet, dont la plume vaudra la parole.

III

MÉDITATION

Votre Note terminée, tout n'est pas fini, jusqu'à l'audience.

Je vous ai dit que votre client avait presque toujours un peu de bon et de nouveau à vous dire, parce que, n'ayant souci que de son procès, il y songeait sans cesse. Dérobez-lui ce moyen de le bien défendre; songez perpétuellement à son affaire et tâchez de vous la rendre propre, intime, personnelle.

La méditation perfectionne le bon, détruit le mauvais, découvre l'inconnu.

La bonne manière de plaider un procès n'arrive pas toujours du premier coup ; c'est en méditant qu'on la trouve.

Les points de vue d'une affaire peuvent varier : c'est en méditant qu'on les rencontre.

En lisant, en corrigeant sans cesse votre Note, en portant perpétuellement sur elle la puissance de vos réflexions, vous mettrez de votre côté toutes les chances pour écarter les moyens faibles, retrancher les digressions superflues, supprimer les expressions sans vigueur, et pour voir arriver à vous les moyens, les arguments, les pensées, les expressions les plus utiles et les mieux appropriées au procès.

On demandait à Newton comment il était parvenu à trouver le système de la gravitation? *En y pensant toujours*, répondit-il.

Que la réponse de cet homme de génie vous éclaire sur ce que vous avez à faire.

Votre tâche n'est pas, heureusement, aussi lourde que celle qu'il s'était donnée : mais, cependant, la fortune d'un homme, sa liberté, sa vie, son honneur, ne sont pas choses de mince intérêt.

C'est, du reste, un devoir que vous avez à remplir, et rien ne doit coûter pour remplir un devoir.

Vous serez étonnés, je vous le prédis par expérience, des résultats heureux qui sortiront, pour vous, de la méditation longtemps poursuivie d'une affaire et de la différence qui existera entre vos pensées du commencement et vos pensées de la fin.

Que dis-je? Lorsque, après avoir longtemps travaillé et médité un procès, vous croirez avoir tout épuisé, vous trouverez très-souvent, l'affaire finie, que la discussion d'audience et la sentence du juge vous apporteront des idées nouvelles et des aperçus non soupçonnés. Vous souvenant alors de votre vieux Bâtonnier, vous conclurez, avec lui, qu'une méditation un peu plus longue et un travail un peu plus prolongé vous auraient probablement conduits à compléter encore cette plaidoirie si complète; et les affaires suivantes profiteront de cette leçon.

On a beaucoup ri et on rit encore du procureur hollandais qui, ayant gagné un procès, demandait des honoraires pour s'être réveillé la nuit, et avoir, pendant deux heures, pensé à l'affaire.

Lorsque beaucoup de causes auront été étudiées par vous avec soin; lorsque, portées longtemps dans votre cerveau, elles se seront identifiées avec vous-mêmes; lorsque, après avoir occupé de longs jours, elles seront venues, souvent, habiter votre sommeil et auront été le sujet ordinaire de vos songes, vous commencerez à comprendre que cet article du scrupuleux procureur n'était pas peut-être le moins bien gagné de son mémoire [1].

---

1. Sur *la Méditation*, V. QUINTILIEN, *De Institutione oratoriâ*, lib. V, cap. 6.

CHAPITRE DEUXIÈME

PLAIDOIRIE

Entrons maintenant à l'audience et parlons au tribunal.

A l'audience, l'avocat apporte son *Dossier* et sa *Note*, et il prononce sa *Plaidoirie.*

I

LE DOSSIER.

Quant à son *Dossier*, toutes les pièces doivent être dans l'ordre chronologique ; mais vous ferez bien, quelquefois, pour la plus grande facilité de la discussion, d'en détacher les principales, de les marquer aux endroits utiles, de les réunir et de les classer méthodiquement dans des cotes séparées, sur lesquelles vous placerez une analyse succincte de ce que ces pièces renfermeront d'important; de manière que vous, d'abord, et le juge, ensuite, cherchant à éclaircir un point quelconque du procès, vous ayez toujours sous la main les passages mêmes pouvant servir à éclairer l'affaire.

Ne considérez pas ces conseils comme des minuties et ne croyez pas que leur exécution soit indigne de l'avocat.

D'abord, rien de ce qui favorise la plaidoirie n'est indigne de l'avocat, et rien de ce qui aide le juge ne doit être négligé par lui.

Les précautions que je vous indique viennent d'ailleurs du Parlement lui-même.

Un règlement du 4 janvier 1535 reproche aux avocats de cette époque « d'employer vainement le temps de « l'audience dans des lectures de pièces en entier, pour « y chercher la disposition applicable à la cause, » et leur enjoint de ne venir à l'audience « qu'après avoir « coté leurs pièces *à l'endroit où elles servent;* afin que, « promptement, ils puissent trouver et fixer l'endroit qui « sert à la matière. »

Et, deux années après, un règlement du 18 décembre 1537 leur ordonne « d'avoir ès mains, en plaidant, les « actes et exploicts servant à la justification et vérifica- « tion de leurs défenses, pour les lire promptement[1]. »

Oserai-je avouer que j'ai vu quelques audiences du dix-neuvième siècle où il n'aurait pas été complétement inutile d'afficher sur le mur les prescriptions du seizième ?

II

LA NOTE ET LA PLAIDOIRIE

Quant à la *Note* et à la *Plaidoirie*, il faut, pour les composer, puiser abondamment aux sources que, dans

1. FOURNEL, *Histoire des avocats au Parlement et du Barreau de Paris, depuis saint Louis jusqu'au* 15 *octobre* 1790, 2 vol. in-8°, *Maradan*, 1813, t. 2, p. 215 et 216.

Pareille injonction aux avocats, plaidant devant le grand Conseil. *Ordonnance de juillet* 1539. (Recueil d'ISAMBERT, JOURDAN et DECRUZY, t. II, p. 575.)

leurs savantes leçons, ont indiquées Aristote, Cicéron et Quintilien [1].

---

1. En Dialectique et en Rhétorique, ces sources portent le nom de *lieux communs.*

ARISTOTE.

Aristote, né à Stagyre, l'an 384 avant J.-C., (1re année de la 99me Olympiade) — mort à Chalcis (dans l'Eubée), l'an 322.

Il est, d'après Cicéron, l'inventeur de l'art de trouver des arguments :

« Quum enim mecum in Tusculano esses, et in bibliothecâ separa-
« tim uterque nostrum ad suum studium libellos quos vellet evolveret,
« incidisti in *Aristotelis Topicæ* quædam, quæ sunt ab illo pluribus
« rebus explicata. Qua inscriptione commotus, continuo a me eorum
« librorum sententiam requisisti. Quam tibi quùm exposuissem *disci-*
« *plinam inveniendorum argumentorum, ut, sine ullo errore, ad eam*
« *rationem viâ perveniremus ab Aristotele inventâ, libris illis contineri.*»

Cicéron, *Topica*, cap. 1.

Notre bibliothèque possède un exemplaire de ses œuvres avec la traduction latine en regard, — édition, en 2 in-folio, donnée en 1629, par le docteur Du Val, sous ce titre :

« *Aristotelis* opera omnia quæ extant, græcè et latinè veterum ac
« recentiorum interpretum, ut Adriani *Turnebi*, Isaaci *Casauboni*,
« Julii *Pacii* studio emendatissima. — Cum *Kyriaci Strozæ* patricii
« Florentini libris duobus græco-latinis de republica in supplementum
« politicorum *Aristotelis*, etc., authore *Guillelmo Du Val*, pontesiano,
« philosophiæ græcæ et latinæ in Parisiensi academiâ regio professore
« et doctore medico, etc. — Lutetiæ Parisiorum, typis regiis, apud
« societatem græcorum editionum. »

Les stagiaires feront bien d'y lire, notamment, dans le 1er volume, les *Analytiques* et les *Topiques*, et, dans le 2e, les *Livres de Rhétorique* et la *Rhétorique à Alexandre.*

CICÉRON.

Cicéron, né à Arpinum, l'an 107 avant J.-C., — assassiné près de Formies, l'an 44.

Il faut lire tout ce qu'il a écrit sur l'art de parler : la *Rhétorique, à Herennius*; *de l'Invention*; *de l'Orateur*; *Brutus*; *l'Orateur*; *Du meil-*

Éclairés par le Génie et la Méditation, par l'Étude des grands modèles et par l'Expérience, ces philosophes ont

---

leur genre d'éloquence; les Topiques; De la partition oratoire (ou des partitions oratoires).

Mais, surtout, il faut lire et relire ses plaidoyers.

QUINTILIEN.

QUINTILIEN, né, probablement, l'an 42 après J.-C., — mort, probablement aussi, entre l'an 117 et l'an 138.

L'*Institution* (ou les *Institutions*) *de l'Orateur* est, suivant *Daunou*, « le cours de Rhétorique le plus complet que les anciens nous aient « laissé. » *Biographie Michaud*, v° *Quintilien*.

A la lecture de ces auteurs, les stagiaires doivent joindre celle de l'*Essai d'institutions oratoires à l'usage de ceux qui se destinent au barreau*, par DELAMALLE, *et les Règles pour former un Avocat, tirées des plus fameux auteurs, tant anciens que modernes*, par BIARNOY de MERVILLE.

DELAMALLE.

DELAMALLE (Gaspard-Gilbert), né le 25 octobre 1752, — mort à Paris, le 23 avril 1834.

Avocat au Parlement de Paris, Delamalle a été Bâtonnier, en 1811; son livre est excellent.

BIARNOY DE MERVILLE.

BIARNOY de MERVILLE, né en Normandie le . . . . . , — mort en décembre 1740.

Avocat au Parlement de Paris, il a publié, en 1711, *les Règles pour former un Avocat*. — Paris, Jollet, 1711.

Diverses éditions suivirent la première.

En 1753, on y joignit l'*Histoire abrégée de l'Ordre des Avocats* de BOUCHER D'ARGIS, sans nom d'auteur; le tout étant donné comme un seul et même ouvrage. — Paris, Durand, 1753.

En 1778, *Drouet*, bibliothécaire de l'Ordre, en publia une nouvelle édition en séparant les deux œuvres, *Paris, Durand*, 1778, *in*-12; on déclara dans la préface qu'elles appartenaient à deux auteurs différents; mais, sur le titre et dans le privilége, on ne mit que le nom de *Boucher d'Argis*; de telle sorte que le nom de *Biarnoy de Merville* n'étant prononcé nulle part, *Boucher d'Argis* passa et passe encore pour auteur des *Règles*, comme il est auteur de l'*Histoire*.

dit tout ce qu'on peut dire sur l'Invention, la Disposition, l'Élocution, la Mémoire et le Débit [1].

Ce sont eux qui ont découvert et indiqué les sources communes d'arguments et de preuves, c'est-à-dire le moyen de tirer d'un sujet tous les éléments qu'il renferme, de donner à ces éléments les développements nécessaires, et d'y fondre, en un tout homogène, les secours étrangers qui, de près ou de loin, peuvent aider l'avocat à plaire, à instruire, à émouvoir, pour convaincre ou persuader [2].

Leurs œuvres sont en vos mains; vous les avez lues, vous les relisez sans cesse; et je n'ai pas, grâce à Dieu, à vous faire recommencer, ici, votre cours de rhétorique; — mais il est quelques points, spéciaux à notre profession, sur lesquels je dois insister [3].

---

1. « Partes autem hæc sunt, quas plerique dixerunt, *Inventio, Dispositio, Elocutio, Memoria, Pronuntiatio.* »

CICÉRON, *De inventione*, lib, I, cap. VI.

2. CICÉRON fait dire à MARC-ANTOINE *l'orateur* :

« Meæ totius Orationis et istius ipsius in dicendo facultatis, quam,
« modò, Crassus in cœlum verbis extulit, tres sunt rationes, ut ante
« dixi : una, conciliandorum hominum; altera, docendorum; tertia,
« concitandorum. »

De Oratore, lib. II, nº 29.

Et il dit, lui-même, dans le *Brutus* :

« Tria sunt, enim (ut quidem ego sentio) quæ sunt efficienda di-
« cendo; ut doceatur is apud quem dicetur, ut delectatur, ut moveatur
« vehementiùs. » *Brutus*, nº 49.

3. On leur doit, spécialement, la division du discours en six parties, telle que CICÉRON la rappelle :

« Hæc partes sex esse omninò nobis videntur : *Exordium, Narratio,*
« *Partitio, Confirmatio, Reprehensio, Conclusio.* »

De Inventione, lib. I, cap. XIV.

§

1° EXORDE.

Ainsi, faites choix d'un *Exorde* par insinuation ou d'un exorde *ex abrupto;* tirez-le de la situation des personnes, de la nature des choses ou des dernières paroles de l'adversaire; qu'il soit aussi ardent et aussi agressif que l'épée dans un duel, ou aussi courtois et aussi poli que le premier salut des héros de Fontenoy[1]; — le choix que vous ferez dépendra des circonstances; mais ce qui n'en dépend pas, ce qui est de tous les temps et de toutes les causes, c'est que l'exorde soit court, qu'il naisse du procès même, et, surtout, qu'il renferme *l'indication sommaire de la question.*

Le juge, en effet, suit avec moins de peine la marche du discours, quand il sait où on veut le conduire; car il

---

[1] « Cependant les Anglais avançaient, et cette ligne d'infanterie, « composée des gardes-françaises et suisses et de Courten, ayant en- « core sur leur droite Aubeterre et un bataillon du régiment du roi, « s'approchait de l'ennemi. On était à cinquante pas de distance. Un « régiment des gardes anglaises, celui de Campbell, et le royal écos- « sais étaient les premiers; M. de Campbell était leur lieutenant-géné- « ral : le comte d'Albemarle, leur général-major, et M. de Churchill, « petit-fils naturel du grand-duc de Malborough, leur brigadier. Les « officiers anglais saluèrent les Français en ôtant leurs chapeaux. Le « comte de Chabanes, le duc de Biron, qui s'étaient avancés, et tous « les officiers des gardes-françaises leur rendirent le salut. Milord « Charles Hay, capitaine aux gardes anglaises, cria : « Messieurs des « gardes-françaises, tirez. »

« Le comte d'Auteroche, alors lieutenant des grenadiers et depuis « capitaine, leur dit à voix haute : « Messieurs, nous ne tirons jamais « les premiers; tirez vous-mêmes. » Les Anglais firent un feu rou- « lant...... Dix-neuf officiers des gardes tombèrent blessés à cette seule « décharge, etc...... »

VOLTAIRE, *Précis du siècle de Louis XV*, chap. XV, siége de Tournay; bataille de Fontenoy. Édition Beuchot, t. 21, page 135.

comprend, alors, et tout ce qu'on lui dit et tout ce qu'on sous-entend; et vous allégez ainsi, à sa grande satisfaction et au grand profit de votre cause, l'obligation de vous écouter que lui impose sa justice [1].

§

2° NARRATION

Dans votre *Exposé de faits*, bref, clair, vraisemblable, suivant les préceptes des maîtres [2], ayez soin de donner, avec précision, les dates des faits capitaux et des actes utiles.

Mais n'en donnez pas trop! elles s'entrelaceraient comme les branches d'arbrisseaux plantés trop près les uns des autres et s'étoufferaient mutuellement.

Surtout, pas de discussions! — leur place est plus loin.

---

1. « Dociles auditores faciemus si apertè et breviter summam causam exponemus; hoc est in quo consistat controversia. »

CICÉRON : *De Inventione*, lib. I, cap. XVI.

§

Sur l'*Exorde*, les stagiaires peuvent voir, notamment :

ARISTOTE : *Artis rhetoricæ*, lib. I, cap. XIV, et *Rhetorica, ad Alexandrum*, cap. XXX.

CICÉRON : *Ad Herennium*, lib. I, cap. IV ad VII. — *De Inventione*, lib. I, cap. XV ad XVIII. — *De Oratore*, lib. II, nos 77 ad 80.

QUINTILIEN : *De Institutione oratoriâ*, lib. IV, cap. I.

DELAMALLE : *Essai d'institutions oratoires*, liv. II, chap. II.

BIARNOY DE MERVILLE, *Règles pour former un avocat*, partie IIe (1778), p. 327.

2. « Oportet, igitur, eam tres habere res; ut brevis, ut aperta, ut probabilis sit. »

CICÉRON : *De inventione*, lib. I, cap. XX.

Pas de digressions! — leur place n'est nulle part.

Il suffit de quelques réflexions simples, appelant l'intérêt sur votre client ou fixant l'attention sur quelques faits qu'il est essentiel de retenir.

Et, cependant, il faut que la narration renferme la semence de l'argumentation et le germe du motif à l'aide duquel vous devez triompher. L'habileté suprême est de jeter ce germe dans l'esprit du juge, au milieu de faits heureusement choisis et artistement disposés.

§

L'avocat ne raconte pas pour raconter. Comme l'historien de la bonne école, il raconte pour prouver.

Toutes les fois donc qu'il peut abréger sa narration, qu'il l'abrége; et, s'il peut s'en passer, qu'il s'en passe!

Ne redites pas au juge ce qu'on vient de lui dire. Peut-être l'a-t-il appris avec plaisir; ne changez pas ce plaisir en ennui. Concentrée dans ses preuves, votre plaidoirie n'en sera que meilleure, plus écoutée et mieux saisie [1].

---

[1] Sur la *Narration*, voir notamment :

ARISTOTE : *Artis rhetoricæ*, lib. III, cap. XVI; *Rhetorica ad Alexandrum*, cap. XXXI.

CICÉRON : *Ad Herennium*, lib. I, cap. VIII et IX. — *De Inventione*, lib. I, cap. XIX, ad. XXI.

QUINTILIEN : *De Institutione oratoriâ*, lib. IV, cap. II. Mais n'adoptez pas la partie de sa doctrine où, par une étrange aberration (si ce n'est pas une interpolation), il indique l'emploi de la *Fausse narration* et la double manière de la rendre vraisemblable!...

DELAMALLE : *Essai d'institutions oratoires*, liv. II, chap. III.

BIARNOY DE MERVILLE, *Règles pour former un Avocat* (1778), p. 330.

§

3° POSITION DE LA QUESTION

Après avoir raconté du fait ce qui est utile, posez nettement la question.

Ceci peut être un des points capitaux du procès; car la manière de poser la question, souvent la décide.

Tel procès a été perdu, parce que l'avocat a, maladroitement, accepté le *Droit* pour champ de bataille, quand c'était par le *Fait* qu'il devait vaincre; et telle affaire a été gagnée, parce que, sentant fléchir sous ses pieds le terrain du droit, l'avocat a été planter sa tente

---

§

Rien n'est plus juste que les règles données par les Rhéteurs sur l'*Exorde* et la *Narration;* mais Cicéron met dans la bouche de Marc-Antoine l'*orateur* une réflexion plus juste encore. C'est qu'il faut étendre ces règles au discours tout entier.

« Quæ enim præcepta Principiorum et Narrationum esse voluerunt, « ea in totis orationibus sunt conservanda.

« Nam ego mihi benevolum judicem faciliùs facere possum in cursu « orationis, qùam quùm omnia sunt inaudita; docilem autem, non « quùm polliceor me demonstraturum, sed tùm quùm doceo et explano; « attentum, verò, crebrò totâ actione excitandis mentibus judicum non « prima denuntiatione efficere possumus.

« Jàm, verò, narrationem quod jubent verisimilem esse et apertam et « brevem rectè nos admonent; quod hæc narrationis magis putant esse « propria quàm totiùs orationis, valdè mihi videntur errare : omninò « que in hoc omnis est error, quod existimant artificium esse hoc « quoddam non dissimile ceterorum, cujus modi de ipso jure civili, « hesterno die, Crassus componi posse dicebat : ut genera rerum pri-« mum exponerentur, in quo vitium est, si genus ullum prætermitta-« tur; deindè, singulorum generum partes, in quo et deesse aliquam « partem et superare mendosum est; tùm verborum omnium defini-« tiones, in quibus neque abesse quidquam decet, neque redundare.

« Sed hoc in jure civili, si etiam in parvis aut mediocribus rebus « doctiores assequi possunt, non idem sentio tantâ hàc in re, tamque « immensâ posse fieri. »

Cicéron, *De Oratore*, lib. II, cap. xix.

au milieu du fait et a su y attirer son imprudent adversaire.

§

4° DIVISION.

La question posée, vous divisez votre discussion, si elle est compliquée ; vous souvenant, d'après Cicéron, qu'une division bien faite rend tout le discours lumineux [1], et que, lorsqu'on en a annoncé une, on doit la suivre avec exactitude [2].

§

5° DISCUSSION.

La *Discussion* a deux parties, ou mêlées ensemble ou séparées ; — celle qui prouve et celle qui réfute, — *Confirmation* et *Réfutation*.

§ Ier

CONFIRMATION

L'avocat *puise, ordinairement, ses preuves*, à trois sources principales, — le Fait, les Titres et le Droit ; —

1. « Recte habita in causa partitio illustrem et perspicuam totam « efficit orationem. »

CICÉRON, *De Inventione*, lib. I, cap. XXII.

2. « Atque his de partitione preceptis, in omni dictione meminisse « oportebit, ut et prima quæque pars, ut exposita est in partitione, « sic ordine transigatur, et omnibus explicatis, peroratum sit. »

CICÉRON, *De Inventione*, lib. I, cap. XXIII.

Sur la *Division*, les stagiaires peuvent voir, notamment :

CICÉRON, *Ad Herennium*, lib. I, cap. X. — *De Inventione*, lib. I, cap. XXII et XXIII.

QUINTILIEN, *De Institutione oratoria*, lib. IV, cap. IV.

et il les *dispose* suivant les règles des maîtres, les nécessités de la cause et les lumières de son esprit [1].

§

SOURCES DE LA DISCUSSION

LE FAIT

Le *Fait* se présente, d'abord, avec toutes ses variétés, ses incertitudes et ses hypothèses ; c'est l'objet ordinaire des contestations.

Pour y trouver les ressources de l'attaque et de la défense, vous devez l'approfondir dans toutes ses parties, de manière à ce que chacun de ses détails vienne vous payer tribut.

Plus vous l'approfondirez, plus vous en profiterez ; et il arrivera souvent qu'à l'aide de cette étude opiniâtre, telle mince circonstance, obscure et dédaignée par d'autres, mais soigneusement recueillie par vous, savamment taillée, richement montée, vivement éclairée, bril-

1. Sur la *Confirmation*, voir notamment :

ARISTOTE : *Artis rhetoricæ*, lib. III, cap. XVII. — *Rhetorica ad Alexandrum*, cap. XXXIII. — *Analyticorum priorum et posteriorum*, lib. — *Topicorum*, lib.

CICÉRON : *Ad Herennium*, lib. I, cap. X à XVII et lib. II. — *De Inventione*, lib. I, cap. XXIV ad XLI ; lib. II, cap. IV ad XVI. *Topica*. *De Oratore*, lib. II, cap. LXXII, LXXXI.

QUINTILIEN, *De Institutione oratoria*, lib. V, cap. I ad XII.

DELAMALLE, *Essai d'institutions oratoires*, liv. III.

BIARNOY DE MERVILLE, *Règles pour former un avocat* (1778), p. 336.

lera du plus vif éclat, deviendra le plus bel ornement de votre plaidoirie et assurera votre succès!

§

Prenez garde pourtant à un danger.

L'étude et le développement du fait ont plus de charmes et offrent plus de facilités que l'étude et le développement du droit.

Il y a là une liberté plus cavalière pour l'imagination, une variété plus grande d'hypothèses, une source plus féconde d'observations fines, de bons mots, d'allusions, d'ironies, de plaisanteries qui amusent l'avocat autant que l'auditoire.

Le *Fait* est le domaine propre de l'Esprit, qui y règne en maître, qui y dispose de tout, qui y modifie tout, à sa volonté, et quelquefois malheureusement à son caprice.

Le *Droit*, au contraire, n'a rien qui amuse; ses voluptés sont sévères et ses mots les plus plaisants ont toujours un arrière-goût de pédantisme. Il est le domaine particulier de la Raison; et, encore, dans ce domaine, la Raison n'a ni sceptre ni diadème, car elle n'y commande qu'au nom de la Loi et de la Logique, et à condition de leur obéir d'abord.

De là, le penchant de beaucoup d'avocats à se jeter exclusivement dans le fait, — favorisés, en cela, par un certain nombre de juges, qui, préférant leur équité à l'équité de la loi, voudraient toujours juger en fait.

Le succès en a couronné quelques-uns; de telle sorte que j'ai, dans ma jeunesse, ouï soutenir, par des hommes de beaucoup d'esprit, « que, dans les affaires, le fait

« constitue toute la cause; qu'il ne s'agit, pour bien « plaider, que de bien savoir le fait; qu'au delà, il n'y a « rien ou presque rien; que les dispositions des lois les « plus précises se tournent, facilement, à l'aide du fait; « que tous les actes s'interprètent par le fait; et que, les « arrêts n'étant bons que pour ceux qui les obtiennent, « il est aussi inutile d'examiner la jurisprudence que de « scruter le droit. »

Que cette opinion ne soit pas la vôtre!

D'abord, j'ai remarqué que la plupart de ceux qui tenaient alors ce langage, n'avaient, dans leurs cabinets, que des plumes neuves et des livres non rognés.

Je puis, ensuite, vous attester, — si cela est nécessaire, — que le Droit existe; que la Loi est vivante; que les bons juges l'appliquent tous les jours, et que, par conséquent, les bons avocats doivent l'étudier sans cesse.

Sans doute, le cas peut exister où le fait l'emporte sur le droit; mais ce cas est exceptionnel; — et l'avocat complet ne sera jamais que celui qui discutera, avec le même talent et une vigueur égale, et le fait et le droit.

§

LES TITRES

Destinés à donner la certitude, les *Titres* ne l'apportent pas toujours : et, de leur texte même, naît souvent l'incertitude, soit que la main inexpérimentée des parties en ait tracé les caractères, soit que la plume des notaires les ait entourés de sa solennité officielle.

Pour en trouver l'interprétation vraie, vous avez à bien vous pénétrer de leur esprit; à les étudier dans l'ensemble de leurs clauses réunies et dans chacune de ces clauses séparées; et, surtout, à les contrôler, soit par les actes, soit par les faits antérieurs, contemporains ou successifs, spécialement par ceux qui en sont l'exécution directe ou indirecte; car l'exécution d'un titre est, pour l'ordinaire, fortement imprégnée de l'intention des parties.

Les motifs d'appréciation étant aussi variés que peuvent l'être les affaires qu'on plaide et les intelligences auxquelles on s'adresse, le mode de votre argumentation sur les titres variera suivant les circonstances et suivant ce qu'exigera de vous la loyale défense de la vérité.

Tantôt, vous en ferez ressortir l'ensemble, et tantôt les parties; ici, vous grouperez les circonstances en un seul faisceau, faisant une grande clarté de beaucoup de petites lumières, et, là, laissant tous les détails dans l'ombre, vous en dégagerez un seul, pour en éclairer toute la cause; aujourd'hui, vous vous servirez du sens légal des expressions pour mettre à néant la subtilité des commentaires; demain, la volonté des contractants vous servira de flambeau pour dissiper l'obscurité des termes; enfin, avec l'esprit du contrat, vous vous éleverez au-dessus de la matière, et, sous les pieds du Verbe qui apporte la vie, vous courberez le judaïsme d'un texte inanimé.

§

LE DROIT

Que la discussion du *droit* soit précise, rigoureuse et savante ! qu'elle puise aux sources et remonte, du texte de la loi, dont chaque mot a sa puissance, jusqu'à la volonté du législateur qui est, elle-même, la loi de chaque mot !

Un texte de loi à expliquer exige qu'on en recherche la *filiation*, l'*interprétation* et l'*application antérieure*.

§

FILIATION DES LOIS.

Nos lois anciennes ont leur *filiation* dans la législation romaine, dans les coutumes germaniques ou dans nos vieux usages nationaux ; et vos yeux, en les lisant avec attention, y retrouveront les envahissements du sol. Vous y rencontrerez encore les traces des légionnaires de Rome, ainsi que celles des Francks, des Visigoths, des Bourguignons, des Normands, et les vestiges de leurs luttes avec les malheureux Gaulois, voués à la défaite, soit qu'ils défendent leur pays contre la civilisation ambitieuse, soit qu'ils essayent de le protéger contre la barbarie conquérante.

Quant aux lois modernes, elles se rattachent à des principes et à des modes de confection qui ont varié sans cesse, — impérissables monuments de l'inconstance française, marquant, en notre histoire, des périodes si tranchées qu'un siècle entier semble isoler chacune d'elles de celle qui la précède et de celle qui la suit.

§

A ces lois sont attachés des documents de différente nature, *Procès-verbaux*, *Correspondance du Chancelier*, *Observations des Parlements*, *Travaux du Conseil d'État*, *Travaux du Tribunat*, *Opinions des Cours et des Tribunaux*, *Enquêtes*, *Exposés des motifs*, *Rapports*, *Discussions*, *Instructions ministérielles*, *Circulaires*, *Avis*....... Éléments externes de la loi, dont chacun a sa valeur propre, et que vous avez à interroger tous, pour connaître l'esprit et la portée de la pensée législative [1].

---

1. « III. . . . le recueil des *Procès-verbaux du Conseil d'État* forme « le vaste dépôt où se trouve l'élaboration des textes et la discussion « des idées qui forment, dans leur ensemble, l'esprit du Code civil. « C'est là que comparaissent, dans leurs diversités, ces belles in- « telligences, cette science nette et profonde ou cette pratique des « affaires qui brillaient dans le Conseil organisé par Bonaparte ; et, au- « dessus des autres esprits, cette pensée de l'homme de génie qui « saisissait d'un coup d'œil les rapports de la propriété, de la famille, « de la société civile, pénétrait les points de vue les plus opposés de « la science des jurisconsultes et conciliait par de justes tempéraments « les différents principes du Droit. Aux discussions savantes et appro- « fondies de Tronchet, de Treilhard, de Berlier, de Portalis, se mêlaient « les observations de tous ces hommes à capacités diverses, qui « apportaient, quelquefois, au milieu des combats d'érudition, ce bon « sens qui fait le fond de toutes les bonnes lois. — Sans doute, toutes « les parties du Code n'ont pas là leur source aussi apparente les unes « que les autres ; mais le Code, séparé des discussions du Conseil « d'État, serait souvent une lettre morte : il faut le vivifier à cette « source contemporaine, en même temps que l'on remonte aux sources « historiques de la jurisprudence française.

« IV. Les *Exposés des motifs*, les *Rapports des Tribuns* présentent « une forme plus régulière, plus harmonique ; c'est la synthèse des « différents titres du Code. Chaque orateur donne à cette synthèse le « caractère de son talent : elle est profonde et lumineuse dans les « exposés de Portalis ; mais la forme quelquefois s'inspire trop de la

§

INTERPRÉTATION.

Quant à *l'interprétation* des lois, vous la trouverez dans les nombreux et savants auteurs et commentateurs des temps anciens et des temps modernes.

On prétend qu'à la première apparition d'une paraphrase, Napoléon s'écria : « Mon Code est perdu ! » — Il reculerait épouvanté, sans doute, s'il lui était donné de mesurer les montagnes de commentaires dont ce code est, dès aujourd'hui, entouré. Il croirait à la réalisation de toutes ses craintes : mais, après examen, il verrait, avec joie, que, loin de le détruire et de l'ensevelir sous leur ombre, ces interprétations l'ont éclairé de leur lumière et fortifié de leur science.

« tribune. Dans Treilhard et Berlier, elle est sévère et didactique ; mais « les vues générales et fécondes lui manquent. Dans Bigot de Préameneu, elle est plus substantielle ; ainsi, l'exposé des obligations est une « œuvre scientifique. Dans les rapports du tribun Siméon, on sent la « parenté de talent, de patrie, de famille avec l'illustre Portalis ; ce « sont des intelligences formées à l'école rationnelle des jurisconsultes « romains. Le tribun Jaubert porte à la tribune la science nourrie et la « dialectique du professeur de droit romain ; Duveyrier, la science et « la clarté de l'habile avocat ; Grenier et Chabot de l'Allier, la vaste « érudition et les habitudes logiques du grave jurisconsulte. Ces discussions savantes, mais trop abrégées et trop brillantes, peut-être, « ont servi puissamment à populariser le Code civil. La jeunesse, « rebutée par les formes arides de la codification, est amenée à l'intelligence et à l'étude des lois par cette méthode rationnelle qui pose « des principes pour en déduire les conséquences et qui éclaire l'esprit « en remontant à la raison des choses, aux motifs de la loi. »

M. Laferrière, *Histoire des principes, des institutions et des lois pendant la Révolution française*, liv. IV, chap. III, sect. 2. Deuxième édition, p. 488.

§

APPLICATION.

L'*application*, que les cours et les tribunaux ont déjà faite des lois, est nécessaire à connaître pour l'application qui en est encore à faire : vous aurez donc à vous plonger courageusement dans cette mer, immense et toujours agitée, où se déversent perpétuellement des milliers de décisions journalières, semblables ou divergentes, et qu'on appelle *Jurisprudence,* — amour des praticiens, désespoir des jurisconsultes, — et dont on vous tracera, tout à l'heure, avec talent, l'intéressante histoire [1].

Que si la loi, les anciens, les modernes el les arrêts avaient, par hasard, laissé la question intacte, c'est à vous, alors, munis, de longue main, des plus saines doctrines, à puiser en vous-mêmes et à tâcher de dire, de votre chef, ce que la loi eût dit, si la loi eût parlé.

§

ARGUMENTATION ET ORDRE DE DISCUSSION

Il y a plusieurs *manières d'argumenter.*

La bonne, la vraie, la loyale, la victorieuse est celle qui aborde les arguments les plus forts, franchement et directement.

Je sais que, pour prendre le taureau par les cornes et lui faire ployer la tête, il faut un bras vigoureux, et que le plus vigoureux bras ne suffit pas toujours ; je sais qu'il ne faut dédaigner ni l'argumentation qui procède par

1. Discours de Me Brésillion : *De l'autorité de la jurisprudence et de son influence sur la législation.*

insinuation, ni l'argumentation qui frappe de *côté*, ni l'argumentation qui fait brèche par *ricochet*; mais l'argumentation *de face* est, d'ordinaire, la meilleure; c'est donc avec elle que vous devez, de bonne heure, vous familiariser; car la logique, telle, par exemple, que je l'ai entendu s'exprimer, elle-même, par la bouche de Tripier, monte, quelquefois, à une telle hauteur qu'elle peut, alors, se passer du charme des paroles, et, par sa propre force, devenir de l'éloquence[1].

1. Nous n'avons pas besoin de faire remarquer qu'on n'arrive pas à des discussions sérieuses *de droit* par des études improvisées et faites pour la cause. Il faut des études préalables, longues et suivies. On ne peut les commencer trop tôt; on ne peut les suivre avec trop d'assiduité; on ne doit jamais les considérer comme finies. Aussi, regardons-nous comme notre premier devoir de rappeler, sans cesse, aux stagiaires, comme l'ont fait nos prédécesseurs, qu'il s'agit pour eux, en entrant dans notre profession, d'un travail sans trêve et sans fin.

« Un avocat, dit très bien Terrasson, renonce à vivre pour soi et « s'engage à ne plus vivre que pour les autres. Il devient l'esclave « honorable de ses concitoyens; tous ses moments sont un bien public, « dont chacun a droit de se saisir. Sa vie est partagée en deux occu- « pations également pénibles: l'une, de se rendre, à force de veilles, « capable de servir le bien public; l'autre, de le servir en effet de « toutes ses lumières et de tous ses talents; engagement dont ne sont « pas assez effrayés ceux qui, sans mesurer leurs forces, entrent préci- « pitamment dans une carrière si longue et si difficile. Il faut que « l'avocat naissant en parcoure des yeux toute l'étendue, qu'il calcule « ce nombre infini de connaissances dont il a besoin; ces volumes « immenses qu'il est obligé non-seulement de lire, mais de méditer et « d'approfondir; cette multitude des lois qui doit être l'objet de sa « mémoire et encore plus celui de son discernement et de ses réflexions; « cette foule de commentateurs dont il doit recueillir la lumière et « apprécier l'autorité; ces amas d'ordonnances que nos Rois, émules « des Césars, ont laissées à leurs peuples, qu'il faut rapporter à leur « temps, à leurs usages, à leur esprit; cette diversité de coutumes dont « il faut citer les raisons et qu'il ne faut jamais confondre; ce dédale « de procédures dont il doit connaître tous les détours pour être en état « d'en sauver la justice; ces orateurs fameux dont il doit étudier la force « et les grâces, et, s'il se peut, se les rendre propres. »

Terrasson, *Discours sur la profession d'avocat*, Annales du Barreau français, t. II, p. 50.

Quant à *l'Ordre de discussion*, il varie suivant la nature de l'affaire.

Cependant, on peut indiquer comme le plus naturel celui qui place en première ligne les arguments de *fait*, en seconde, les arguments de *titres*, en troisième, les arguments de *droit* [1].

§ 2e

RÉFUTATION

Si la *Réfutation* se mêle à la Confirmation, on place habituellement l'objection après l'argument et la réponse après l'objection.

Si la réfutation est isolée, elle peut suivre ou l'ordre naturel des preuves ou l'ordre des conclusions adverses [2].

§

Ici se placent des observations communes à la confirmation et à la réfutation.

---

1. Voici l'ordre indiqué par CICÉRON :
« Quumque animos prima agressione occupaverit, infirmabit, exclu-« detque contraria; de formissimis alia prima ponet, alia postrema, « inculcabitque leviora. » *Orator*, cap. XV.

Voir DELAMALLE, *Essai d'institutions oratoires*, liv. III, chap. II.

2. Sur la *Réfutation*, voir notamment :

ARISTOTE : *Artis rhetoricæ*, lib. III, cap. XVII. — *Rhetorica, ad Alexandrum*, cap. XXXIV. — *Analyticorum priorum et posteriorum*, lib. — *Topicorum*, lib.

CICÉRON : *De Inventione*, lib. I, cap. XLII ad LI. — lib. II, cap. IV ad XVI. — *Topica*. — *De Inventione*, nos 72, 81.

QUINTILIEN, *De Institutione oratoria*, lib, V, cap. XIII et XIV.

DELAMALLE, *Essai d'institutions oratoires*, liv. III.

BIARNOY DE MERVILLE, *Règles pour former un Avocat* (1778), p. 346.

§

CONCLUSIONS

Dans les procédures faites avec soin, l'avocat trouve des Conclusions qui résument l'affaire et lui servent, non-seulement de guide, mais encore de thème, tant pour l'attaque que pour la défense ; car les conclusions de l'avoué doivent être plus que la base et le fondement de la plaidoirie ; elles doivent en être le squelette.

Il vous faut donc, autant que possible, les suivre pas à pas.

Il est éminemment utile, en effet, pour faciliter le travail du juge, de lui faire trouver non-seulement le même fond, mais, encore, le même ordre, dans la défense parlée que dans la défense écrite.

L'avocat qui, dans les cas ordinaires, négligerait les conclusions, pour se créer un ordre d'idées et de discussion en dehors d'elles, commettrait la faute du médecin qui, sans avoir appris l'ostéologie, prétendrait connaître l'anatomie des vertébrés.

Mais les Conclusions peuvent être incomplètes, dangereuses même ; c'est à vous, alors, de vous souvenir des leçons de la Procédure, c'est à vous, alors, de compléter ces conclusions, de les redresser, de les refaire et de les présenter à l'avoué, qui vous remerciera du service que vous aurez rendu à l'affaire et à lui-même.

§

JUGEMENT.

Ce que je viens de vous dire regarde plus spécialement les discussions de première instance.

Si vous montez en appel, vous avez, pour votre argumentation, un fil conducteur nouveau et excellent ; — c'est le jugement.

Favorable ou contraire, qu'il soit le guide ordinaire de votre argumentation.

§

Etes-vous appelants, saisissez-le, de prime saut, examinez-le, démolissez-le, pièce à pièce, *considérant* par *considérant*. La fausseté des idées que vous avez à combattre ne fait pas que l'ordre dans lequel on les a rangées ne soit plus ou moins logique ; or, cela suffit pour que votre discussion ait une base certaine, en suivant cet ordre, et pour que le juge du second degré vous suive facilement.

Cela est d'autant plus nécessaire que, devant la Cour, le jugement est, contre vous, la plus grave de toutes les présomptions ; à ce point que, si vous ne la renversez pas, votre adversaire aura, très-rarement, besoin d'y ajouter un mot pour que cette présomption devienne la chose définitivement jugée.

Si tout n'a pas été dit par la sentence *dont est appel;* si, dans le papier timbré de l'adversaire, vous trouvez la nébuleuse indication de quelques raisons négligées par cette sentence ; si vous appréhendez un système nouveau, vaguement énoncé ; si votre adversaire déclare nettement qu'il ne soutiendra pas l'opinion erronée du premier juge, je voudrais pouvoir vous arrêter et vous dire : « Votre œuvre est, quant à présent, terminée ; respectez « le temps précieux de la Cour. Qu'allez-vous dire ? « réfuter ce qu'on ne vous objectera peut-être pas ! vous « créer des fantômes pour les combattre, et présenter à « l'esprit de vos juges des aperçus qui n'appartiendront « peut-être qu'à votre craintive imagination ! gardez-« vous-en bien ! jetez au feu le reste de votre discours « et attendez la réplique. Dix minutes de réplique sur « les points, alors connus, de la difficulté, vaudront « mieux, pour la Justice et pour vous, que deux ou trois « heures de plaidoirie consacrées à leur recherche. « Épargnez donc le temps de la Cour ; attendez la « réplique ! »

Mais, puisqu'en appel, nous sommes, quant à présent, obligés de répondre, par avance, aux choses que l'on n'a ni dites, ni écrites, et aux objections que nous ne connaissons pas et que nous ne pouvons pas connaître ; puisque nous sommes obligés de courir après le possible et l'impossible, je vous dirai : « Courez, aussi rapide-« ment et aussi méthodiquement que vous pourrez, après « le possible et l'impossible ; — et tâchez de les attein-« dre ; car, si vous n'y parvenez pas, il peut arriver « que le plus mauvais argument de votre adversaire, « soit, faute de réponse, trouvé décisif, eût-il pour base « une erreur matérielle ! »

§

Que si vous êtes intimés ; si vous avez jugé bonne et

juste la sentence des premiers juges, alors, *à fortiori*, prenez-la pour appui ; suivez son ordre ; échafaudez sur elle votre discussion ; tâchez d'y ramener, sans cesse, les arguments adverses ; montrez, en prenant successivement, ses motifs, avec quelle sagesse elle a tout apprécié, et ne cherchez un autre plan que si le sien vous fait absolument défaut.

§

Enfin, et surtout, éloignez de votre discussion cette présomptueuse confiance de l'avocat dont l'ignorance ou la paresse viennent à la barre, sans avoir entrevu le plus petit obstacle.

Écoutez-le ! Suivant lui, les preuves de son adversaire n'ont pas besoin de réfutation ; il les recueille, il les reproduit, il souffle sur elles, et tout disparaît ! Le voilà qui, sans crainte et sans obstacle, marche et vole à travers la discussion, s'étonnant qu'on ait osé se présenter contre lui et s'impatientant de ce que le juge ne l'interrompe pas pour lui dire que la conviction est faite ! Sa discussion est plus que courte, tant il croit qu'un mot lui suffit pour vaincre ! Il se hâte de la clore, s'assied en triomphateur et — perd immédiatement son procès.

C'est alors qu'il commence à se douter qu'il n'a pas entendu l'affaire ; pas écouté ou pas compris son adversaire ; pas lu ou mal lu les conclusions et pas suffisamment feuilleté le dossier. Il commence à comprendre qu'il n'avait rien prévu ; qu'il n'a pas répondu à ce qu'on lui avait dit ; qu'il a été au-devant de ce qu'on ne pouvait lui dire, et que, se faisant à lui-même de vaines objections, il n'a plaidé qu'une cause fantastique, née de son imagination seule.

§ 6e

PÉRORAISON.

Si votre affaire est simple, dispensez-vous d'un *Résumé* qui doublerait votre plaidoirie.

Si la longueur nécessaire de votre discours exige ce résumé, qu'il soit court et substantiel. Faites en sorte que ce ne soit pas vous qu'a désignés RACINE, lorsqu'il a dit de l'Intimé :

« Il y aurait plutôt fait de tout dire vingt fois
« Que de l'abréger une. . . . . . . [1].

Terminez, enfin, si cela est nécessaire, en appelant, brièvement, la bienveillance et l'intérêt du tribunal sur votre cause et sur votre client [2].

---

1. *Les Plaideurs*, Acte III, scène 3.

§

Sur la *Péroraison*, voir notamment :

ARISTOTE : *Artis rhetoricæ*, lib. III, cap. XIX. — *Rhetorica ad Alexandrum*, cap. XXXIX.

CICÉRON : *Ad Herennium*, lib. II, cap. XXIX et XXX. — *De inventione*, lib. I, cap. LII ad LVI.

QUINTILIEN, *De Institutione oratoriâ*, lib. VI, cap. I.

DELAMALLE, *Essai d'institutions oratoires*, liv. IV, chap. IV.

BIARNOY DE MERVILLE, *Règles pour former un avocat* (1778), p. 353.

2. — 1° Le raisonnement et la dialectique ne sont pas, toujours, toute la cause ; et la parole de l'avocat doit, souvent, aller jusqu'au cœur :

« Erit ille summus orator qui, in causis civilibus, itâ dicet ut probet, « ut delectet, ut flectet. Probare necessitatis est, delectare suavitatis, « flectere victoriæ. »

CICÉRON, *Orator*, n° 69.

§ 7e

LA RÉPLIQUE.

La *Réplique* diffère de la réfutation proprement dite; 1° parce qu'elle occupe, dans les débats, une place qui n'est pas la même et qui ne prête pas aux mêmes développements; 2° parce qu'elle est, nécessairement, une réponse *après coup*, tandis que la réfutation peut être une réponse *par avance* [1]; 3° enfin, parce qu'elle est, le

2°

L'homme naît bon et il a un penchant naturel pour ce qui est vrai, pour ce qui est beau, pour ce qui est bon, pour ce qui est juste. L'avocat a donc cette première tâche : montrer que la cause qu'il défend a tous ces caractères.

Mais les passions corrompent et détournent du bien les meilleurs esprits : l'avocat a donc pour seconde tâche de combattre les passions contraires.

Enfin, il a un troisième devoir : c'est de chercher, c'est de trouver des auxiliaires dans les passions elles-mêmes.

S'il lui est donné de mettre la passion du côté de la vérité et de la justice, son triomphe sera aussi complet que légitime.

3°

Ici, comme plus haut, nous renvoyons aux maîtres sur les moyens d'exciter la sympathie, nous bornant à en signaler un seul, parce qu'il est de tous les temps et de tous les discours, c'est celui qui consiste à faire comprendre au juge qu'il a lui-même un intérêt personnel à la victoire du plaideur. C'est Cicéron qui l'indique :

« Jàm misericordiâ movetur, si is qui audit adduci potest, ut illa « quæ de altero deplorantur, ad suas res revocet, quas aut tulerit, aut « timeat, aut intuens alium, *crebro ad se revertatur.* »

Cicéron, *De oratore*, lib. II.

1. Quand la *Réfutation* prévoit et détruit les objections par avance, on l'appelle *Préoccupation* :

« Est autem *Prœoccupatio* eorum locorum qui contrà tuam dictio- « nem haberi possunt præoccupans reprehensio. Oportet, autem, quæ « ab adversariis dicuntur extenuare. »

Aristote. *Rhetorica, ad Alexandrum*, cap. xxxiii. — *Francisco, Philadelpho*, interprète.

plus souvent, improvisée et organisée au cours même de l'action et dans le feu du combat, quand la réfutation est, d'ordinaire, calculée à loisir.

Sa grande difficulté se tire de la nécessité de parler sur-le-champ, et sa grande importance vient de ce que le juge, instruit par les deux parties, connaît déjà l'affaire des deux côtés, et l'a peut-être déjà jugée, en son for intérieur.

C'est donc, pour l'avocat, dont la cause est compromise, le suprême effort. Il faut qu'à ce moment, il redouble d'adresse, de force, de courage, et que, saisissant, corps à corps, la défense adverse, il lui enlève tous ses avantages.

C'est alors, surtout, qu'il faut de la netteté, de la précision, de la vigueur ; c'est alors qu'il n'y a pas une parole à jeter au vent ; et que tout mot doit être un coup de glaive ou un coup de bouclier ; — à ce prix, mais à ce prix seulement, le juge, spectateur déjà fatigué de la lutte, continuera à tenir les yeux ouverts sur les combattants et pourra, encore, s'intéresser à leurs efforts.

Le moyen d'être prêt pour la réplique, c'est d'avoir envisagé son affaire de tous les côtés ; c'est de la connaître dans tous ses détails ; c'est de ne s'être fait aucune illusion ; c'est d'avoir eu, dès le commencement, deux plaidoiries dans la tête, la sienne et celle de l'adversaire [1].

---

1. 1° Toutes les parties du discours exigent de la *Mémoire*. On ne retient les faits et on ne les dispose qu'avec son secours, et la discussion du droit ne peut s'organiser sans elle. Mais c'est surtout dans la réplique que la mémoire est utile, car si la plaidoirie de l'adversaire n'est pas, dans toutes ses parties utiles, présente à l'esprit de celui qui la réfute,

III

ÉLÉMENTS DE LA PLAIDOIRIE

§

CLARTÉ, BRIÈVETÉ, MÉTHODE, UNITÉ

De toutes les Muses qui président à la Plaidoirie, celles qui exigent de vous les plus fréquents sacrifices sont la *Clarté* et la *Brièveté*, la *Méthode* et *l'Unité.*

§

1° CLARTÉ.

La *Clarté* du plaidoyer est le flambeau du juge.

Honni soit l'avocat qui n'est pas clair!

Que dirai-je de lui, pour le frapper de malédiction! Qu'on l'a chargé d'ouvrir la fenêtre et qu'il va fermer le volet?

---

son silence sur un argument solide ou spécieux pourra passer pour un aveu d'impuissance et une sorte d'acquiescement.

2°

La présence du client, pendant la plaidoirie adverse, est un des plus grands auxiliaires de la réplique. Un mot de lui, dit à l'oreille de l'Avocat, suffit, souvent, pour dissiper les objections qui paraissent les plus graves.

§

Voir, sur la *Réplique*, notamment :
DELAMALLE, liv. IV, chap. II, art. 2, § 2.
BIARNOY DE MERVILLE, *Règles pour former un Avocat* (1778), p. 346.

Ce n'est pas assez.

Qu'il ressemble au singe de la Fable, montrant la lanterne magique, sans l'avoir allumée [1] ?

Ce n'est pas assez, encore.

Qu'ayant été donné pour guide au juge, il commence par le tromper et l'égarer, et que, changeant alors son office en celui de bourreau, il force le malheureux patient à se réfugier, pour éviter le martyre, dans les bras du sommeil ?

Eh bien ! cela ne me suffit pas ; — et, de mon autorité de Bâtonnier, je le bannis de l'audience, dont sa parole est le brouillard [2].

§

2° BRIÈVETÉ.

La *Brièveté* est la sœur jumelle de la clarté.

Chaque partie de l'Oraison peut être claire, prise à part, et, cependant, l'oraison être obscure, par cela seul qu'elle sera longue [3].

Il en est d'elle comme de l'air et de l'eau.

---

1. FLORIAN, *Le singe qui montre la lanterne magique*. Fables, I, 7.

2. « Primùm quidem quodcumque dixeris, propriis suisque nominibus appella : et quidquid ambiguum fuerit, evitato. »

ARISTOTE, *Rhetorica, ad Alexandrum*, ch. XXVI. — Francisco *Philadelpho* interprete. Edition Du Val, 1629, II, 632.

« Nobis prima sit virtus perspicuitas. »

QUINTILIEN, *De Institutione oratoria*, lib. VIII, cap. II.

3. « Nàm, sæpè, res parùm est intellecta, longitudinè magis quàm obscuritate narrationis. »

CICERON, *De inventione*, lib. I. cap. XX.

Considérée séparément, chaque molécule d'air semble incolore; cependant, le ciel est bleu; et, par le seul effet de leur masse, les eaux les plus transparentes dérobent à la vue, lorsqu'elles sont profondes, les cailloux de leur lit [1].

1.

1°

La *Brièveté* et la *Clarté* sont les deux plus grandes préoccupations des ordonnances ou arrêts de règlement relatifs aux avocats, avant 1790.

Voir, notamment, le Règlement du 11 mars 1344, les Ordonnances de 1363, 1364, 1446, 1493, 1507, 1528, le Règlement de 1693.

2°

Beaumanoir a un remarquable passage sur la brièveté judiciaire : « Biaux maictières est (c'est une grande qualité) à chelui qui es « avocas quand ils conte leur plet (plaidoirie) que ils compreignent tout « leur fet (faits) en mens (en moins) de paroles que ils pourront, ne « mes (mais de manière) que toute la querelle soit bien comprise es « paroles : car mémoire d'homme retient trop plus légièrement (bien « plus facilement) peu de paroles, que (qui) moult plus agréables sont « as juges qui les rechoivent, et grand empecher est (c'est un grand « embarras) as bailli et jugeurs de oir (ouïr) longues paroles qui ne font « rien en la querelle. Car quant eles sont dites, si convient-il que li « bailli ou li juge qui les a rechevoir presque seulement ces paroles « qui ont mestier (rapport) à la querelle et les autres ne sont comptées « que pour oiseuses. »

Philippe de Beaumanoir, coustumes de Beauvoisis, ch. V, de l'office des Avocats. Paris, Jacques Morel, 1690, avec notes de la Thaumassière.

3°

Mais la brièveté a ses dangers.

Le premier, c'est de conduire à l'obscurité par l'absence de développements nécessaires.

Il y a longtemps qu'Horace a dit :

. . . . Brevis esse labore
Obscurus fio.

De Arte poetica.

Le second, c'est d'amener l'omission d'un ou de plusieurs moyens. D'où peut naître la perte du procès.

Celui-là n'aura rien à se reprocher, le procès fût-il perdu, qui aura dit ce qu'il faut, tout ce qu'il faut, rien que ce qu'il faut. C'est à cette perfection que tout Avocat doit viser.

§

3° MÉTHODE.

Un discours *sans ordre* ne mérite pas le nom de plaidoirie; on l'appelle *galimatias* [1].

Les meilleures choses y perdent leur valeur et y manquent leur effet.

Si vous obligez le juge à passer, sans cesse, d'un objet à un autre, sans pouvoir en approfondir aucun; si, avant qu'il ait eu le temps d'affermir ses pas dans un sentier, vous le conduisez, au hasard, dans un autre, pour le pousser bientôt en de nouveaux chemins, ou le ramener dans ceux qu'il a déjà parcourus, il ne pourra se retrouver en ce labyrinthe : il hésitera, se troublera et entrera dans la route claire et simple que tracera devant lui un adversaire habile, sans que, pour la choisir, il ait besoin d'autre motif que la confusion et le désordre qu'il aura trouvés à votre suite.

Un discours privé de méthode résout ce problème difficile : « Affaiblir une preuve donnée, au moyen de « preuves qui la corroborent. » De telle sorte, qu'à son aide, plus on a de raisons en sa faveur, plus on court risque d'avoir tort [2].

---

1. Est-il bien vrai que ce soit au barreau que ce mot affreux ait pris naissance, et qu'un de nos anciens, plaidant en latin pour un certain *Mathias*, au sujet d'un coq (*gallus*), se soit, à force de répéter ces noms, embrouillé à ce point, qu'ayant commencé par le Coq de Mathias, il ait fini par le Mathias du Coq?

2. C'est d'un discours sans ordre que CICÉRON a fait dire par CRASSUS :

« Isti enim qui ad nos causas deferunt, ità nos plerùmque ipsi docent, « ut non desideres planiùs dici. Easdem que res autem simùl ac Furius « aut vester æqualis Pomponius agere cæpit, non æquè quid dicant,

§

7° UNITÉ.

De même, à peine de manquer le but, tout doit, en un discours judiciaire, *tendre au même point*, tout doit être ramené à une vue unique [1].

Toute la science, tout l'esprit, toute la grâce dont peut disposer l'avocat doivent être employés, par lui, à une seule chose, le gain de son procès. Hors de là, c'est de la science, de l'esprit, de la grâce mal dépensés [2].

« nisi admodùm attendi, intelligo : ità confusa est oratio, ità pertur-« bata, nihil ut sit primum, nihil ut secundum ; tantaque insolentia ac « turba verborum ut oratio, quæ lumen adhibere rebus debet, ea ob-« scuritatem et tenebras afferat, atque ut quodam modo ipsi sibi in di-« cendo obstrepere videantur. »

CICÉRON, *De Oratore*, lib. III, n° 13.

On peut appliquer au discours judiciaire ce qu'HORACE a dit d'un poëme bien ordonné :

« Ordinis hæc virtus erit et venus, aut ego fallor,
« Ut jam nunc dicat jam nunc debentia dici,
« Pleraque differat et præsens in tempus omittat.

HORATIUS FLACCUS, *de Arte poetica*.

1. « Denique sit quod vis simplex duntaxat et unum. »

De Arte poetica.

2. Cela même peut nuire, d'après QUINTILIEN :

« Cæterius quamlibet pulchra oratio, nisi ad victoriam tendit, uti-« que supervacua : sed interim etiam contraria est. »

QUINTILIEN, *De Institutione oratoria*, lib. II, cap IV.

Aussi, ne veut-il pas qu'on sorte de son sujet, au prix même des applaudissements : si, par hasard, on est forcé de le quitter, il faut y revenir aussitôt :

« Nec tàm hoc præcipiendum est ut *quæstionem, continens, judica-« tionem* inveniamus (nam id quidem facile est) quàm ut intueamur

La foule pourra l'applaudir; mais il peut être certain que les applaudissements ne viendront ni de son juge ni de sa partie.

§

5° STYLE.

En vous parlant de la clarté, je vous ai donné le caractère principal du style judiciaire. Joignez-y la pureté et la simplicité, et c'est tout ce qu'il vous faudra, — pour l'ordinaire : car le style varie, monte ou s'abaisse, suivant les situations ou les causes. Le discours pour la Couronne [1], l'oraison pour Milon [2], la défense du Comte de Morangiès [3], le plaidoyer pour la Rosière de Salency [4], les questions de vie ou de mort, celles qui regardent la liberté ou l'honneur exigent un autre langage que la discussion d'un titre de rente, l'établissement d'une servitude de passage ou la revendication d'un champ de blé.

Le style ordinaire, lui-même, reçoit, d'ailleurs, tous

« semper aut, certè, si digressi fuerimus, saltèm respiciamus, nè plau-
« sum affectantibus arma excidant. »

QUINTILIEN, [*De Institutione oratoriâ*, lib. III, cap. XI.

Rappelez-vous, avec lui, qu'en un discours judiciaire, tout ce qui ne sert pas nuit. « Obstat, enim, quod non adjuvat. » Lib. VIII, cap. VI.

1. DÉMOSTHÈNE, né à Athènes, l'an 381 avant J.-C., — mort, par le poison, l'an 322.

2. CICÉRON, né à Arpinium, l'an 107 avant J.-C., — assassiné près de Formies, l'an 44.

3. LINGUET, né à Reims, en 1736, — décapité révolutionnairement, à Paris, le 9 thermidor an II.

4. TARGET, né à Paris, le 17 décembre 1733, — mort à Molières, le 7 septembre 1807.

les ornements qu'on veut lui donner, les bons mots, les fines allusions, la douce raillerie, tout ce qui égaye le juge et tient son esprit éveillé [1]; — mais à deux conditions, c'est que ces ornements soient disposés par la main du goût, et que loin d'écarter de l'affaire l'attention des auditeurs, ils soient empruntés à l'affaire même et y ramènent sans cesse [2].

---

1. CICÉRON a donné, sur la plaisanterie, les bons mots et le rire, le précepte et le modèle.

Dans le *De Oratore*, il en fait exposer la théorie par CAIUS JULIUS CÆSAR, frère de *Quintus Lutatius Catulus*, lib. II, cap. 58 et suivants; et il en parle, aussi, dans l'*Orateur*, n° 26.

Ses plaidoyers en offrent tant d'exemples qu'on a prétendu qu'il en avait abusé, et que QUINTILIEN se croit obligé de le défendre, dans le chap. III du livre VI, consacré, par lui, au même sujet, sous la rubrique : *de Risu*.

Il faut lire ce que DELAMALLE a écrit sur ce sujet, liv. IV, chap. III.

Mais que l'avocat qui se trouvera quelque penchant à plaisanter dans ses plaisanteries ait toujours sous les yeux ces sages préceptes :

« Illud admonemus, tamen, ridiculo sic usurum oratorem ut nec « nimis frequenti, ne scurrile sit : nec subobscæno, ne mimicum : nec « petulanti, ne improbum : nec in calamitatem, ne inhumanum : nec « in facinus, ne odii locum risus occupet. Neque aut sua persona, aut « judicum, aut tempore alienum; hæc, enim, ad indecorum referuntur.

« Vitabit etiam quæsita, nec ex tempore ficta, sed domo allata, quæ, « plerumque, sunt frigida. Parcet et amicitiis et dignitatibus; vitabit in- « sanabiles contumelias; tantummodo adversarius figet, nec eos ta- « men semper, nec omnes, nec omni modo; quibus exceptis, sic ute- « tur sale et facetiis, ut ego ex istis novis atticis talem cognoverim « neminem, quum id certe sit vel maxime atticum. »

CICÉRON, *Orator*, cap. XXVI.

2. C'est dans *la pensée* même que CICÉRON place la source du style : il fait dire à CRASSUS :

« Rerum enim copia verborum copiam gignit; et, si est honestas in « rebus ipsis de quibus dicitur, exsistit, ex rei natura, quidam splen- « dor in verbis. Sit modo is qui dicet aut scribet institutus liberaliter « educatione doctrina que puerili, et flagret studio, et a natura adju- « vetur, et in universorum generum infinitis disceptationibus exerci-

§

6° DÉBIT.

Votre *Débit* sera simple et modeste.

La modestie convient à tout le monde, mais surtout aux jeunes gens ; c'est la pudeur de l'esprit, et rien ne plaît davantage.

Cependant, l'avocat s'est chargé d'une défense ; il a accepté le rôle de protecteur ; qu'il ne soit donc pas trop timide !

Ménagez, de bonne heure, votre voix. Elle suit l'impulsion de l'habitude ; et, quand on lui a permis, à l'origine, de s'élever trop haut, elle s'élève, quoi qu'on fasse, au delà du mode naturel ; elle entre, alors, dans la région des cris, et fatigue, à la fois, et celui qui la lance et celui qui la reçoit.

« latus, ornatissimos scriptores oratoresque ad cognoscendum imitandumque delegerit, næ ille haud sane quemadmodum verba struet et « illuminet a magistris istis requiret, ita facile in rerum abundantia ad « orationis ornamenta, sine duce, natura ipsa, si modo est exercitata, « labetur. »

CICÉRON, *De Oratore*, lib. III, cap. XXXI.

§

Sur les *genres de Style*, les stagiaires peuvent consulter, notamment :

ARISTOTE : *Artis rhetoricæ*, lib. III, cap. II et seq., où il traite : De elocutione *perspicua, non humili, non elata ; frigida ; emendata ; amplificata ; decora ; numerosa ; fusa* et *versa ; urbana ; convenienti*, etc.

CICÉRON : *Ad Herennium*, lib. IV, cap. XII et seq. — *Orator*, cap. XXVI. — *De Oratore*, lib. III, cap. X ad LV.

QUINTILIEN, *De institutione oratoria*, lib. VIII, IV et X.

DELAMALLE, *Essai d'institutions oratoires*, liv. V.

Croyez-en, sur ce point, mon sincère et repentant témoignage [1].

8° GESTE.

Le *Geste* sert d'appui et de complément à l'accent de la voix.

Il doit être sobre et contenu [2].

---

1. Sur le *Débit*, les stagiaires peuvent voir, notamment :
   CICÉRON : *Ad Herennium*, lib. III, cap. XI ad XIV.
   Orator., cap. XVIII.
   QUINTILIEN, *De institutione oratoria*, lib. XI, cap. III.
   DELAMALLE, *Essai d'institutions oratoires*, liv. VI, chap. I.
   BIARNOY DE MERVILLE, *Règles pour former un avocat* (1778), p. 355.

2. Sur le *Geste*, les stagiaires peuvent consulter, notamment :
   CICÉRON : *Ad Herennium*, lib. III, cap. XV.—*Orator.*, cap. XVIII.
   QUINTILIEN, *De institutione oratoria*, lib. XI, cap. III.
   DELAMALLE, *Essai d'institutions oratoires*, liv. VI, chap. II.
   BIARNOY DE MERVILLE, *Règles pour former un avocat*, p. 355.

§

Mais, sur le *Geste*, nous ne renvoyons à *Cicéron* et à *Quintilien* qu'avec les sages réserves d'ANDRIEUX :

« Les grands mouvements du corps, les gestes violents étaient fort « ordinaires dans les plaidoiries des anciens. Les avocats sortaient « de leur place, marchaient dans le barreau et dans les rangs des juges. « Aussi, demandait-on, un jour, d'un orateur qui s'était ainsi beau- « coup promené en plaidant, combien de mille pas il avait déclamé; « *quot millia passuum declamasset* (V. Quintilien, liv. XI, cap. III, *de* « *pronunciatione*). Les préceptes qu'il donne sur le débit ne pourraient « guère être mis en usage par nos orateurs; ils risqueraient de nous « paraître des extravagants. Se frapper fortement la cuisse avec la « main, frapper la terre du pied étaient des gestes ordinaires. *Femur* « *ferire*, dit Quintilien, *et usitatum est et indignatos decet et excitat au-* « *ditorem*. Cicéron nous apprend lui-même que, plaidant pour Caïus « Gallius, accusé par Callidius d'avoir voulu l'empoisonner, il se fit un

Il est rare que de grands gestes soient utiles, et il ne me paraît pas nécessaire que vous donniez à quelque malin confrère le prétexte fondé de parler de votre *manche oratoire.*

« moyen contre l'accusateur de la froideur qu'il avait mise dans sa dé-« clamation, dans ses gestes. — Eh quoi! lui disait-il, vous n'êtes pas « plus échauffé en soutenant une accusation de cette nature? Il faut « que vous-même ne la croyiez pas sérieuse! *Non frons percussa, non* « *femur; pedis (quod minimum est) nulla supplosio!* Vous ne vous êtes « frappé ni le front ni la cuisse! et (ce qui était bien la moindre mar-« que d'indignation que vous puissiez donner), vous n'avez pas, une « seule fois, frappé la terre du pied! » (V. *Brutus*, cap. L).

ANDRIEUX, Traduction du *De Oratore*, note 33, Œuvres de *Cicéron*, Panckoucke (1831).

§

Le *Débit* et le *Geste* ne composent pas seuls la *prononciation* du discours; il faut y joindre l'*attitude* du corps et le *jeu de la physionomie*, spécialement, celui du *regard*.

Ce qu'on doit surtout éviter en cela, c'est l'exagération, dans les deux sens. L'orateur qui n'a pas l'air de sentir ce qu'il dit laisse l'auditeur indifférent, et celui qui outre sa pensée par les cris, les gestes et les grimaces n'excite que la moquerie.

Vous ne trouverez, chers stagiaires, rien de mieux et de plus ingénieusement pensé sur ce sujet que ce que CICÉRON fait dire à CRASSUS :

« . . . . 57. Omnis enim motus animi suum quemdam a natura ha-« bet vultum et sonum et gestum; totumque corpus hominis et ejus « omnis vultus omnesque voces, ut nervi in fidibus, ita sonant ut a « motu animi quoque sunt pulsæ. Nam VOCES, ut chordæ sunt intentæ, « quæ ad quemque tactum respondeant, accuta, gravis, cita, tarda, « magna, parva, quas, tamen, inter omnes est suo quæque in genere « mediocris. Atque, etiam, illa sunt ab his delapsa plura genera, lene, « asperum, contractum, diffusum, continenti spiritu, intermisso, frac-« tum, scissum, flexo sono attenuatum, inflatum.

« Nullum est, enim, horum similium generum quod non arte ac « moderatione tractetur : hi sunt actori, ut pictori, expositi ad varian-« dum colores.

« . . . .

« . . . .

« 59. Omnes autem hos motus subsequi debet GESTUS, non hic, verba « exprimens, scenicus, sed universam rem et sententiam, non demons-« tratione sed significatione declarans; LATERUM INFLEXIONE hac forti

8° ACTION ORATOIRE [1].

On prétend qu'interrogé sur la partie capitale de l'art oratoire, Démosthène répondit *l'action ;* sur la seconde, *l'action encore*; et sur la troisième, *l'action toujours.*

« ac virili, non ab scena et histrionibus, sed ab armis aut etiam a pa-« læstra. MANUS autem minus arguta, digitis subsequens verba, non « exprimens; BRACHIUM procerius projectum, quasi quoddam telum « orationis; supplosio PEDIS in contentionibus, aut incipendis aut « finiendis. »

Ce dernier conseil est un de ceux qu'ANDRIEUX vient de signaler comme pouvant être mis de côté. Mais écoutez le reste :

« Sed in ORE sunt omnia. In eo autem ipso dominatus est omnis ocu-« LORUM.... Animi est, enim, omnis actio; et imago animi vultus est, « indices oculi : nam hæc est una pars corporis, quæ, quot animi « motus sunt, tot significationes et commutationes possit efficere. . « . . . .

« Quare oculorum est magna moderatio. Nam oris non est nimium « mutanda species, ne aut ad ineptias aut ad pravitatem aliquam defe-« ramus. Oculi sunt quorum tum intentione, tum remissione, tum con-« jectu, tum hilaritate, motus animorum significemus apte cum genere « ipso orationis. *Est enim actio quasi sermo corporis :* quo magis menti « congruens esse debet. *Oculos* autem natura *nobis*, ut *equo* et *leoni* « *jubas, caudam, aures,* ad motus animorum declarandos dedit. »

CICÉRON, *De Oratore*, lib. III, cap. LVII et LIX.

1.

1°

Prise dans son sens naturel et complet, l'action oratoire comprend tout ce dont nous venons de parler : le débit, le geste, l'attitude du corps, le jeu de la physionomie.

Elle commence avec le premier accent, avec le premier geste, avec le premier regard; elle ne s'arrête qu'au dernier.

Elle constitue la *prononciation* du discours, et QUINTILIEN ne lui donne pas un autre nom (livre IX, chapitre III, *De Pronunciatione*).

2°

On n'a pas à s'étonner de l'importance qu'y attachait DÉMOSTHÈNE, puisque les meilleurs discours ne produisent aucun effet s'ils sont mal prononcés, et que des discours médiocres peuvent en produire beaucoup à l'aide d'une prononciation chaleureuse.

Mais l'action que ce grand orateur met au-dessus de tout le reste,

Ce qui est certain, c'est que l'action est une des forces principales de celui qui s'adresse à la multitude ou aux grandes assemblées.

---

est celle qu'échauffe une sorte de feu sacré, qui, ou peu à peu ou subitement, se dégage de l'oraison pour aller embraser l'auditoire.

C'est elle dont rend si grand témoignage l'exclamation d'ESCHINE : *Eh! que serait-ce donc si vous aviez entendu le rugissement de cette bête féroce!*

C'est elle dont CICÉRON a dit :

« Est, enim, actio quasi *corporis quædam eloquentia*, quum constet « e voce atque motu. Vocis mutationes totidem sunt quot animorum, « qui maxime voce commoventur. Itaque ille perfectus, quem jamdu- « dum nostra indicat oratio, utcumque se affectum videri et animum « audientis moveri volet, ita certum vocis admovebit sonum : de quo « plura dicerem, si hoc præcipiendi tempus esset, aut si tu hoc quære- « res; dicerem etiam de gestu, cumque junctus est vultus. Quibus om- « nibus, dici vix potest, quantum intersit, quemadmodum utatur ora- « tor. Nam et infantes, actionis dignitate eloquentiæ sæpe fructum tu- « lerunt; et diserti, deformitate agendi, multi infantes putati sunt : ut « jam non sine causa Demosthenes tribuerit et primas et secundas et « tertias actioni. Si enim eloquentia NULLA SINE HAC, hæc autem, SINE « ÉLOQUENTIA, TANTA EST : certe, plurimum in dicendo potest. »

CICÉRON, *Orator.*, cap. XVII.

C'est elle dont il fait dire à CRASSUS :

« Sed hæc ipsa omnia perinde sunt ut aguntur. Actio, inquam, in « dicendo UNA dominatur : sine hac, summus orator esse in numero « nullo potest; mediocris, hac instructus, summos sæpe superare. »

De Oratore, lib. III, cap. LVI.

C'est elle dont QUINTILIEN a écrit :

« Equidem vel mediocrem orationem, commendatam viribus actio- « nis, affirmaverim plus habituram esse momenti, quam optimam ea- « dem illa destitutam. Si quidem et Demosthenes quid esse in toto di- « cendi opere primum interrogatus, pronunciationi palmam dedit, « eidemque secundum ac tertium locum, donec ab eo quæri desineret; « ut eam videri posset non præcipuam, sed SOLAM judicasse. »

QUINTILIEN, *De institutione oratoria*, lib. XI, cap. III.

C'est elle dont DELAMALLE a dit :

« L'action est au discours ce que l'âme est au corps :

Essai d'institutions oratoires, liv. VI. Préliminaire. »

Dans nos prétoires étroits, où siégent des juges en petit nombre, l'action oratoire n'a pas cette puissance; et, sous ce rapport, l'avocat est placé dans une condi-

---

3°

Les stagiaires me sauront gré, je pense, de mettre sous leurs yeux ce qu'au quatorzième siècle on exigeait de l'*Avocat plaidant*.

Je le trouve dans le *Style du Parlement*, publié par *Guillaume* DU BREUIL (*Stylus Parlamenti, auctore Guillelmo de Broglio, in suprema pariensi curia advocato*).

J'emprunte à *Fournel* l'analyse qu'il a faite (*Histoire des Avocats au Parlement et du Barreau de Paris*, t. I, p. 264) du chapitre : *De modo, gestu et habitu, quem debet habere advocatus curiæ parlamenti* :

« 1° Que l'Avocat au Parlement soit doué d'une prestance imposante « et d'une taille bien proportionnée, de manière à s'offrir avec avantage « aux yeux des magistrats et de l'auditoire;

« 2° Que sa physionomie soit ouverte, franche, affable et débonnaire « (*cum vultu læto . . . . Vultum affabilem, jucundum et benignum*) et « forme d'avance une espèce de recommandation;

« 3° Qu'il n'affecte pas, dans l'habitude de sa personne, une assurance « présomptueuse; au contraire, qu'il provoque la faveur et l'intérêt de « l'auditoire par une apparence de modestie et de réserve (*sit humilis*);

« 4° Qu'il n'ait rien de farouche ni d'irrégulier dans les yeux et le « regard;

« 5° Que sa pose devant les magistrats soit décente et respectueuse, « et que sa mise ne laisse voir ni recherche ni négligence;

« 6° Qu'en parlant, il s'abstienne de décomposer les traits de son vi- « sage par les contorsions de sa bouche ou de ses lèvres (*recta sit fa- « cies; nec labia detorquentur : nec immoderatus oris hiatus. . . . La- « bia, quoque, torquere vel mordere turpe est*);

« 7° Qu'il évite les grands éclats d'une voix glapissante (*verba non « sint inflata, vel resonantia, vel in faucibus frandentia, nec vocis im- « manitate resonantia*);

« 8° Qu'il sache régler ses intonations, de manière à les tenir à une « égale distance du grave et de l'aigu; que sa voix soit pleine et sonore, « et offre la qualité d'un beau médium (*sed medium servet*);

« 9° Qu'en déclamant, il s'attache à une exacte prononciation (*in pro- « nunciatione vocis debet exerceri*);

« 10° Qu'il observe de ne pas trop hausser la voix ni de la déprimer « (*in vocem non plus debito deprimet vel exaltet*);

« 11° Qu'il ait soin de tenir son style en harmonie avec le sujet qu'il

tion relativement inférieure. Cependant, elle y exerce, encore, surtout à l'égard des jurés, une grande influence; car cette chaleur de l'âme qui circule dans les veines du discours est éminemment communicative ; elle donne à la voix plus d'émotion ; aux yeux plus d'éclat ; au geste plus d'ampleur ; et il arrive, alors, que le défenseur, emporté comme par une fougue divine, et parlant, de tout son esprit et de tous ses membres, aux juges et aux auditeurs, s'unit à eux par je ne sais quelle magnétique influence et va toucher, jusqu'au fond de leur cœur, cette corde intime dont la vibration communique à l'être tout entier une sorte d'éblouissement, d'enivrement et d'entraînement irrésistibles.

« traite, et qu'il évite le ridicule de mettre de l'emphase oratoire à des « objets de modique importance (*vox et oratio suæ causæ semper con-* « *veniant. Grandia, granditer proferenda ; parva, subtiliter ; mediocria,* « *temperate ; in parvis causis, nihil grande, nihil sublime dicendum est,* « *sed levi ac pedestri sermone loquendum est*) ;

« 12° Qu'il se garde de donner à sa tête et à ses pieds une agitation « déplacée (*in gesta, caput vel pedes non ducat indebite, sed cuncta* « *membra debita maturitate regat*) ;

« 13° Que les mouvements soient combinés et appropriés au discours, « en évitant avec soin une gesticulation désordonnée et triviale. »

Guillaume Du Breuil vivait au quatorzième siècle. Il était Avocat au Parlement.

Son ouvrage a été publié en 1330, et commenté par Aufrère.

Dumoulin l'a inséré au t. II de ses œuvres.

§

Il faut lire sur l'*action*, notamment ce qu'en disent :

CICÉRON : *Ad Herennium*, cap. XI ad XV. — *Orateur*, cap. XVII et XVIII. — *De Oratore*, lib. I, cap. LVI ad LXI, lib. II, cap. XXVIII ad LVII ;

QUINTILIEN, lib. XI, cap. III.

DELAMALLE, *Essai d'institutions oratoires*, liv. VI.

TROISIÈME PARTIE

MÉMOIRES ET CONSULTATIONS [1]

CHAPITRE PREMIER

MÉMOIRES

Les *Mémoires* étaient, autrefois, d'un grand usage [2]. Le Parlement ne jugeant, presque jamais, les affaires de quelque importance qu'après délibéré, ils étaient non-seulement utiles, mais, pour ainsi dire, nécessaires.

Aujourd'hui, où l'on juge la plupart des affaires séance tenante et immédiatement après la plaidoirie, on n'y a recours que très-rarement.

§

Si on les publie avant l'audience, il faut y mettre, au-

---

1. Cette troisième partie était placée dans la première édition sous forme d'appendice à la fin du Discours. L'auteur en donnait en note l'explication suivante :

« Je rétablis ici, sous forme d'*Appendice*, un passage de mon discours, retranché pour laisser à mes jeunes confrères, Larnac et Brésillion, le temps nécessaire pour lire leur discours. »

Nous avons cru que la suite des idées exigeait le déplacement que nous avons opéré. A. L.

2. « De la Vergne fut celui qui commença à faire imprimer des fac-« tums au procès qu'il eut contre M. le premier Président le Maistre, « son beau-père. »

LOISEL, *Pasquier ou Dialogue des advocats du Parlement de Paris.*

tant que possible, le texte complet de toutes les pièces importantes, et non pas seulement des analyses ou des extraits, parce que, n'ayant, souvent, en tête qu'un côté de l'affaire, on pourrait négliger ce que l'adversaire, et le juge après lui, regarderont précisément comme important et, peut-être, comme décisif.

L'utilité de ces insertions textuelles consiste en ceci : que le juge, sur son siége, est invité par l'avocat qui plaide à se reporter à ces pièces et à les lire immédiatement avec lui, de sorte que le texte même, frappant ses yeux, frappe plus vivement son esprit [1].

Que si, ce qui est plus fréquent, on publie le Mémoire après les deux plaidoiries, il est, ordinairement, le résumé de l'une et la réfutation de l'autre ; et il sert à les rappeler dans le délibéré.

§

Faits avec soin, les Mémoires peuvent être lus avec plaisir et avec fruit [2].

---

1. « Segnius irritant animos demissa per aures
« Quam quæ sunt oculis subjecta fidelibus. »

HORATIUS FLACCUS, *De Arte poetica*.

2. — « Comme les *Factums* ou *Mémoires* sont le précis d'un procès, il « faut qu'ils soient courts, sans quoi les juges à qui on les présente s'en « dégoûtent à la seule inspection, et ils ne les lisent pas. Cependant, que « la crainte d'être long ne vous fasse pas tomber dans un autre inconvénient, qui est de devenir obscur et d'omettre quelques faits ou « moyens essentiels. La précision consiste à écarter tout ce qui est inutile, à éviter les circonlocutions et les répétitions ; du reste, un ouvrage n'est jamais long, lorsqu'il n'y a rien à retrancher. *Non sunt « longa quibus nihil est quod demere posses*. Les mémoires imprimés « demandent surtout beaucoup d'ordre et de netteté, beaucoup de choix

Les règles de la plaidoirie s'y appliquent presque toutes. Il serait donc plus que superflu de les redire ici.

Contentons-nous de cette observation ; c'est que, sans être tenus de leur donner la force et la chaleur qui caractérisent le discours d'audience, il n'est pas mauvais d'y jeter un peu de la vie et de l'animation de la parole ; — tout ce qu'on ôte à l'ennui du juge s'ajoute aux chances qu'on a de gagner le procès [1].

« dans les expressions. Pour moi, je regarde un factum bien fait comme « un chef-d'œuvre de l'éloquence et de l'habileté de l'avocat. »

BIARNOY DE MERVILLE, *les Règles pour former un Avocat* (1778), p. 343.

1.

1°

Sur les *Mémoires*, les stagiaires peuvent lire, notamment :

CAMUS, *Lettre VI*e (Recueil de M. *Dupin*, sect. XVII, p. 508).
M. MOLLOT, *Règles sur la profession d'Avocat*, p. 59, à la note.

2°

La loi du 21 octobre 1814, conforme aux règlements anciens, dispense les *Mémoires publiés par un Avocat*, dans un procès, de la déclaration et du dépôt.

Les nécessités d'une prompte défense exigeaient cette dispense, qui est aussi une marque de confiance donnée à notre signature.

3°

En général, on observe dans les *Mémoires* les formes de la discussion judiciaire. Spécialement, on ne les signe et on ne les imprime qu'après le débat ouvert.

La première épreuve est toujours pour le confrère adverse.

CHAPITRE DEUXIÈME

CONSULTATIONS

§

Si la littérature des Mémoires s'évanouit, le règne des avocats consultants touche à sa fin.

La *Consultation* était, jadis, le préliminaire essentiel de toute affaire. Il n'y avait pas une demande, pas une défense, sans consultation ; — et ces travaux étaient, quelquefois, des chefs-d'œuvre de raisonnement et d'érudition [1].

---

1. 1°

Les Romains y avaient recours dans toutes les affaires où le droit était un peu obscur.

C'est ce que Cicéron fait attester par Marc-Antoine l'orateur :

« Ac si jam sit causa aliqua ad nos delata obscurior, difficile, credo, « sit cum hoc Scœvola communicare ; quanquam ipsi omnia, quorum « negotium est, consulta ad nos et exquisita deferunt. »

De Oratore, lib. I, cap. LVIII.

2°

Avant la suppression de l'Ordre, en 1790, il y avait, au Palais, un *Pilier des consultations* et plusieurs *Chambres des consultations*.

Voici ce que dit, à ce sujet, le *Répertoire de Guyot* ou plutôt de *Merlin :*

« * Chambres des consultations. C'est un lieu, dans le Palais, où les « Avocats au Parlement donnent des consultations, soit verbales ou par « écrit. Ceux qui viennent au Palais pour consulter peuvent appeler, à « cet effet, un ou plusieurs Avocats, et comme il se fait souvent, dans « le même temps, plusieurs consultations, il y a aussi, pour la facilité de « l'expédition, plusieurs chambres des consultations. On choisit com- « munément les Avocats que l'on veut consulter au *Pilier des consulta-* « *tions*, où il se fait aussi quelquefois des consultations verbales.

« Le bâtonnier, les anciens bâtonniers et les autres anciens Avocats « s'assemblent quelquefois en la principale chambre des consultations « pour délibérer entre eux des *affaires de l'Ordre*. Le 14 mai 1602, les « Avocats, au nombre de 307, partirent, deux à deux, de la chambre

Notre Tableau contenait un nombre considérable d'avocats qui se bornaient à la Consultation. C'était une partie spéciale et très-importante de notre profession.

Mais les affaires ont, à ce qu'il paraît, leurs modes comme les vêtements ; aujourd'hui, cet utile secours est presque dédaigné ; on ne l'appelle qu'en de rares circonstances ; et ce n'est qu'après une laborieuse carrière que quelques avocats se consacrent à ce travail.

L'affaire vient aux mains de l'avocat plaidant, préparée par l'avoué seul ; l'avocat l'étudie seul ; et si l'avoué n'est pas un de ces praticiens solides qui joignent, comme j'en connais beaucoup, la doctrine sérieuse à la pratique éclairée, l'avocat seul fait les recherches ; seul, il représente la science et la parole ; et, comme on ne lui

---

« des consultations, et allèrent poser leurs chaperons au greffe, décla-« rant qu'ils ne voulaient plus faire la profession.

« Les Avocats des autres Parlements ont aussi leurs chambres des « consultations (M. GUYOT).

« [Ces chambres ont été supprimées avec l'Ordre des Avocats, et « le décret de décembre 1810, qui a recréé cet Ordre, ne les a point « rétablies. » V. *Avocat.*]

Répertoire, v° Chambre des consultations.

Ces trois dernières lignes, de Merlin, me semblent une erreur.

Les Chambres de consultations n'étaient pas une *institution*; elles étaient, simplement, des *localités* où se réunissaient les Avocats pour faciliter leurs relations avec les clients. Les *Hommes de loi* et les *Défenseurs officieux*, qui ont succédé aux Avocats, auraient pu avoir des Chambres de consultations; les Avocats rétablis en Ordre pourraient en avoir; il n'y a là rien de contraire aux lois nouvelles; et il est probable que ces chambres seraient depuis longtemps reconstituées, si les consultations écrites et verbales étaient aussi recherchées et aussi fréquentes qu'autrefois. Mais on sait dans quel abandon elles sont tombées.

3°

Le papier timbré n'est pas nécessaire pour les consultations ordinaires.

Il en est autrement pour les consultations légales, faisant pièces de procès, dans les requêtes civiles, transactions de mineurs, etc...

remet, souvent, le dossier que peu de jours avant la plaidoirie, il n'est pas bien certain que l'affaire arrive, toujours, à l'audience aussi bien préparée que si elle fût venue au monde au temps du Parlement [1].

Cependant, et malgré la rareté des consultations écrites, on peut vous en demander.

Vous les ferez sur un exposé verbal ou sur un exposé écrit.

Au premier cas, vous commencerez votre consultation, — après avoir visé les pièces et indiqué le nom du consultant, — par un très-court résumé du fait, tel qu'il vous aura été raconté. Vous examinerez ensuite le droit.

Au second cas, vous pouvez vous dispenser de reproduire le fait, en annexant à la Consultation le Mémoire à consulter.

Comme les faits ne vous sont exposés et les pièces produites que par une seule des parties, sans qu'il soit, pour l'ordinaire, possible de les contrôler par les pièces adverses, il est bon de faire voir, par une indication quelconque, que votre avis n'est donné qu'en admettant la vérité des faits en l'absence de pièces combattant celles qui passent sous vos yeux.

Mais si vous pouvez vérifier, vous le devez; et, alors, ce

1. Sur les *Avocats consultants*, les stagiaires peuvent lire, notamment :

La Roche Flavin *Treize livres des Parlements de France*, livre III, ch. IV.

Boucher d'Argis, *Histoire abrégée de l'Ordre des Avocats*, ch. XVII.

Camus, *Lettre VIe* (Recueil de M. *Dupin*, sect. 17, p. 508).

M. Mollot, *Règles sur la profession d'A ocat*, p. 56 et suiv.

n'est pas *d'après l'exposé* que vous devez consulter; c'est *d'après les pièces seules*, et, au besoin, *contre l'exposé*, et en signalant ses erreurs.

Vous énoncerez vos motifs de la manière la plus brève et la plus claire; vous éviterez toute phrase inutile, tout développement hors de propos.

Autant que possible, ne généralisez pas votre avis, et efforcez-vous de le circonscrire dans les faits particuliers et les questions spéciales; — à moins qu'il ne s'agisse précisément d'une question générale et absolue.

§

La Consultation diffère du Mémoire et de la Plaidoirie par un grand côté; c'est qu'il lui faut insister, d'une manière absolue, sur le droit envisagé sous toutes ses faces, quel que soit celui des adversaires qui en doive profiter : car il ne s'agit pas d'aider celui qui consulte, il s'agit de l'éclairer : la Consultation n'est pas, comme la Plaidoirie et le Mémoire, l'œuvre d'un défenseur, d'un protecteur; elle est l'œuvre, elle est, pour ainsi dire, la sentence d'un juge privé [1].

---

1. C'est à l'avocat consultant que MANILIUS donne le titre de Préteur perpétuel dans un tribunal privé :

« Perpetuus populi, in privato limine, prætor. »

C'est de sa maison que CICÉRON a dit :

« Est enim, sine dubio, domus jurisconsulti totius oraculum civitatis. »

De Oratore, lib. I, cap. XLV.

C'est à lui qu'il applique les vers qu'ENNIUS prête à Apollon Pythien ;

« Suarum rerum incerti, quos ego mea ope ex
« Incertis certos, compotes que consili
« Dimitto, ut ne res temere tractent turbinas.

Le service qu'à ce moment vous avez à rendre peut consister à empêcher votre client d'entrer dans un mauvais procès ou à lui ordonner d'en sortir, au plus vite; — et ce service sera souvent, sans qu'il s'en doute, plus grand lorsque vous le condamnerez que lorsque vous l'approuverez.

Donc, point de faiblesse; elle serait coupable. Vous devez à celui qui vous consulte la vérité dans toute son étendue; et, quel que soit le mécontentement qu'il en doive ressentir, les liens de la clientèle dussent-ils même en être brisés, vous la direz tout entière. Le devoir est votre première loi.

Vers qu'ANDRIEUX a ainsi traduits :

« Ils viennent me trouver, remplis d'inquiétude,
« Incertains de leur sort, tremblants, mal assurés;
« Ma réponse met fin à leur incertitude;
« Je les renvoie heureux, tranquilles, éclairés. »

De Oratore, eod. loco.

LA ROCHE FLAVIN institue les Avocats consultants arbitres de la vie entière et, copiant le mot de Caïus Aquilius, il leur donne le sceptre judiciaire : « *Exercent regnum judiciale.* »

« C'est à eux, dit-il, qu'on s'adresse si on *plaidera*, si on *accordera*, « si on *testera*, si on *donnera*, si on se *mariera*. Par leur advis et con- « seil, non-seulement les causes qui se traictent aux Parlements sont « maniées et conduites; mais, aussi, les principaux affaires et négoces « des bonnes et illustres maisons et familles. Car, soit qu'on veuille « vendre ou eschanger; soit qu'on ayt besoin de dresser des articles et « conventions de mariage, soit qu'il faille faire des divisions et parta- « ges entre les enfants ou cohéritiers, et autres choses semblables, ils y « sont toujours appelés. La suffisance qu'ils ont acquise par l'usage de « tant d'années mérite bien que l'on se rapporte et asseure à eux des « affaires de conséquence. Si que d'eux ou de leur conseil dépend la « tranquillité ou le trouble de toutes les maisons. »

LA ROCHE FLAVIN, *XIII Livres des Parlements de France*, lib. III, chap. IV. Des Avocats consultants, 1617, p. 265.

CONCLUSION

La plupart des choses que je viens de vous dire semblent se rattacher presque exclusivement, par le fond et par les détails, aux travaux du commencement, aux petites causes que je vous confie, à celles qu'on donne à la jeunesse : je ne vous ai pas parlé de ces grandes affaires qui fixent la renommée, appellent toutes les forces de l'éloquence, réveillent l'attention du monde entier; et mon intention est de ne pas vous en entretenir.

La raison de mon silence, c'est que les observations qui paraissent ne comprendre que les petites causes vous suffiront pour les grandes, en tout ce que peuvent faire les règles et les préceptes ; et que ce que j'y ajouterais serait inutile, là où les règles et les préceptes n'ont plus d'application.

Si l'on pouvait savoir, à l'avance, d'une manière plus ou moins absolue, jusqu'où peuvent se développer la matière et le terrain de la Plaidoirie, on pourrait, peut-être, établir, à l'avance, des règles distinctes pour les grandes et les petites causes ; mais les bornes de notre domaine sont encore à poser, et peu de professions sont aussi étendues que la nôtre, non-seulement parmi celles qui touchent à la réalité et au positif des choses humaines, mais, encore, parmi celles qui tiennent à la pure intelligence.

Ainsi, le *Poëte*, avec ses libertés et ses licences, n'ouvre pas à son imagination des horizons plus vastes que ceux qui s'offrent, quelquefois, à l'Avocat; la mission volontaire que l'*Auteur dramatique* reçoit de son génie n'est pas plus haute que celle qui nous vient, quelquefois, du droit blessé, du malheur ou du repentir; et le *Romancier*, en créant des types et des héros à sa fantaisie, est, souvent, au-dessous de la réalité des faits et de l'originalité des mœurs que, quelquefois, nous avons à peindre [1].

Vous n'avez pas à remonter bien haut dans nos fastes, pour trouver, au fracas des empires qui tombent ou qui s'élèvent, des ministres, des princes et des rois, réfugiés sous la tutelle de notre parole et de notre courage, et pour y lire les thèses de droit public, d'histoire, de politique et de haute morale que le Barreau a développées pour protéger leurs infortunes.

Que l'oppression vienne à peser sur un simple citoyen, la Patrie en reçoit le contre-coup, et la cause d'un particulier peut être, ainsi, dans nos mains, la cause même de la nation.

Quand nous invoquons le droit qu'un homme a d'adorer Dieu à sa façon et de parler ou d'écrire suivant sa

1. « On n'invente jamais autant de poésie que la nature, la vie et les « hasards du cœur en jettent sur la vie des hommes d'aventures. Le « grand poëte, c'est le Sort; nous ne sommes que les personnages avec « lesquels il compose ses drames. »

M. DE LAMARTINE, *Cours familier de littérature*, 31e entretien.

conscience, ce n'est pas un homme, ce n'est pas une contrée, ce n'est pas une constitution, c'est l'humanité entière que nous avons sous notre patronage.

Dans toutes les affaires de ce genre, les règles gardent leur empire, je l'avoue; mais c'est dans la philosophie, c'est dans la grandeur de la cause, c'est dans le patriotisme, c'est dans la hauteur d'une raison perpétuellement exercée, c'est dans la puissance d'une conviction inébranlable, c'est dans la force d'un dévouement sans bornes, c'est dans la sensibilité de votre cœur que vous puiserez vos raisonnements et vos paroles, vos gestes et vos larmes [1].

---

1. CICÉRON, en peignant son Orateur idéal, semble donner quelques règles, lorsqu'après avoir parlé des figures de mots, il arrive aux figures de pensées :

« XL. Sic igitur dicet ille quem expetimus, ut verset sæpè multis « modis eamdem et unam rem, et hæreat : in eadem commoreturque « sententia; sæpe etiam ut externat aliquid, sæpe ut irrideat ; ut declinet à « proposito, deflectatque sententiam ; ut proponat quid dicturus sit ; ut, « quùm transegerit jàm aliquid, definiat; ut se ipse revocet : ut quod dixit, « iteret; ut argumentum ratione concludat; ut interrogando urgeat; « ut rursùs quasi ad interrogata sibi ipse respondeat; ut contrà ac « dicat, accipi et sentiri velit; ut addubitet, qui potiùs aut quomodo « dicat; ut dividat in partes ; ut aliquid relinquat ac negligat ; ut antè « præmuniat; ut in eo ipso in quo reprehendatur, culpam in adversa« rium conferat; ut sæpè cum iis qui audiunt, non nunquàm etiam « cum adversario quasi deliberet; ut hominum sermones moresque « describat; ut muta quædam loquentia inducat; ut ab eo quod agitur « avertat animos; ut sæpè in hilaritatem risumve convertat; ut antè « occupet, quod videat opponi; ut comparet similitudines; ut utatur « exemplis; ut aliud alii tribuens dispertiat; ut interpellatorem coer« ceat; ut aliquid reticere se dicat; ut denuntiet quid caveant ; ut li« beriùs quid audeat; ut irascatur etiam, ut objurget aliquando, ut « deprecetur, ut supplicet, ut medeatur, ut a proposito declinet aliquan« tulum, ut optet, ut exsecretur; ut fiat iis apud quos dicet, familiaris. « Atque alias etiam dicendi quasi virtutes sequatur, brevitatem si res

§

Quand Hypérides osa demander aux juges d'Athènes s'il était permis aux hommes d'accuser les Déesses d'impiété, et que, sous le voile déchiré de la courtisane, il fit apparaître Vénus elle-même à la barre de l'Aréopage, devenu, pour un instant, le temple de la beauté [1]... Quand Démosthène, la main levée vers le ciel, jura, par les mânes des héros tombés à Salamine, à Platée et à Marathon, que le peuple d'Athènes, en écoutant ses conseils, suivis de la défaite, non-seulement n'avait pas

---

« petet : sæpè etiam rem dicendo subjiciet oculis; sæpè supra feret, « quam fieri possit; significatio sæpè erit major quam oratio; sæpe « hilaritas, sæpè vitæ naturarumque imitatio.

« XLI. Hoc in genere (nam quasi silvam vides) omnis eluceat oportet eloquentiæ magnitudo. Sed hæc nisi collocata et quasi structa et « nexa verbis, ad eam laudem quam volumus adspirare non possunt. »

CICÉRON, *Orator*, cap. XL et XLI.

Mais pour avoir une idée complète du parfait orateur, ne vous arrêtez pas à ce passage; lisez, Stagiaires, lisez et relisez, sans cesse, *l'Orateur*.

Si, pourtant, j'ai transcrit ce fragment qui s'occupe, spécialement, des figures de pensées, c'est parce que *Cicéron* nous dit, d'ailleurs, que l'emploi des figures de pensées a, surtout, contribué à faire d'*Antoine* l'un des grands orateurs romains, et de *Démosthène* le prince des orateurs :

« Antonius, in verbis et eligendis (nequè id ipsum tàm leporis causâ « quam ponderis) et colloquandis et comprehensione devinciendis, « nihil non ad rationem et tanquàm ad artem dirigebat; verum multò « magis hoc idem in sententiarum ornamentis et conformationibus. « Quo genere, quià præstat omnibus, Demosthenes idcircò oratorum est « princeps judicatus; *schêmata*, enim, quæ vocant Græci, ea maximè « ornant oratorem; eaque non tàm in verbis pingendis habent pondus, « quàm in illumandis sententiis. »

Brutus, cap. XXXVII.

1. Défense de Phryné, accusée d'impiété. — 340 ans, environ, avant J.-C.

commis de faute, mais était, au contraire, resté digne de sa propre gloire, de la gloire de ses ancêtres et des applaudissements de la postérité[1]... Quand Marc-Antoine l'orateur découvrit, aux yeux de la multitude, les blessures de M. Aquilius, toutes reçues par devant, et que, dans chacune d'elles, il lut à haute voix la date d'une victoire de Rome[2].... Quand Cicéron fit tressaillir César au récit des périls de Pharsale, et arracha de ses mains la condamnation déjà écrite de Ligarius[3]... Quand Gerbier, en pleine audience du Parlement, prit sa cliente dans ses bras et la jeta dans ceux d'un père jusqu'alors inflexible[4]... Quand Bonnet, défendant Moreau, — victime pure, alors! — écrasa l'accusateur sous le poids des victoires du héros de Hoenlinden[5]..... Quand d'unanimes acclamations interrompirent Romiguières invoquant les mânes de Henri III et de Henri IV

---

1. Discours pour la Couronne. — 330 ans avant J.-C.

2. M. Aquilius était accusé de concussion. — 93 ans avant J.-C.

Cicéron, *De Oratore*, lib. II, cap. xxviii, fait faire par Crassus l'éloge de ce mouvement oratoire; et, au chap. xlvii, il le fait raconter par Marc-Antoine lui-même.

Marc-Antoine l'Orateur, né l'an. . . . avant J.-C, — mort l'an 86.

3. Plaidoyer pour Ligarius. — An 46 avant J.-C.

4. Affaire du Boucher des Invalides. — 1783.

Gerbier de la Massilaye (Pierre-Jean-Baptiste), né à Rennes, le 29 juin 1725, — mort à Paris, en 1788.

Bâtonnier de l'Ordre en 1778.

5. Défense du général Moreau. — An xii de la République française.

Bonnet, né le 8 juillet 1760, — mort à Paris, le 6 décembre 1839.

Bâtonnier de l'Ordre en 1817.

assassinés par le fanatisme religieux [1]... Ce n'était pas les règles de la rhétorique, c'était la sensibilité de leur cœur, c'était l'étude profonde du cœur humain qui inspiraient ces grands orateurs.

Fasse Dieu que ces divines sources de l'éloquence vous soient ouvertes et que vous y puisiez avec abondance, quand votre bonne fortune viendra confier de telles causes à votre dévouement!

§

Permettez-moi de terminer par un conseil plus important que tous ceux que je viens de vous donner.

Quoi que vous disiez, quoi que vous écriviez, quoi que vous fassiez, il est, au-dessus des règles de la composition, au-dessus du débit, au-dessus du geste et de l'action oratoire, il est une manière d'être, de parler ou d'écrire qu'avant tout vous devez atteindre; il est un accent qu'avant tout vous devez prendre. Cette manière d'être, c'est celle qu'inspire une probité sans tache; cet accent, c'est l'accent de l'honnêteté. Il faut qu'à travers l'avocat, le juge aperçoive, toujours, et distinctement, l'honnête homme: or, ici, ce n'est plus le geste, ce n'est plus la voix, ce n'est pas la plume dont il faut faire

---

1. Affaire D'Aldéguier (1826).

Romiguières (Jean-Dominique-Joseph-Louis), né à Toulouse, le 19 juillet 1775, — mort à Paris le 28 juillet 1847.

Avocat à Toulouse.

Procureur général à Toulouse, le 7 juillet 1833.

Conseiller à la Cour de Cassation, le 16 décembre 1839.

Pair de France, le 20 juillet 1841.

l'éducation : c'est l'esprit qu'il faut étendre, c'est l'âme qu'il faut élever, c'est le cœur dont il faut maintenir, fortifier, agrandir les bons instincts, en les nourrissant, sans cesse, des doctrines les plus pures, des idées les plus hautes, des sentiments les plus nobles; c'est la ferme résolution, qu'il faut prendre et tenir, toute la vie, de ne jamais dire que ce que l'on croit vrai.

Sacrifiez toujours, chers enfants, et sacrifiez, sans hésiter, ce qui est utile à ce qui est juste, et tâchez d'arriver, en la méritant, à la réputation de Montholon, que le Parlement croyait sur parole, le dispensant de lire les pièces; et à celle de Lenormand, dont le premier président disait : « Croyez Lenormand, quand il atteste un « fait [1]. »

§

Je ne vous dirai pas : « Entrez dans cette voie. » Je sais que vous y êtes. Je vous dirai : « Persistez à y rester. Que

1. Loisel écrit : François de *Montelon;* et le tableau de 1707 porte : Alexis-François *Normand.* — Mais j'ai suivi l'usage.

« Le but où vise l'advocat par ses plaidoiries, est de persuader ses « juges; et on se laisse aisément mener par la bouche de celui que l'on « estime homme de bien. Au contraire, soyez en réputation de meschant, apportez tant d'élégances et hypocrisies de rhétorique qu'il « vous plaira, vous délecterez d'avantage les aureilles de ceux qui vous « escoutent, mais les persuaderez beaucoup moins, parce que chacun « se tiendra sur ses gardes, pour l'opinion qu'il aura de vous. Ne vous « chargez point de cause que ne la pensiez bonne; car en vain penseriez-vous persuader vos juges, si vous n'estes le premier persuadé de « vostre cause. Combattez pour la vérité et non pour la victoire! »

ESTIENNE PASQUIER, *à son fils sur le point de devenir avocat.* (Lettre VI).

M. DUPIN a inséré la lettre toute entière dans son édition du *Dialogue de Loisel* (1844), p. 204.

« la force, la modération et l'indépendance vous y accompagnent, afin que vos actes répondent, pour vous, « à ceux qui prétendent que la jeunesse d'aujourd'hui « n'est que la fille abâtardie d'une génération sans vigueur; et qui nous demandent, à nous, vos anciens et « vos précepteurs, ce que sont devenues les grandes et « généreuses idées qui ont fait la gloire de la France [1]. »

---

2. . . . .

« Messieurs, ces grands morts nous rappellent de grands devoirs. Il ne suffit pas à notre renommée d'avoir été leurs confrères, d'avoir vécu avec eux et après eux : il nous faut encore vivre comme eux, il nous faut, comme eux, aimer et servir la vérité. Tous ces hommes éminents se sont signalés jusqu'à leur dernier jour, par leur infatigable ardeur, par la passion du travail, par la passion surtout des idées et des convictions, dont ils ont été les libres et glorieux serviteurs.

« La passion des choses élevées! Voilà ce qui manque et semble devoir de plus en plus manquer à la société contemporaine, exclusivement absorbée par la poursuite et la préservation de la richesse; et voilà pourquoi tout effort fait pour relever l'énergie de l'esprit est un service et un bienfait public. « Prenez garde, dit Bossuet à l'Académie « française, prenez garde qu'une délicatesse trop molle n'éteigne le feu « des esprits. » Ce n'est pas la molle délicatesse qu'il faut craindre aujourd'hui, c'est la grossière mollesse d'un empirisme envahisseur qui enseigne aux générations défaillantes à abdiquer le goût et la morale, la raison et l'honneur, la conscience et la foi. Sous le nom de *réalisme*, mot moins barbare encore que la chose, cette influence mortelle infecte déjà la littérature, l'art et jusqu'à la philosophie. Quel contraste, messieurs, entre ces productions du jour et les œuvres, rarement irréprochables, mais toujours marquées du sceau de l'enthousiasme et des aspirations généreuses, que nous avait values cette renaissance de la philosophie et de l'histoire, de l'éloquence et de la poésie, dont M. Royer Collard, M. de Chateaubriand et madame de Staël ont été parmi nous les glorieux précurseurs! Qu'il y a loin de ces grandeurs morales au culte exclusif des intérêts matériels, aux orgies de la spéculation remplaçant toutes les passions et tous les principes dont la France a si longtemps vécu!

« Messieurs, opposons à ce misérable déclin, que l'on ose vanter comme un progrès, les hautes et libres méditations de la pensée. Opposons à ces triomphes de Plutus les victoires pures et magnanimes de l'intelligence. Ne laissons pas l'esprit français, j'allais dire l'esprit

Pour moi, l'un des guides de la jeunesse et le mieux placé pour l'observer et la comprendre, puisqu'elle vient à moi au moment où elle touche à la virilité, je réponds, en affirmant que toutes les fois que j'ai mis la main sur son cœur, j'ai senti ce cœur généreux battre à coups pressés, au nom de Morale et de Devoir, au nom de Gloire et de Dévouement, au nom de Patrie et de Liberté !

(*Applaudissements.*)

Merci, mes enfants, merci de vos applaudissements ! Ils prouvent que je suis dans le vrai; ils prouvent que je

---

humain, s'affaisser et s'abattre dans ce néant. Empêchons, s'il en est temps encore, l'art et le style, en se matérialisant et en se vulgarisant à l'infini, de signaler l'avénement de leur dégénération progressive. Faisons surtout rentrer, autant que nous le pouvons, par nos exemples et nos vœux, faisons rentrer dans les âmes la loi du devoir et la recherche de la vraie grandeur : prêchons-leur l'amour de la vérité, les généreux vouloirs, les convictions indépendantes et résolues; et ranimons ainsi cette séve divine de la raison et de la liberté qui menace de se tarir.

« *Sursùm corda !* c'est le cri quotidien de la religion; c'est aussi le mot d'ordre de toute vraie science, de toute littérature honnête, de tout art simplement consacré à la vraie beauté. C'est, au fond, la traduction de la primitive devise de la plus ancienne académie de l'Institut : *A l'immortalité !* Il n'y a d'immortel ici-bas que l'effort de l'homme vers ce qui est plus grand que lui. Le reste n'est qu'illusion ou faiblesse.

« Que nos travaux incessants et désintéressés servent à la fois de leçon et d'encouragement à cette jeunesse qui nous remplacera si vite, et qui a besoin, comme nous en avons eu besoin nous-mêmes, d'être éclairée, fortifiée, soutenue dans la bonne voie. Dans ses rangs, que de mains laborieuses, occupées à creuser chaque jour de nouveaux sillons dans le champ de l'étude ! Que de nobles luttes contre la pauvreté, contre les rigueurs ou les tentations du sort ! Combien d'obscurs et valeureux dévouements que la gloire viendra peut-être un jour atteindre de ses feux et que couronne déjà le rayon de la conscience pure et satisfaite ! Mais aussi, il faut le dire, et notre affectueuse sollicitude pour elle nous arrache cet aveu, il est au sein de cette chère jeunesse

suis votre véritable interprète ; ils prouvent qu'aujourd'hui, encore, comme au temps du général Foy, il y a de l'écho en France, quand on parle de Liberté et de Patrie !

§

Venons, maintenant, aux *Idées*.

C'est le Temps qui s'en charge.

Si elles sont fausses, le battement régulier de ses ailes suffit à les faire disparaître.

Si elles sont vraies, sa main va les chercher dans le plus lointain exil et les ramène au milieu de leurs ennemis, transformés, par lui, en partisans dévoués.

---

une portion trop nombreuse, plus nombreuse qu'autrefois, qui semble déjà languir indifférente et énervée, les yeux détournés de tout but élevé, de toute responsabilité personnelle, tiède et défiante à l'endroit de tout ce qui s'élève au-dessus du niveau moyen, idolâtre de la force et de la multitude qui en est le symbole. On la dirait fatiguée avant d'avoir combattu, découragée par des périls qu'elle n'a pas courus, affamée d'un repos qu'elle n'a pas mérité, et résignée aux fausses joies d'une sécurité éphémère. Souhaitons-lui les délicates fiertés et les nobles ambitions qui sont la marque assurée des âmes bien nées ; souhaitons-lui ces poésies de l'adolescence et ces enthousiasmes de la jeunesse qui enfantent les sacrifices et transforment les mondes.

« Souhaitons-lui jusqu'à des passions, s'il le faut ; oui, des passions à dompter, à discipliner, à féconder, parce que tout vaut mieux pour elle que la décrépitude précoce et le scepticisme corrupteur.

« Jeunes et vieux, sortons tous de cette basse et servile condition des âmes. Ne soyons à aucun degré complices de l'engourdissement moral et intellectuel de notre temps. Ne laissons pas éteindre en nous le feu intérieur, la lumière et la chaleur, la volonté et la vie. Portons au delà de l'horizon des intérêts grossiers et frivoles un regard intrépide ; et, en rendant justice et hommage à toutes les gloires du passé, tâchons de respirer le souffle d'un meilleur avenir. »

M. DE MONTALEMBERT, séance publique annuelle de l'Institut, 17 août 1857.

Que si, en quelque lieu du monde que ce soit, surgissent des idées vraies, grandes et généreuses, ces idées, par leur nature même, deviennent, en naissant, le patrimoine du genre humain ; nul ne peut les lui ravir, et leurs éclipses ne sont pas plus à craindre que les éclipses du Soleil.

Qui veut savoir leur destinée peut consulter l'Histoire ; voici ce que l'Histoire lui répondra :

« Les Scribes et les Pharisiens ont accusé de sédition « l'Idée nouvelle ; ils l'ont fait saisir au milieu de ses « disciples ; ils l'ont garrottée et publiquement flagellée ;

« Ils lui ont, par dérision, mis en mains un sceptre de « roseau et sur la tête une couronne d'épines ;

« Ils l'ont fait condamner à mort, l'ont conduite au « sommet du Calvaire, la croix sur le dos, et l'ont atta- « chée au gibet, entre d'ignobles larrons ;

« Après avoir tiré au sort sa tunique, ils ont scellé la « lourde pierre qui couvrait son tombeau et l'ont entou- « rée de leurs gardes les plus fidèles.....

« Mais, au jour marqué, la pierre du sépulcre s'est « soulevée d'elle-même, et l'Idée, victorieuse de la mort, « est remontée triomphante aux Cieux, tout en conti- « nuant à tenir embrassée la Terre, dont elle avait, par « son supplice, acheté la conquête. »

PROFESSION D'AVOCAT

IV

LOIS ET RÈGLEMENTS

TRAVAUX DE LA CONFÉRENCE

Ce petit Livret, tout incomplet qu'il soit, a exigé d'assez grandes recherches. Il m'eût été difficile de composer le *Discours*, et, vu l'état de ma santé, impossible de rédiger les *Notes*, sans le concours actif, intelligent et dévoué de plusieurs collaborateurs, en tête desquels je dois citer MM. Hubert-Brierre et Achille Delorme, jeunes avocats distingués de notre Barreau. Mon fils, Albert Liouville, est aussi venu à mon aide.

Août 1859.

F. L.

PROFESSION D'AVOCAT

LOIS ET RÈGLEMENTS

« Personne ne peut ignorer les lois de sa « profession. »

CHERS CONFRÈRES,

Cette Conférence est la dernière qu'il me soit donné de présider comme Bâtonnier en exercice.

J'ai dû, comme d'habitude, m'appliquer à vous la rendre utile ; et cette utilité spéciale, but unique de tous mes Discours, je l'ai placée, pour celui-ci, dans l'étude de la Constitution légale de notre chère profession.

En conséquence, après vous avoir entretenu de nos travaux de cette année, je rechercherai, avec vous, quels sont *les lois et les règlements qui ont régi et qui régissent la profession d'Avocat* [1].

---

1. Ce discours a été prononcé le 16 août 1858, à la clôture des Conférences.

Il portait pour épigraphe, comme les trois autres, cette phrase de Voltaire : « Le travail éloigne de nous trois grands maux : l'ennui, le vice et le besoin. »

Il a été imprimé, aux frais de l'Ordre, chez Simonet-Delaguette, et a paru en décembre 1859 sous la forme in-4°.

Personne ne peut ignorer les lois de sa profession, et chacun désire, avec raison, en connaître l'histoire.

Ici, nous avons ce grand avantage que ce ne sont pas seulement des règles matérielles que rencontre cette histoire; mais qu'elle touche, surtout, à des règles morales; et, par là, s'augmente encore l'attrait naturel qu'elle peut avoir pour nous.

La mettre sous vos yeux et attirer sur elle votre studieuse attention, était donc la meilleure manière de clore ces Conférences et de vous montrer, une fois de plus, tout l'intérêt que mon cœur vous porte.

PREMIÈRE PARTIE

TRAVAUX DE LA CONFÉRENCE [1]

I

La forme nouvelle que vos travaux ont revêtue leur a donné une puissance et une force qu'ils n'avaient pas.

Ceux qui veulent rester au Barreau y ont trouvé une école d'*Improvisation* et de *Réplique*; et ceux qui veulent entrer dans la Magistrature une école de *Conclusions civiles*, que les uns et les autres auraient, autrefois, cherchées, en vain, ici [2].

Il m'a semblé, aussi, que de cette forme nouvelle sortait un autre genre d'utilité ; que le droit de réplique,

---

1. Ces travaux ont compris toutes les questions importantes qu'a fait naître le Livre III du Code civil, à partir du titre III. — Dans le courant de l'année 1856-1857, nous avions parcouru tout ce qui précède.

2. Dans une Note de mon Discours du 17 août 1857 (*le Stage*), j'ai expliqué le changement auquel je fais allusion ici.

Voici cette Note :

« Les travaux de la Conférence étaient ainsi disposés :

« Un des Secrétaires lisait un Rapport écrit sur une question préala-« blement soumise au Bâtonnier.

« La question était affichée quinze jours durant, et, pendant cette « quinzaine, le Rapport était à la disposition de tous.

« La discussion était soutenue par quatre stagiaires, deux pour l'affir-« mative et deux pour la négative.

introduit dans vos exercices, donnait plus de précision à vos plaidoiries et en enlevait les redites ; que votre parole, suivant, de plus près, les leçons de l'audience, avait acquis plus de fermeté, plus de résolution ; et que, pour plusieurs d'entre vous, elle prenait, déjà, pour ainsi dire, possession du Barreau.

J'en suis heureux et fier. Le vieil arbre aura des rejetons !

« C'est le sort qui les désignait sur une double liste où chacun s'était « inscrit, *suivant son opinion*.

« Ils parlaient alternativement, de manière que le second répondait « au premier, le troisième au second et le quatrième au troisième.

« Les derniers étaient invités par le Bâtonnier à ne pas suivre de thè- « mes préconçus, mais à s'attacher surtout à la réfutation de ce qu'on « venait de dire avant eux, afin de se former à la réplique.

« Le Bâtonnier résumait ;

« Il faisait presque toujours connaître son opinion sur la manière « dont chaque avocat avait plaidé.

« La Conférence votait sur la question.

« A la dernière Conférence, cette marche a été modifiée, en ce qu'au « lieu de quatre stagiaires, trois seulement ont été appelés à la plai- « doirie.

« Les deux premiers ont plaidé et répliqué. De plus, ils ont été tenus « de lire des conclusions écrites, développées, déposées et échangées à « l'avance.

« Le troisième a fait l'office de ministère public.

« C'est cette marche qui sera suivie l'an prochain. »

Et c'est, en effet, la marche qui a été suivie.

II

Le secrétariat s'est, comme à l'ordinaire, distingué, par ses *Rapports écrits* [1].

Les plaidoiries ont eu, pour la plupart, de l'ordre et de la vigueur; quelques-unes, de l'éclat.

La Jurisprudence y a trouvé une place qu'elle n'avait

---

1. Les secrétaires de la Conférence ont été, pour l'année 1857-1858 : MM. Ernest Lefèvre, Guibourd, Paul Bethmont, Varembon, Édouard Dupont, Desjardins, Bérard-Desglajeux, de Valroger, Delpech, Vavasseur, Chenal, Peaucellier.

Le 10 novembre 1857, M. Delpech, démissionnaire, a été remplacé par M. Récamier; le 12 avril 1858, M. Paul Bethmont, démissionnaire, par M. Bucquoy; et, le 18 mai 1858, M. Récamier, démissionnaire, par M. Batbedat.

Le Conseil de l'Ordre a désigné MM. Ernest Lefèvre et Guibourd pour les discours de rentrée des Conférences de 1858-1859, donnant pour sujets, au premier : *des Légistes et de leur influence aux douzième et treizième siècles*; et au second : *l'éloge de Billecoq*.

§

Les Rapports des secrétaires ont pour objet des questions choisies, sur leur présentation, par le Bâtonnier. La recherche de ces questions peut être, par elle-même, l'occasion d'un travail très-utile, lorsque, pour y arriver, il s'agit d'explorer une seule matière, parce qu'on peut alors étudier scrupuleusement l'ensemble de cette matière ou l'une de ses grandes parties. Telle a été, sous mon bâtonnat, la circonstance où le secrétariat s'est trouvé. La résolution ayant été prise de suivre les articles du Code civil dans leur ordre, chaque secrétaire avait à rechercher ses questions dans un titre, un chapitre ou une section, dont il pouvait, assez longtemps d'avance, étudier facilement jusqu'aux moindres détails. Il me présentait par écrit cinq ou six questions, avec l'indication de la doctrine et de la jurisprudence. Pour qu'il ne se contentât pas de copier les tables de Sirey, de Dalloz ou du Journal du Palais, je lui demandais les motifs principaux de chaque question et les raisons de préférence que chacune d'elles pouvait offrir sur les autres. Cet examen entraînait avec lui l'obligation d'une étude éminemment profitable dont j'avais eu soin d'indiquer le but et dont il était dès lors facile d'apprécier l'importance.

jamais eue et que vous avez su, pourtant, ne pas faire trop large, afin de laisser aux principes la prédominance qui leur appartient.

Enfin, les *Conclusions écrites* ont été, quelquefois, très-bonnes.

III

Sur ce dernier point, mes louanges ne sont pas aussi complètes que je l'aurais désiré ; et je suis contraint de m'arrêter un instant pour vous parler de cet utile travail, dont l'importance ne m'a pas paru frapper suffisamment certains esprits, attirés d'une manière trop exclusive par les séductions de la plaidoirie; mais j'espère qu'il me suffira d'en bien marquer le but et la portée, pour qu'il pénètre et s'implante dans les habitudes du Stage.

§

Qu'ai-je désiré, lorsque j'ai organisé vos plaidoiries comme celles du Palais, et, spécialement, lorsque je vous ai imposé l'obligation de rédiger des *Conclusions?*

D'abord, j'ai voulu vous faire faire un pas de plus vers la réalité des affaires, — objet fondamental du Stage.

Devant les tribunaux, il n'y a pas de plaidoirie sans *Conclusions*. Elles sont, il est vrai, pour la plupart, l'œuvre de l'avoué; mais si l'avocat, qui doit les développer, ne sait pas, au besoin, les faire, comment enseignera-t-il la rectification de celles qui seront mauvaises? et, si quelque incident en exige de nouvelles, comment indiquera-t-il la direction qu'elles devront prendre?

Voudriez-vous qu'alors un clerc de procureur vous en montrât la façon, et se moquât de vous pour ne l'avoir trouvée? ne vous convient-il pas, au contraire, de pouvoir prendre une initiative qui atteste, aux yeux de tous, votre capacité et votre intelligence en affaires ?

Prenez garde, ensuite, que vous ne pourrez pas, partout et toujours, compter sur l'appui du dehors. On conclut, aussi, au criminel ; et il y a tel incident grave qui vous trouvera seuls, ayant toutes les fonctions, tous les devoirs, toutes les responsabilités. Ne sera-ce rien pour vous que d'avoir, en ces conférences, pris l'habitude des Conclusions?

Ce premier point de vue a son importance.

§

Mais voyons ailleurs.

Rédigées avant la Note de plaidoirie, les Conclusions en donnent le plan. Rédigées après, elles en donnent l'analyse. Dans l'un ou l'autre cas, les idées mûrissent par le travail de la plume.

Si ce travail amène, d'ordinaire, la précision de la pensée et la fermeté du style, n'est-il pas clair qu'on en retrouvera la trace dans la plaidoirie ?

A quelque époque qu'elle ait lieu, cette rédaction fixe dans la mémoire l'ensemble de l'affaire, ses grandes divisions, ses raisons maîtresses et plus d'un détail utile ; — et nul d'entre vous ne peut mettre en doute que le rédacteur des conclusions ne soit, en les développant, beaucoup plus sûr de lui-même que celui qui les a reçues de mains étrangères.

C'est là un second point de vue.

§

Mais vous ne devez pas ignorer, en outre, que la défense n'est pas seulement orale ; elle est, souvent, *écrite* ;

et, alors, l'une de ses formes les plus habituelles est celle de *Conclusions motivées;* l'avocat les fait; il les signe, conjointement avec l'avoué; on les imprime, on les distribue, et, suivant l'époque où elles apparaissent, le juge y trouve soit l'exposé de l'affaire, qu'alors vous lui apprenez d'avance, soit le souvenir de l'audience où votre écrit le ramène, soit, enfin, la réfutation des objections que le défaut de temps ou de pièces ne vous a pas permis de lui présenter.

Or, ce que je vous ai demandé, ce ne sont pas quelques lignes plus ou moins décousues, se rattachant, d'une manière plus ou moins éloignée, à la question; ce sont, précisément, des *Conclusions motivées*, d'une large facture, quoique le tissu en soit serré; purgées de phrases; abondantes en idées; ne disant pas tout, mais indiquant tout, exposition, argumentation, réfutation, substance du système, nom des auteurs, date des arrêts.

Si vous n'apprenez pas, ici, à les faire, dans quel temps, dans quel lieu, dans quel livre, je vous prie, en trouverez-vous l'occasion et l'enseignement?

§

La *langue écrite* du Droit est un genre de littérature qu'il ne vous est pas permis d'ignorer. Elle ne se devine pas plus que sa langue parlée; elle a besoin, comme celle-ci, d'un long apprentissage, et on ne la perfectionne que par un continuel exercice. Ce n'est qu'en écrivant beaucoup et en entourant cette étude de beaucoup de soins qu'on parvient à écrire le Droit avec cette clarté, cette justesse, cette simplicité de bon sens nécessaires pour le faire comprendre, et dont Cochin et Pothier nous ont, en des genres différents, laissé d'impérissables modèles [1].

Eh bien, j'ai désiré vous faire trouver, ici, les premiers éléments de cette langue.

Pensez-vous que cela soit sans quelque utilité ?

§

A qui trouvera que j'ai trop demandé, je réponds que j'aurais voulu bien plus.

J'aurais voulu que cette Conférence vous eût offert un *enseignement complet de tout ce qui se fait au Barreau*, et que vous eussiez pu en sortir préparés, non-seulement pour la *Plaidoirie* et les *Conclusions*, mais, encore, pour les *Consultations* et les *Mémoires*, qu'on ne peut apprendre aujourd'hui que dans le cabinet des anciens.

Ce bonheur ne m'a pas été donné ; il est, j'espère, réservé à l'un de ceux qui viendront après moi ; et, dans votre intérêt, je souhaite que ce soit au plus proche.

§

Quelque peu que j'aie fait, vous pouvez, cependant, y trouver, dès aujourd'hui, un grand avantage.

L'année dernière, en effet, les *Rapports du Secrétariat* étaient les seules pièces écrites de la Conférence. En plaçant à côté d'eux les *Conclusions motivées*, j'ai fourni à tous l'occasion, dont les Secrétaires jouissaient seuls,

---

1. Cochin (Henry), avocat au Parlement de Paris, né à Paris, le 10 juin 1687 ; — mort à Paris, le 24 février 1747.

Pothier (Robert-Joseph), professeur de droit civil à l'Université d'Orléans, né à Orléans, le 9 janvier 1699 ; — mort à Orléans, le 2 mars 1772. Orléans lui élève une statue.

d'écrire sur le Droit ; et comme rien ne s'oppose à ce que les *Conclusions* empruntent aux *Rapports* leurs qualités solides, sans emprunter tous leurs développements, il s'ensuit que, par le fait, je vous ai créé tous Secrétaires en ce point ; je ne pouvais vous en donner le titre ; mais je vous ai mis en main le moyen de prouver que vous le méritez ; et, d'un travail analogue, vous pouvez, maintenant, tirer profit semblable.

§

Que ceux donc qui sont tentés de ne voir qu'une formalité indifférente dans nos conclusions, qui les dédaignent, les écrivent sur le genou, et se disent : « Tout est « dans le développement oral ! » que ceux-là se désabusent. Ils perdent un excellent moyen de se former.

J'ajoute qu'ils en perdent un de se faire connaître et conspirent, volontairement, contre leurs propres succès ; car ils ne peuvent ignorer que le Bâtonnier, dans ses présentations, et le Conseil, dans ses choix, tiennent grand compte des travaux écrits ; et je leur dis, à l'avance, que l'avenir leur en tiendra bien plus grand compte encore [1].

---

1. Voici le *Projet d'Arrêté* que j'avais préparé sur les *Nominations d'office*. Différentes circonstances ont empêché la signature de cet arrêté ; mais j'en ai suivi les dispositions pendant mon bâtonnat :

Nominations d'office.

ART. 1er. — « La liste des Avocats stagiaires auxquels le Bâtonnier « confie ordinairement les causes de *police correctionnelle* se composera « de ceux qui se seront distingués en parlant à la Conférence.

ART. 2. — « La liste des Avocats stagiaires auxquels le Bâtonnier « confie ordinairement les causes d'*appel* se composera des Secrétaires « et de ceux dont les plaidoiries ou les conclusions à la Conférence au« ront été le plus remarquées.

IV

J'ai désiré qu'avant de prendre vos Conclusions à la Barre de la Conférence, vous ayez soin de vous les communiquer réciproquement, comme adversaires, et de les communiquer à celui qui remplit l'office de ministère public, et cela, plusieurs jours à l'avance.

Il y a là, d'abord, franchise, loyauté, hardiesse; c'est donc l'initiation naturelle à la guerre franche, loyale et hardie que vous réserve votre profession, vous apprendrez, par là et vous retiendrez, pour toute votre vie, que vous devez à vos confrères et la communication complète de toutes vos pièces et le premier exemplaire de tous vos écrits [1].

ART. 3. — « La liste des Avocats auxquels le Bâtonnier confie ordi-« nairement les causes d'*assistance judiciaire* se composera : des Avo-« cats inscrits depuis trois ans, des Secrétaires de la Conférence, de « ceux dont les plaidoiries et les conclusions à la Conférence auront été « le plus remarquées, et de ceux qui auront travaillé dans une étude « d'avoué.

ART. 4. — « La liste des Avocats présentée tous les trimestres à « MM. les Présidents d'*assises* pour les nominations d'office se compo-« sera : d'un ancien Bâtonnier, de quatre membres du Conseil, des Se-« crétaires de la Conférence, de douze Avocats inscrits et de douze Sta-« giaires choisis sur la liste de ceux chargés des causes d'appel. »

1. M. MOLLOT pose avec raison ces deux règles :

« Entre confrères, inscrits au Tableau ou simples stagiaires, la com-« munication a lieu sans récépissé, avec une confiance, avec un aban-« don sans limites. Si le client voulait s'y opposer, l'avocat devrait re-« fuser la défense. Ici c'est l'intérêt de l'Ordre qui prévaut.

« 120.

« Lorsque l'avocat rédige une note pour les juges ou consent à y at-« tacher son nom, la règle exige qu'il fasse remettre la *première* copie « à son adversaire. Cette règle, qu'on a le tort de ne pas toujours ob-« server, ne souffre aucune exception; et les magistrats sont les pre-

Ne doit-il pas, ensuite, sortir de cet échange une louable émulation ?

Y en a-t-il un seul d'entre vous qui, recevant un bon travail de son confrère, consente à le payer par un travail

---

« miers à se plaindre, s'ils supposent qu'un pareil oubli a eu lieu. Il « n'est pas besoin d'indiquer le motif. »

Règles sur la profession d'Avocat, p. 95 et 96.

§

« Comme c'est uniquement la vérité et la justice que les avocats cher« chent à faire triompher, il s'est établi entre eux un usage constant de « ne point plaider sans s'être communiqué toutes les pièces qui doivent « appuyer leur défense. On ne combat que parce qu'on s'est assuré de « la justice de sa cause, et on n'emploie des titres que parce qu'on les « croit authentiques et légitimes, puisqu'on donne au défenseur de ce« lui contre lequel ils sont produits le loisir de les examiner. Cette com« munication est même avantageuse pour les parties. Quelquefois l'avo« cat y découvre des faits qu'on lui avait dissimulés; il n'emploie alors « son éloquence que contre son propre client; il le dissuade de la pour« suite d'un procès injuste.

« La manière dont la communication des pièces se fait entre avocats « est bien, ainsi que l'a qualifiée un de nos anciens, *un apanage d'in« corruptibilité sublime*. Il n'est question ni de *récépissé*, ni d'inven« taire des pièces communiquées. Les titres originaux les plus pré« cieux sont remis sans formalités, parce qu'ils sont toujours rendus « tels qu'ils ont été donnés, et à la première réquisition de l'avocat qui « les a communiqués. Cet usage, le même depuis plusieurs siècles, et « *dont il n'est point encores jamais advenu faute*, pour me servir des « expressions de Pasquier, dans le *Dialogue des Avocats*, suffirait pour « attester les sentiments d'honneur qui sont l'âme de leur profession. »

CAMUS, *Lettre sur la profession d'Avocat*, lettre 1re, édit. de *M. Dupin*, 1830, t. I, p. 270.

« .... *Remarquez cet exemple*, dis-je, *vous autres ieunes « gens*, et non-seulement ceux d'entre vous qui sont ou désirent être « conseillers et officiers du roy, mais aussi ceux qui doivent demeurer « advocats, *et vous souvenez de conserver et transmettre à vos successeurs « l'honneur que vos anciens vous ont acquis d'estre fidels en la commu« nication de vos sacs, sans y rien recéler, déguiser ny retenir, qui se« raient autant d'espèces de faussetez.* — C'est, à la vérité, un grand « honneur, reprit M. Pasquier, que les advocats de cette Cour méritent « par dessus ceux des autres Parlements et Compagnies souveraines,

de bas aloi et à confesser ainsi, publiquement, une sorte d'insolvabilité intellectuelle ?

V

Ce que je viens de dire ne s'applique pas seulement à la grande Conférence ; c'est aussi et d'abord aux Conférences particulières qui en sont la préparation ou l'auxiliaire.

Le Bâtonnier, dont la sollicitude s'étend à tous les stagiaires, comme à autant de pupilles dont il est le tuteur, se fait rendre compte des travaux de toutes les Conférences et il y applaudit de grand cœur ; car ses applaudissements sont partout où la jeunesse grandit et s'épure par le travail, comme ses prières et ses exhortations à revenir au bien sont partout où elle s'abaisse et se perd par l'abus du plaisir et la dissipation [1].

Je prie donc les réunions de travailleurs de nous envoyer des stagiaires déjà habitués à l'utile exercice des *Conclusions motivées*. Plus tôt on l'aura commencé, plus tôt il sera profitable ; et qui l'aura ébauché ailleurs, ici, le perfectionnera [2].

« lesquels ne se communiquent leurs pièces que par inventaires, comme « se défiant les uns des autres ; au lieu qu'en ce Parlement, les advo- « cats, s'entrecommuniquans leurs pièces, s'en reposent absolument « sur leur simple foy, *et il n'en est point encores jamais advenu faute.* »

LOISEL, *Pasquier*, ou *Dialogue des Advocats du Parlement de Paris*, Édit. de *M. Dupin*, 1844, p. 38.

1. Un rapport très-intéressant sur les Conférences particulières des stagiaires a été fait, cette année, sur ma demande, par notre confrère Me *Bournat*. Ce Rapport est imprimé.

2. Au 12 août 1858, le nombre des *Avocats inscrits au Tableau* était de 696 ; celui des *Stagiaires* de 575 : — j'avais distribué 586 affaires d'*Assistance judiciaire* à 136 avocats.

DEUXIÈME PARTIE

LOIS ET RÈGLEMENTS

DEPUIS CHARLEMAGNE

I

Recherchons, maintenant, les *Lois et Règlements* de notre profession.

Mon but n'est pas d'entrer dans le détail de chacun d'eux ; il est, seulement, de vous en dire assez pour vous inspirer l'envie d'en étudier les textes.

Ils ont leurs historiens et leurs commentateurs : je vous y renvoie, ce discours ne pouvant admettre qu'une simple exposition, qui, cependant, doit être un peu étendue pour être vraiment utile.

II

L'abolition de notre Ordre en 1790 divise naturellement la série de ces documents en deux parties; l'une, antérieure au 2 septembre 1790 ; l'autre, postérieure à cette époque.

CHAPITRE PREMIER

LA PROFESSION D'AVOCAT

AVANT LE 2 SEPTEMBRE 1790

SECTION PREMIÈRE

DEPUIS LES CAPITULAIRES JUSQU'AU QUATORZIÈME SIÈCLE.

I

AVANT LES CAPITULAIRES DE CHARLEMAGNE

Notre ancien bâtonnier FOURNEL commence ainsi l'histoire de notre Ordre :

« De tous les États de l'Europe, la Gaule est celui qui « a montré le plus de goût et de dispositions pour l'exer- « cice du Barreau.

« Vif, ingénieux et babillard, le Gaulois se faisait un « spectacle amusant de cette espèce d'escrime judiciaire. « Le Barreau gaulois avait étendu si loin sa renommée « que les nations étrangères envoyaient leurs jeunes gens « en Gaule pour s'y instruire dans l'art de plaider.

« Juvénal, qui vivait dans le premier siècle de notre « ère, appelle la Gaule la *mère nourrice des avocats*, et

« il nous apprend que c'était la Gaule qui formait les « avocats des Iles Britanniques [1]. »

Il est permis de conclure de là qu'une profession qui occupait une telle place dans l'État, avait, dès lors, ses lois et ses règlements.

Aussi, nos historiens affirment-ils que l'application de la législation romaine sur le Barreau a été l'une des conséquences de la conquête des Gaules, et que l'empire de

---

1. *Histoire des Avocats au Parlement et du Barreau de Paris*, depuis saint Louis jusqu'au 15 octobre 1790, par FOURNEL, ancien avocat au Parlement de Paris, t. I, p. 1.

En note du passage ci-dessus transcrit, *Fournel* met ces deux passages latins :

> « Nutricula causidicorum, Gallia. »
> « Gallia causidicos docuit facunda Britannos. »

La seconde citation, parfaitement exacte, est tirée de la satire XV de Juvénal et fait partie de ce couplet :

> 110. « Nunc totus Graias nostrasque habet orbis Athenas,
> « Gallica causidicos docuit facunda Britannos
> « De conducendo loquitur jam rhetore Thule. »

Mais la première citation, empruntée à la satire VII, n'a pas la même exactitude ; la Gaule est bien indiquée par Juvénal comme amie des parleurs : mais c'est l'Afrique qu'il nomme la mère nourrice des avocats :

> 146. « Quando licet Basilio flentem producere matrem ?
> « Quis bene dicentem Basilum ferat ? accipiat te
> « Gallia, vel potius, nutricula causidicorum
> « Africa, si placuit mercedem ponere linguæ. »

Quelque fondée que soit cette critique sur un détail, elle n'ôte pas à l'opinion de *Fournel* ce qu'au fond celle-ci a de vrai.

Voir, aussi, ce que dit LOISEL de l'opinion des Romains sur l'éloquence de l'ancienne Gaule, dans son *Pasquier* ou *Dialogue des Advocats au Parlement de Paris*. C'est aux Gaulois qu'il applique le mot de Caton : « Ils s'estudient principalement à deux choses : au faict de la « guerre et à parler subtilement : *rei militari et argutè loqui*. » Édition de M. Dupin, Videcoq, 1844, p. 15.

cette législation s'est prolongé au delà même de la domination de Rome[1].

---

1. *Histoire abrégée de l'Ordre des Avocats*, par M. Antoine-Gaspard Boucher-D'Argis, écuyer, avocat au Parlement, chap. v, *Origine de la fonction d'Avocat en France*, Durand, 1778, p. 46 et suiv.

§

Les stagiaires trouveront les règles du Droit romain concernant les avocats, notamment, dans les textes suivants :

CODE THÉODOSIEN (An 438).

Lib.				
II,	tit. 10,	—		De postulando.
VIII,	— 10,	—		De concussione advocatorum.
X,	— 1,	—		De jure fisci.

PANDECTES DE JUSTINIEN (An 533).

Lib.				
I,	tit. 2,	l.	2.	De origine juris.
	— 16,	—	9.	De officio proconsulis et legati.
II,	— 14,	—	53.	De pactis.
III,	— 1,	—		De postulando.
XIX,	— 2,	—	38.	Locati conducti.
XXVII,	— 9,	—	5.	De rebus eorum qui sub tutela vel cura sunt.
XXVIII,	— 4,	—	3.	De his quæ in testamento delentur.
XXXIX,	— 5,	—	19.	De donationibus.
XLIV,	— 7,	—	61.	De obligationibus et actionibus.
XLIX,	— 14,	—		De jure fisci.
	— 19,	—	9.	De pœnis.
L,	— 12,	—	7 et 13.	De extraordinariis cognitionibus

CODE DE JUSTINIEN (An 534).

Lib.				
II,	tit. 6,	l.	4 et 6	De postulando.
	— 7,	—		De advocatis diversorum judiciorum.
	— 8,	—	4	De advocatis diversorum judicum.
	— 9,	—		De advocatis fisci.
	— 10,	—		De errore advocatorum.
	— 11,	—		Ut quæ desunt advocatis partium judex suppleat.
III,	— 1,	—	13 et 14.	De judiciis.
IV,	— 6,	—	4.	De condictione ob causam datorum.

Quand vint, cependant, la conquête des Franks, vinrent avec elle la *Féodalité*, son incorporation au sol; et *le Jugement de Dieu*, sa justice naturelle. La profession des Avocats dut s'en ressentir.

II

CAPITULAIRES DE CHARLEMAGNE.

Au huitième siècle, Charlemagne monte sûr le trône. Dans ses Capitulaires, on rencontre assez fréquemment le mot *Advocatus*.

Fournel, en signalant ce fait, en conclut que ces Capitulaires s'occupent souvent de nous.

Cette conséquence est-elle justement tirée?

On peut en douter, car il est facile de voir, en lisant ces Capitulaires, que le mot *Advocatus* y a une double signification; et que s'il désigne, quelquefois, celui dont la profession spéciale est de plaider le procès, il désigne bien plus souvent le *Voué* ou *Avoué* des églises, chargé d'un ministère plus général, administrateur, défenseur, protecteur; quelquefois chevalier, comte, prince ou roi, connaissant de toutes leurs affaires, les dirigeant au be-

Lib.	VI, tit. 48,	1.	De incertis personis.
—	VIII, — 36, —	12.	De exceptionibus.

§

Les Romains appelaient l'*Avocat*: Orator, Patronus, Advocatus, Causidicus.

§

Sur le barreau romain, Voy. M. Grellet-Dumazeau, *le Barreau Romain*.

soin, et donnant à plaider celles qui étaient litigieuses, mais, en général, ne les plaidant pas lui-même [1].

On parle, aussi, dans ces Capitulaires, des *Causidici*, qui sont, évidemment, des avocats (*diseurs de causes*); des *Clamatores*, et des *Assertores*, que Ducange donne comme synonymes d'*Advocati*, tout en reconnaissant qu'ils exerçaient, en même temps, d'autres fonctions [2].

Quoi qu'il en soit, et sous la réserve de ces observations, voici ce qu'on trouve dans les Capitulaires de Charlemagne, de 793 à 813 [3] :

---

1. Voir, sur ce point, ce que LOISEL fait dire à *Pasquier* et à *Pithou*, dans son *Dialogue des Avocats*, p. 14.

2. Voir le *Glossaire de latinité moyenne et basse* de DUCANGE, v° *Advocatus*.

Les stagiaires en trouveront deux exemplaires à la Bibliothèque :

Le premier est de l'édition donnée par les Bénédictins de Saint-Maur, 1733, six vol. in-fol. sous ce titre :

« Glossarium ad scriptores mediæ et infimæ latinitatis. Auctore « Carolo Dufresne, Domino Ducange, regi a consiliis, et Franciæ apud « Ambianos quæstore. Editio nova locupletior et auctior. Opera et « studio monachorum ordinis S. Benedicti e congregatione S. Mauri. « Parisiis. Sub Oliva Caroli Osmont via San. Jacobæa. MDCCXXXIII. Cum « approbatione et privilegio regis. »

Le deuxième exemplaire est de l'édition de Didot, 1840, sept volumes in-4°.

DUCANGE (Charles Dufresnes), né à Amiens le 18 décembre 1610, — mort à Paris le 23 octobre 1688.

Amiens lui a élevé une statue.

3. Les *Capitulaires* des anciens Rois ont été publiés par BALUZE, en 1677.

Les Stagiaires peuvent consulter à notre Bibliothèque l'édition donnée en 1780 par de Chiniac, deux vol. in-folio, avec ce titre :

« Capitularia Regum Francorum. Additæ sunt *Marculfi* monachi et « aliorum formulæ veteres et notæ doctissimorum virorum. *Stefanus* « *Baluzius*, Tutelensis, in unum collegit, ad vetustissimos codices « manuscriptos emendavit, notis illustravit, magnam partem primum « edidit anno MDCLXXVII. Nova editio auctior ac emendatior ad fidem « autographi Baluzii qui de novo textum purgavit, notasque castigavit « et adjecit : accessere vita Baluzii partim ab ipso scripta, catalogus « operum hujus viri clarissimi cum animadversionibus historicis, et index « variorum operum ab illo illustratorum, quorum plurimorum novas

Des *Advocati* sont donnés aux prêtres, aux évêques, aux abbés, aux abbesses.

On les choisit de bonne renommée, connaissant la législation, aimant la justice et la vérité, d'un caractère doux, soumis à Dieu, préparés à toute œuvre juste, observateurs des lois, purs de toute fraude, équitables et humbles envers tous, et possédant un héritage dans le comté.

Les *Advocati* sont élus en présence du comte et du peuple par les *Missi dominici*.

Tombent-ils en faute, la règle disciplinaire les frappe. S'ils persistent, le Préposé ou les *Missi dominici* les remplacent par des hommes sachant et voulant tout à la fois diriger les affaires avec justice et les terminer [1].

« meditabatur editiones. Curante *Petro de Chiniac*, regi à consiliis, « Prosenescallo generali civili Userchæ, e Regia humaniarum Litterarum Academia Montis-Albani. Parisiis. Ex typis *Francisci-Augustini* « *Quillau*, Typographi serenissimi principis Contii, via vulgo dicta, du « *Fouarre*. Cum privilegio Regis. MDCCLXXX. »

C'est à cette édition que se rapportent les passages cités dans les notes suivantes.

BALUZE (*Étienne*), professeur de droit canon au collége royal, est né à Tulle le 24 décembre 1630, — mort à Paris le 28 juillet 1718.

1. Ces notions sont extraites, notamment, des *Capitulaires* suivants :

Capitulare de causis regni Italiæ	ANNO 793	CAP. 3	***De advocatis Sacerdotum*, t. I, p. 258.**
Capitulare de Villis Karoli magni datum per annos regni illius, id est antequam fieret imperator. . .	— 800	— 29	De clamatoribus ex hominibus nostris, etc., t. I, p. 335.
Capitula excerpta ex lege Longobardorum	— 801	— 22	Volumus ut advocati, etc., t. I, p. 352.
Capitulare primum anni DCCCII, sive capitula data missis dominicis, anno secundo imperii	— 802	— 13	***De advocatis, vice dominis et centenariis Episcoporum abbatum et abbatissarum*, t. I, p. 366.**

Vous pouvez juger, par cet extrait, combien est petite la part que nous avons dans les capitulaires, si nous en avons une.

Et si votre opinion n'est pas celle de Fournel, elle trouvera probablement un formidable appui dans le ca-

Capitulare secundum anni DCCCII, sive alia capitula data missis dominicis eodem anno	ANNO 802	CAP. 21	Ut omnes habeant bonos vice dominos et advocatos, etc., t. I, p. 378.
Capitulare tertium anni DCCCIII	— 803	— 3	*De scabineis, advocatis, notariis à missis dominicis eligendis*, t. I, p. 392.
Capitulare secundum anni DCCCV, ad omnes generaliter	— 805		*De clamatoribus vel causidicis*, t. I, p. 431.
Capitulare tertium anni DCCCV, sive altera editio superioris capitularis	— —	— 10	*De advocatis vice dominis, vicariis et centenariis*, t. I, p. 426.
Capitulare tertium anni DCCCV, sive, etc	— —	— 14	*De advocatis et judicibus*, t. I, p. 432.
Capitulare quartum anni DCCCV, sive capitula data Jesse Episcopo Ambianensi, misso dominico	— —	— 12	De advocatis, id est, ut pravi, etc., t. I, p. 437.
Capitulare primum anni DCCCIX. — Capitula quæ Dominum Imperator Aquis Palatio constituit in anno nono	— 809	— 22	Ut judices, vice domini, præpositi, advocati, etc., t. I, p. 467.
	— —	— 23	Si vero advocatus sacramentum, etc., t. I, p. 467.
Capitulare secundum anni DCCCIX. — Capitula quæ dominus Karolus constituit.	— —	— 11	*De judicibus, advocatis, præpositis, et reliquis ministris quales sint*, t. I, p. 472.
Capitulare primum anni DCCCX.	— 810	— 1	De clamatoribus qui magnum impedimentum faciunt, etc. t. I, p. 474.
Capitulare tertium anni DCCCXI. — De causis propter quas homines exercitalem obeditionem dimittere solent	— 811	— 1	In primis discordentes sunt et dicunt quod Episcopi, abbates et eorum advocati potestatem non habeant, etc., t. I, p. 485.
Capitulare secundum anni DCCCXIII, sive Capitula viginti de justitiis faciendis, ex lege Salica, Romana et Gundobada	— 813	— 14	*De advocatis Episcoporum et abbatum* t. I, p. 509.

pitulaire de 802, par lequel Charlemagne défendait la plaidoirie comme profession habituelle [1].

III

SUCCESSEURS DE CHARLEMAGNE.

En 819, LOUIS LE DÉBONNAIRE, dans une assemblée générale (*in generali populi conventu*), ajoute quelques Capitulaires à la loi Salique.

On y trouve cette remarquable disposition :

« Si des veuves, des mineurs, des pauvres ont un pro-« cès devant le comte, leur cause passe la première; et « s'ils sont embarrassés pour leurs preuves, le comte doit « les aider et leur donner un homme habile qui dirige « leur procès ou plaide pour eux (*talem hominem qui* « *rationem eorum teneat vel pro eis loquatur*) [2]. »

---

1. Ut nemo in placito pro alio rationare usum habeat defensionem alterius injuste, sive pro cupiditate aliqua. . . . . Sed unusquisque pro sua causa vel censu, vel debito rationem reddat, nisi aliquis isti infirmus aut rationis nescius, pro quibus missi vel priores qui in ipso placito sunt, vel judex qui causa hujus rationis sciat, rationetur cum placito ; vel si necessitas sit, talis personæ largitur qui omnibus provabilis sit et qui in ipsa bene noverit causa. (*Baluze*, t. I, p. 365).

Ce qui a fait dire à M. LAFERRIÈRE : « Les Capitulaires, au « surplus, voulaient la comparution personnelle des parties dans les « plaids, et la défense de leurs intérêts par elles-mêmes. Charlemagne « le disait expressément dans le Capitulaire de l'an 802 : — Que per-« sonne, dans les plaids, ne pratique l'usage de discuter pour autrui... « mais que chacun rende raison de sa propre cause, du cens de sa terre « et de sa dette personnelle. — Ce n'était pas la défense du faible ou « d'autrui qui était prohibée, mais l'habitude ou la pratique qui pou-« vait constituer une profession. Charlemagne se défiait des avocats, « défiance partagée dans nos temps modernes par un autre Empereur.» (LAFERRIÈRE, *Histoire du droit civil de Rome et du droit français*, Joubert, 1848, t. III, p. 424.)

2. Capitulare primum, anni DCCCXIX, sive Capitula addita ad legem

C'est, à mille ans de distance, la loi sur l'assistance judiciaire du 22 janvier 1851 [1].

---

salicam, in generali populi conventu habito apud Aquisgranum, post natale Domini, anno quinto Imperii Ludovici Pii desinente. (Cap. III, *De viduis et pupillis et pauperibus*, BALUZE, t. I, p. 599.)

§

Nous trouvons quelques dispositions analogues à celle-ci et qui peuvent l'avoir préparée :

1° Dans un Capitulaire de PEPIN LE BREF, de l'année 755 : « Ut comites, vel judices ad eorum placita primò viduarum, orphanorum, « vel Ecclesiarum causas audiant et definiant in eleemosyna Domini « Regis, et postea alias causas cum justitia rationabiliter judicent. » (BALUZE, t. I, p. 175.)

2° Dans un Capitulaire de *Charlemagne*, de l'année 789 : « Ut comites « pupillorum et orphanorum causas primùm audiant. » (*Baluze*, t. I, p. 243.)

3° Dans un Capitulaire du même prince, de l'année 802, déjà cité par nous à la note précédente, p. 250, relative à la défense personnelle et à ses exceptions (V. *suprà*, p. 250).

1.

§

Deux autres Capitulaires de cette époque peuvent être cités sur les *Advocati*.

Le premier établit une *incompatibilité* entre la profession d'*Advocatus* et celle de *centenarius* du comte : « Ut nullus Episcopus, nec Abbas, « nec Comes, nec Abbatissa centenarium comitis *advocatum* habeat » (anno 819, XIX, *De Advocatis Episcoporum, Abbatum, Comitum et Abbatissarum* (*Baluze*, t. I, p. 617).

Le second est une *destitution*, et, peut-être, une *radiation* au cas de *cupidité inique* : « Si Advocatus, *in causa suscepta*, iniqua cupiditate « fuerit repertus à conventu honestorum et *à judiciorum communione* « separetur et videat ne *judicis et assertoris personam accipiat* » (anno..... quid de advocato agendum sit qui in dolo vel fraude repertus fuerit....., *Baluze*, t. I, p. 1059).

D'après DUCANGE, *Assertor* répond à *Advocatus*, et à *Causidicus*. (V° Assertor).

§

Deux Capitulaires de LOTHAIRE (*Hlotarius*) s'occupent aussi des *Advocati*.

Tous deux sont ajoutés à la loi lombarde, et datent de 824.

L'un est le Capitulaire 25, et l'autre, le Capitulaire 26 des *Capitula*

C'est ainsi qu'à toutes les époques notre Ordre a été gratuitement consacré à la défense du faible et à la protection de l'indigent.

IV

ÉTABLISSEMENTS DE SAINT LOUIS [1]

Bientôt vient une époque de barbarie où l'on ne trouve presque aucune trace des règlements de notre

---

Hlotarii imperatoris. (Titulus IV, *sive Capitula addita ad legem Longobardorum anno* 824, — BALUZE, t. II, p. 337.)

Le premier accorde deux *advocati* au lieu d'un aux Évêques, Abbés et Abbesses, l'un *qui causam procuret*, l'autre *qui sacramentum deducat*, et les dispense du service de guerre pendant la durée de leur office.

Le second donne des *advocati* à tous les ecclésiastiques et motive cette dation de défenseurs :

« Ut Episcopi universique sacerdotes habeant advocatos, quia Episcopi universique sacerdotes ad solam laudem Dei et bonorum operum actionem constituuntur. Debet ergò unusquisque eorum tàm ecclesiasticis quàm etiam propriis actionibus suis, *excepto publico videlicet crimine,* habere advocatum non mala fide suspicatum, sed bonæ opinionis et laudabilis artis inventum; ne dùm humana lucra attendunt, æterna præmia perdant. »

§

Édit contenant des dispositions sur les avocats; Kiersy, 861.

Tel est le titre que donne *Isambert* (*Recueil,* t. I. p. 78) à un Édit donné au Kiersy, par Charles le Chauve; mais la lecture de cet Édit, sa traduction par M. André Lefèvre, élève distingué de l'école des Chartes, et les explications qu'il a bien voulu nous donner, établissent, à nos yeux, que cet Édit ne regarde pas l'*Avocat*, mais bien l'*Avoué*, dans ses rapports avec les monnaies, le commerce, les impôts et les contestations où pouvait être compromise sa responsabilité, relativement aux colons et aux serfs de son *Avouerie* (V. *Baluze,* t. II, p. 151).

1. AVANT D'ARRIVER AU RÈGNE DE SAINT LOUIS, 1226, NOUS RENCONTRONS NOTAMMENT :

1135. — Découverte des *Pandectes de Justinien,* à la prise d'Amalfi.

1148. — *Concile de Reims*, dont le sixième canon défend aux avo-

profession ; et nous touchons à SAINT LOUIS qui promulgue, en 1270, ses *Établissements*, dont le XIVe chapitre

---

cats et autres officiers de prendre des plaideurs plus que ce qui est porté par l'ancienne taxe, sous peine de privation de la sépulture ecclésiastique (*Isambert*, t. I, p. 146, n° 42).

1179. — *Concile de Latran*, défendant aux *avocats-clercs* d'exercer leur profession devant les tribunaux laïcs.

Voici ce que dit FOURNEL, à l'occasion de ce Concile :

« Les avocats *laïcs* allaient plaider dans les juridictions épiscopales « concurremment avec les ecclésiastiques ; mais ceux-ci n'étaient point « admis dans les cours *layes* à titre d'*avocats*.

« Dans les neuvième, dixième et onzième siècles, lorsque les laïcs ne « s'étaient point encore adonnés à l'étude des lois et à l'exercice du « Barreau, les ecclésiastiques s'étaient emparés de la profession d'avo- « cat, non-seulement pour les affaires *canoniques*, mais encore pour « toute espèce de discussions *civiles*, *féodales*, même *criminelles* ; et « comme ils étaient en petit nombre, sans concurrents, et qu'ils joi- « gnaient l'autorité importante de leur caractère religieux à celle qu'ils « tiraient de leur science et de leur expérience, ils se servaient de ce « double moyen pour se faire une grande fortune.

« On peut voir dans le *Traité de la discipline ecclésiastique* du « P. Thomassin (partie III, liv. IV) le tableau des excès dont les *avocats- « clercs* se rendaient coupables, au point que plusieurs d'entre eux se « firent excommunier : *Multos habuit advocatos ecclesiæ excommunicatos* « (concile de Mayence tenu en 813).

« Ces gains exorbitants furent une des causes, dit l'abbé Fleury, qui « ont attiré aux ecclésiastiques tant de biens et d'honneurs profanes. » (Voir le 6e *Discours de Fleury, Histoire ecclésiastique*, et la *Bibliothèque canonique*, t. I, p. 43).

« Ce scandale fut enfin réprimé par le concile de Latran, tenu en « 1179, sous Alexandre III, qui interdit aux ecclésiastiques toutes fonc- « tions judiciaires dans les tribunaux laïcs : (Clerici in subdia-conatis et « supra, et in ordinibus quoque minoribus, coram seculari judice ad- « vocati in negociis sæcularibus fieri non præsumant). » (T. I, p. 81.)

1180. — *Concile de Tours*, défendant aux *religieux profés* de quitter leurs cloîtres pour étudier la loi mondaine (la loi romaine).

1195. — *Lettres de Philippe-Auguste, par lesquelles il confirme les coutumes dont les bourgeois de Saint-Quentin jouissaient du temps de leurs comtes :* — à Compiègne.

Elles rendent le ministère d'un avocat obligatoire dans les causes qui intéressent un des membres *de la commune* habitant la ville, et

du livre II est intitulé : *Comment avocas se doit contenir en cause.*

L'*Avocat*, qui, à cette époque, porte aussi le nom de

---

ce, tant en défendant qu'en demandant. De plus, cet avocat doit être *de la commune*. (Ordonnances des rois de France, 3e race, t. XI, p. 270.)

1225. — *Décrétale* d'HONORIUS III, défendant à tout ecclésiastique *d'étudier* et *d'enseigner* la loi romaine.

La plupart des avocats appartenaient à l'ordre ecclésiastique, avant les défenses des conciles et du Pape.

1250. — *Assises de Jérusalem.*

C'est une compilation des lois, usages et coutumes de France, adoptés pour le royaume de Jérusalem, par Godefroy de Bouillon, en 1185.

Son auteur est JEAN D'IBLIN, comte de Japha et d'Ascalon, — mort en 1266.

Il y a plusieurs éditions de cet ouvrage dont on peut voir les titres dans Brunet.

Les stagiaires peuvent consulter, à notre Bibliothèque, l'édition donnée par M. Beugnot, en 1841, 2 vol. in-fol.

Dans le premier volume : *Assises de la haute Cour*, on trouve un chapitre x intitulé : *De quel manière doit estre le plaideor*, — c'est-à-dire l'*avocat*.

Entre autres règles, on y trouve celle-ci : « Le *plaideor* doit estre « loial et estable; que il doit bien et leaument conseillier toz ciaus et « totes celes à qui conseill il est doné et plaideer por eaus leaument le « miaus qu'il saura contre totes genz, ne mais que contre soi; ni ne « deit laissier, por amor que il ait à celui contre qui il plaidée, ne por « haine qu'il ait à celui à qui conseill il est doné, ne por doute, ne por « paor qu'il ait d'avoir honte ne domage, ne maugré, ne por don, ne « promece que l'on li face, que il bien et leaument ne conseille celui « ou celle à cui conseill le seignor la doné; que se il le faisait autre- « ment, il serait que desloiau. » (Edit. Beugnot, t. I.)

1253. — *Le conseil que Pierre de Fontaines donna à son amy*, ou *Traité de l'ancienne jurisprudence des François.*

PIERRE DE FONTAINES, bailli de Vermandois et maître au Parlement, né en..., — mort avant 1300.

Le chapitre XI de son livre est intitulé : *Chi parole des Amparliers, et des medis as Amparliers.*

On y trouve différentes règles sur le serment des avocats, la modération, la brièveté, etc., etc.

Ducange a publié *le Conseil de Pierre de Fontaines* à la suite de son édition de Joinville (1688, in-fol.).

Les stagiaires pourront consulter à notre Bibliothèque tant cette édi-

Parlier, *Emparlier*, *Amparlier*, *Avantparlier*, *Plaidoux*, *Plaideor*, *Plaideur*, *Conteur* [1], doit, suivant les *Établissements*, s'attacher, d'abord, à la loyauté de la cause et à la loyauté des moyens : sa parole est considérée comme celle de son client, lorsque, parlant en présence de celui-ci, il n'est pas contredit; point d'injures, point de saletés, ni dans les mots, ni dans les gestes ; point de marché avec son client, pendant le procès.

Enfin, les *Établissements* lui dictent le langage qu'il doit tenir, lorsque, présentant des exceptions, il veut réserver le fond [2].

Ce chapitre est emprunté tout entier au droit romain,

tion que celle donnée par M. Marnier, bibliothécaire de l'Ordre (1846).

1255. — Nomination d'*office* d'un *procureur* et d'un *avocat*, par saint Louis, au profit d'un gentilhomme qui, plaidant contre le duc d'Anjou, frère du roi, n'avait pu trouver de défenseurs. Le saint roi, en les nommant, leur fit prêter serment de remplir avec courage et fidélité la mission qu'il leur conférait ; — et ils gagnèrent le procès.

(*Velly*, Histoire de France, t. V, p. 158.)

1. Voir : Loisel, p. 15. — Les *Assises de Jérusalem*, t. I, chap. x. — Pierre de Fontaines, chap. ii.

Antérieurement à cette époque, suivant *Ducange*, les avocats s'appelaient aussi : *advocati*, *clamatores*, *legis doctores*, *legum magistri*, *domini legum*, *milites legum*, *milites legales*. V. Ducange, v° Advocatus.

1. Les Établissements de saint Louis sont intitulés : *Establissements selon l'usage de Paris et d'Orléans et de Court de Baronie.*

Ils font partie du recueil des ordonnances des Rois de France de la troisième race. Le chapitre xiv est au tome I, p. 261. Ce recueil, qui a aujourd'hui 21 volumes in-folio, a été commencée en 1723 par *de Laurière*, avocat au Parlement, et continué, jusqu'en 1849, par *Secousse*, avocat au Parlement ; de *Villevault*, maître des Requêtes au Conseil du Roi ; *de Bréquigny*, *de Pastoret* et *Pardessus*, membres de l'Académie des Inscriptions et Belles-lettres.

Le tome Ier est intitulé : Ordonnances des Rois de France de la troisième race, recueillies par ordre chronologique avec renvois des unes

devenu, à ce moment, le complément de la législation et de la pratique française; et il le cite à chaque ligne.

V

ORDONNANCE DU 23 OCTOBRE 1274 [1]

Le Droit romain prescrivait pour chaque cause plaidée un serment qu'on appelait *juramentum calumniæ* [2].

En 1274, Philippe le Hardi lui emprunte ce serment: seulement, il l'étend de la Plaidoirie au Conseil, le place

---

aux autres, des sommaires, des observations sur le texte, et cinq tables, etc.

Cette collection porte aussi le nom d'ORDONNANCES DU LOUVRE.

Les stagiaires trouveront un exemplaire de ce recueil à la Bibliothèque.

Ils trouveront aussi les Établissements de saint Louis dans le *Recueil d'Isambert*, t. II, p. 1.

Ce Recueil, qui compte 29 volumes in-8°, est dû à la collaboration de MM. *Isambert*, *Decrusy*, *Jourdan*, *Armet* et *Taillandier*. — Commencé en 1822, il a été terminé en 1833.

ISAMBERT, qui a donné son nom à ce Recueil, avocat, puis conseiller à la Cour de Cassation, né à Aunay (Eure-et-Loir), le 30 novembre 1792, — mort à Paris, le 13 avril 1857.

1. ENTRE 1270 ET LE 23 OCTOBRE 1274, ON TROUVE, NOTAMMENT:

7 mai 1274. — *Concile de Lyon* qui fixe à 20 livres tournois les honoraires des avocats de France et leur ordonne de renouveler chaque année le serment qu'ils ne recevront rien au delà — (*Isambert*, t. II, p. 651, n° 244).

C'est pour empêcher cet empiétement de l'autorité spirituelle sur une matière hors de sa compétence, que Philippe III rendit l'ordonnance de 1274.

2. Les avocats romains ne prêtaient pas serment lors de leur réception, bien qu'elle fût solennelle.

Voici, sur la formule du serment ordonné pour chaque cause, sur la place qu'il occupait, et les conséquences que pouvait avoir le refus de le prêter, ce que disait la loi 14, § 1, C., liv. III, t. I, *de judiciis*.

« Patroni autem causarum, qui utrique parti suum præstantes auxi-

à l'entrée de la profession et en exige le renouvellement annuel.

Prêté sur les Évangiles, ce serment confirmait l'engagement de traiter toutes les affaires avec soin, diligence et fidélité; de ne les accepter qu'autant qu'elles paraîtraient justes, et de s'en abstenir dès qu'on s'apercevrait qu'elles cachent l'injustice.

L'ordonnance puisa également dans le Droit romain la fixation des honoraires, qu'elle règle sur la double base de l'importance du procès et de l'habileté de l'avocat, en en fixant le maximum à 30 livres tournois, ce qui correspond à 674 fr. 40 c. de notre monnaie [1].

« lium ingrediuntur, cum lis fuerit contestata, post narrationem propositam, et contradictionem objectam, in qualicumque judicio, majore vel minore, vel apud arbitros, sive ex compromisso, sive aliter datos, vel electos, sacrosanctis Evangeliis tactis, juramentum præstent, *quod omni quidem virtute sua omnique ope, quod verum et justum existitimaverint, clientibus suis inferre procurabunt : nihil studii relinquentes, quod sibi possibile est : non autem credita sibi causa cognita, quod improba sit, vel penitus desperata, et ex mendacibus allegationibus composita ipsi scientes, prudentesque mala conscientia liti patrocinabuntur : sed etsi, certamine procedente, aliquid tale sibi cognitum fuerit, à causa recedent, ab hujusmodi communione sese penitus separantes.* Hocque subsecuto, nulla licentia concedatur, spreto litigatori ad alterius advocati patrocinium convolare, ne, melioribus contemptis, improba advocatio subrogetur. »

1. *Ordonnances touchant les fonctions et les honoraires des Avocats, à Paris, le mardi avant la Saint-Simon-Saint-Jude,* le 23 octobre 1274.

« Ordinavimus et statuimus ut omnes et singuli, tam in vestra quam Baillivorum et aliorum predictorum nostrorum officialium seu judicum curiis, advocationis officium exercentes, prestent super sacrosanctis Evangiliis juramentum, quod in omnibus causis in dictis curiis pertractendis, officium quod in eis assumpserint vel assument, bonâ fide diligenter ac fideliter exercebunt, quamdiù eas crediderint esse justas. In nulla causa in dictis curiis patrocinium seu consilium nisi eam esse justam crediderint, impensuri, quod que in quacumque parte judicii eis innotuerit injustam, seu improbam fore causam, amplius non patrocinabuntur eidem, sed a patrocinio et consilio dictæ causæ penitus abstinebunt. — Advocati autem qui juxta

Le Droit romain nous servait ainsi de règle jusque dans les détails de notre profession.

VI

ORDONNANCE DU 7 JANVIER 1277.

Malgré ses emprunts au Droit romain, Philippe le Hardy défendit, par *Ordonnance du 7 janvier* 1277, d'alléguer *droict escrit là où coustumes ont lieu* [1].

« cam formam jurare noluerint, hujusmodi voluntate durante, advo-
« cationis officium in dictis curiis sibi noverint interdictum.

« Circa advocatorum vero *salaria* duximus statuendum quod pro
« modo litis et advocatorum peritia competens *salarium* recipiatur, ita
« tamen quod pro quacumque causâ movendâ de cetero coram nobis,
« seu coram vobis, seu coram nostris justiciariis ante dictis pro totâ
« causâ summam *triginta librarum turonensium* unius advocati sala-
« rium non excedat,

« Jurabunt etiam advocati quod nec pensionis servitii, muneris, aut
« gratiæ cujuscumque nomine, vel pretextu per se vel per alium qua-
« cumque arte, vel ingenio quocumque colore excogitato, seu excogi-
« tando sine fraude aliquâ, nihil ultra summam recipiet pretaxatam.
« Si quis vero ordinationes et statuta hujusmodi, necnon et juramen-
« tum prestitum violare presumpserit, postquam constiterit ita esse in
« predictis curiis, is nota perjurii et infamiæ, nulla alia expectata sen-
« tentia, ab advocationis officio perpetuo sit exclusus alias nihilominus
« prout nobis seu aliis nostris judicibus in quorum curiis deliquerit
« videbitur puniendus. »

« Ordinavimus etiam juramentum predictum ab advocatis quomodo
« libet annis singulis innovari. Et hanc ordinationem nostram per Balli-
« vos, Senescallos et alios justiciarios nostros ter in anno in suis assi-
« siis precipimus publicari. »

Ord. du Louvre, t. I, p. 300.
Isambert, t. II, p. 652, n° 247.

1. *Ordonnance concernant l'instruction des procés, au Parlement de Paris, le lendemain de l'Epiphanie*, 7 *janvier* 1277.

9°. « Li advocats ne soient si hardis d'eus mesler d'aleguer droict
« escrit, là où coustumes aient leu, mais usent de coustumes. »

L'ordonnance protége le juge contre les redites des avocats chargés ensemble d'une même défense, comme il protége l'avocat contre les interruptions intempestives du tribunal :

11°. « Nuls advocats n'ose recorder ou recommencier ce que son

VII

ORDONNANCE DE 1291 [1]

Dix-sept ans après, par son ordonnance de 1291, Philippe le Bel nous défend de solliciter des délais frustratoires; de refuser des remises fondées; d'alléguer un fait faux, le sachant tel; de dénaturer les règlements et les coutumes par fausse interprétation ou citation infidèle. Il nous prescrit pour nos discours, brièveté et simplicité; et pour les audiences, l'exactitude [2].

« compaignon, à qui il aidera, aura dict; mais il puet bien aucune « chose adjouster de nouvel, s'il y avoit à adjouster.

14° « Nules du conseil n'ose contredire ou contrealer aux parties « plaidans, mais chacun des plaidans paisiblement escoute, se n'est « par avanture que à aucune chose de cleirier, soit necessaire aucune « demande. »

Ord. du Louvre, t. XI, p. 354.
Isambert, t. II, p. 661, n° 256.

1. DANS L'INTERVALLE QUI SÉPARE 1277 DE 1291, ON TROUVE, NOTAMMENT :

1283. — *Li livres des coustumes et des usages de Biauvoisins, selon ce qu'il courai ou tans que cist livres fu fez, c'est assavoir en l'an de l'incarnation nostre Seigneur* 1283, *par messire* PHILIPPE DE BEAUMANOIR.

Le chapitre V est intitulé : « Chi commenche li v^e^ capitres qui parole « des advocas, comment il doivent estre receus, et comment il se doi« vent maintenir en lor office, et li quel poent est debouté. »

Toutes les règles données par Beaumanoir, recueillies par la tradition et sanctionnées par les lois et ordonnances qui ont suivi, vivent encore aujourd'hui.

PHILIPPE DE BEAUMANOIR est né dans les premières années du règne de saint Louis, — et est mort avant 1296.

Les stagiaires trouveront à notre Bibliothèque l'édition donnée par la Thomassière, in-fol., 1690, et celle publiée par M. Beugnot, 2 vol. in-8°, Paris, 1842.

2. *Ordonnance touchant le Parlement. — Au Parlement tenu dans les trois semaines après la Toussaint, en* 1291.

Ord. du Louvre, t. I, p, 320.
Isambert, t. II, p. 686, n° 295.

DEUXIÈME SECTION

DU XIVe AU XVe SIÈCLE

I

PREMIÈRE ORGANISATION DE L'ORDRE

Les ordonnances dont je viens de vous parler ne renferment que des règles morales et professionnelles ; mais, au quatorzième siècle, nous trouvons la preuve d'une organisation réglementée, car on nous appelle, alors, *Ordre des Avocats*, désignation empruntée à une constitution de l'empereur Justin [1].

L'esprit organisateur de cette époque est connu.

Personne n'ignore quel mouvement remarquable se manifesta vers la fin du treizième siècle, dans les classes travailleuses, et avec quelle ardeur, se formant de toutes parts en confréries, elles acceptèrent ces règlements

1. Voir Loi VII, § 3, C., lib. II, t. VIII, *De Advocatis diversorum judicum.*

Sur l'organisation du Barreau romain, V. GRELLET-DUMAZEAU, *le Barreau romain*, . 53.

dont Étienne Boyleaux fut le créateur et dont on ne voyait, alors, que les côtés utiles [1].

On sait, également, que le 25 mars 1302, Philippe le Bel rendit le Parlement sédentaire [2].

Il est donc naturel de croire que ce fut une occasion de former ou de compléter l'organisation du Barreau, qui suivait, auparavant, le Parlement dans ses péré-

1. C'est à *Étienne Boyleaux* (*Boileave, Boylesve*), prévôt de Paris sous Louis IX, qu'on doit les premiers règlements des marchands et artisans en différents corps et communautés, sous le titre de *Confréries*. Les statuts et règlements qu'il leur donna sont imprimés sous le nom de *Livre des Métiers* (1 vol. in-8°, Paris, 1837), avec une préface de Depping.

Boyleaux est né à Angers en . . . , — mort, à Paris, en 1269.

La façade de l'hôtel de ville de Paris a reçu sa statue.

L'utilité de ces règlements peut être admise pour le temps où ils ont été faits. Mais pour connaître les abus qui en sont sortis, il est nécessaire de lire le préambule mis par Turgot en tête de l'édit de février 1776.

Les stagiaires en trouveront les parties utiles dans l'ouvrage de M. Laferrière : *Histoire des principes, des institutions et des lois, pendant la Révolution française, depuis 1789 jusqu'en 1804*. 2e édit., Paris, Cotillon 1852.

2. *Ordonnance pour le bien, l'utilité et la réformation du Royaume ; Philippe IV, dit le Bel, à Paris, le lundy après la Mi-Caresme*, 25 mars 1302.

L'art. 62 s'explique ainsi : « Præterea propter commodum subjectorum « nostrorum et expeditionem causarum, proponimus ordinare quod *duo* « *Parlamenta Parisiis*, et duo scacaria Rothomagi et dies trecenses bis « tenebuntur in anno. »

L'art. 22 porte que les sénéchaux et autres officiers de justice exerceront leur office en personne, et que, dans le cas où ils seraient obligés de s'absenter, ils ne pourront se faire substituer que par des personnes du pays qui ne seront pas avocats ou surchargées d'affaires.

Ord. du Louvre, t. I, p. 354.
Isambert, t. II, p. 759, n° 371.

grinations, et qui, à ce moment, devenait sédentaire avec lui.

Les avocats, cependant, ne formèrent pas une corporation semblable à celles des corps et métiers. A aucune époque, nous n'avons formé une corporation. Nous n'avons jamais été que les membres d'une société libre et volontaire; et Boucher-d'Argis fait cette remarque qu'on dit l'*Ordre des Avocats*, comme on dit l'Ordre de la noblesse, l'Ordre du tiers-état[1].

Aussi, ne trouve-t-on pas, pour nous, de lettres-patentes, comme on en trouve, pour les procureurs au Châtelet, en février 1327, et, pour les procureurs au Parlement, en 1342[2].

---

1. *Histoire abrégée de l'ordre des Avocats*, 1778, p. 6.

MM. Camus et Bayard ont aussi très-bien dit:

« Les avocats exerçant leur profession au Parlement de Paris, pris « collectivement, se nomment l'*Ordre des Avocats*. Ils ne forment ni « corps, ni communauté, n'ayant ni statuts communs, ni possession ou « charges communes. C'est une société de personnes libres qui n'ont de « concert entre elles qu'à raison de ce qu'elles exercent des fonctions « qui les rapprochent les unes des autres; et à raison de ce qu'étant « libres dans l'exercice de leurs fonctions, il est naturel qu'elles ne les « exercent qu'avec les personnes qu'elles agréent ou qu'elles cessent « de les exercer avec des personnes qu'elles ont des motifs pour ne plus « agréer. »

Collection des décisions nouvelles et de notions relatives à la jurisprudence, donnée par Me Denisart, mise dans un nouvel ordre, corrigée et augmentée par MM. Camus, Bayard et Meunier, avocats au Parlement (1783).

2. *Lettres par lesquelles le Roy confirme la confrairie des Procureurs du Parlement à Paris, au mois d'avril* (1342).

Ord. du Louvre, t. II, p, 176,
Isambert, t. IV, p. 470, n° 111.

Au treizième siècle, le Roi, les ecclésiastiques, les femmes et les mineurs pouvaient seuls se faire représenter, de plein droit, par procureur. Tout autre plaideur devait, pour jouir de ce droit, obtenir des *lettres de*

II

FORMULAIRE DE 1306 SUR LES GAGES DE BATAILLE [1]

Nous trouvons encore, dans ce quatorzième siècle, des règlements sur le duel judiciaire, et il faut citer, parmi eux, l'*Ordonnance de 1306 sur les gages de bataille*,

---

grâce à plaidoyer, lettres spéciales à une affaire et n'ayant que la durée du Parlement temporaire pour lequel on les dressait. Les écrivains du Palais se chargeaient, ordinairement, d'obtenir ces lettres et les remplissaient de leur nom, d'où leur vient celui d'*Écrivains-Procureurs*.

Quand le Parlement devint sédentaire, la plupart des procurations se fixèrent en leurs mains.

Le 17 juin 1341, ils dressèrent devant notaires l'acte constitutif de leur Confrérie. Ils y prennent le nom *compagnons-clercs et autres procureurs et écrivains fréquentant le Palais et la court du Roy*, se placent sous l'invocation de N.-S. Jésus-Christ, de la Vierge, de saint Nicolas, sainte Catherine et de tous les saints. Au mois d'avril 1342, les lettres patentes ci-dessus confirment leur association sous le titre de *Procureurs du Parlement*.

On les appela, plus tard, *Procureurs Généraux*, comme se chargeant, en général, de toutes les procurations relatives aux affaires litigieuses, par opposition à ceux qui ne se chargeaient que de procurations particulières.

C'est le titre que leur donnent le Règlement du Parlement de 1345, et l'ordonnance du 16 juillet 1378, *procuratores generales in Parlamento*. (*Ord. du Louvre*, t. II, p. 226, et t. VI, p. 332.)

1. Entre 1291 et 1306, on trouve, notamment :

1299. — *Mandement adressé aux Baillis de Tourraine et du Maine, par lequel le Roy leur défend de vexer par leurs saisies les personnes ecclésiastiques*. (*Philippe IV, surnommé le Bel, à Angleur, le jeudy après Pâques, le 23 avril* 1299.)

L'art. 4 interdit aux excommuniés de patrociner. (*Ord. du Louvre*, t. Ier, p. 331. — Isambert, t. II, p. 719, n° 337.)

23 mars 1302. — *Ordonnance qui rend le Parlement sédentaire*, citée plus haut, p. 261.

1303 — *Ordonnance du Roy Philippe le Bel pour la recherche des*

parce qu'elle était accompagnée d'un *formulaire* servant de guide à l'avocat dans les défis à faire ou à relever, afin qu'il n'engageât pas sa personne, au lieu de celle de son client, comme il arriva à notre confrère Hugues de Fabrefort, plaidant pour Montaigu contre Aymeric de Durfort [1].

---

malversations des officiers royaux (le lundy après la huitaine de Pasques, 1303).

« Nous vous mandons que vous ne souffrez à nus de noz officiers « dessus diz que ils aient advocat, ne conseil à respondre pour eux, ès « cas dessus diz, fors de nier ou de connaistre la vérité, ne en nul « autre cas, qui touche leur fait. » (*Ord. du Louvre*, t. Ier, p. 544, aux observations. — Isambert, t. II, p. 796, n° 383).

1304 ou **1305**. — *Ordonnance de Philippe le Bel qui constitue le personnel du Parlement et fixe l'ouverture de la première session à l'octave de Pasques, et celle de la seconde à l'octave de la Toussaint.*

Cette ordonnance est transcrite, sans titre, dans PASQUIER (*Recherches*, liv. II, chap. III, p. 51), et dans une Observation de LAURIÈRE (*Ord. du Louvre*, t. Ier, p. 547). ISAMBERT la rapporte aussi (t. II, p. 827, n° 410), sous le titre suivant: *Réglement pour l'exécution de l'article* 62 *de l'Édit de* 1302 *fait pour le bien du Royaume.*

Si on adopte ce titre, on tranche en faveur de Laurière la question examinée successivement par *Pasquier* et par lui; le premier soutenant que cette ordonnance est celle qui a rendu le Parlement sédentaire; le second n'y voyant, au contraire, que l'exécution de l'ordonnance de 1302.

1. *Ordonnance touchant les duels et les gages de bataille (Philippe IV, dit le Bel, à Paris, le mercredy après la Trinité,* 1306).

Ord. du Louvre, t. I, p. 435.
Isambert, t. II, p. 831, n° 417.

§

Sur cette matière, les stagiaires peuvent consulter, notamment

GUILLAUME DU BREUIL, *Stylus curiæ Parlamenti*; — Œuvres de *Dumoulin*, t. II, p. 424.

ESTIENNE PASQUIER, *Recherches de la France*, liv. IV, chap. I, t. I, p. 365 (Amsterdam, 1723).

M. CAUCHY, *du Duel considéré dans ses origines et dans l'état actuel des mœurs* (2 vol. in-8, Paris, 1846, Hingray).

§

Quant à l'aventure de Hugues de Fabrefort, elle est racontée par

III

ORDONNANCE DU 17 NOVEMBRE 1318 ET DE DÉCEMBRE 1320 [1].

Le 17 novembre 1318, une ordonnance de Philippe le Long punit d'amende l'avocat qui, par absence ou retard, empêcherait l'expédition d'une affaire, et défendit aux magistrats de boire et de manger non-seulement avec les parties, mais encore avec les avocats, « car on « dit pieça que trop grande familiarité engendre grand « mal [2]. »

GUILLAUME DU BREUIL et par LOISEL. Voici ce qu'en dit *Guillaume du Breuil :*

§ 9. — « Item debet præcavere ut faciat mentionem de Advocato, « quia si non faceret, per se ipsum oporteret quod duellaret, ita fuit « objectum Magistro Hugoni Fabrefortis, in causa duelli quam propo- « suit pro Armando de Monte-Acuto contra Aymericum de Duroforti. »

CAPUT XVI, *de Duello.*

Quant à *Loisel,* Voir au Dialogue des Avocats, p. 39, édit. Dupin, 1844.

1. ENTRE 1306 ET 1318, ON TROUVE, NOTAMMENT :

19 mars 1314. — *Lettres par lesquelles le Roy confirme les privilèges des peuples de Normandie* (*Louis X, surnommé le Hutin, à Vincennes, le* 19 *mars* 1314).

Elle fixe à 30 livres le maximum des honoraires des avocats. — (*Ord. du Louvre,* t. I, p. 551).

Juillet 1315. — *Lettres par lesquelles le Roy approuve les privilèges des habitants de Normandie* (*Louis X, dit le Hutin, à Vincennes, avant le* 22 *juillet* 1315).

Disposition identique. — *Ord. du Louvre,* t. I, p. 587. — Isambert, t. III, p. 105, n° 497).

2. *Ordonnance touchant le Parlement* (*Philippe V, dit le Long, à Bourges, le* 17 *novembre* 1318).

Ord. du Louvre, t. I, p. 673.

Isambert, t. III, p. 190, n° 556.

Entre cette ordonnance et la suivante, nous trouvons un *projet de*

Le même prince, en décembre 1320, régla les audiences, et voulut qu'une cause commencée ne fût pas interrompue jusqu'à ce qu'elle fût finie, aucun juge ne pouvant se lever pendant la plaidoirie [1].

---

réglement sur le Châtelet qui renferme une fixation d'honoraires pour les Avocats et les Procureurs.

On y lit : 8° — « Pour ce que li avocat et procureur mengent tout « le pays, par les grans salaires qu'ils prennent, que nuls advocats en « Chastellet ne puit prendre le jour, que cinq sols tournois de la que- « relle de trente livres tournois, et du mains mains à la value, et de « toute la querelle dix livres tournois, et du mains aussi mains. Si y « serait bon mettre attempérance en la manière dessus ditte, et aussi « que nul procureur ne puist prendre que douze deniers par jour, pour « chascune querelle, ou vingt sols à l'année, ou soixante souls pour « toute la cause, montant à trente livres tournois, et du mains mains à « la value. »

Ord. du Louvre, t. p. 741.
Isambert, t. III, p. 245, n° 578).

1. *Ordonnance touchant le Parlement* (*Philippe V, dit le Long, au mois de décembre* 1320).

On trouve dans cette ordonnance une disposition relative à l'obligation où sont quelquefois les avocats de plaider à nouveau leur affaire devant la chambre du conseil :

« Item que l'en fera le jeudy aux arrez, et jugera l'en les causes qui « auront esté pledoiées. Et au conseiller et juger les dittes causes en « fera vuidier de chambre de nottaires, et de touttes autres gent, et ni « demeureront fors tant seulement ceux qui sont ordenez pour tenir le « Parlement. Et se le jeudy ne souffisait pour tout ce faire, l'en i serait « le vendredi après en suivant, et encore le samedi se mestier est, « jusques à tant que toutes les causes plaidoiées fussent conseillées et « jugées, se n'estait aucune cause especial qui fut réservée pour avoir « greigneur conseil, quar il est advenu aucune fois que par la longue « demeure de conseiller les arrez, l'en a oublié les plaidoiez, et les « resons qui avaient esté pledoiées, dont l'en a moins souffisamment « jugié, dont il n'est advenu aucunes foiz, qu'il convenait rappeler les « avocaz quand l'on jugeait les arrez, pour recorder leurs plaidoiers « que l'en avait oubliés. »

Ord. du Louvre, t. I, p. 727.
Isambert, t. III, p. 254, n° 581.

IV

ORDONNANCE DU 13 FÉVRIER 1327.

Le Châtelet avait son Barreau particulier, inscrit sur un rôle distinct de celui des avocats du Parlement [1].

Ce Barreau reçut son code des mains de Philippe de Valois le 13 février 1327.

---

1. « Il est cependant certain qu'outre les avocats au Parlement, il y « avait aussi, dès lors (1270), des avocats attachés au Châtelet de Paris, « et dans les Baillages et autres Justices Royales des provinces ; et que « les avocats au Parlement étaient distingués de ceux qui s'attachaient « aux autres tribunaux inférieurs.

« C'est ce qui paraît par une ordonnance de Philippe III, du 23 oc- « tobre 1274. . . . .

« Une ordonnance de Charles le Bel, du 25 mai 1325, fait mention « des avocats au Châtelet.

« Une autre ordonnance, de Philippe de Valois, du mois de fé- « vrier 1327, donne à ces avocats du Châtelet la qualité d'*avocats-* « *commis*, apparemment parce qu'ils étaient reçus d'abord au Parle- « ment, qui les avait ensuite commis pour plaider au Châtelet. Cette « ordonnance fait mention que ces avocats au Châtelet y prêtaient « serment et y étaient inscrits dans un rôle particulier. »

BOUCHER-D'ARGIS, *Histoire abrégée de l'Ordre des Avocats*, p. 63 (1778).

Nous venons de voir dans *Boucher-d'Argis* la citation d'une ordonnance du 25 mai 1325 relative aux avocats du Châtelet ; mais il est probable que cette citation de *Boucher-d'Argis* est une erreur, et qu'à cette époque il s'agissait seulement de la nomination des commissaires qui préparèrent l'ordonnance de 1327, c'est, du moins, ce qui paraît résulter de l'observation suivante de *Laurière* :

« En 1325, le 25 may, le Roy commist quelques personnes pour tra- « vailler à la réformation du Chastelet. — Les lettres en sont rappor- « tées par Joly aux additions à Girard, t. II, p. 1413. — Mais comme « ce que Charles avait projeté ne fut exécuté que sous Philippe de « Valois, on renvoye le lecteur au règne suivant sous le mois de fé- « vrier 1327. » (Observations à la fin du T. I des *Ord. du Louvre*, « p. 812.)

L'Ordonnance défend à quiconque de plaider « s'il « n'est advocat, si ce n'est pour sa cause propre; » et il n'admet l'advocat lui-même à la Plaidoirie « que s'il est « juré suffisamment et son nom inscrit au roolle. »

On ne peut-être « advocat ne procureur ensemble. »

Au plus excellent et au plus occupé on n'accorde « le « droit de plaider que trois querelles » au plus.

L'avocat parjure est « privé du Châtelet à toujours et « de tous offices royaux. »

On dressait alors des Mémoriaux ou accords de faits, les avocats jurant de ne pas contredire « les Mémoriaux « que plaidoyé auront » et s'ils venaient à les contredire, le Prévost les frappait d'amende.

Enfin, ceux d'entre vous qui n'ont pas la bonne habitude de se lever matin n'auraient pu remplir leur office; car l'ordonnance exige que « les avocats viennent au « Châtelet après le soleil levent, tantost l'espace qu'ils « puissent avoir ouy une messe courte [1]. »

---

1. *Lettres par lesquelles le Roy confirme un règlement fait par des commissaires que le feu roy Charles le Bel avait nommez pour travailler à la réformation des abus qui se commettaient au Chastelet de Paris (au mois de février* 1327, *Philippe de Valois Régent).*

Ord. du Louvre, t. II, p. 2.
Isambert, t. III, p. 337, n° 647.

V

CRÉATION DU STAGE

ARRÊT DE RÈGLEMENT DE 1344 [1].

Nous voici arrivés à l'un des documents les plus intéressants de notre histoire, surtout pour vous, le *Règlement de* 1344 ; car c'est celui qui a créé le Stage.

1°

Cet arrêt divise les avocats en trois catégories :

1° Les *Conseillers* (*consiliarii*), titre qui se réfère non-seulement aux conseils qu'ils donnaient aux plaideurs, mais, encore, et spécialement, à l'honneur que la Cour leur faisait en leur demandant leur avis et en les faisant asseoir sur ses propres siéges.

---

1. DANS L'INTERVALLE ENTRE 1327 ET 1344, ON TROUVE, NOTAMMENT :

1330.— *Stylus curiæ Parlamenti, auctore Guillelmo* DE BROGLIO, *in supremâ parisiensi curiâ advocato.*

Il s'y trouve un chapitre, le second, *De modo, gestu et habitu quem debet habere advocatus curiæ Parlamenti.*

Voir une partie de ce chapitre et ce que j'ai dit de *Du Breuil* dans mon Discours du 28 novembre 1857 (*la Plaidoirie*).

Les stagiaires trouveront *le Style du Parlement* à la Bibliothèque, au t. II des Œuvres du Dumoulin, p. 402.

Mars 1336. — *Ordonnance faite en conséquence de l'assemblée des trois Etats du Royaume de France de la langue d'oïl, contenant plusieurs règlements sur différentes matières* (*Charles, fils aîné et lieutenant du roi Jean Ier, et, selon d'autres, Jean II, à Paris, au mois de mars* 1336).

L'article 26 défend aux sénéchaux et autres officiers exerçant juridiction, « qu'ils ne facent leurs lieutenans de Advocas, de Procureurs,

Aussi, le Règlement les distingue des avocats proprement dits : en parlant d'eux, il porte : *Consiliarii*; et, en parlant des autres, *Advocati*; — *Consiliarii et advocati*.

Ils ont pris, par la suite, le nom de *consultants*.

2° Les *Proposants* (*advocati proponentes*), parce qu'ils posent et développent les propositions qui constituent le procès.

Ce sont les *avocats plaidants*.

3° Enfin, les *Nouveaux*, les *Écoutants* (*novi, audientes*).

Ce sont les Stagiaires, c'est vous-mêmes, soumis, aujourd'hui encore, à la loi de 1344, qui consiste à suivre les audiences pendant un temps suffisant (*per tempus sufficiens*) pour devenir aptes à remplir votre office honorablement et utilement (*laudabiliter et utiliter*), en écoutant les anciens et en étudiant les formes de procéder en usage dans les tribunaux.

J'insiste sur ce devoir essentiel de suivre les audiences

« ou conseillers communs ou publics de leurs cours ou d'aucuns « autres seigneurs. » — (*Ord. du Louvre*, t. III, p. 121).

Novembre 1340. — *Ordonnance qui confirme la viguerie de Beziers dans son ancien ressort, et qui contient plusieurs réglements qui doivent être observés dans cette viguerie* (*Philippe de Valois, à Paris, en novembre* 1340).

Elle a été confirmée par « Charles, fils aîné et lieutenant de Jean Ier; « et selon d'autres, Jean II, à Paris, au mois de juin 1357. »

On y trouve une disposition sur les impôts, relative aux avocats. — (*Ord. du Louvre*, t. III, p. 168).

11 mars 1344. — *Ordonnance touchant le Parlement* (*Philippe VI, dit de Valois, au Val Nostre-Dame, le* 11me *jour de mars* 1344).

Cette ordonnance réorganise le Parlement et donne les règles les plus minutieuses pour la tenue des audiences, les délibérés, la rédaction des arrêts, etc. Elle défend aussi aux membres de la cour d'interrompre les avocats plaidants.— (*Ord. du Louvre*, t. II, p. 219.— Isambert, t. IV, p. 498, n° 127).

et de connaître la procédure. C'est la base du stage. La sagesse de nos anciens a, depuis, créé la Conférence ; nous y avons, ensuite, ajouté les assemblées de colonnes ; mais loin de détruire l'obligation étroite qui vous est imposée d'être assidus aux audiences, et d'apprendre, là, par quels actes un procès se commence, se conduit, et se termine, ce qu'on a fait n'a eu pour but que de confirmer et d'augmenter les bons résultats qu'entraîne nécessairement après elle l'assiduité aux audiences.

2°

Aux termes du Règlement, l'avocat n'est admis à plaider qu'après serment prêté et inscription au rôle [1].

Le serment résume tous les devoirs indiqués aux ordonnances que nous avons parcourues [2].

---

1. « Et est sciendum quod nullus advocatus ad patrocinandum recipiatur, nisi sit juratus et in rotulo nominum advocatorum scriptus. « Et prohibet curia ne ipsi ingerant se ad patrocinandum, nisi sint « jurati. » — (N° 3.)

2. « Advocati istius curiæ jurabunt articulos qui sequuntur videlicet :

« Quod diligenter et fideliter istud officium exercebunt.

« Quod causarum injustarum patrocinium scienter non recipient.

« Quod si, non ab initio, et post facto tamen, viderint eam esse in« justam, statim eam dimittent.

« Quod in causis, quas fovebunt, si viderint tangi Regem, ipsi de « hoc curiam avisabunt.

« Quod causa placitata, et factis negatis, ipsi de recenti intra bi« duum, vel triduum facient, et curiæ tradent articulos suos, nisi ex « causa, de licentiâ curiæ, ulterius different.

« Quod impertinentes articulos scienter non facient.

« Quod consuetudines, quas veras esse non crediderint, non propo« nent, nec sustinebunt.

« Quod causas, quas suscipient, cito expedient pro posse suo.

« Quod in iis dilationes et subterfugia malitiose non quærent.

Quod pro salario suo, quantumcumque sit magna causa, ultra tri-

3°

On voit, aussi, dans cette pièce importante, que le Parlement accordait, alors, non-seulement la *Réplique*, mais encore la *Duplique*, en prescrivant d'être courts[1].

La brièveté devenait, ainsi, chose facile ; car en donnant la réplique, la magistrature rendait certaine, et faisait connaître, d'avance, à l'avocat, la possibilité de répondre à toute objection qui pourrait se présenter ; chacun était ainsi dispensé de la tâche, aussi nécessaire que fatigante, qui nous est imposée, aujourd'hui, d'aller au-devant de tous les arguments et de toutes les hypothèses possibles.

« ginta libras parisienses non recipient, nec etiam aliquid ultra, in « salarii majoris fraudem. Minus tamen recipere possunt.

« Quod pro mediocri minus et pro minori causa multo minus reci« pient, secundum quantitatem causæ et conditiones personarum.

« Item quod non paciscentur de quota parte litis. »

Ce serment ne regarde pas seulement les avocats *plaidants*, il regarde aussi les avocats *consultants* :

« Hoc idem juramentum præstabunt, illi qui advocatis proponenti« bus, ut consiliarii, assistent.

Le Règlement ajoute au serment diverses injonctions :

« Injungatur iis, præter juramentum :

« Quod bene mane veniant, et bene venire faciant partes suas

« Quod illum, cui data fuerit audientia, non impediant.

« Quod stando, et retro primum scamnum patrocinentur,

« Quod primi scamnum non occupent.

« Quod licet sint plures advocati in una causa, unus tantummodo « loquatur.

« Quod facta impertinentia non proponant.

« Quod ipsi de curia non recedant, quamdiu magistri in camera « erunt. » — (N° 2.)

1. .... Replicationes seu duplicationes......... — (N° 3).

Depuis, et par ordonnance de 1363, il a été décidé que chaque avocat ne serait entendu que deux fois [1].

Nous n'en demandons pas davantage.

4°

Une chose à remarquer, c'est que le Règlement engageait à n'employer que les faits et moyens qui vraisemblablement seraient admis dans l'arrêt (*facta vel rationes quæ... verisimiliter prævident debere poni in arresto*) [2], paroles qui méritent d'être pesées, lors même que Fournel aurait tort en pensant qu'elles indiquent l'usage de motiver les arrêts [3].

5°

Le Règlement prescrit aux avocats de donner par écrit les faits et articles qu'ils auront avancés en plaidant, deux ou trois jours, au plus tard, après la Plaidoirie, ce qui prouve qu'alors ils faisaient seuls les écritures, quoiqu'il y eût déjà des *procureurs*.

Et, en effet, ils les firent d'abord seuls, et ensuite ils les partagèrent avec les procureurs; et, pour cela, ils avaient des clercs, dont s'occupent les Ordonnances et les Règlements; de telle sorte que le Stagiaire apprenait

1. *Ordonnance contenant différents règlements pour le jugement des procès* (*Jean Ier, et, selon d'autres, Jean II, à Hesdin, en décembre* 1363).

« Nullus advocatus admittatur, sive ex parte actoris, sive ex « parte defensoris, ad placitandum aut aliquid proponendum ultra bis « duntaxat, juxta antiquum stilum. Et advocatis curiæ nostræ firmiter « injungatur, quod replicando vel duplicando, a repetitionibus prius « propositorum vel dictorum abstineant, nec ea, quæ in primis propositis dixerint, refricent, *nisi prout fuerit necesse*; et quod in factis « proponendis breviores, prout potuerint, existant, intimando eisdem « quod si fecerint contrarium, graviter punientur. »

Ord. du Louvre, t. III, p. 649.
Isambert, t. V, p. 160, n° 354.

2. *Règlement de* 1344, n° 3.

3. Fournel, I, p. 174.

à la fois l'art de plaider les procès et l'art de les conduire [1].

6°

Cet Arrêt de 1344 fit, à double titre, révolution au Palais; car il ne se borna pas à réglementer le Barreau, il l'épura, en ordonnant d'éliminer les incapables (*rejectis non peritis*) et de ne conserver que ceux qui seraient idoines et de capacité suffisante (*idonei et sufficientes*) [2].

« Il est aisé de reconnaître dans ce règlement, dit « Fournel, le modèle exact de la discipline qui s'observait dans l'Ordre des Avocats à l'époque de la Révo-« lution, et qui avait traversé cinq siècles.

« Présentation des licenciés au serment d'avocat, « prestation de serment, arrêt de réception ou immatri-« cule, stage de quelques années, inscription sur le Ta-« bleau, radiation autorisée par les anciens; tout s'y « trouvait exactement calqué sur la discipline du qua-« torzième siècle. » (T. I, p. 175) [3].

---

1. Sur les faits et articles que les Avocats devaient donner par écrit, voir le *Règlement* n° 4.

Relativement aux clercs d'Avocats, voir notamment n° 3 du règlement touchant les huissiers, où se trouve la disposition suivante :

« La Cour leur commande et enjoint (aux huissiers) .... et « ne souffrent mie que les clercs des Avocats ou d'autres fassent leurs « écritures en la chambre du Parlement. »

2. *Règlement de* 1344, n° 1.

3. *Ordinationes advocatos et consiliarios, in Parlamento juratos, tangentes.*

Cet arrêt de règlement renferme quatre chapitres ou ordonnances (*ordinationes*), dont la première regarde les Huissiers du Parlement; la seconde, les Avocats; la troisième, les Procureurs au Parlement; et la quatrième, les Parties qui ont à plaidoyer.

Le premier de ces règlements commence à la page 225 du tome II, *Ord. du Louvre*, et les autres suivent.

Ord. du Louvre, t. II, p. 225.
Isambert, t. IV, p. 505, n° 128.

TROISIÈME SECTION

DEPUIS LE XVe JUSQU'AU XVIIe SIÈCLE

I

Et, en effet, les Ordonnances et Règlements qui suivirent, se bornèrent, pour ainsi dire, à en rappeler les dispositions, soit qu'on les doive à ceux qui furent vraiment rois de France, soit qu'ils émanent du roi d'Angleterre, pendant le temps qu'il tint Paris en ses mains, soit que le Parlement en ait été le créateur.

Ici les documents sont nombreux et détaillés.

On en compte, notamment, neuf dans le quatorzième, vingt dans le quinzième et vingt-sept dans le seizième siècle [1].

---

1. QUATORZIÈME SIÈCLE :

1° Ordonnance *touchant les privilèges de la ville d'Aigues-Mortes* (*Jean Ier, et, selon d'autres, Jean II, à Lyon, en février* 1350).

Obligation pour le juge de donner un avocat à celui qui, n'en ayant pas, en demande, tant au civil qu'au criminel.

Ord. du Louvre, t. IV, p. 41.

2° Ordonnance *contenant différents règlements pour le jugement des procès* (*Jean Ier, et selon d'autres, Jean II, à Hesdin, en décembre* 1363).

Célérité des procédures. — Brièveté des plaidoiries. — Réplique et duplique.

Ord. du Louvre, t. III, p. 649.
Isambert, t. V, p. 160, n° 354.

3° Règlement *pour les requestes du Palais* (*Charles V, à Paris, en novembre* 1364).

Mémoriaux. — Clarté. — Brièveté. — Défense gratuite des pauvres.

II

La Roche-Flavin nous en a donné le résumé suivant, jusqu'au dix-septième siècle :

« I. Advocats de la Cour seront gradués *in altero ju-*

— Honoraires. — Attention du juge. — Pas d'interruption.

Ord. du Louvre, t. IV, p. 506.
Isambert, t. V, p. 224, n° 377.

4° Règlement *pour l'expédition des affaires pendantes au Parlement (Charles V, à Paris, le 16 de décembre 1364).*

Célérité. — Brièveté. — Peine contre ceux qui manqueront à l'audience.

Ord. du Louvre, t. IV, p. 511.
Isambert, t. V, p. 228, n° 378.

5° Règlement *fait par la Chambre des comptes sur quelques-unes des fonctions des vicomtes de la Normandie (Charles V, à Paris, en 1356).*

Incompatibilité.

Ord. du Louvre, t. IV, p. 719.
Isambert, t. V, p. 265, n° 403.

6° Ordonnance *contenant un Règlement sur les fonctions des avocats et des procureurs au Chastelet de Paris, et sur les procédures qui doivent être observées dans ce siége (Charles V, à Paris, le 17 de janvier 1367).*

Devoirs généraux. — Serment. — Réception. — Tableau. — Règlement des audiences. — Mémoriaux. — Quittance d'honoraires. — Limitation du nombre des causes.

Ord. du Louvre, t. VII, p. 705.
Isambert, t. V, p. 304, n° 424.

7° Règlement *général pour les eaux et forêts (Charles V, dit le Sage, Paris, en septembre 1376, et à Melun-sur-Seine, en juillet 1376).*

Incapacité d'achat.

Ord. du Louvre, t. VI, p. 222.
Isambert, t. V, p. 456, n° 575.

8° Instruction *sur le fait des aides (Charles VI, Paris, 4 janvier 1392).*

Impôts.

Ord. du Louvre, t. VII, p. 524.
Isambert, t. VI, p. 726, n° 174.

9° Lettres *qui portent que le nombre des procureurs au Châtelet de*

« *rium*; et seront receux en icelle et y presteront le « serment.

« François I. Ord. 1535, chap. IV, art. 1.

« II. Ne pourront requérir les causes être réappelées, « si autres causes ne sont parachevées.

« François I. Ord. 1539, art. 21.

Paris ne sera plus fixé à quarante, et que tous ceux qui voudront exercer cet emploi pourront le faire, pourvu que trois ou quatre avocats de cette Cour certifient au Prévôt de Paris qu'ils en sont capables (*Charles VI, Paris*, 19 *novembre* 1393).

Ord. du Louvre, t. VII, p. 584.
Isambert, t. VI, p. 742, n° 192.

QUINZIÈME SIÈCLE :

1° Ordonnance *portant confirmation de l'affranchissement par Eudes, seigneur de Grancey, aux habitants de ce lieu* (*Charles VI, novembre* 1406).

Fixation de rang de plaidoiries.

Ord. du Louvre, t. IX, p. 158.

2° Décision *du chancelier Arnault de Corbie, qui, en* 1406, *établit une contribution de deux écus sur la réception de chaque avocat, pour assurer un fonds à la célébration de la messe dite, chaque jour, à la chapelle du palais au nom de la confrérie des procureurs au Parlement.*

Au moyen de ce fonds, on put donner un peu plus d'appareil à la messe de rentrée, qui, en 1512, s'appela la Messe Rouge. (Voy. *Fournel*, t. II, p. 268.)

3° Lettres *qui règlent les différents jours de la semaine pendant lesquels les différentes sortes d'affaires seront plaidées et jugées dans la Cour du sénéchal de Toulouse, et qui portent que les seuls officiers recevant gages du Roy pourront être rapporteurs des affaires domaniales et criminelles, et que les juges pourront appeler des avocats aux jugemens de celles qui seront douteuses et importantes* (*Charles VI*, 24 *septembre* 1407).

Ord. du Louvre, t. IX, p. 253.
Isambert, t. VII, p. 150, n° 391.

4° Lettres *qui renouvellent une ordonnance qui défendait aux juges royaux de créer plus de deux lieutenants de consuls, dans chaque lieu,*

« III. Se trouveront au commencement de la Plaidoi-
« rie; autrement, sont tenus de dommages et intérêts.
« François I. Ord. 1535, chap. IV, art. 15.

« IV. Plaideront et escriront brièvement.
« Jean I. Ord. 1363.

---

et de charger de ces emplois les avocats, les anciens consuls et les personnes âgées (*Charles VI*, 26 *septembre* 1407).

Ord. du Louvre, t. IX, p. 255.
Isambert, t. VII, p. 150, n° 392.

5° Lettres *par lesquelles Charles VI accorde différens priviléges aux nobles du Languedoc et à leurs sujets* (11 *août* 1408).

Défense aux juges de consulter les avocats de la cause et de délibérer avec eux.

Ord. du Louvre, t. IX, p. 360.

6° Lettres *par lesquelles Charles VI confirme un réglement fait sur l'administration de la justice en Dauphiné* (*Paris*, 12 *juillet* 1409).

Serment. — Tableau. — Plaidoirie. — Mémoriaux. — Écritures. — Renouvellement de la loi bizarre (7, C., lib. II, tit. VI, *De postulando*) qui permet aux juges de donner à la partie qui n'a pas trouvé d'avocat un défenseur choisi parmi ceux qu'a retenus l'autre partie, à peine, pour l'avocat qui refuse, d'être suspendu pendant un an.

Ord. du Louvre, t. IX, p. 447.
Isambert, t. VII, p. 199, n° 446.

7° Lettres *de Charles VI par lesquelles il ordonne aux avocats et aux procureurs qui exercent leur ministère dans le comté de Boulogne d'en faire les fonctions dans les affaires de Jeanne de Boulogne, femme du duc de Berry, nonobstant la rébellion de ce duc, et dans celles qui regarderont les seigneurs de Croy, en qualité de gouverneurs de ce comté* (11 *mars* 1411).

Ord. du Louvre, t. IX, p. 686.
Isambert, t. VII, p. 264, n° 517.

8° Ordonnance *de Charles VI pour la police générale du Royaume* (*Paris*, 25 *mai* 1413).

Honoraires. — Brièveté. — Amende. — Restitution.

Ord. du Louvre, t. X, p. 70.
Isambert, t. VII, p. 283, n° 539.

9° Ordonnance *de Henri VI* [*roi d'Angleterre*], *pour la rédaction*

« Charles V. Ord. 1364.
« Charles VII. Ord. 1446, art. 25.
« Charles VIII. Ord. 1493, art. 26.
« Louis XII. Ord. 1507, art. 121.
« François I. Ord. 1528, art 10.

---

d'un règlement pour le Châtelet de Paris (Paris, 5 août 1424).

Ord. du Louvre, t. XIII, p. 88.
Isambert, t. VIII, p. 694, n° 18.

10° Règlement *concernant le Châtelet de Paris* (*Henri VI* [*roi d'Angleterre*], *à Paris, en may* 1425).

Réception. — Serment. — Règlement d'audience. — Célérité. — Nombre des causes. — Avocats admis à conseiller la Cour. — Honoraires. — Écritures. — Avocats pensionnés. — Amendes. — Clercs d'avocats. — Prescription des honoraires et pensions.

Ord. du Louvre, t. XIII, p. 88.
Isambert, t. VIII, p. 698, n° 23.

11° Arrêt *de Règlement de* 1436, *qui donne un jour de vacances en l'honneur de saint Hilaire*, patron de la ville de Poitiers, où le Parlement avait séjourné pendant dix-huit ans.

Fournel, t. II, p. 345.

12° Lettres *de Charles VII touchant le style du Parlement* (*aux Montils-les-Tours*, 28 *octobre* 1446).

Rôle des audiences. — Brièveté sous peine d'amende. — Réplique et duplique. — Articulations. — Mémoires. — Délais de production. — Accord sur les faits. — Peines contre les avocats retardataires. — Peines contre les allégations téméraires, la prolixité, les redites.

Ord. du Louvre, t. XIII, p. 471.
Isambert, t. IX, p. 149, n° 179.

13° Ordonnance *sur la justice des élus et sur l'ordre qu'ils doivent suivre, en bâillant à main fermée les aides et gabelles* (*Charles VII, aux Montils-les-Tours, le* 20 *mars* 1451).

Défense aux élus d'admettre les avocats à plaider devant eux.

Ord. du Louvre, t. XIV, p. 239.
Isambert, t. IX, p. 184, n° 203.

14° Lettres *de Charles VII pour la réformation de la justice* (*aux Montils-les-Tours, en avril* 1453, *avant Pâques, et en avril* 1454, *après Pâques*).

Absence de l'avocat. — Honoraires. — Brièveté. — Redites. —

« V. Liront véritablement et sans obmissions, interruption ou déguisement.

« François I. Ord. 1539, art. 22 et 188.

« VI. Ne partiront de l'audience sans licence de la « Cour.

« François I. Ord. 1535, chap. IV, art. 16.

Signature des écritures. — Injures. — Pertinence des faits. — Peines et amendes.

Ord. du Louvre, t. XIV, p. 284.
Isambert, t. IX, p. 202, n° 213.

15° Ordonnance *sur le fait des mestiers de la ville de Paris* (*Louis XI, à Chartres, en juin* 1467).

Enrôlement des avocats, procureurs, greffiers, notaires, etc., dans une sorte de milice, sous la conduite des présidents du Parlement.

Ord. du Louvre, t. XVI, p. 677.
Isambert, t. X, p. 529, n° 106.

16° Édit *sur les fonctions et privilèges des examinateurs et clercs civils et criminels de la prévôté de Paris* (*pendant la minorité de Charles VIII, Bourges, octobre* 1405).

Reproduction littérale du Règlement de mai 1425, cité *suprà*, p. 279.

Isambert, t. XI, p. 130, n° 44.

17° Ordonnance *de Charles VIII, du* 8 *décembre* 1496, *sur l'étude en l'Université.*

« Cette ordonnance défend de recevoir qui que ce soit *à l'office « d'avocat*, qu'il n'ait étudié dans une *Université renommée pendant « cinq ans*, et qu'il n'ait été trouvé idoine et suffisant par cette Uni- « versité. (Nous verrons ce délai réduit successivement à trois ans). »

Fournel, t. II, p. 116.

18° Ordonnance *sur le fait de la justice du pays de Languedoc* (*Charles VIII, à Moulins*, 28 *décembre* 1490).

Incompatibilité. — Honoraires. — Abréviation des procès. — Plaidoyer. — Réplique et duplique.

Ord. du Louvre, t. XX, p. 258.
Isambert, t. XI, p. 190, n° 75.

19° Ordonnance *sur le fait de la justice* (*Charles VIII, à Paris, en juillet* 1493).

Dispositions générales, brièveté, etc. — Serment de ne rien donner

« VII. Ne procéderont par paroles injurieuses contre « les parties adverses ou autres.

« Philippe VI. Ord. 1344.

« Charles VII. Ord. 1453, art. 54.

« Louis XII. Ord. 1507, art. 122.

---

ni promettre aux commissaires enquêteurs.

Ord. du Louvre, t. XX, p. 386.
Isambert, t. XI, p. 214, n° 94.

20° Ordonnance *rendue en conséquence d'une assemblée de notables, sur la justice et la police du Royaume* (*Louis XII, à Blois, mars* 1498).

Honoraires. — Serment d'observer les ordonnances.

Ord. du Louvre, t. XXI, p. 177.
Isambert, t. XI, p. 323, n° 26.

SEIZIÈME SIÈCLE:

1° Édit *portant établissement du Parlement de Provence* (*Louis XII, à Lyon, juillet* 1501).

Défense aux avocats d'assister aux visitation et rapport des procès.

Ord. du Louvre, t. XXI, p. 285.
Isambert, t. XI, p. 422, n° 47.

2° Lettres *pour l'enregistrement et l'exécution en Normandie des ordonnances précédemment rendues sur la justice, tant par le roi que par ses prédécesseurs* (*Louis XII, à Blois,* 14 *novembre* 1507).

Serment de ne rien donner ni promettre ni aux commissaires enquesteurs, ni aux autres magistrats. — Absence de l'avocat. — Honoraires. — Brièveté. — Redites. — Injures. — Allégations et requêtes non pertinentes. — Registre de plaidoirie tenu par les greffiers, revisé par les avocats. — Réplique. — Duplique. — Signature des écritures. — Requêtes et délais frustratoires. — Peines et amendes arbitraires. — Suspension.

Isambert, t. XI, p. 464, n° 81.

3° Ordonnance *pour l'exécution des conciles de Bâle et de Constance et de la Pragmatique-Sanction, sur les collations de bénéfices, les mandats apostoliques, et règlement pour l'administration de la justice* (*Louis XII, à Lyon, juin* 1510).

Accord préalable des avocats sur les faits et difficultés des procès;

Ord. du Louvre, t. XXI, p. 420.
Isambert, t. XI, p. 575, n° 98.

« VIII. Ne pourront partir de la ville, sinon en remet-
« tant les mémoires prêts ès mains du procureur, et lais-
« sant subtitud.

« François I. Ord. 1535, chap. IV, art. 17.

« IX. N'entreront en siéges, sinon en habits décens,
« large robe, bonet rond.

« François I. Ord. 1540, art. 30.

4° Ordonnance de 1519 : « (Avocats) signeront leurs écritures. »

La Roche-Flavin, liv. III, ch. VI, p. 277.

5° Ordonnance *sur l'abréviation des procès et la forme de procéder au Parlement de Paris* (*François Ier, Saint-Germain en Laye,* 13 janvier 1528).

Punition de mauvais conseils. — Brièveté. — Obligation de corriger les plaidoiries sur le registre du greffe.

Isambert, t. XII, p. 307, n° 157.

6° Arrêt *de règlement du Parlement de Paris, du 4 janvier* 1535, *concernant la discipline des avocats.*

« Il leur est enjoint (aux avocats) de ne venir à l'audience qu'après
« avoir coté leurs pièces à l'endroit où elles servent, afin que, promp-
« tement, ils puissent trouver et fixer à l'endroit qui sert à la matière.
« (Art. 2.)

« L'art. 3 établit l'obligation de la communication respective des
« sacs. »

Fournel, t. II, p. 215.

7° Ordonnance *concernant l'administration de la justice* (*François Ier, octobre* 1535).

Défense aux magistrats de dîner avec les avocats, quand ce sont les parties qui payent. — Peine contre les avocats qui solliciteront les juges. — Outrages aux juges. — Réception. — Serment. — Tableau. — Grades *in altero jurium.* — Brièveté. — Redites. — Écritures. — Célérité. — Mémoires. — Pertinence des faits. — Peines contre les retardataires. — Injures. — Serment relatif aux enquêtes. — Signature et responsabilité des avocats. — Peines et amendes arbitraires. — Défense de s'absenter de l'audience. — Défense de quitter la ville sans remettre les pièces. — Concours des avocats aux sentences sur matières bénéficiales. — Obligation pour les juges de consulter les avocats en matière de torture, sentence corporelle, en matière criminelle, en matières difficiles en droit, et quand les parties le requerront. — Trois

« X. Seront briefs en leurs contredicts et salvations, « sans réitérer les raisons contraires et principalles « escriptures.

« Charles VII. Ord. 1446, art. 37.
« — Ord. 1453, art. 53.
« François Ier. Ord. 1535, chap. IV, art. 6.

---

ans de pratique pour être appelés à ces consultations. — Serment qu'ils n'ont pas été consultés sur l'affaire. — Incompatibilité. — Prescription des honoraires et pensions.

Néron et Girard, t. Ier, p. 93.
Isambert, t. XII, p. 424, n° 222.

Les stagiaires trouveront à la Bibliothèque le Recueil de Néron et Girard, en 2 vol. in-fol. (Montalent, 1720).

Cet exemplaire est intitulé : *Recueil d'édits et ordonnances royaux sur le fait de la justice et autres matières les plus importantes, contenant les ordonnances des rois Philippe VI, Jean Ier, Charles V, Charles VI, Charles VII, Charles VIII, Louis XII, Francois Ier, Henry II, François II, Charles IX, Henry III, Henry IV, Louis XIII, Louis XIV et Louis XV, et plusieurs Arrêts rendus en conséquence.*

Augmenté sur l'édition de MMes Pierre Néron et Etienne Girard d'un très-grand nombre d'ordonnances, et de quantité de notes, conférences et commentaires.

8° Édit *sur le fait de la justice dans le duché de Bretagne, et sur l'abréviation des procès (François Ier, à Valence,* 30 *août* 1536).

Défense de consulter pour les deux parties. — Nomination par le juge d'un avocat pour les plaideurs pauvres. — Obligation d'accepter cette défense. — Peines, amendes, suspension.

Isambert, t. XII, p. 513, n° 235.

9° Arrêt *de Règlement de la cour de Parlement, du* 18 *décembre* 1537, *sur le « Reiglement des Advocats et Procureurs d'icelle et abbréviations des causes y affluentes. »*

« Entre autres dispositions, je remarque celle qui enjoint aux dits « advocats, en plaidant, de desduire brievement et succinctement, sans « couleur ni desguisement, et sans desduire aucune chose imperti- « nente et non servant les faicts des causes, selon la vérité, sans icelle « aucunement couvrir ou cacher. Et avoir ès mains les actes et exploits « servant à la justification et vérification de leurs deffenses pour les « lire promptement. » (Art. 5.)

Fournel, t. II, p. 216.

10° Ordonnance *sur la juridiction du Grand Conseil (François Ier,*

« XI. Bailleront leurs faicts sans aucune raison de « droit, quand les parties sont appointées en faicts con« traires.

« Charles VII. Ord. 1453, art. 51.

« François I. Ord. 1535, chap. IV, art. 11.

à Paris, en juillet 1539).

Absence des Avocats. — Brièveté. — Pertinence. — Obligation d'avoir en main les pièces probantes. — Cote des dites pièces ès endroits où elles servent. — Lecture impartiale des pièces — Communication préalable des faits et pièces. — Folle intimation — Plaidoiries inconvenantes. — Interruptions. — Amende, dommages-intérêts. — Suspension.

Isambert, t. XII, p. 575, n° 284.

11° Ordonnance *pour la réformation et abréviation des procès (François Ier, à Villers-Cotterets, août* 1539).

Suppléance. — Interdiction en matière criminelle de répondre par conseil.

Néron et Girard, t. Ier, p. 158.
Isambert, t. XII, p. 600, n° 188.

12° Édit *sur l'administration de la justice en Normandie (François Ier, à Fontainebleau, décembre* 1540).

Avocats appelés à assister le bailli jugeant en appel les causes jugées en 1er ressort par le vicomte ou son lieutenant. — Serment qu'ils n'ont ni plaidé ni été consultés dans l'affaire. — Suppléance. — Tenue, costume.

Isambert, t. XII, p. 707, n° 319.

13° Arrêt *du conseil privé qui déclare que l'exercice de la profession de juge et d'avocat ne déroge pas à la noblesse (François Ier, à Paris, 4 mars* 1543).

Isambert, t. XII, p. 869, n° 381.

14° Édit *qui ordonne aux cours souveraines, baillages, sénéchaussées et autres juridictions de prendre l'avis des avocats pour nommer procureurs (François Ier, Saint-Germain en Laye, octobre* 1544).

Isambert, t. XII, p. 885, n° 392.
Fontanon, t. I, p. 74.

Les stagiaires trouveront à la Bibliothèque le Recueil de FONTANON, en 4 vol. in-fol. (Paris, 1611), sous ce titre : *Les Édicts et Ordonnances des Rois de France, depuis Louis VI, dit le Gros, jusqu'à présent,* avec

« Signeront leurs escriptures.
« François I. Ord. 1519, art. 9.
« — Ord. 1535, chap. v, art. 25.
« Henry III. Ord. 1579, art. 161.

« XII. Estant appellés au Conseil, feront serment

---

les *vérifications, modifications et déclarations sur iceux; divisez en 4 tomes, par Antoine Fontanon, advocat en Parlement; et de nouveau reveu, corrigez et augmentez de plusieurs belles Ordonnances, anciennes et nouvelles, par Gabriel-Michel, angevin, advocat en Parlement et au Conseil privé du Roi.*

15° Édit *de la création des siéges présidiaux* (*Henri II, à Fontainebleau, janvier* 1551).

Suppléance.

Néron et Girard, t. I, p. 316.
Isambert, t. XIII, p. 248, n° 184.

16° Ampliation *de l'Édit des présidiaux avec l'establissement de leurs siéges et ressorts, pour confirmer encore le précédent Édit et l'éclaircir et amplifier de plusieurs circonstances et dépendances, tant pour le nombre d'officiers en chaque présidial, en ayant l'un plus, l'autre moins, que pour le réglement et instruction nécessaires faite aux juges, ou aux parties, ou aux avocats et procureurs* (*Henri II, à Reims, mars* 1551).

Injure. — Amende. — Suppléance.

Néron et Girard, t. I, p. 319.
Isambert, t. XIII, p. 268, n° 198.

17° Ordonnance *sur les plaintes, doléances et remontrances des députés des trois États, tenus en la ville d'Orléans* (*Charles IX, Orléans, janvier* 1560).

Défense d'acheter droits litigieux. — Suppression des avocats et des épices, dans les affaires peu importantes. — Idem, en matière personnelle devant les juges des lieux. — Droit pour les avocats d'exercer en même temps la charge de procureur. — Défense de se charger d'une mauvaise cause ou de la conseiller, sous peine de dommages-intérêts. — Juridiction des élus sans avocats.

Néron et Girard, t. I, p. 368.
Isambert, t. XIV, p. 63, n° 8.

18° Édit *sur le cumul de la postulation et de la plaidoirie* (*Charles IX*

« qu'ils n'ont patrociné ne consulté pour les parties.
« François I. Ord. 1535, chap. XII, art. 16.
« — Ord. 1540, art. 17.

« XIII. Ne seront pour les deux parties.
« François I. Ord. 1536, chap. I, art. 37.

Saint-Germain-en-Laye, août 1561).

Suppression des procureurs au fur et à mesure des décès. — « Que, « dès à présent, les avocats puissent exercer les dits deux estats d'a- « vocat et procureur ensemblement. »

Isambert, t. XIV, p. 112, n° 30.

19° Ordonnance *sur l'abréviation des procès, et consignation de certaines sommes de deniers par ceux qui voudraient plaider* (*Charles IX, à Paris, en novembre* 1563).

Défense de prendre ou passer appointement avant le payement des droits du fisc. — Amende.

Néron et Girard, t. I, p. 430.

20° Édit *qui crée la juridiction des juges et consuls de Paris et règle leur compétence* (*Charles IX, à Paris, novembre* 1563).

Obligation pour les parties de comparaître en personne « sans aucun « ministère d'avocat ou procureur. »

Néron et Girard, t. I, p. 443.
Isambert, t. XIV, p. 153, n° 69.

21° Arrêt *du Parlement du* 6 *juin* 1564, *exigeant des avocats serment de catholicité.*

Fournel, t. II, p. 382.

22° Ordonnance *de Moulins, faite pour la réformation de la justice tant ès Cours souveraines qu'inférieures, en l'assemblée des princes et seigneurs du Conseil et des députés des Cours de Parlement et Grand-Conseil* (*Charles IX, février* 1566).

Privilége de *committimus* à douze des plus anciens avocats et procureurs du Parlement de Paris, et aux six plus anciens dans les autres Parlements.

Néron et Girard, t. I, p. 444.
Isambert, t. XIV, p. 189, n° 110.

23° Ordonnance *sur les plaintes faites par les députez des Estats du*

« XIV. Seront donnés aux pauvres misérables per-
« sonnes.

« François I. Ord. 1536, chap. I, art. 39.

« XV. Advocats et procureurs ne proposent faicts su-
« perflus et impertinants.

« Charles VII. Ord. 1453, art. 62.
« Louis XII. Ord. 1507, art. 128.
« François I. Ord. 1535, chap. IV, art. 8.
« Henry III. Ord. 1579, art. 125.

---

royaume *assemblez à Blois* (*Henri III, à Paris, mai* 1579).

Nul ne sera juge s'il n'a hanté Barreau et Plaidoiries. — Prompt jugement des procès. — Pertinence des faits. — Allégations fausses. — Incompatibilités. — Défense d'acheter ou d'être cautions. — Procédures sans avocats. — Écritures. — Obligation de signer et de mentionner les honoraires reçus. — Peines, amendes, interdiction. — Privilége de *committimus*.

Néron et Girard, t. I, p. 508.
Isambert, t. XIV, p. 380, n° 103.

24° Arrêt *de Réglement de* 1594, *qui accorde un jour de vacance, le* 2 *mai, fête de saint Gratien, patron de la ville de Tours, à raison du séjour du Parlement dans cette ville.*

Fournel, t. II, p. 345.

25° Édit *du Roy sur le Reiglement de la Justice* (*Henri IV, à Rouen, janvier* 1597).

Honoraires. — Committimus.

Fontanon, t. I, p. 4.
Isambert, t. XV, p. 120, n° 107.

26° Déclaration *pour la Décharge des pièces et procès tant indécis que jugez, en faveur des Avocats et Procureurs au Parlement* (*Henri IV, à Saint-Germain en Laye, le* 11 *décembre* 1597).

Décharge des pièces. — Prescription.

Néron et Girard, t. I, p. 693.
Isambert, t. XV, p. 166, n° 119.

27° Édit *contenant le Règlement général sur le fait des Tailles* (*Henri IV, Paris, mars* 1600).

Exclusion des Avocats et Procureurs du tribunal des élus.

Néron et Girard, t. I, p. 708.
Isambert, t. XV, p. 226, n° 139.

« XVI. Ne doivent user de contentions et exclamations les uns envers les autres, ny parler plusieurs « ensemble et s'interrompre.

« François I. Ord. 1539, art. 40.

« XVII. Ne doivent soutenir une mauvaise cause.

« Charles IX. Ord. 1560, art. 58. »

A ce dernier précepte, base fondamentale de notre profession, La Roche-Flavin donne pour origine une ordonnance de Charles IX.

Il eût pu mieux choisir [1].

§

Cette analyse et les documents dont elle s'appuie laissent en oubli la célèbre ordonnance de Villers-Cotterets du mois d'août 1539, et diverses dispositions de l'ordonnance de Blois de mai 1579.

---

1. TREIZE LIVRES DES PARLEMENTS DE FRANCE esquels est amplement traicté de leur origine et institution, et des présidens, conseilliers, gens du roy, greffiers, secrétaires, huissiers et autres officiers; et de leur charge, devoir, et juridiction : ensemble de leurs rangs, séances, gages, priviléges, règlements, et mercurialles, — par Bernard de LA ROCHE-FLAVIN, sieur du dit lieu, conseillier du Roy en ses conseils d'Estat et privé : et cy-devant conseillier au Parlement de Paris : et puis trente-six ans, premier président en la Chambre des Requestes du Parlement de Tholose. — Œuvre très-utile non-seulement à tous les officiers des Parlemens, mais à tous autres magistrats de France. — Livre III, chap., VI, p. 276.

Le Livre III s'occupe spécialement de nous; il est intitulé : *Des Avocats.*

Cet ouvrage a été condamné par arrêt du Parlement de Toulouse, du 12 juin 1617.

Les stagiaires trouveront à la Bibliothèque l'édition de 1617 (Bordeaux).

Dans la citation que nous avons faite, nous avons corrigé quelques erreurs de renvois aux ordonnances.

La Roche-Flavin, né à Saint-Cernin, en 1552, — mort à .... en 1627.

III

ORDONNANCE DE VILLERS-COTTERETS DU MOIS D'AOUT 1539[1]

Quant à celle de Villers-Cotterets, en 1539, cette ordonnance règle, à la fois, le civil et le criminel.

« C'est, dit Isambert, en son Recueil (t. XII, p. 600), « l'acte le plus important du règne de François Ier... « C'est elle, qui, en matière criminelle, a décidé que « l'accusé répondrait lui-même aux interpellations qui « lui seraient faites, qu'il ne pourrait entendre les dépo- « sitions avant de proposer ses reproches, etc... Le « secret de la procédure, établi par cette ordonnance, « fut maintenu par celle de 1670... La publicité des dé- « bats et l'assistance d'un défenseur ont été introduites « en France par la loi du 3 novembre 1789... »

Vous pouvez voir, par là, quelle influence cette ordonnance a dû avoir sur le Barreau, et jusqu'à quelle époque cette influence s'est prolongée.

Vous n'ignorez pas que plusieurs de ses dispositions ont été introduites par le chancelier Poyet, afin de perdre l'amiral Chabot; que, plus tard, tombé en disgrâce, et à son tour accusé, il réclama en vain l'assistance d'un défenseur et voulut récuser les témoins qui l'accablaient; qu'il

1. *Ordonnance pour la réformation et abréviation des procès* (*François Ier, à Villers-Cotterets, août* 1539).

Néron et Girard, t. I, p. 158.
Isambert, t. XII, p. 600, n° 188.

reçut du commissaire interrogateur cette foudroyante apostrophe : *Patere legem quam ipse fecisti*, et qu'il ne trouva pour lui répondre que cette étrange exclamation : « Ah ! quand je fis cette loi, je ne pensais pas me trou-« ver où je suis ! » ce à quoi, cependant, devraient un peu penser tous ceux qui font des lois d'exception, de vengeance et de proscription.

IV

ORDONNANCE DE BLOIS DE 1579 [1]

Quant à l'*Ordonnance de Blois de* 1579, elle prescrit aux avocats, en signant leurs écritures, « d'escrire et pa-« rapher de leur main ce qu'ils auront reçu pour leur « salaire, et ce sous peine de concussion. »

Si La Roche-Flavin l'a laissée de côté, c'est que cette disposition, qui n'avait pas été votée par les États, ne fut jamais exécutée ; et qu'ayant été réveillée en 1602, l'exécution qu'on voulut lui donner blessa si profondément la délicatesse du Barreau, que les cent sept avocats, alors inscrits, donnèrent leur démission et allèrent, deux à deux, déposer leurs chaperons au greffe. Cette démarche amena, comme vous le savez, l'abandon de la mesure, et nous valut ce beau dialogue de Loisel, ce caté-

1. *Ordonnance sur les plaintes faites par les Députez des Estats du Royaume assemblez à Blois* (*Henri III, à Paris, mai* 1579).

Néron et Girard, t. I, p. 508.
Isambert, t. XIV, p. 380, n° 103.

chisme de l'avocat, que chacun de vous doit savoir par cœur [1].

Puisque j'ai cité cette ordonnance, je ne puis m'empêcher de vous lire les articles 105 et 106, si honorables pour notre profession.

Voici ce qu'y dit Henry III :

« ART. 105. Et afin que la justice soit administrée en « la dignité qu'il appartient, nous n'entendons que par « ci-après aucun puisse estre pourvu ne reçu en estat « et office de judicature de nos Cours souveraines, qu'il « ne soit âgé de vingt-cinq ans complets, et n'ait hanté « et fréquenté les Barreaux et Plaidoiries »

« ART. 106. Et néanmoins d'autant que les offices de « présidens des Cours et Compagnies souveraines de « nostre royaume sont de ceux auxquels, pour la gran- « deur de la charge à laquelle ils sont appellez, il est « très-nécessaire de pourvoir de personnages de grand « sçavoir et longue expérience, afin que, par leur sça- « voir, vertu et âge, ils puissent estre respectez et don-

---

1. *Pasquier ou Dialogue des Advocats du Parlement de Paris.*
Les stagiaires le trouveront à la Bibliothèque :

1° Dans l'ouvrage intitulé : Divers Opuscules, tirés des *Mémoires de* M. ANTOINE LOISEL, *advocat en Parlement.*

Auxquels sont joints quelques ouvrages de M. Baptiste DU MESNIL, *advocat général du Roy, de* M. PIERRE PITHOU, *sieur de Savoye, advocat en la Cour, et de plusieurs autres personnages de leur temps.*

Le tout recueilly et mis nouvellement en lumière, par M. CLAUDE JOLY, *ci-devant advocat en Parlement, et ci-présent chanoine en l'Église de Paris, petit-fils de M. Antoine Loisel.*

2° Dans le recueil de M. DUPIN intitulé : *Profession d'avocat.* —*Recueil de pièces concernant l'exercice de cette profession*, t. I, p. 147.

3° Dans l'édition spéciale donnée par M. DUPIN, en 1844.

« ner loi et exemple de faire à ceux auxquels ils prési-
« dent ; avons ordonné et ordonnons que nul ne sera
« d'oresnavant pourvu aus dits estats de présidens, tant
« de Parlement que des Enquestes, grand Conseil, et
« Cours des aydes, qu'il n'ait atteint l'âge de quarante
« ans pour le moins, et qu'au préalable, il n'ait esté
« conseiller en Cour souveraine l'espace de dix ans, ou
« tenu estat de lieutenant général en nos bailliages et
« sénéchaussées, par pareil espace de temps, ou fré-
« quenté les Barreaux des Cours souveraines, exercé
« l'office d'Avocat si longuement et avec telle réputation
« et renommée, qu'il soit estimé digne et capable des
« dits estats. »

Voilà dans quelle estime on nous tenait alors !

QUATRIÈME SECTION

DEPUIS LE XVIIe SIÈCLE JUSQU'AU 2 SEPTEMBRE 1790

I

Au dix-septième et au dix-huitième siècle, il est quelques ordonnances que je dois vous signaler.

II

ORDONNANCE DE JANVIER 1629 [1]

Ainsi, sous Louis XIII, l'*Ordonnance de janvier* 1629 (Code Michaud), qui fait aux avocats « très-expresses « défenses... de prendre aucune cession de dettes pour

---

1. DE 1344 A 1629 ON TROUVE, NOTAMMENT, INDÉPENDAMMENT DES ORDONNANCES CITÉES PLUS HAUT :

QUATORZIÈME SIÈCLE.

1360. — *Décisions de messire* JEAN DES MARÈS, *conseiller et advocat du Roy au Parlement, soubs les Roys Charles V et Charles VI, dans lesquelles sont transcripts les usages et coustumes gardées en la Cour du Chastelet et certaines sentences données en plusieurs cas notables.*

Plusieurs de ces décisions s'occupent de nous : on y lit entre autres la 411e, qui nous recommande « d'acquérir et garder l'amour du juge. »

Les stagiaires trouveront ces décisions à la fin du 2e volume du

« lesquelles il y ait procès, droits ou actions, soit en leur

---

Commentaire sur la coustume de la prévosté et vicomté de Paris, par Me JULIEN BRODEAU (Paris, 1658).

JEAN DES MARES, né en........, — mort à Paris en 1382.

QUINZIÈME SIÈCLE :

1467. — Première publication, par la voie de l'impression, de la seconde partie de la *Somme Théologique* de Saint THOMAS D'AQUIN.

Dans cette Somme, l'Auteur traite du *Droit*, et, à cette occasion, des Avocats, de la défense des pauvres, de la justice des causes, des honoraires, etc. Voir, entre autres, la question LXXI, intiulée : *De l'injustice qui a lieu dans le jugement de la part des Avocats* :

Les Stagiaires la trouveront à la Bibliothèque, dans la *Somme Théologique de Saint Thomas, traduite intégralement en français pour la première fois, avec des notes théologiques, historiques et philologiques, par M. l'abbé Drieux, auteur du Cours complet d'histoire*, etc., 8 vol. in-8°. — Paris, Eugène Belin, 1851. — T. IV, p. 560.

SAINT THOMAS d'AQUIN, né à Roche-Sèche, près l'abbaye du mont Cassin (Naples), ou, selon certains auteurs, à Aquin, en 1227, mort au monastère de Fosse-Neuve, ordre de Cîteaux, diocèse de Terracine, le 7 mars 1274.

1479. — *Somme rurale, ou le grand coustumier général de practique civil et canon, composé par M.* JEAN BOUTEILLIER, *conseiller du Roy en sa cour de Parlement.*

Les stagiaires trouveront à la Biliothèque l'édition de 1612 donnée par *Louys Charondas-le-Caron.*

A la page 671 de cette édition commencent, dans le titre II du livre II, diverses observations relatives aux Avocats, spécialement : *De l'estat aux Advocats ; — que Advocat ne peut être juge ; — Du gain que faict l'Advocat ; — comment Advocat ne doit faire que son office ; — comment le juge doit recevoir l'Advocat à serment ; — de l'Advocat receu à pension ; — d'Advocat faillir à escrire ; — d'Advocat laisser dire par oubliance aucune chose ; — De ceux qui peuvent estre Advocats en cours, et quels non.*

BOUTELLIER (Jean), né à Mortagne, en .....— mort après le 16 septembre 1502, date de son testament.

Son éditeur, CHARONDAS-LE-CARON, né à Paris, en 1536, — mort à Clermont en Beauvoisis, en 1617.

SEIZIÈME SIÈCLE.

1560. — *Recherches de la France*, premier livre, par ESTIENNE PASQUIER, alors avocat au Parlement, ensuite avocat général à la

« nom, ou d'autres personnes par eux, sur peine de perte

Cour des comptes. Depuis, les *Recherches* furent portées jusqu'à neuf livres. Il y parle souvent des Avocats.

Il a aussi publié d'autres ouvrages parmi lesquels des *Lettres* dont la plus remarquable, en ce qui nous regarde, est celle *à son fils* (6e du livre IX), publiée séparément par *M. Dupin* dans son édition de *Pasquier* ou *Dialogue des Avocats au Parlement de Paris*, par *Ant. Loisel* (1844), in-12, p. 204.

En 1723, les œuvres de Pasquier ont été réunies sous ce titre : *Les Œuvres d'Estienne Pasquier, contenant ses Recherches de la France; son plaidoyé pour M. le duc de Lorraine; celuy de Me Versoris pour les jesuites contre l'Université de Paris; Clarorum virorum ad. Steph. Pasquierium carmina; Epigrammatum libri sex; Epitaphiorum liber; iconum liber, cum non nullis Theod. Pasquierii in Francorum regum icones notis. Ses lettres, ses œuvres mêlées et les lettres de Nicolas Pasquier, fils d'Estienne.* — Amsterdam, 1722, 2 vol. in-fol.

Les stagiaires trouveront cette édition à la Bibliothèque.

Pasquier, né à Paris en 1529, — mort à Paris le 31 août 1615.

1587. — *Le Code du Roy Henry III, roy de France et de Pologne, rédigé en ordre par messire Barnabé* Brisson, *conseiller du Roy en son conseil d'Estat, et Président en sa Cour du Parlement de Paris.*

Il s'occupe des Avocats au livre II, titre xxxi, intitulé : *des Advocats plaidans pour les parties, ès cour de Parlement, et de ce qu'ils doivent observer en plaidant*; et au livre III, titre xviii, intitulé : *des Advocats et procureurs des parties.*

La quatrième édition (1615) a été donnée par L. Charondas-le-Caron.

Barnabé Brisson est né à Fontenay-le-Comte, en........ — mort à Paris le 15 novembre 1591.

1598. — *Le grand Coustumier de France, contenant tout le droit françois et practique judiciaire, pour plaider ès cour de Parlement, prévosté et vicomté de Paris et autres juridictions de ce royaume, revu et corrigé sur l'exemplaire escrit à la main, et ancienne impression, et illustré de très-doctes annotations, enrichies des arrêts de Cours de Parlements et diverses observations par* Charondas-le-Caron, jurisconsulte. Paris, 1598, 1 vol. in-4°.

Les stagiaires trouveront, dans cette édition qui est à la Bibliothèque :

Livre I, chap. ii, p. 7, *des Estats du Chastellet de Paris;*

Livre I, chap. xii, p. 96, *Ordonnance sur les serments que les advocats et procureurs doivent faire;*

Livre III, p. 293, *des Advocats.*

L'époque où ce coutumier fut rédigé est inconnue ; et Charondas-le-

« de choses cédées, pour lesquelles nous voulons y avoir

Caron s'exprime ainsi à cet égard : « Qui soit l'autheur de ce livre, je « ne l'ai peu encores sçavoir, toutefois j'ai apprins, de luy-mesme, « qu'il estoit du temps du roi Charles VI. »

On le cite communément sous le nom de *Grand Coutumier de Charles VI.*

DIX-SEPTIÈME SIÈCLE :

DE 1600 A 1629, ON TROUVE NOTAMMENT :

1603. — *Règlement rendu par le Présidial de Bourg en Bresse le 24 mai* 1603 (*Henri IV*).

« Les causes qui peuvent être plaidées par les procureurs sont toutes « celles qui sont provisoires d'instruction, les oppositions à l'exécution « des jugements, défenses, et autres qui requièrent célérité. A quoi il « faut joindre aussi les affaires sommaires. » — Rapporté par Joly *Recueil des Règlements*, t. II, p. 1050. — JOUSSE, *Commentaire sur l'ordonnance civile de* 1667, t. I, p. 150.

1607. — *Déclaration qui permet aux substituts des procureurs du Roi dans les baillages et sénéchaussées d'écrire, plaider et consulter dans les causes où le roi n'a pas d'intérêt* (*Henri IV, à Paris,* 22 *février* 1607).

Fontanon, t. I, p. 438.
Isambert, t. XV, p. 323, n° 188.

1617. — Arrêt du Parlement *portant règlement pour les juges, officiers, praticiens et ministres de la justice du siège présidial de Bourges* (*Louis XIII,* 14 *août* 1617).

Cet arrêt prescrit la communication des pièces et le respect de l'audience, fixe le rang des avocats, interdit l'appel à la Barre.

Néron et Girard, t. II, p. 560.

1625. — Édit *sur les degrés de licence et de doctorat dans toutes les Universités* (*Louis XIII, à Paris, avril* 1625).

Cet édit défend de recevoir au serment d'avocat celui qui ne sera pas licencié et qui ne justifiera pas de ses lettres au Procureur général.

Isambert, t. XVI, p. 148, n° 119.

1629. — *La Bibliothèque ou Thrésor du droit français, où sont traitées les matières civiles, criminelles et bénéficiales, tant réglées par les Ordonnances et Coustumes de France, que décidées par arrêts des Cours souveraines, par Laurent* BOUCHEL, *advocat en la Cour du Parlement.* — V° Advocat.

Les stagiaires trouveront à la Bibliothèque l'édition de 1667, 3 vol. in-fol.

LAURENT BOUCHEL, né à Crespy, en 1559, — mort le 29 avril 1629.

« répétition contre eux, jusques à dix ans, après que les « jugemens et arrêts auront été rendus. » (Art. 94) [1].

III

ORDONNANCE CIVILE DE 1667 [2]

Ainsi, sous Louis XIV, l'Ordonnance civile de 1667 qui « rejette de la taxe toutes écritures non signées par un

---

1. *Ordonnance sur les Plaintes et doléances faites par les députez des Estats de son royaume, convoquez et assemblez en la ville de Paris, en l'année 1614, et les avis donnés à Sa Majesté par les assemblées des notables, tenues à Rouen, en l'année 1617, et à Paris en l'année 1629, et publiée à Paris, au mois de janvier 1629 (Louis XIII).*

Cette Ordonnance est aussi appelée *Code Michaud,* du nom de Michel de Marillac, garde des sceaux, son auteur.

Néron et Girard, t. I, p. 782.
Isambert, t. XVI, p. 223, nº 162.

2. ENTRE 1629 ET 1667, ON TROUVE, NOTAMMENT :

1630. — *Déclaration portant que les offices de procureur ou avocat postulant dans les Cours de Parlement, Chambres des Comptes, Cours des Aides, Baillages, Sénéchaussées, etc., sont héréditaires (Louis XIII, Paris, 2 janvier 1630).*

Isambert, t. XVI, p. 349, nº 172.

1643. — *Édit portant création de 160 Avocats au conseil du Roi, pour occuper et plaider à l'exclusion de tout Procureur, sans néanmoins que les Avocats au Parlement de Paris soient exclus d'y plaider les causes des parties (Louis XIV, à Paris, semptembre 1643).*

Isambert, t. XVII, p. 34, nº 11.

1644. — *Edit contenant création de 40 offices d'avocats aux conseils qui, avec les 160 créés par l'Édit de septembre 1643, formeront le nombre de 200 établis à perpétuité (Louis XIV, Paris, janvier 1644).*

Isambert, t. XVII, p. 37, nº 19.

1645. — *Édit portant création de 16 offices de référendaires, tiers taxeurs de dépens adjugés par les Conseils du Roi, auxquels sont unies*

« avocat plaidant, du nombre de ceux qui seront inscrits « dans le tableau qui sera dressé tous les ans et qui « seront appelés au serment qui sera fait aux ouver- « tures. »

Cette ordonnance a cela de remarquable, qu'ici, le tableau change de nature. Il n'est plus seulement une affaire de discipline ; il revêt un caractère légal.

---

les qualités et fonctions d'avocats aux Conseils (*Louis XIV, Paris, avril* 1645).

Isambert, t. XVII, p. 50, n° 45.

1646. — *Édit portant, entre autres dispositions, augmentation de* 30 *avocats sans création d'office* (*Louis XIV, Fontainebleau, août* 1646).

Isambert, t. XVII, p. 59, n° 72.

1646. — *Édit portant création de* 30 *avocats aux conseils, en exécution de l'Édit d'août* 1646 (*Louis XIV, à Paris, novembre* 1646).

Isambert, t. XVII, p. 60, n° 76.

1650. — *Édit portant suppression des* 30 *nouveaux offices d'avocats aux conseils, créés par les Edits d'août et de novembre* 1646 (*Louis XIV, Bourges, septembre* 1650).

Isambert, t. XVII, p. 225, n° 193.

1652. — *Pasquier ou Dialogue des Advocats du Parlement de Paris, par* Antoine Loisel. — Nous en avons cité, plus haut, p. 291, les différentes éditions.

1655. — *Édit de mai* 1655, qui permet au Prévost des marchands et Échevins de nommer deux avocats pour faire fonctions de procureur du Roi dans la conservation des foires de Lyon — (cité dans les Édits de juillet et août 1669, mentionnés plus bas).

1657. — *Arrêt du Parlement portant qu'on ne recevra au serment d'avocat que ceux qui auront soutenu leur thèse en public* (*Louis XIV, à Paris,* 17 *mai* 1657).

Isambert, t. XVII, p. 353, n° 309.

1658. — *Mandement portant confirmation d'arrêt du Conseil pour les amendes de la Cour* (*Louis XIV, à Compiègne,* 1er *août* 1658), — — qui défend aux Avocats aux Conseils de signer requêtes tendantes

De plus, les avocats sont appelés au règlement des qualités.

Une consultation favorable de deux anciens est exigée pour les requêtes civiles. Le nom de ces avocats doit être indiqué à la Cour ; mais ils sont dispensés de l'assistance personnelle autrefois en usage [1].

à se pourvoir contre les amendes ordonnées par le Parlement de Paris.

Néron et Girard, t. II, p. 66.

1666. — *De Advocato, libri quatuor, auctore Martino* HUSSON, *in Senatu parisiensi advocato.* — Parisiis, in-4°, 1666.

Cette édition est à la Bibliothèque.

Husson a aussi laissé une *Histoire curieuse de quelques-uns de Messieurs les Avocats au Parlement* (1680) ; manuscrit qui est à Londres et dont parle Me de FUISSEAUX, avocat belge, dans son *Discours d'ouverture* de la *Conférence du Jeune Barreau*, prononcé à Bruxelles, le 29 octobre 1858.

1. *Ordonnance civile touchant la Réformation de la Justice* (*Louis XIV, Saint-Germain en Laye, avril* 1677).

Indépendamment des indications du texte, l'ordonnance règle différents points, entre autres :

Renvoi de certaines causes devant un ancien avocat, pour les juger; Prononciation de la sentence à l'audience ; — Signature des avocats pour expédients; — Abrogation des écritures en répliques, dupliques, tripliques et autres semblables ; — Ni avocat ni procureur devant les juges et conseils; possibilité de ne pas recourir à leur ministère, devant les tribunaux inférieurs en matière sommaire ; — Consultations d'avocats ne sont admises en taxe.

De plus, à l'occasion des *défauts*, l'art. 4 du titre XIV porte :

« Les procureurs seront tenus de comparoir en l'audience au jour « qu'écherra l'assignation, et le délai pour venir plaider : et si la cause « est de la qualité de celles qui ont besoin du *ministère des Avocats*, « ils les y feront trouver ; sinon sera donné défaut ou congé au compa- « rant, qui sera jugé sur-le champ, et pour le profit le défendeur sera « renvoyé absous ; ou si c'est le demandeur, ses conclusions lui seront « adjugées, si elles sont trouvées justes et bien vérifiées. »

Le règlement du présidial de 1603, cité plus haut, p. 296, indique les affaires dans lesquelles les procureurs pouvaient plaider.

Isambert, t. XVIII, p. 103, n° 503.

Voir aussi, sur le même sujet, la *Déclaration du roi* du 15 mars 1673 citée *infrà*, p. 301.

IV

ORDONNANCE CRIMINELLE DE 1670. — ÉDIT D'AVRIL 1679. DÉCLARATION DU 26 JANVIER 1680 [1]

Ainsi, encore, sous le même règne, l'*Ordonnance criminelle de* 1670, où Pussort, continuant Poyet et luttant

---

1. ENTRE 1667 ET 1680, — INDÉPENDAMMENT DE L'ORDONNANCE DE 1670 ET DE L'ÉDIT D'AVRIL 1679, — ON TROUVE NOTAMMENT :

1669. — *Édit portant règlement sur la juridiction des foires de Lyon* (*Louis XIV, Saint-Germain-en-Laye, juillet* 1669).

Cet édit suppose l'admission des avocats et procureurs dans certaines affaires de commerce, et il enlève au Prévôt des marchands et Echevins le droit de nommer deux avocats pour faire fonctions de procureur du Roi.

Isambert, t. XVIII, p. 211, n° 566.

1669. — *Édit qui attribue aux maires et échevins des villes la connaissance des procès concernant les manufactures* (*Louis XIV, à Saint-Germain en Laye, août* 1669).

Isambert, t. XVIII, p. 319, n° 573.

1669. — *Ordonnance pour la réformation de la justice, faisant la continuation de celle du mois d'avril* 1667 (*Louis XIV, à Saint-Germain en Laye, août* 1669), qui règle diverses fonctions de l'Advocat, ainsi que le *committimus.*

Isambert, t. XVIII, p. 341, n° 581.

1669. — *Édit qui attribue aux maires et échevins des villes la connaissance en première instance des procès entre les ouvriers des manufactures ou entre les ouvriers et les marchands à raison d'icelles* (*Louis XIV, Saint-Germain en Laye, août* 1669), —sans ministère d'avocats ni procureurs.

Isambert, t. XVIII, p. 363, n° 583.

1671. — *Arrêt du conseil portant confirmation de committimus pour les* 200 *avocats au conseil, et dérogeant à l'article* 13 *du titre des committimus de l'ordonnance d'août* 1669, *qui n'accordait ce droit*

contre Lamoignon, refuse, en principe, aux accusés notre utile ministère ; un *Édit d'avril* 1679, qui impose

---

qu'aux quinze plus anciens de la compagnie. (*Louis XIV, Saint-Germain en Laye, décembre* 1671.)

Isambert, t. XVIII, p. 442, n° 667.

1672. — *Edit portant confirmation des priviléges, ordonnances et réglement sur la police de l'Hôtel de Ville de Paris, et réglement sur la juridiction des Prévot et Echevins* (*Louis XIV, Versailles, décembre* 1672), — duquel résulte l'admission des avocats devant la juridiction des Prévôt et Échevins de Paris.

Isambert, t. XIX, p. 25, n° 711.

1673. — *Edit pour les épices et vacations des commissaires, et autres frais de justice* (*Louis XIV, Versailles, mars* 1673), —qui ordonne aux avocats de mettre le reçu de leurs honoraires au bas des écritures.

Néron et Girard, t. II, p. 124.
Isambert, t. XIX, p .86, n° 720.

1673. — *Déclaration du Roi portant règlement touchant les appellations* (*Louis XIV, Versailles,* 15 *mars* 1673).

« .... Voulons que les mercredi et samedi matin de chaque « semaine, il soit donné des audiences à huis clos en la grand'chambre « pour toutes les affaires provisoires d'instruction, opposition à l'exécu- « tion des arrêts, défenses et autres qui se trouveront requérir célérité, « lesquelles seront plaidées par les procureurs *sans aucun ministère « d'Avocat,* si ce n'est qu'il ait été autrement ordonné. » (*Recueils chronologiques des ordonnances, édits et arrêts de règlement cités dans les nouveaux commentaires sur les ordonnances du mois d'avril* 1667, *août* 1670 *et mars* 1673. *Paris,* 1757, t. I, p. 326.)

Le commentateur des ordonnances et l'auteur du recueil est Jousse (*Daniel*), conseiller au présidial d'Orléans, né dans cette ville le 15 février 1704, — mort en 1781.

1673. — *Ordonnance du commerce* (*Louis XIV, Versailles, mars* 1673), — qui maintient devant les tribunaux de commerce l'exclusion des avocats et procureurs.

Isambert, t. XIX, p. 92, n° 728.

1673. — *Arrest du Conseil d'Estat du Roy, Sa Majesté y étant, qui fait défense aux avocats au conseil de signer aucune requête tendante*

aux candidats à la magistrature deux années de notre stage, et une *Déclaration du 26 janvier* 1680, qui, même pour les tribunaux inférieurs, exige la prestation préalable du serment d'avocat[1].

à cassation d'arrest et jugements, évocations et récusations que les amendes n'ayent été consignées (*Louis XIV*, 22 *avril* 1673).

Néron et Girard, t. II, p. 769.

1673. — *Déclaration portant règlement de la Cour des aides et rétablissement des appointements au Conseil* (*Louis XIV, novembre* 1673). — Elle permet la plaidoirie aux procureurs dans les cas requérant célérité, sans ministère d'avocats, s'il n'est autrement ordonné.

Isambert, t. XIX, p. 118, n° 747.

1674. — *Arrêt du Parlement de Rouen du* 3 *décembre*, portant que, dans ladite Cour, les Avocats, faisant profession de la religion réformée, ne pourront pas y excéder le nombre de 10, ni celui de 2 dans les Cours subalternes.

Isambert, t. XIX, p. 151, n° 793.

1. *Ordonnance criminelle* (*Louis XIV, Saint-Germain en Laye, août* 1670).

Il y a possibilité d'admettre les conseils à communiquer avec l'inculpé dans certains cas rares, péculat, concussion, banqueroute frauduleuse, etc. (art. 8, tit. XIV).

Isambert, t. XVIII, p. 371, n° 623.

1679.—*Édit touchant l'étude du droit civil et canonique et du droit français et les matricules des Advocats* (*Louis XIV, Saint-Germain en Laye, avril* 1679).

Trois ans d'étude de droit pour être licencié, quatre ans pour être docteur; — Preuve du temps d'étude, indépendamment des lettres de licence pour être admis au serment d'avocat; — Stage de deux ans pour les magistrats; — Visa des matricules d'Avocat par un conseiller.

Isambert, t. XIX, p. 195, n° 886.

1680.—*Déclaration portant que les juges des justices ressortissant nuement dans les cours de Parlement seront avocats, et autres règlements concernant les degrés* (*Louis XIV, à Saint-Germain en Laye,* 26 *janvier* 1680).

Néron et Girard, t. II, p. 161.
Isambert, t. XIX, p. 228, n° 912.

V

RÈGLEMENT DU 17 JUILLET 1693 [1]

Treize ans après, les Avocats et les Procureurs s'entendent pour décider quelles écritures seraient communes et quelles seraient particulières à chaque profession; et

---

1. ENTRE LE 26 JANVIER 1680 ET LE 17 JUILLET 1693, ON TROUVE, NOTAMMENT :

1680. — *Arrêt du Conseil portant établissement de docteurs agrégés dans les Facultés de droit du Royaume* (*Louis XIV, Saint-Germain en Laye*, 23 *mars* 1680), — qui met « les Avocats et ceux qui fréquentent le Barreau » au nombre des personnes parmi lesquelles doivent être choisis les agrégés, spécialement celui chargé d'enseigner le droit français.

Isambert, t. XIX, p. 236, n° 917.

1681. — *Ordonnance de la marine.* (*Louis XIV, à Fontainebleau, août* 1681), — qui permet aux parties « de plaider en personnes devant « les juges de l'amirauté, sans être obligées de se servir du ministère « d'Avocats ni de Procureurs. »

Isambert, t. XIX, p. 282, n° 981.

1682. — *Déclaration portant défense à tout juge d'appeler pour assesseurs ou opinants les avocats religionnaires, à peine de nullité du jugement et d'interdiction de leurs fonctions, et injonction aux seigneurs de n'établir pour juge aucun religionnaire, et aux notaires, procureurs, huissiers ou autres ayant fait profession, de cesser leurs fonctions* (*Louis XIV, à Versailles*, 15 *juin* 1682).

Isambert, t. XIX, p. 390, n° 1014.

1682. — *Déclaration sur l'Édit d'avril* 1679, *portant règlement pour le rétablissement des études du droit civil et canonique* (*Louis XIV, à Versailles*, 6 *août* 1682),—qui ordonne de choisir les agrégés, notamment parmi les avocats fréquentant le Barreau, prescrit de suivre le cours de droit français pendant un an, avant de prêter le serment d'Avocat, et exige que le professeur de droit français ait la qualité d'Avocat ayant exercé pendant dix ans, avec assiduité et succès.

Isambert, t. XIX, p. 401, n° 1025.

1683. — *Déclaration portant union des deux offices de conseillers*

cet accord est sanctionné, le 17 *juillet* 1693, par *Arrêt de Règlement*, qui ordonne, de plus, que notre Tableau sera présenté à la Cour ; qu'il n'y aura que ceux qui font actuellement la profession d'Avocat qui pourront être inscrits sur ce tableau, et qu'ils ne pourront faire d'écri-

---

honoraires, créés aux ancien et nouveau Châtelets de Paris, augmentation de pouvoirs et droits aux auditeurs desdits Châtelets, création en titre d'office de deux huissiers-audienciers desdits auditeurs ; et deux conseillers receveurs et payeurs alternatif et triennal des gages des officiers du nouveau Châtelet, et attributions aux sergents, gardes du Prévôt de Paris, de la jouissance du droit de barrière, et du pouvoir et faculté de faire tous actes de prisées, ventes et autres exploits, etc. (*Louis XIV*, 6 *juillet* 1683).

« Défendons, en outre, ausdits auditeurs, conformément à notre or-
« donnance du mois d'avril 1667, au titre des matières sommaires,
« d'appointer aucune cause, sous quelque prétexte que ce soit.

« Voulons qu'elles soient toutes jugées à l'audience, sommairement
« *sans ministère d'avocats*, et sans épices ni émoluments.... »

Néron et Girard, t. II, p. 185.

1685. — *Déclaration portant défenses à tous juges, avocats, notaires, procureurs, huissiers, praticiens, de se servir de clercs religionnaires* (*Louis XIV, Versailles*, 10 *juillet*, 1685).

Isambert, t. XIX, p. 519, n° 1169.

1685. — *Déclaration portant que les religionnaires ne seront plus reçus docteurs ès lois dans les universités, ni Avocats dans les Cours* (*Louis XIV, Versailles*, 11 *juillet* 1685).

Isambert, t. XIX, p. 520, n° 1170.

1685. — *Édit portant révocation de l'Édit de Nantes* (*Louis XIV, à Fontainebleau, octobre* 1685).

Il dispense les ministres de la religion réformée, qui, après s'être convertis, voudraient devenir avocats ou docteurs ès lois, des trois années d'étude, et de la moitié des droits.

Isambert, t. XIX, p. 530, n° 1192.

1685. — *Déclaration qui fait défense aux avocats religionnaires d'exercer leur profession* (*Louis XIV, Fontainebleau*, 17 *novembre* 1685).

Défense aux religionnaires de faire aucune fonction d'avocat, à peine de 1 500 fr. d'amende pour chaque contravention, à tous juges de les

tures, s'ils n'ont, au moins, deux années de profession. Il fallait apporter dans la composition netteté et brièveté, et, en preuve du travail personnel, conserver la minute.

---

recevoir à plaider, à tous plaideurs de les consulter, nommer arbitres ou sur-arbitres, aux avocats catholiques de consulter ni travailler les arbitrages avec eux, et aux procureurs de signer les écritures qu'ils auront dressées ; le tout à peine de nullité.

Isambert, t. XIX, p. 535, nº 1195.

1689. — *Arrêt du Parlement contenant homologation d'une délibération des procureurs touchant la discipline d'eux et de leurs clercs (Louis XIV, 19 juillet 1689)*, — qui défend aux procureurs d'avoir des clercs payés, à peine de privation de leur office ; ordonne que s'il se trouve des avocats qui travaillent comme clercs ou qui prennent gage et font des traités et pactions pour les écritures, plainte en sera portée au Bâtonnier afin qu'il y pourvoie et demande à la Cour leur radiation ; et prescrit de ne poursuivre l'audience que lorsque l'on aura coté dans les écritures le nom de l'Avocat chargé.

Néron et Girard, t. II, p, 817.
Isambert, t. XX, p. 82, nº 1325.

1691. — *Arrêt du Parlement portant réglement général sur les voyages et séjours (Louis XIV, Paris, 10 avril 1691)*; — il accorde aux avocats au Parlement 5 livres, et à ceux des autres siéges 4 livres, par jour.

Néron et Girard, t. II, p. 822.
Isambert, t. XX, p. 124, nº 1397.

1691. — *Déclaration portant réglement pour les écritures qui doivent être faites sur papier et parchemin timbrez (Louis XIV, 19 juin 1691)*, — celles des avocats, qui doivent être signifiées y sont comprises.

Néron et Girard, t. II, p. 230.
Isambert, t. XX, p. 128, nº 1401.

1691. — *Arrêt du Conseil suivi de lettres patentes portant réglement sur les fonctions, rang et séances des procureurs du roi et des greffiers des villes et communautés (Louis XIV, Versailles, 14 juillet 1691)*, — qui fait défense aux maires, échevins, consuls, de nommer avocat, procureur ou syndic pour faire sous leur nom la poursuite des affaires de la ville, réservée aux procureurs du roi desdites villes.

Isambert, t. XX, p. 133, nº 1404.

1692. — *Arrêt du Conseil portant réglement pour les procédures*

Le Règlement termine en prescrivant sa lecture et publication *en la Communauté des Avocats et Procureurs au Parlement* [1].

---

contenant les réclamations des prises faites en mer. (Louis XIV, Versailles, 26 octobre 1692). — On y trouve la procédure que doivent suivre les avocats des réclamants.

Isambert, t. XX, p. 168, n° 1472.

1693. — *La découverte des mistères du Palais,* in-18, Paris, 1693, sans nom d'auteur.

Les stagiaires trouveront cet opuscule à la Bibliothèque et y liront des détails sur notre profession, celle des procureurs et celle des huissiers.

1. *Arrêt de règlement du Parlement de Paris qui fixe les écritures du ministère des advocats, et celles du ministère des procureurs (Louis XIV, Paris, 17 juillet 1693).*

La première disposition porte : « La Cour a ordonné et ordonne que « suivant ce qui a été convenu entre les avocats et les procureurs de « ladite Cour, les avocats feront les *griefs, causes d'appel, moyens de « requête civile, réponses, contredits, salvations, avertissements* dans « les matières où il sera nécessaire d'en donner, et les autres écritures « qui sont de leur ministère; les procureurs, les *inventaires, causes « d'opposition, productions nouvelles, comptes, brefs-états, déclarations « de dommages et intérêts,* et autres écritures de leurs fonctions ; et les « avocats et procureurs, par concurrence entre eux, les *débats, soutenements, moyens de faux, de nullité, reproches et conclusions civiles.* »

Indépendamment de ce que nous avons dit dans le texte, l'arrêt porte encore : « Défense aux avocats de signer les écritures qu'ils n'auront point faites, ni de traiter de leur honoraire avec les procureurs, « à peine contre les avocats qui en seront convaincus, d'être rayés du « Tableau, et contre les procureurs d'interdiction pendant six mois « pour la première fois, et pour la seconde d'interdiction pour toujours.

Isambert, t. XX, p. 193, n° 1507.

Cet arrêt a été interprété comme fixant le temps du Stage à deux années. (Voir JOUSSE, Commentaire de l'ordonnance de 1667, t. II, p. 418, et le Procès verbal de l'arrêt de règlement du 5 mai 1751, Recueil de *Jousse*, t. III, p. 677.)

VI

COMMUNAUTÉ DES AVOCATS ET PROCUREURS

ORIGINE DU BATONNAT

Que signifient ces mots : *Communauté des Avocats et Procureurs?*

Doit-on en conclure qu'en 1693 les avocats et les procureurs fussent réunis en une seule Compagnie?

Non.

Ce serait une erreur.

Voici ce qu'était cette communauté.

Une confrérie toute religieuse s'était établie au Palais, dans la chapelle de Saint-Nicolas. Les avocats y tenaient le premier rang ; les procureurs le second : le chef naturel de la Confrérie était donc un avocat. Cet avocat s'appelait Bâtonnier, parce que, dans les processions, il portait le bâton auquel pendait la bannière du saint.

A une époque restée inconnue, mais, certainement, antérieure à 1602, ce bâtonnier devint chef électif de l'Ordre, en remplacement du doyen.

Il réunit, ainsi, à des titres et pour des objets différents, les avocats et les procureurs sous son autorité.

C'est sous sa présidence que les délégués de la Confrérie se réunissaient pour régler ses intérêts, ses comptes et ses aumônes. Au seizième siècle, cette assemblée vit s'étendre ses prérogatives. Un arrêt du 18 *mars* 1508 lui donna mission d'entendre les plaintes contre ceux qui contreviendraient au style et aux ordonnances du Parlement. Elle joignit, bientôt, à ces fonctions le règlement des intérêts communs aux deux professions, et devint, par là, une sorte de juridiction qui porta le nom de *Communauté des Avocats et Procureurs* [1].

§

Je ne puis quitter le règne de Louis XIV sans vous dire que, pendant la minorité de ce prince, l'avocat-général Talon ayant été exilé pour s'être opposé à un arrêt bursal, et les avocats lui ayant manifesté toute leur sympathie, une *Déclaration du Roi* permit aux procureurs de plaider même sur appellation ; mais que, sur la vive réclamation du premier président de Bellièvre, la déclaration ne fut pas exécutée [2].

---

1. Sur cette matière, les stagiaires peuvent consulter notamment : BOUCHER-D'ARGIS, *Histoire abrégée de l'Ordre des Avocats*, chap. XXI, p. 209.

2. « Le cardinal Mazarin croyant les mortifier (les avocats) donna une « déclaration qui permettait aux procureurs de plaider même sur les « Appellations. Le Parlement enregistra cette déclaration ; mais en « même temps l'illustre M. de Bellièvre, Premier Président, représenta « au Roi que les Procureurs n'étaient pas capables de plaider des ques- « tions de Droit et de Coutume, et qu'ainsi les causes de ses sujets « seraient mal défendues ; d'ailleurs, le peuple murmurait hautement. « Le cardinal, craignant quelque émotion, fut obligé de rappeler « M. Talon, qui rentra au Palais tout glorieux et très-reconnaissant du « service que les Avocats lui avaient rendu. »

BRETONNIER, *Recueil par ordre alphabétique des principales questions de droit qui se jugent diversement dans les différents tribunaux du royaume*, préface, p. 23.

Les stagiaires trouveront à la Bibliothèque la cinquième édition de cet ouvrage publiée par *Boucher-d'Argis*, en 1783.

VII

DÉCLARATION DU 12 MAI 1717 [1]

Deux ans après l'avénement de Louis XV, une *Déclaration du 12 mai 1717* exempte de toute permission

---

1. Du 17 juillet 1693 au 12 mai 1717, on trouve, notamment :

1693. — *L'Indépendance de l'Avocat*, par d'Aguesseau, avocat général au Parlement de Paris, procureur général et chancelier.

D'Aguesseau, né à Limoges, le 7 novembre 1668, — mort le 9 février 1751.

1700. — *Déclaration portant règlement pour les études de droit* (*Louis XIV, Versailles, 19 janvier 1700*), — qui reproduit, pour le serment d'avocat, les dispositions de la déclaration de 1682.

Isambert, t. XX, p. 349, n° 1704.

1702. — *Advocatus prudens in foro criminali, etc.*, par Thonniker, in-4°, Chemniti apud Conradum Stæsselium, 1702.

Les stagiaires trouveront cet ouvrage à la Bibliothèque.

1704. — *Arrêt de règlement du Parlement de Paris qui ordonne que les conseillers-rapporteurs, avocats et procureurs seront déchargés de la représentation des sacs et pièces des parties, cinq ans après le jugement des procès; et après dix ans, lorsque les procès n'auront pas été jugés* (*Louis XIV, 26 février 1704*).

Isambert, t. XX, p. 442, n° 1882.

1704. — *Édit portant création des offices de syndics perpétuels dans chacune des communautés des procureurs, et avocats faisant fonctions de procureurs, et huissiers des Cours supérieures, baillages, sénéchaussées et autres juridictions du royaume* (*Louis XIV, Versailles, mars 1704*).

Isambert, t. XX, p. 443, n° 1888.

Sur les *avocats faisant fonction de procureurs*, nous avons déjà cité l'édit du 8 août 1552 et l'ordonnance d'Orléans de janvier 1560. Il paraît que le cumul des deux fonctions n'eut lieu qu'en Anjou. Les stagiaires liront à ce sujet de curieux détails, dans l'article *Avocat*, n° 9, p. 751 de la *Collection de décisions nouvelles et de notions relatives à la jurisprudence, donnée par* Me Denisart, *mise dans un nouvel ordre,*

préalable l'impression des Mémoires sur procès, signés d'un avocat ou d'un procureur.

---

corrigée et augmentée par MM. CAMUS, BAYARD *et* MEUNIER, *avocats au Parlement* (MDCCLXXXIII).

1704. — Legs de notre confrère DE RIPARFONDS pour la fondation de notre Bibliothèque et de notre Conférence.

J'en ai parlé dans mon Discours du 17 août 1857 (*Le Stage*).

1709. — *Déclaration portant que, conformément à l'arrêt du Conseil du 21 février 1683, les avocats aux Conseils et les avocats en Parlement garderont, entre eux, dans les assemblées générales et particulières, consultations, arbitrages et ailleurs, le rang et la préséance, suivant la date de leurs matricules (Louis XIV, Versailles, 6 février 1709.)*

Isambert, t. XX, p. 538, n° 2099.

1710. — *Déclaration portant règlement pour l'exécution de l'art. 15 de l'édit d'avril 1679 et les déclarations des 6 août 1682 et 19 janvier 1700, qui concernent l'étude du droit civil et canonique, et la réception au serment d'avocat (Louis XIV, Versailles, 3 avril 1710).*

Isambert, t. XX, p. 547, n° 2137.

1711. — *Dictionnaire des Arrêts, ou Jurisprudence universelle des Parlemens de France, et autres tribunaux*, par BRILLON. — V° *Avocat*.

Les stagiaires trouveront à notre Bibliothèque l'édition de 1727.

BRILLON, avocat au Parlement, et substitut du procureur général au Grand-Conseil, né à Paris, le 15 janvier 1671, — mort le 29 juillet 1736.

1711. — *Règles pour former un Avocat, tirées des plus célèbres auteurs anciens et modernes*, par BIARNOY DE MERVILLE.

Les stagiaires trouveront cet ouvrage à la suite de l'*Histoire abrégée des Avocats*, par *Boucher-d'Argis*.

BIARNOY DE MERVILLE, avocat au Parlement de Paris, né à ... le ... — mort en décembre 1740.

17.. — *Discours sur la profession d'Avocat*, par *Mathieu* TERRASSON.

Les stagiaires le trouveront à la Bibliothèque dans les *Œuvres de feu M*e *Mathieu Terrasson, écuyer, ancien avocat au Parlement, con-*

La célérité, si nécessaire aux procès, et la garantie des signatures, sont les motifs de cette juste exemption [1].

VIII

ARRÊT DE RÈGLEMENT DU 5 MAI 1751 [2]

Le 5 *mai* 1751, le Stage est porté à quatre années,

---

tenant plusieurs de ses Discours, Plaidoyers, Mémoires et Consultations. In-4°, Paris, 1737, p. 10.

L'éditeur, quoique fils de l'auteur, ne donne pas la date de ce discours.

MATHIEU TERRASSON, né à Lyon, le 13 août 1669, — mort à Paris, le 30 septembre 1734.

1713. — *L'Éloge et les Devoirs de la profession d'Avocat*, — sans nom d'auteur au titre, ni dans l'approbation du censeur ou dans le privilége.

Cet ouvrage est de FYOT DE LA MARCHE, *comte de Montpon*, conseiller au Parlement de Paris.

FYOT DE LA MARCHE, né à Dijon, le 1er décembre 1669, mort à Paris, le 4 juillet 1716.

Cet ouvrage est à la Bibliothèque,

1713. — *Ordonnance qui défend de plaider ni d'écrire pour les parties aux îles de l'Amérique (Louis XIV, Versailles, 13 mars 1713).*

Isambert, t. XX, p. 600, n° 2208.

1716. — BOURICH *advocatus, sive de advocati munere et officio.* Magdebourg, 1716.

1. *Déclaration portant défenses d'imprimer sans la permission du roi (Régence du duc d'Orléans, Paris, 12 mai 1717).*

Isambert, t. XXI, p. 142, n° 130.

2. ENTRE LE 12 MAI 1717 ET LE 5 MAI 1751, ON TROUVE, NOTAMMENT :

1723. — *Règlement du Conseil pour la librairie et imprimerie de*

sur la proposition du bâtonnier Doulcet ; et on supprime

Paris (*Louis XV, Versailles,* 28 *février* 1723), — qui renouvelle la Déclaration du 12 mai 1717.

Isambert, t. XXI, p. 216, n° 279.

1724. — *Déclaration concernant la religion* (*Louis XV,* 14 *mai* 1724), — qui défend de donner des lettres de licence à ceux qui ne rapporteront pas certificat de leur curé, attestant l'exercice de la religion catholique, apostolique et romaine.

Isambert, t. XXI, p. 261, n° 303.

1733. — *Lettre ou Dissertation où l'on fait voir que la profession d'Avocat est la plus belle de toutes les professions.*

Lettres à M. ***, *où l'on examine si les juges qui président aux audiences peuvent légitimement interrompre les avocats lorsqu'ils plaident.*

Ces Lettres, sans nom d'auteur, sont de Cocquard, avocat au Parlement.

Les stagiaires les trouveront à la Bibliothèque.

M. Dupin a réédité la seconde lettre dans le *Recueil des pièces concernant la profession d'Avocat.*

Cocquard, né à Dijon, le 4 janvier 1700, — mort vers 1772.

1734. — *Dictionnaire de droit et de pratique, contenant l'explication des termes de droit, d'ordonnances, de coutumes et de pratique, avec les juridictions de France,* par M. Claude-Joseph de Ferrière, *doyen des docteurs-régents de la Faculté des droits de Paris, et ancien avocat au Parlement.* V^is *Avocat, Éloquence du Barreau; Honoraires,* etc.

Cet ouvrage, commencé par Claude de Ferrière, père de Claude-Joseph de Ferrière, portait d'abord le titre d'*Introduction à la Pratique.* Il a, depuis, été augmenté par Boucher-d'Argis.

1736. — *Recueil de Jurisprudence civile,* par Guy du Rousseau de la Combe, avocat au Parlement. V° *Avocat.*

Guy du Rousseau de la Combe, né ....., — mort en 1749.

1737. — *Tableau de l'Avocat,* par *Timothée-Fr.*, Thibault, avocat en la Cour de Lorraine. Nancy, P. Antoine, 1737, in-12.

Cet ouvrage est à la Bibliothèque.

1738. — *Règlement concernant la procédure du Conseil* (*Louis XV, Versailles,* 28 *juin* 1738). Le titre XVII, seconde partie, s'occupe de la

une sorte de tableau supplémentaire irrégulier qui s'ajoutait, par abus, au tableau normal [1].

IX

PARLEMENT MAUPEOU [2]

Je n'ai pas à vous raconter les entreprises du chancelier Maupeou contre le Parlement qu'il avait présidé.

---

discipline qui doit être observée par les avocats au Conseil.

Isambert, t. XXII, p. 42, n° 517.

1738. — *Règlement concernant la procédure qui doit être observée pour l'instruction des affaires renvoyées devant des commissaires nommés par arrêt du Conseil* (*Louis XV, Versailles*, 28 *juin* 1738). — Entre autres dispositions, il règle le mode de recouvrement des frais avancés par l'avocat au Conseil.

Isambert, t. XXII, p. 106, n° 518.

1738. — *Édit portant suppression de cent soixante-dix charges d'avocats aux Conseils, et création de soixante-dix autres* (*Louis XV, Versailles, septembre* 1738).

Isambert, t. XXII, p. 111, n° 523.

1739. — *Arrêt du Conseil concernant les solliciteurs de procès et les Avocats aux Conseils qui prêteraient leur nom* (*Louis XV, Versailles*, 25 *février* 1739).

Isambert, t. XXII, p. 115, n° 530.

1743. — *Arrêt du Conseil qui renouvelle les défenses faites à tous imprimeurs d'imprimer aucun mémoire pour les affaires portées dans les Conseils, qu'il ne soit signé d'un avocat, etc.* (*Louis XV*, 10 *décembre* 1743).

Isambert, t. XXII, p. 166, n° 585.

1. *Arrest de la Cour de Parlement, qui règle que les Avocats ne seront inscrits sur le Tableau, que lorsqu'ils auront suivi les audiences pendant quatre ans, et qu'ils ne peuvent signer des écritures qui passent en taxe qu'après ce temps* (*Louis XV, Paris*, 5 *mai* 1751).

Jousse, *Recueil d'édits*, etc., t. III, p. 677.

2. ENTRE LE 5 MAI 1751 ET NOVEMBRE 1774 — OUTRE LES ORDONNANCES CITÉES DANS LE TEXTE, — ON TROUVE, NOTAMMENT :

1753. — *Histoire abrégée de l'Ordre des Avocats, par Antoine-*

Mais il est utile de savoir en quoi ces entreprises touchèrent au Barreau qui prit parti pour ses magistrats.

Gaspard BOUCHER-D'ARGIS, écuyer, avocat au Parlement et conseiller au Châtelet.

L'auteur a composé cette histoire afin de suppléer à ce qui manquait aux *Règles pour former un Avocat*, de *Biarnoy de Merville*; et, dans l'édition de ces Règles faite en 1753, son travail fut placé au commencement du volume. Le nom seul de *Boucher-d'Argis* étant sur le titre, on l'a souvent regardé, mais à tort, comme l'auteur de l'un et l'autre ouvrage.

BOUCHER-D'ARGIS, né en 1708, — mort vers 1780.

1754. — *Collection de décisions nouvelles et de notions relatives à la Jurisprudence*, par *Jean-Baptiste* DENISART, procureur au Châtelet. V° *Avocat.*

De nombreuses éditions ont, successivement, augmenté cet ouvrage. La dernière, due à MM. CAMUS, BAYARD et MEUNIER, et connue sous le nom de *Nouveau Denisart*, s'arrête à la lettre *H*; M. CALENGE a donné à cette édition un supplément qui s'arrête à la même lettre.

DENISART est né à Iron, près Guise, en 1712, — mort à Paris, le 4 février 1765.

1759. — *Arrêt du Conseil portant qu'une bibliothèque, composée de toutes les lois et règlements qui peuvent intéresser l'administration publique, sera attachée au contrôle général des finances, et qui la confie à un avocat qui portera le nom d'avocat des finances de Sa Majesté* (*Louis XV, Versailles,* 31 *octobre* 1759).

Isambert, t. XXII, p. 296, n° 782.

1764. — *Arrêt du Conseil concernant la bibliothèque des finances* (*Louis XV, Versailles,* 18 *janvier* 1764), — qui porte qu'indépendamment du garde des archives, il sera nommé « deux avocats ou officiers « de judicature, qui, sous le titre d'avocats de finances, seront chargés de « donner leur avis sur toutes les matières de finances sur lesquelles ils « seront consultés par le contrôleur général des finances relativement « aux rapports qu'elles peuvent avoir avec les lois et les formes de l'ordre public. »

Isambert, t. XXII, p. 397, n° 862.

1768. — *Edit portant règlement pour la police et discipline du Grand Conseil* (*Louis XV, Versailles, janvier* 1768), — qui permet aux

1°

DÉCLARATION DU 22 FÉVRIER 1771

D'abord, les officiers du Conseil, ayant été envoyés pour tenir la Cour de Parlement dont les charges étaient confisquées, une *Déclaration du 22 février* 1771 donna

---

avocats au Conseil d'exercer près du Grand Conseil, à charge seulement d'y prêter serment.

Isambert, t. XXII, p. 471, n° 940.

1769. — *Arrêt du Conseil qui défend aux parties de faire imprimer et distribuer aucun mémoire, consultation ou écrits au sujet des demandes en cassation, en révision ou en contrariété d'arrêts, et à tous imprimeurs de les imprimer avant qu'il ait été ordonné que lesdites demandes seront communiquées* (*Louis XV, Fontainebleau*, 4 *novembre* 1769).

Isambert, t. XXII, p. 493, n° 982.

1771. — *Lettres patentes concernant les fonctions des Avocats au Conseil, et l'instruction des causes, instances et procès renvoyés et pendants aux requêtes de l'Hôtel* (*Louis XV, Compiègne*, 24 *juillet* 1771), — qui distingue entre les différentes affaires pour ne donner droit exclusif aux Avocats au Conseil que sur quelques-unes.

Isambert, t. XXII, p. 538, n° 1016.

1772. — *Lettres sur la profession d'Avocat et Bibliothèque choisie des livres de droit*, par CAMUS.

Cet ouvrage a eu plusieurs éditions.

Les stagiaires doivent lire assidument les *Lettres de Camus*, et consulter souvent sa *Bibliothèque*.

CAMUS, avocat au Parlement de Paris, député à la Constituante et à la Convention, membre de l'Institut, etc., est né à Paris, le 2 avril 1740, — mort à Paris, le 2 novembre 1804.

1774. — *Déclaration portant règlement concernant les mémoires à consulter* (*Louis XV, Versailles*, 18 *mars* 1774).

Nécessité d'un certificat de l'avocat, du procureur ou du greffier attestant l'existence de la contestation. Signature de l'avocat ou du procureur, pour tout écrit judiciaire.

Isambert, t. XXII, p. 561, n° 1050.

aux *Avocats aux Conseils* le droit de plaider et d'écrire devant le Parlement, concurremment avec nous [1].

2°

ÉDIT DE MAI 1771

Puis, au *mois de mai* 1771, les procureurs au Parlement sont supprimés ; et, à leur place, on crée des *offices d'avocats du Parlement* [2].

3°

ÉDIT DE NOVEMBRE 1774

Mais Louis XVI monte sur le trône ; un de ses premiers actes est de rappeler le Parlement, et un *Édit de novembre* 1774 abolit ces avocats postiches, en déclarant « que la création de ces offices n'était d'aucun avan-
« tage et même, qu'en les laissant subsister, l'étude des
« lois et de la jurisprudence serait bientôt abandonnée
« ou tellement négligée que les sujets du roi ne pour-
« raient plus trouver dans les avocats le secours qu'ils
« ont droit d'en attendre [3]. »

---

1. *Déclaration concernant les avocats aux Conseils* (*Louis XV, Versailles, 22 février* 1771).

Isambert, t. XXII, p. 511, n° 997.

2. *Edit portant suppression des Procureurs au Parlement de Paris, et création de cent avocats* (*Louis XV, Versailles, mai* 1771).

Isambert, t. XXII, p. 528, n° 1011.

3. *Edit portant suppression des Avocats au Parlement et rétablissement des Procureurs* (*Louis XVI, Fontainebleau, novembre* 1774).

Les procureurs sont rétablis au nombre de 400, réductible à 200.

Les Avocats immatriculés continuent d'exercer ainsi qu'il en était usé avant les édits des mois de février et mai 1771.

Isambert, t. XXIII, p. 68, n° 78.

X

COSTUMES, PRÉSÉANCES, CHEVALERIE, NOBLESSE

Je ne vous parlerai ni des Règlements sur les *costumes*[1], ni des arrêts sur les *préséances*[2] ou les *priviléges*[3], ni des *lois de la chevalerie*[4], à laquelle on a cherché à rattacher notre profession, ni enfin de celles qui nous accordaient ou nous faisaient entrevoir la *noblesse*[5] après un certain exercice de notre profession.

---

1. Les stagiaires trouveront, dans FOURNEL, à chacune des périodes par lesquelles il a divisé notre histoire, un chapitre où il décrit les *costumes* que le Barreau a successivement adoptés; et BOUCHER-D'ARGIS leur a consacré son chapitre VIII intitulé : *De l'habillement des Avocats.*

2. Les stagiaires peuvent consulter, sur les *Préséances*, notamment : BOUCHER-D'ARGIS, chapitre XIX intitulé : *Des priviléges attachés à la qualités d'Avocat;* CAMUS ET BAYARD, v° *Avocat*, § 7 ; et M. MOLLOT, p. 144.

Ils y verront qu'en vertu de divers arrêts, les Avocats au Parlement avaient préséance sur les docteurs en droit, procureurs, notaires, médecins, substituts du procureur du Roi.

3. Les stagiaires trouveront, dans les auteurs cités en la note précédente, la mention de divers priviléges dont jouissaient les Avocats au Parlement, tels que : exemption de la collecte des tailles et autres impositions publiques ; droit d'éloigner de leur voisinage les professions bruyantes ; droit de n'être pas contraints par corps, lorsqu'ils sont revêtus de leur robe et se rendent au Palais ou en reviennent ; interdiction de saisir leurs livres ; interdiction de faire des significations à leurs clients dans leur cabinet, droit de *Committimus*, auquel *Boucher-d'Argis* a consacré son vingtième chapitre ; droit (à Nancy) de se faire suppléer pour les gardes et parades, etc., etc.

4. Les stagiaires doivent lire sur la *chevalerie*, dans ses rapports avec la profession d'Avocat, une Dissertation très-curieuse de M. FOURNEL, t. I, p. 270 et suiv., où il cite BOUTEILLER, SAINTE-PALAYE et autres.

5. Voir, sur la *Noblesse*, BOUCHER-D'ARGIS, chap. XIX; CAMUS et BAYARD, v° *Avocat*, § 7 ; FOURNEL, t. I, p. 179 et suiv.

Ce sont des curiosités historiques qui ont leur intérêt, mais qui donneraient trop d'étendue à ce discours déjà trop long.

XI

TRADITION [1]

Si aux textes des lois et des règlements dont je viens

---

1. Avant d'arriver au résumé des fonctions d'Avocat, telles que les avaient faites les *lois*, les *réglements* et la *tradition*, nous avons à noter, ici, les Documents qui se sont produits de novembre 1774 à novembre 1789.

Ce sont, notamment:

1775. — *Arrêt du Conseil qui défend l'impression des requêtes en cassation avant qu'elles soient communiquées (Louis XVI, Versailles, 18 décembre 1775).*

Isambert, t. XXIII, p. 289, n° 334.

1776. — *Arrêt du Conseil portant que le droit de marc d'or de noblesse sera payé par les conseillers, avocats et procureurs du Châtelet de Paris, d'après le tarif y déterminé, à moins que les récipiendaires ne soient déjà nobles (Louis XVI, Versailles, 9 février 1776).*

Isambert, t. XXIII, p. 348, n° 371.

1776. — *Arrêt du Conseil qui supprime différents imprimés relatifs à la suppression des jurandes et des communautés d'arts et métiers, fondé sur ce qu'il n'est permis aux avocats d'imprimer des mémoires que dans les affaires contentieuses, et sur ce que le droit de remontrance sur les lois n'appartient qu'aux Cours (Louis XVI, Versailles, 22 février 1776).*

Isambert, t. XXIII, p. 357, n° 387.

1777. — *Répertoire universel et raisonné de Jurisprudence civile, criminelle, canonique et bénéficiale*, par Guyot. V° *Avocat.*

Merlin, qui avait fourni un grand nombre d'articles à cet ouvrage, en a publié plusieurs éditions, avec des additions nombreuses, de telle sorte que ce Recueil n'est plus connu que sous le nom de *Répertoire de Merlin*. La cinquième édition est de 1827.

Il serait à désirer qu'on publiât une sixième édition, dont les maté-

de vous entretenir, on joint les usages que nous a transmis la tradition, voici ce qu'on peut dire, à peu près, de l'organisation de l'ancien Barreau :

Admis au serment, après avoir obtenu le titre de

riaux ont été préparés par MERLIN, aidé de notre confrère M. LEBLOND.

L'auteur de l'article *Avocat* est DAREAU.

GUYOT a été juge au Tribunal de cassation.

MERLIN, procureur général à la Cour de cassation, né à Arleux, le 30 octobre 1754, — mort le 26 décembre 1838.

1777. — *Règlement pour les procédures dans les établissements français de l'Inde* (*Louis XVI, Versailles*, 22 *février* 1777). — Les formes de procédure indiquées par ce règlement sont adoptées « pour « suppléer à toute instruction et écriture des Avocats et Procureurs *ad* « *lites*, dont le ministère ne sera nécessaire ni même admis en aucun « cas. » (Art. 17).

Isambert, t. XXIV, p. 350, n° 620.

1777. — *Edit qui sépare les fonctions d'avocat et de procureur dans les sénéchaussées et présidial du Mans* (*Louis XVI, Versailles*, mars 1777).

Isambert, t. XXIV, p. 387, n° 644.

1777. — *Edit portant règlement pour la juridiction des présidiaux* (*Louis XVI, Versailles, août* 1777. — Il permet aux juges qui ne sont pas en nombre suffisant d'appeler « d'anciens gradués non suspects aux « parties au nombre de trois au plus » (Art. 24).

Isambert, t. XXV, p. 84, n° 734.

1777. — *Arrêt du Parlement qui porte que les Avocats ne peuvent être désavoués* (*Louis XVI, Paris*, 20 *août* 1777).

Isambert, t. XXV, p. 98, n° 745.

1778. — *Lettres patentes portant approbation du tarif des frais et dépenses pour les procureurs au Parlement de Paris* (*Louis XVI, Marly*, 23 *mai* 1778). — Dans ce tarif il est parlé de certaines écritures réservées aux Avocats.

Isambert, t. XXV. 291, n° 886.

1778. — *Règlement sur le Conseil des prises et la forme d'y procéder* (*Louis XVI, Versailles*, 19 *juillet* 1778). — On y règle la marche à

licenciés, et subi une épreuve spéciale, les avocats n'acquéraient complétement leur profession que par l'inscription au Tableau où les conduisait un Stage de quatre ans,

---

suivre par les avocats chargés.

Isambert, t. XXV, p. 358, n° 912.

1782. — *Arrêt du Conseil souverain qui déclare qu'à l'avenir il ne sera plus donné d'autorisation aux avocats pour faire les fonctions de procureur dans la Colonie (Louis XVI, 5 janvier 1782).*

Code de la Martinique, t. III, p. 516.
Isambert, t. XXVII, p. 141, n° 1602.

1785. — *Arrêt du parlement portant que les notables et adjoints aux bureaux d'administration des colléges seront choisis parmi les nobles, les avocats et les chefs de famille âgés de trente ans, domiciliés dans la ville, et que les deux premiers officiers municipaux seront membres du bureau (Louis XVI, Paris, 8 mars 1785).*

Isambert, t. XXVIII, p. 17, n° 2051.

1786.— *Arrêt du Conseil qui fait défenses à toutes personnes, sans exception, autres que les avocats au Conseil du Roi, de signer ni faire imprimer aucune requête, mémoire, etc., dans les affaires portées ou à porter au Conseil; et aux imprimeurs, de les imprimer, si la minute n'en a été signée préalablement d'un avocat aux Conseils (Louis XVI, Versailles, 2 juillet 1786).*

Cet arrêt renouvelle, sur ce point, ceux des 9 mars 1723, 7 mai 1725, 27 février et 17 octobre 1740, 27 novembre 1741, 10 décembre 1743, 24 mai 1745, 16 juin 1746, 24 juillet 1747, 24 octobre 1749, 4 septembre 1752, 25 février 1758, 30 avril 1759, 14 septembre 1761 et 8 août 1777.

Isambert, t. XXVIII, p. 209, n° 2242.

1786. —*Les trois âges de l'Avocat,* discours prononcé par Bonnet, (*Louis Ferdinand*), avocat au Parlement, Bâtonnier en 1817-1818, conseiller à la Cour de Cassation.

Bonnet, célèbre par la défense du général Moreau, est né, à Paris, le 8 juillet 1760, mort, à Paris, le 6 décembre 1839.

1780. — *Mémoire pour les Avocats du bailliage de Nogent-le-Rotrou contre Pierre Gouhier, ci-devant savetier dans la même ville,* avec cette épigraphe : *Ne sutor ultra crepidam,* par Tronson du Coudray, avocat au Parlement.

Un ancien savetier, qui a vieilli dans son état, peut-il forcer l'Ordre

consacré à suivre les audiences, à faire des écritures, et à pratiquer les exercices de la Conférence.

Quant à leur place au Tableau, ils ne la conservaient que par un exercice réel.

Mais, dès qu'ils étaient inscrits sur ce Tableau, annuellement arrêté par le Conseil et déposé au greffe par le Bâtonnier, ils pouvaient parler et écrire devant toutes les juridictions; et le simple *exeat* du chef de l'Ordre leur suffisait hors des limites du ressort. Le Répertoire de Merlin va jusqu'à dire : « Un grand privilége attaché à « la profession de l'Avocat, c'est cette liberté qu'il a de « l'exercer quand il lui plaît et où il lui plaît. *L'Avocat* « *a le globe pour territoire* [1]. »

C'est beaucoup dire, peut-être, et en donner à nos pères plus qu'ils n'avaient envie d'en prendre, et à nous, plus que nous n'en désirons, même aujourd'hui, quoique nos consultations puissent porter sur la législation de tous les peuples; qu'elles nous soient, quelquefois, demandées pour les pays les plus éloignés; que notre droit de plaider suive, partout où il flotte, le drapeau de la France; et que, plus d'une fois, des tribunaux étrangers aient accueilli avec faveur une Plaidoirie française.

L'ancienneté était entourée de respect, et dix ans d'exercice donnaient le titre d'*ancien*.

---

des Avocats de l'admettre dans son sein?

Les stagiaires trouveront ce Mémoire dans le *Barreau français*, collection des chefs-d'œuvre de l'Éloquence judiciaire en France, recueillis par Clair et Clapier (Panckoucke, 1823), t. X, p. 362.

Tronson du Coudray, né, à Reims, le 18 novembre 1750, — mort à Synamari, le 22 juin 1798.

1. *Répert.* de Merlin, v° *Avocat*. L'article est de M. *Dareau*.

Cependant, et malgré les droits de l'ancienneté, un régime tout d'élection les gouvernait, modèle ou copie de celui auquel devait une grande partie de sa gloire le vieux Parlement, recruté parmi nous.

Le Bâtonnier était élu en assemblée générale.

Ce chef de l'Ordre avait, quant à l'administration, un pouvoir très-étendu et sans contrôle [1].

Les autres points étaient réglés en un Conseil qu'il présidait, composé des anciens bâtonniers et de vingt avocats élus par tous les membres de l'Ordre.

Ces vingt membres furent, pendant longtemps, nommés en assemblée générale. Mais, en 1662, les avocats furent assez nombreux pour qu'ils crussent nécessaire de diviser le Tableau en dix colonnes.

Chaque colonne eut, dès lors, ses assemblées particulières, et nomma, pour le Conseil, deux députés qui la représentaient et lui rendaient compte des délibérations.

Les fonctions de Bâtonnier étaient annuelles.

Celles de député duraient deux années, et le plus ancien des deux était, chaque année, soumis à l'élection.

Les uns et les autres étaient rééligibles.

La profession était incompatible avec les charges érigées en offices, les places auxquelles des gages étaient attachés, celles qui rendent subalterne, et, en général, avec toute profession qui peut faire l'occupation capitale

1. Le plus ancien bâtonnier connu est *Denis Doujat* (1617). Avant la création du Bâtonnier, le Doyen était chef de l'ordre.

d'un homme; car, ainsi que Loisel le fait dire à Pasquier, *le Barreau veut son homme tout entier* [1].

On n'y admettait pas les gens d'inconduite notoire.

Ni les juifs, ni les hérétiques, ni les excommuniés n'y pouvaient entrer.

La discipline intérieure appartenait exclusivement à l'Ordre lui-même.

Sa juridiction frappait de la *réprimande secrète* ou *publique*, de la *suspension*, de la *restitution* et de la *radiation*, prononcées soit par le Conseil, soit, en cas de réclamation, par l'assemblée générale.

En dehors du Conseil et de toute peine officielle, l'avocat indigne d'estime recevait de ses confrères l'affront du *refus de communiquer*, qui le chassait, bientôt, du palais.

Au cas de radiation, l'avocat pouvait en appeler au Parlement.

Le procureur général n'avait pas le droit d'appel.

Dans ce Code pénal, on ne retrouve plus l'*amende*, jadis imposée par le Parlement à ceux qui plaidaient une cause évidemment mauvaise. Cette peine existait, encore, en 1602, et la malicieuse bonhomie de Loisel nous a conservé le souvenir d'un de ses contemporains, nommé Berthe, de petite taille, à qui le résultat fâcheux de quelques plaidoiries avait attiré le désagréable surnom de *petit amendier* [2].

1. *Pasquier* ou *Dialogue des advocats du Parlement.*
2. *Pasquier* ou *Dialogue des advocats du Parlement.*

Comme, aussi, avait disparu des usages du Parlement, celui de consulter nos anciens ; usage fréquemment pratiqué jadis et qu'on retrouve encore au commencement du dix-septième siècle.

XII

LOIS DU 3 NOVEMBRE 1789

Telle était notre profession en 1789 [1].

---

1. Nous avons, autant que possible, restreint nos recherches et nos indications aux lois et règlements généraux de notre profession :

Les stagiaires qui voudront savoir ce que disaient, sur les avocats, les *Coutumes particulières*, pourront consulter dans le COUTUMIER GÉNÉRAL de BOURDOT DE RICHEBOURG, notamment les coutumes suivantes qui s'étendent un peu hors de France et comprennent les provinces autrefois connues sous le nom de *Gaules* :

Auvergne :

Les coutumes générales du haut et bas pays d'Auvergne (1510); ch. IV, — Coutumier général, t. IV, p. 1161.

Béarn :

Fors et costumas de Béarn (1551), Rubrica deus advocats, art. 1, — IV, 1071.

Bourbonnais :

Coustumes générales du pays et duché de Bourbonnois (1521); chap. V, art. 45, III, 1193, 1231.

Bretagne :

La très-ancienne coustume de Bretaigne (1330); chap. XVIII, — IV, 204.

Coustumes générales des pays et duché de Bretaigne (1539); chap. III, — IV, 296.

Coustumes générales des pays et duché de Bretagne, nouvellement réformées et rédigées par écrit..... (1560); chap. III, — IV, 366.

Bruxelles :

Coutumes de Brusselle; — tit II, art. 49, — I, 1238.

Furne :

Les lois, coustumes et statuts de la ville et chastellenie de Furne

Et vous pouvez facilement concevoir quel honneur y était attaché et de quelle estime étaient entourés les hommes utiles qui figuraient dans ses rangs ; alors, sur-

---

(1615) ; tit. LVII, art. 1, nos 8 et 9, — I, 677.

Hainaut :

Lois, chartes et coutumes du noble pays et comté de Hainaut (1534) ; chap. LVI, LXVI, LXVII, — II, 9, 13, 14.

Chartes nouvelles du pays et comté de Hainaut (1619) ; chap. LXV, LXVII, LXVIII, LXXI (art. 1), LXXVIII (art. 15, 16, 17, 18 et 19) LXXIX (art. 5 et 6), LXXXIII, LXXXIV (art. 1 et 2), LXXXVIII (art. 1, 5 et 14), CXXXVI (art. 6 et 7, — II, 97, 98, 100, 108, 112, 114, 116, 118, 151.

Cette coutume est l'une des plus complètes et des plus détaillées, relativement à notre profession.

Ipre :

Les coutumes, lois et statuts de la ville et bourgeoisie d'Ipre (1619) ; rub. 3, art. 1, nos 17, 33, 34, — I, 880, 881.

Liége :

Ordonnances et statuts de Son Altesse sur le règlement de la justice en son pays de Liége (1589) ; art. 77, 79, 100, 101, 102, — II, 317, 318.

La Marche :

Coutumes générales du haut pays du Comté de la Marche (1521) ; chap. IV, — IV, 1103.

Mecklembourg :

Leges municipales civium Mechliniensium (1535) ; tit. I, art. 1, § 47, — I, 1210.

Metz :

Ordonnances de la ville et cité de Metz et pays Messin (1564) ; tit. I, art. 4, 13, 14, 19, — II, 373 et 374.

Nieuport :

Les coutumes et usages de la ville de Nieuport (1615) ; rub. 4, art. 1, nos 48 et suiv., — II, 737.

Normandie :

Le grand coustumier du pays et duché de Normendie, très-utile et profitable à tous practiciens (1539) ; chap. LXIV et LXV, — IV, 27.

Poperinghe :

Les coutumes et usage de la ville, élection et juridiction de Pope-

tout, que, suivant scrupuleusement ses préceptes, ils lui rendaient une partie de l'éclat qu'ils recevaient d'elle.

Aussi, la Révolution lui paraît d'abord favorable, puisque la *loi du* 3 *novembre* 1789 commence par donner la publicité aux débats criminels et l'assistance d'un défenseur aux accusés [1].

---

ringhe (1620); tit. XIV, art. 1, nos 30 et 31, — I, 942.

Rousselare :

Les coutumes, lois et statuts de la ville et bourgeoisie de Rousselare (1624); rub. 23, — I, 919.

Sole :

Coustumes générales du pays et vicomté de Sole (1520); tit. VIII, — IV, 983.

Thionville :

Coutumes générales de la ville de Thionville et des autres villes et lieux du Luxembourg françois (1661); tit. IV, art. 24, — II, 361.

Valenciennes :

Coutumes de la ville, banlieue et chef-lieu de Valenciennes (1619); chap. XXXI, art. 211 et 213, — II, 255.

Le livre de BOURDOT DE RICHEBOURG, que les stagiaires trouveront à la Bibliothèque, est intitulé : *Nouveau Coutumier général ou corps des coutumes générales et particulières de France et des provinces connues sous le nom de Gaules, par Bourdot de Richebourg*, Paris, 1724; 4 vol. in-fol.

BOURDOT DE RICHEBOURG (Charles-Antoine), avocat au Parlement de Paris, né .... — mort le 11 décembre 1735.

1. — **8 et 9 octobre, 3 novembre 1789.** — (*Lett. Pat.*). — *Décrets sur la réformation de quelques points de la jurisprudence criminelle.*

Art. 10 et art. 12, Conseil de l'accusé; — Conseil d'office; — art. 11, Publicité de l'instruction; — art. 18, Présence du Conseil à tous les actes de l'instruction; — art. 21. Présence du Conseil à l'audience; — Défense.

Collection complète des lois, décrets, ordonnances, règlements, avis du Conseil-d'Etat, publiée sur les éditions officielles du Louvre, de l'Imprimerie nationale, par BAUDOIN, *et du Bulletin des lois (de 1788 à 1830 inclusivement, et par ordre chronologique), continuée, depuis 1830, avec*

XIII

DÉCRET DU 16 AOUT 1790.

Mais, bientôt, on s'apprête à détruire l'ancien édifice judiciaire.

Par son *décret du* 16 *août* 1790, la Constituante proclame : « qu'en toute matière, civile ou criminelle, les « plaidoyers, rapports et jugements seront publics, et « que tout citoyen a le droit de défendre, lui-même, sa « cause, soit verbalement, soit par écrit. »

Elle soumet les juges à l'élection, impose l'arbitrage aux procès de famille, crée les justice de paix, déclare que le bureau de paix, composé du juge et de ses assesseurs, « sera en même temps bureau de *jurisprudence « charitable*, chargé d'examiner les affaires des pauvres, « de leur donner des conseils et défendre ou faire défen- « dre leurs causes ; » elle ajoute que le service fait dans ce bureau par *les hommes de loi* « leur vaudra l'exercice pu- « blic des fonctions de leur état auprès des tribunaux, et « que ce temps leur sera compté pour l'éligibilité aux « places de juges [1]. »

---

un choix d'actes inédits, d'instructions ministérielles, et des notes sur chaque loi, indiquant : 1° *les lois analogues*; 2° *les décisions et arrêts des tribunaux et du Conseil-d'Etat*; 3° *les discussions rapportées au* Moniteur; *suivies d'une table analytique et raisonnée des matières*; par J.-B. DUVERGIER, avocat à la Cour royale de Paris. — T. I, p. 48.

1. — **16-24 août 1790.** — (*Lett. Pat.*) — *Décret sur l'organisation judiciaire.*

Titre II, art. 3, Élection de juges; — art. 9, Nécessité d'avoir été juge ou homme de loi pendant cinq ans; — art. 14, Publicité des

C'est la première fois que, dans un document législatif, le mot d'*homme de loi* est substitué à celui d'*avocat*.

XIV

DÉCRET DU 2 SEPTEMBRE 1790

ABOLITION DE L'ORDRE DES AVOCATS

Cette éligibilité exigeant cinq ans d'exercice, le *décret du 2 septembre* 1790 déclare que les termes d'*hommes de loi* désignent, *provisoirement et pour la prochaine élection*, les gradués en droit admis au serment d'avocat et ayant exercé cette profession dans des siéges de justice royale ou seigneuriale, en plaidant, écrivant ou consultant. Puis, il règle le costume des juges, des commissaires du Roi, des greffiers et des huissiers, et porte : « que les hommes de loi, ci-devant appelés avocats, ne « devant former ni ordre ni corporation, n'auront aucun « costume particulier dans leurs fonctions [1]. »

Ainsi fut aboli l'Ordre des Avocats. Grande faute, à

---

débats, Droit de défense; — tit. III, art. 1 et suiv., Création des juges de paix; — tit. X, art. 1 et suiv., Bureaux de paix; — art. 8, Bureau de jurisprudence charitable; — art. 9, Hommes de loi, exercice public des fonctions de leur état; — art. 12 et suiv., Arbitrage forcé, Procès de famille.

Duvergier, t. I, p. 310.

1. — **2 septembre (25 août-11 septembre) 1790.** *Décret sur l'organisation judiciaire.*

Art. 5, Hommes de loi; — art. 10, costume.

Duvergier, t. I, p. 354.

mon avis ! car s'il est juste de beaucoup accorder au désir et au besoin légitimes de réorganiser l'administration judiciaire sur des bases plus en harmonie avec les idées nouvelles, il ne faut pas oublier qu'il est des professions pour lesquelles l'intérêt de la société exige des études et une moralité dont la loi peut imposer les preuves, sans blesser, en rien, l'égalité civile ; et que, par conséquent, on ne doit pas détruire la discipline qui entretient ces études nécessaires et maintient cette précieuse moralité.

On a écrit, en s'appuyant sur quelques-unes des conditions exigées par ce décret, que la Constituante n'avait fait que changer le nom des avocats [1]. C'est une erreur, puisqu'elle a détruit leur discipline et anéanti le lien qui les unissait.

D'ailleurs, le décret interprétatif qui appelait *homme de loi* le gradué, plaidant ou écrivant près des tribunaux, n'était qu'un décret fait pour la circonstance particulière de l'élection. Et on ne le suivit que pour cette circonstance.

---

1. *Nouveau Denisart*, v° *Avocat* (Addition). t. XI. — L'article est de CALENGE.

CHAPITRE DEUXIÈME

LA PROFESSION D'AVOCAT

DEPUIS LE 2 SEPTEMBRE 1790

PREMIÈRE SECTION

DE LA RÉVOLUTION A L'EMPIRE

I

DÉCRET DU 29 JANVIER 1791 [1]

CRÉATION DES AVOUÉS ET DES DÉFENSEURS OFFICIEUX

La Constituante, il est vrai, offrit, quatre mois après, un dédommagement aux plaideurs et aux avocats.

Le *décret du* 29 *janvier* 1791 créa des *Avoués* pour « régulariser les procédures et mettre les affaires en « état, avec le droit de défendre les parties, soit verba-

---

1. Entre le 2 septembre 1790 et le 29 janvier 1791, on trouve, notamment :

12-19 octobre 1790. — *Décret sur l'installation des nouveaux juges des tribunaux de district, et l'exercice de leurs fonctions en matière civile et criminelle;* — qui, aux cas déterminés, permet d'appeler les suppléants des juges, et autant de gradués qu'il en sera besoin.

Duvergier, t. I, p. 407.

« lement, soit par écrit, pourvu qu'ils fussent expressé-
« ment autorisés par leurs clients. »

Quant aux parties, leur droit fut réservé « de se défen-« dre elles-mêmes verbalement et par écrit ou d'em-« ployer le ministère d'un *défenseur officieux* pour leur « défense, soit verbale, soit orale. »

C'est ainsi que le mot d'*homme de loi* fut, d'abord, remplacé par celui de *défenseur officieux*.

Et le dédommagement consista en ceci, que les avocats inscrits au Tableau furent, comme les anciens conseillers et les juges, admis, *de droit*, à remplir les fonctions d'avoué, en se faisant inscrire au greffe, et en prêtant le serment civique et celui de remplir leurs fonctions avec exactitude et fidélité [1].

---

1. — **29 janvier, 20 mars 1791 (et 15, 16, 17, 18 décembre 1790).** — *Décret concernant la suppression des offices ministériels et l'établissement des avoués.*

Art. 3. — « Il y aura auprès des tribunaux de district des officiers « ministériels ou avoués, dont la fonction sera exclusivement de repré-« senter les parties, d'être chargés et responsables des pièces et titres « des parties, de faire les actes de forme nécessaires pour la régularité « de la procédure et mettre l'affaire en état.

« Ces avoués pourront même défendre les parties, soit verbalement, « soit par écrit, pourvu qu'ils soient expressément autorisés par les « parties, lesquelles auront toujours le droit de se défendre elles-mêmes « verbalement et par écrit, ou d'employer le ministère d'un défenseur « officieux pour leur défense, soit verbale, soit par écrit. »

Art. 4. —.......... « Les ci-devant avocats inscrits sur les tableaux « dans les lieux où ils étaient en usage, ou exerçant publiquement près « les siéges ci-dessus désignés (Parlements, Cours des aides, Conseils « supérieurs, Présidiaux, Bailliages et autres Siéges royaux), seront « admis de droit à remplir près des tribunaux de district, où ils juge-« ront à propos de se fixer, les fonctions d'avoués, en se faisant préala-« blement inscrire au greffe desdits tribunaux. »

Art. 5. — « Les juges, avocats et procureurs fiscaux des ci-devant « justices seigneuriales ressortissant nuement aux cours supérieures, les

§

Mais, bientôt, sous ce nom de *défenseur officieux*, une foule d'hommes sans garantie, sans moralité et sans capacité envahit les tribunaux.

II

DÉCRET DU 6 MARS 1791

Ce nouveau titre remplace si bien, d'abord, celui d'*homme de loi*, que ceux-ci passent, au premier moment, avec les avocats et les procureurs, dans la catégorie, si nombreuse alors, des *ci-devant*.

On voit, en effet, dans le *décret du 6 mars 1791* qu'aucun avoué, greffier, huissier et *ci-devant homme de loi* ou *procureur* ne pourront représenter les parties aux bureaux de paix.

Quant aux *défenseurs officieux*, ils durent, devant le

« avocats gradués avant le 4 août 1789, et les procureurs en titre d'of-
« fice en vertu de provisions, ayant exercé près lesdites justices, seront
« admis à remplir les fonctions d'avoués près des nouveaux tribunaux. »

Art. 6. — « Les avocats reçus dans les ci-devant Cours et Siéges
« royaux avant le 4 août 1789 ;

« Ceux qui ont été reçus après cette époque, en vertu des grades
« obtenus sans bénéfice d'âge, ni dispense d'âge, ni d'étude ;

« Les premiers clercs de procureurs..... etc., seront admis à faire
« les fonctions d'avoués en s'inscrivant au greffe des tribunaux. »

Art. 8. — « Tous ceux qui sont admis à s'inscrire au greffe des tri-
« bunaux, en qualité d'avoués, ne pourront en remplir les fonctions
« qu'après avoir prêté devant ces tribunaux le serment civique, et
« celui de remplir leurs fonctions avec exactitude et fidélité. »

Duvergier, t. II, p. 184.

tribunal du district, être porteurs de pouvoirs, à moins d'être assistés de la partie ou de l'avoué.

Le décret leur interdit de cumuler leurs fonctions avec celles de juges ou de commissaires du Roi. Mais, il leur permet d'être suppléants [1].

III

DÉCRET DU 22 PRAIRIAL AN II [2]

Le décret du 2 septembre 1790 avait commis une faute en supprimant l'Ordre des Avocats, parce que l'or-

---

1. — **6-27 mars 1791.**—*Décret relatif au nouvel ordre judiciaire.*
Duvergier, t. II, p. 240.

2. Entre le 6 mars 1791 et le 22 prairial an II, on trouve notamment :

19-22 juillet 1791. — *Décret relatif à l'organisation d'une police municipale et correctionnelle.*

Il autorise le ministère d'un défenseur officieux (art. 60, tit. II, intitulé : Police correctionnelle). (*Collection générale des décrets rendus par l'Assemblée nationale.*— Baudouin, imprimeur de l'Assemblée nationale. Juillet 1791, p. 215.)

Duvergier, t. III, p. 114.

13-14 septembre 1791. — *Constitution française.*

« En matière criminelle, l'instruction sera publique, et l'on ne pourra « refuser aux accusés le secours d'un conseil. » (Tit. III, chap. x, art. 9.)

Baudouin, septembre 1791, p. 10.
Duvergier, t. III, p. 239.

16-20 septembre 1791. — *Décret concernant la sûreté, la justice criminelle et l'établissement des jurés.*

Tit. VI, art. 13. — « Tout accusé pourra faire choix d'un ou deux « amis pour l'aider et lui servir de conseil dans sa défense, sinon le « président lui en désignera un ; mais les conseils ne pourront jamais « communiquer avec l'accusé que lorsqu'il aura été entendu. »

Tit. VII, art. 13. — « Les conseils prêteront serment de n'employer

ganisation de notre profession, parfaitement compatible avec les nouveautés de la Révolution, n'avait jamais eu pour but et pour résultat que l'utilité publique.

Mais lorsque, *le 22 prairial an II*, la Convention, après avoir écrit la mort pour seul Code pénal du tribunal révolutionnaire, déclara, comme seizième règle de sa

---

« que la vérité dans la défense des accusés, et seront tenus de s'exprimer « avec décence et modération. »

Tit. VIII, art. 6. — « Le président demandera à l'accusé s'il n'a rien « à dire pour sa défense : lui, ses amis ou *conseils* ne pourront plus « plaider que le fait est faux, mais seulement qu'il n'est pas défendu ou « qualifié crime par la loi, ou qu'il ne mérite pas la peine dont le com- « missaire du roi a requis l'application. »

Duvergier, t. III, p. 289.

26-29 janvier 1793. — *Décret qui oblige les avoués, hommes de loi et les huissiers à produire un certificat de civisme pour être admis à exercer leurs fonctions.*

L'article 2 exige pareil certificat pour la continuation des fonctions de ceux qui sont en exercice.

Baudouin, janvier 1793, p. 109;
Duvergier, t. V, p. 127.

24 juin 1793. — *Acte constitutionnel, précédé de la Déclaration des droits de l'homme et du citoyen, présenté au peuple français par la Convention nationale.* — On y lit :

« En matière criminelle..... les accusés ont des conseils choisis par « eux, ou nommés d'office. »

Baudouin, juin 1793, p. 208.
Duvergier, t. V, p. 352.

12-16 juillet 1793. — Décret qui ordonne le transport des livres de jurisprudence de la Bibliothèque des ci-devant avocats dans celle du comité de législation, et qui accorde des récompenses aux auteurs d'ouvrages utiles sur les lois civiles et criminelles.

Baudouin, juillet 1793, p. 81.

Duvergier, t. VI, p. 14, ne donne que le titre du décret.

3 brumaire an II (24 octobre 1793). — *Décret qui détermine une nouvelle forme pour l'instruction des affaires devant les tribunaux, et supprime les fonctions d'avoué.*

Duvergier, t. VI, p. 250.

procédure, que « la loi donnait pour défenseurs aux pa-« triotes calomniés des jurés patriotes, et qu'elle n'en « accordait pas aux conspirateurs, » alors ce ne fut plus une faute, ce fut un crime ; je ne connais pas d'autre nom pour les actes de ceux qui, à quelque époque que ce soit, sous prétexte de salut public, emprisonnent, exilent ou tuent, sans souci de la justice, de ses maximes tutélaires, de ses formes protectrices et de son fondement éternel, la *libre défense des accusés.*

(*Applaudissements.*)

Vous avez raison d'applaudir, mes enfants, car la libre défense des accusés, c'est le bouclier de l'innocence, c'est l'arme de la vérité, c'est le Palladium de la fortune, de la vie et de la liberté ! Quand on l'a perdue, c'est un deuil à porter, dont on ne peut prévoir la fin. Tant qu'elle existe, il n'est rien dans la société civile dont on doive désespérer [1].

IV

LOI DU 6 BRUMAIRE AN V. — ARRÊTÉ DES CONSULS DU 7 MESSIDOR AN IX. — LOI DU 5 GERMINAL AN XI. — ARRÊTÉ DU 21 FRIMAIRE AN XII [2].

La République ne réglementa ni les *hommes de loi*, ni les *défenseurs officieux*.

---

1. — **22 prairial an II (10 juin 1794).** — *Loi concernant le tribunal révolutionnaire.*

Bulletin des lois, 1re série, bulletin n° 1, loi n° 1.
Duvergier, t. VII, p. 190.

Le Bulletin des lois a été créé par une loi des 14-16 frimaire an II (4-6 décembre 1793).

2. ENTRE LE 22 PRAIRIAL AN II ET LE 21 FRIMAIRE AN XII,

Mais elle s'occupa d'eux indirectement.

1°

Ainsi, en l'an v, le Directoire fit rendre, le 6 *brumaire*, une loi qui ordonna aux tribunaux de département de nommer « trois citoyens probes et *éclairés*, qui formeront un conseil officieux chargé de *consulter* et « *défendre* gratuitement les affaires des *défenseurs de la*

ON TROUVE, NOTAMMENT :

5 fructidor an III (22 août 1795). — *Constitution de la République française.*

L'instruction devant le Jury de jugement est publique, et l'on ne peut refuser aux accusés le secours d'un conseil, qu'ils ont la faculté de choisir, ou qui leur est nommé d'office (art. 252).

Duvergier, t. VIII, p. 223.

3 brumaire an IV (25 octobre 1795). — *Code des délits et des peines.*

En simple police, nul défenseur officieux admis ; — admis en police correctionnelle ; — nécessaire au tribunal criminel ; à qui n'en a pas, le président en nomme un d'office ; — serment de n'employer que la vérité dans la défense de l'accusé ; Droit de parler le dernier.

Bulletin des lois, I, bulletin 204, 1221.
Duvergier, t. VIII, p. 386.

13 brumaire an VII (3 novembre 1798). — *Loi sur le Timbre.*

Art. 12. — « Sont assujettis au timbre....... les consultations, mémoires, observations et précis signés des hommes de loi et défenseurs « officieux. »

Bulletin des lois, II, bulletin 237, 2136.
Duvergier, t. II, p. 33.

27 ventôse an VIII (18 mars 1800). — *Loi sur l'organisation des tribunaux.* — L'article 93 établit des avoués près des tribunaux de Cassation, d'Appel et de première instance, où seuls, ils pourront postuler et conclure. « Néanmoins, les parties pourront toujours se défendre elles-mêmes, verbalement et par écrit, ou faire « proposer leur défense par qui elles jugeront à propos. »

Bulletin des lois, III, bulletin 15, 103.
Duvergier, t. XII, p. 151.

« *patrie* et des autres citoyens absents pour le service des « armées de terre et de mer [1]. »

2°

Cette création tutélaire d'un Comité consultatif fut successivement étendue aux hospices par un *Arrêté des Consuls du 7 messidor an IX;* aux transactions des Mineurs par la *Loi du 5 germinal an XI;* et aux Communes et établissements publics par un *Arrêté des Consuls du 21 frimaire an XII* [2], qui, parlant d'une manière plus explicite, exigèrent l'avis de trois jurisconsultes.

V

RÉTABLISSEMENT DU TITRE D'AVOCAT.

Puis, notre Ordre se rétablit peu à peu.

1. — **6 brumaire an V (27 octobre 1796).** *Loi contenant des mesures pour la conservation des propriétés des défenseurs de la patrie*, art. 1.

Bulletin des lois, II, bulletin, 85, 811.
Duvergier, t. IX, p. 208.

2. — **7 messidor an IX (26 juin 1801).** — *Arrêté relatif aux rentes et domaines nationaux affectés aux hospices*, art. 11.

Bulletin des lois, III, bulletin 86, 712.
Duvergier, t. XII, p. 439.

5-15 germinal an XI (26 mars-6 avril 1803). — *Loi sur la Minorité, la Tutelle et l'Emancipation*, art. 461.

Cette loi fait partie du Code Napoléon et forme le tit. x, liv. I, portant le même intitulé, de l'article 388 à 487.

L'article 461 est devenu l'article 467.

Bulletin des lois, III, bulletin 266, 2579.
Duvergier, t. XIV, p. 51.

21 frimaire an XII (13 décembre 1803). — *Arrêté relatif aux formalités à observer pour les transactions entre des communes et des particuliers sur des droits de propriété*, art. 1.

Bulletin des lois, III, bulletin 331, 3449.
Duvergier, t. XIV, p. 291.

1°

DÉCRET DU 2 NIVOSE AN XI

Un *décret du 2 nivôse an XI* donne un costume aux *gens de loi.*

Ce costume est celui dont vous êtes encore revêtus, moins la chausse ou chaperon [1].

2°

LOI DU 15 VENTOSE AN XII

La *loi du 15 ventôse an XII* interdit aux *défenseurs officieux* l'achat des procès et droits litigieux dans le ressort où ils exercent leurs fonctions [2].

3°

LOI DU 22 VENTOSE AN XII

RÉTABLISSEMENT DU TABLEAU DES AVOCATS

Enfin, le 22 *ventôse an* XII, la *loi relative aux écoles*

---

1. — **2 nivôse an XI (23 décembre 1802).** — *Arrêté qui règle le costume des membres des tribunaux, des gens de loi et des avoués.*

Bulletin des lois, III, bulletin 238, 2222.
Duvergier, t. XIII, p. 349.

2. — **15-25 ventôse an XII (6-16 mars 1804).** — *Loi relative à la vente.* Art. 16.

Cet article est, aujourd'hui, l'article 1597 du Code Napoléon.

Bulletin des lois, III, bulletin 339, 3648.

Une loi du 30 ventôse an XII a réuni en un seul corps de lois sous le titre de *Code civil des Français* une série de dispositions législatives votées depuis le 14 ventôse an XI jusqu'au 30 ventôse an XII.

Le 3 septembre 1807, le *Code civil* a pris le titre de *Code Napoléon*; — le 6 avril 1814, repris celui de *Code civil*; — pendant les Cent-Jours, celui de *Code Napoléon*; — après les Cent-Jours, celui de *Code civil*; — en 1852, celui de *Code Napoléon*.

de droit ordonne qu'à l'expiration d'un délai de cinq ans, nul ne pourra exercer les fonctions d'*avocat* sans avoir fait enregistrer au tribunal son diplôme de licence; qu'il sera formé un Tableau des Avocats, et que ceux-ci prêteront serment de ne rien dire ou publier, comme défenseurs ou conseils, de contraires aux lois, aux règlements, aux bonnes mœurs, à la sûreté de l'État et à la paix publique, et de ne jamais s'écarter du respect dû aux tribunaux et aux autorités publiques.

Les avoués licenciés conservèrent, en vertu de cette loi, devant leur tribunal, et dans les affaires où ils occupaient, le droit de plaider et d'écrire concurremment et contradictoirement avec les avocats, et, en cas d'absence ou de refus de ceux-ci, le même droit fut accordé aux avoués non licenciés.

Voilà donc le titre rétabli, et, avec lui, l'obligation des grades.

Pour arriver à la formation du Tableau, on nous annonce un règlement d'administration publique [1].

---

1. — **22 ventôse-2 germinal an XII (13 mars 1804).** — *Loi relative aux écoles de droit.*

Art. 3. — « Le cours ordinaire des études sera de trois ans; ceux « qui voudront obtenir le grade de docteur feront une année d'étude « de plus. »

Art. 22. — « Les individus exerçant, au moment de la publication « de la présente loi, les fonctions de *défenseur officieux* près les tribu- « naux, les continueront provisoirement, sauf l'exécution des règle- « ments de discipline, jusqu'à l'époque fixée pour remplir les conditions « qui leur sont imposées; après lequel temps, ils seront tenus de justi- « fier de leur accomplissement ou de discontinuer l'exercice de leur « profession. »

Art. 24. — « A compter de la même époque, nul ne pourra exercer

Mais cette promesse attendra longtemps encore sa réalisation.

Cependant, ce titre est porté, et j'ajoute qu'il est honoré par la probité et le talent de cette petite phalange, débris des avocats au Parlement, qui reçurent, alors, et à qui nous avons conservé le nom d'*avocats du Marais*, fidèles dépositaires de toutes nos traditions, et constants observateurs de tous nos usages, quand, autour d'eux, on les foulait aux pieds.

« les fonctions d'avocat près les tribunaux et d'avoué près le tribunal « de cassation, sans avoir représenté au commissaire du Gouvernement et fait enregistrer, sur ses conclusions, son diplôme de licencié « ou des lettres de licence obtenues dans les universités. »

Art. 29. — « Il sera formé un Tableau des Avocats exerçant près les « tribunaux. »

Art. 30. — « A compter du 1er vendémiaire an XVII, les avocats, « selon l'ordre du Tableau, et après eux les avoués, selon la date de « leur réception, seront appelés, en l'absence des suppléants, à suppléer les juges, les commissaires du gouvernement et leurs substituts. »

Art. 31. — « Les avocats et avoués seront tenus, à la publication de « la présente loi, et, à l'avenir, avant d'entrer en fonctions, de prêter « serment de ne rien dire ou publier, comme défenseurs ou conseils, « de contraire aux lois, aux règlements, aux bonnes mœurs, à la sûreté « de l'État et à la paix publique, et de ne jamais s'écarter du respect dû « aux tribunaux et aux autorités publiques. »

Art. 32. — « Les avoués, qui seront licenciés, pourront, devant le « tribunal auquel ils seront attachés, et dans les affaires où ils occuperont, plaider et écrire dans toute espèce d'affaires, concurremment et « contradictoirement avec les avocats. »

« En cas d'absence ou refus des avocats de plaider, le tribunal « pourra autoriser l'avoué, même non licencié, à plaider la cause. »

Art. 38. — « Il sera pourvu par des règlements d'administration « publique à l'exécution de la présente loi et notamment à ce qui concernera :

« . . . . . . 7° La formation du Tableau des Avocats et la « discipline du Barreau. »

Bulletin des lois, III, bulletin 355, 3678.
Duvergier, t. XIV, p. 331.

DEUXIÈME SECTION

DE L'EMPIRE A LA RESTAURATION

I

CODE DE PROCÉDURE [1]

En 1806, le *Code de procédure* reproduit, pour les requêtes civiles, les dispositions de l'ancien droit, exigeant une consultation de trois *avocats* exerçant depuis dix ans, au moins.

---

1. ENTRE LE 22 VENTOSE AN XII ET LE 14 AVRIL, ON TROUVE NOTAMMENT :

28 floréal an XII (18 mai 1804). — *Sénatus-Consulte organique*, qui à l'art. 129 de son titre XIII, sur *la Haute-Cour impériale*, porte : « Les accusés ont des défenseurs; s'il ne s'en présente point, « l'Archi-Chancelier de l'Empire leur en donne un d'office. »

Bulletin des lois, IV, bulletin 1, 1.
Duvergier, t. XV, p. 1.

10 février 1806. — *Décret impérial concernant les vacances des Cours d'Appel et des tribunaux de première instance.* — Du 1er septembre au 1er novembre.

Bulletin des lois, IV, bulletin 74, 1317.
Duvergier, t. XV, p. 299.

3 juillet 1806. — *Décret impérial concernant les examens prescrits aux étudiants en droit.* Exigeant la preuve de l'assiduité aux cours indépendamment des examens.

Bulletin des lois, IV, bulletin 104, 1743.
Duvergier, t. XVI, p. 2.

Les dix années d'exercice imposées par la loi forment une remarquable époque de notre vie professionnelle; car c'est celle à laquelle nos usages vous permettront de prendre le titre d'*anciens avocats*, et c'est, aussi, l'époque à laquelle nos règlements actuels vous ouvriront les portes du Conseil.

Le Code de procédure punit, et avec raison, l'avocat qui trouble l'audience, plus sévèrement qu'il ne punit un plaideur ou un simple auditeur. Les devoirs de l'avocat sont, en effet, plus étroits en ce qui touche le respect qu'on doit à la magistrature; il ne faut donc pas s'étonner, qu'en outre des peines ordinaires, il puisse recevoir une injonction, être suspendu et voir ses écrits supprimés [1].

---

1. Le trouble de l'audience est puni par l'art. 90 de la loi des 14-24 avril 1806, intitulée : *Loi contenant les deux premiers livres de la 1re partie du Code de procédure civile.* — Cet article a conservé son numéro dans le Code de procédure.

Bulletin des lois, IV, bulletin 96.

La disposition relative aux requêtes civiles appartient à l'art. 495 de la loi des 17-27 avril 1806, intitulé : *Loi contenant les troisième et quatrième livres de la 1re partie du Code de procédure civile.* — Cet article a conservé son numéro dans le Code de procédure.

Bulletin des lois, IV, bulletin 196, 648.

On trouve encore au Code de procédure différents articles qui s'occupent de la défense, notamment l'art. 86 qui interdit la plaidoirie et même la consultation à tous les magistrats, sauf dans les affaires qui leur sont personnelles ; et l'art. 87 qui exige la publicité des plaidoiries, sauf le cas où le huis clos est jugé nécessaire.

Toutes les parties du Code de procédure successivement votées ont été réunies en un seul corps de loi déclaré exécutoire à partir du 1er janvier 1807 par l'art. 1041.

§

Au Code de procédure civile, est annexé, à la date du **22 février**

II

DÉCRET DU 30 MARS 1808 [1]

Le 30 mars 1808 parut un décret qui régla la police et la discipline des cours et tribunaux.

1807, un *Tarif* qui s'occupe des plaidoiries en matière civile. Ce tarif refuse tout honoraire en matière sommaire et fixe des sommes minimes pour les matières ordinaires.

Ces fixations ne concernent pas les relations entre l'avocat et son client. Entre eux, tout est libre et volontaire ; ce que donne le second n'est offert et reçu que comme un témoignage de reconnaissance, et il n'y a pas besoin de tarif pour l'avocat, qui serait rayé par ses confrères, si, pour ses honoraires, il intentait une action en justice.

L'antique usage est ici conservé comme une de nos plus précieuses traditions. « Dans presque tous les siéges, écrivait autrefois M. Dareau, « il y a des tarifs qui règlent les honoraires des avocats ; il a même été « un temps où l'on croyait qu'ils étaient obligés de mettre un reçu de « leurs honoraires au bas de leurs écritures; mais on n'a jamais pu les « assujettir à cette pratique. Le tarif n'est que pour régler ce qui doit « passer en taxe à la partie; car il ne serait pas juste qu'une partie « condamnée supportât le poids d'une générosité excessive de sa partie « adverse. » (*Répertoire* de Merlin, v° *Avocat.*)

1. Entre le Code de procédure et le décret du 30 mars 1808, on trouve notamment:

25 novembre 1806. — *Décision du ministre de la justice*:

« Les avocats peuvent être appelés à remplir les fonctions du *ministère « public*, à défaut de juges et de suppléants. » (*Analyse des circulaires, instructions et décisions, émanées du ministère de la justice* (12 *janvier* 1791-6 *octobre* 1858, *suivie d'une table alphabétique, analytique et raisonnée des matières*; *par* M. Gillet, *juge d'instruction à Nancy* (aujourd'hui conseiller à Nancy), *avec le concours de* M. F. Demoly, *substitut du procureur impérial à Dijon.* —2e *édition*, Paris, Cosse et Marchal, 1859.

16 février 1807. — *Décret impérial contenant le tarif des frais et dépens pour le ressort de la Cour d'appel de Paris.*

Bulletin des lois, IV, bulletin 138. 2240.
— Voy. *suprà*, p. 343 *ad not.*.

31 mai 1807. — *Décret impérial qui fixe les droits d'enregistre-*

Ce décret dit en son article 105 : « *Les avocats*, les « avoués et les greffiers porteront dans toutes leurs fonc« tions, soit à l'audience, soit au parquet, soit aux com« parutions et aux séances particulières devant les com« missaires, *le costume* prescrit. »

En cela, il nous est évidemment applicable.

Mais les articles 102 et 103 s'expriment ainsi :

ART. 102. — « Les *officiers ministériels*, qui seront en « contravention aux lois et règlements, pourront, suivant « la gravité des circonstances, être punis par les injonc« tions d'être plus exacts ou circonspects, par des dé« fenses de récidiver, par des condamnations de dépens « en leur nom personnel, par des suspensions à temps : « l'impression et même l'affiche des jugements à leurs « frais pourront aussi être ordonnées, et leur *destitution* « pourra être provoquée, s'il y a lieu. »

---

ment des actes de prestation de serment des avocats, avoués et défenseurs officieux.

Bulletin des lois, IV, bulletin 147, 2448.
Duvergier, t. XVI, p. 126.

5 septembre 1807. — *Loi relative au mode de recouvrement des frais de justice au profit du Trésor public, en matière criminelle, correctionnelle et de police.*

Art. 2. — Le privilége du Trésor public sur les meubles et effets mobiliers des condamnés ne s'exercera qu'après les autres priviléges et droits ci-après mentionnés ; savoir : 1° . . . . . . ; 2° les sommes dues pour la *défense personnelle* du condamné, lesquelles, en cas de contestation de la part de l'administration des domaines, seront réglés, d'après la nature de l'affaire, par le tribunal qui aura prononcé la condamnation.

Art. 4. — Le privilége mentionné dans l'art. 3 ci-dessus (sur les biens immeubles) ne s'exercera qu'après les autres priviléges et droits suivants : 1° . . . . 3° les sommes dues pour la *défense personnelle* du condamné, sauf le règlement, ainsi qu'il est dit en l'art. 2, ci-dessus.

Bulletin des lois, IV, bulletin 158, 2743.

Art. 103. — « Dans les cours et dans les tribunaux de « première instance, chaque Chambre connaîtra des « *fautes de discipline* qui auraient été commises ou dé- « couvertes *à son audience*.

« Les mesures de discipline à prendre sur les plaintes « des particuliers ou sur les réquisitoires du ministère « public, pour cause de faits qui ne se seraient point « passés ou qui n'auraient pas été découverts *à l'au-* « *dience*, seront arrêtées en assemblée générale, à la « chambre du conseil, après avoir appelé l'individu in- « culpé. Ces mesures ne seront pas sujettes à l'appel ni « au recours en Cassation, sauf le cas où la suspension « serait l'effet d'une condamnation prononcée en ju- « gement [1]. »

S'agit-il de nous, dans ces articles?

Non, évidemment, pour l'article 102, dont le texte ne désigne que les officiers ministériels.

Et non, encore, pour l'article 103, qui n'est que la suite, le complément, et, pour ainsi dire, la procédure de l'article qui le précède.

Pour décider autrement, il faudrait pouvoir, en matière pénale, transporter à une catégorie d'individus des peines qui ne sont édictées que pour d'autres personnes.

Il faudrait de plus supposer des délits disciplinaires possibles là où il n'y avait pas de Code disciplinaire. Or, à cette époque, la Révolution avait tout emporté, et le Consulat ne nous avait rendu que notre titre et notre

---

1. — **30 mars 1808.** — *Décret impérial contenant règlement pour la police et la discipline des cours et tribunaux.*

Bulletin des lois, IV, bulletin 188, 3245.
Duvergier, t. XVI, p. 255.

Tableau : on nous promettait bien un Code disciplinaire, mais on ne nous l'avait pas donné : de telle sorte que, n'exerçant qu'une profession non réglementée, nous ne pouvions, pour nos délits et nos fautes, être justiciables que de la loi commune [1].

C'est donc avec raison que le Barreau a toujours protesté contre la prétention de le soumettre aux dispositions de ce décret.

---

1. Aussi, M. MOLLOT refuse-t-il de mettre ce décret au nombre des lois et règlements de notre profession (p. 154 et 199).

Telle a été aussi l'opinion du Conseil de l'Ordre, dans l'affaire *Parquin*.

M. DUPIN a également été de cet avis dans ses réquisitoires, même affaire (S.V., 1834, I, 457. — *Réquisitoires, Plaidoyers et Discours de rentrée prononcés par* M. DUPIN, *procureur général à la Cour de Cassation*, t. 1er, p. 177 et suivantes); — et affaire Dupont (S.V., 1837, I, 11. — *Réquisitoires*, t. IV, p. 199).

Et, encore bien que l'arrêt de Cassation du 22 juillet 1834 (affaire Parquin) rejette le pourvoi contre l'arrêt de Paris du 5 décembre 1833, il consacre la même doctrine d'une manière implicite ; car il ne vise pas l'art. 103 du décret sur lequel appuyait l'arrêt de la Cour royale : il ne vise que l'ordonnance de 1822, et n'attribue juridiction directe à la Cour qu'en prétendant que le Conseil de discipline, juge au premier degré, ne s'était pas saisi de l'affaire (S.V., 1834. — *Loc. cit.*)

Mais le contraire a été jugé par divers arrêts, notamment :

Cassation, 28 avril 1820. (S. V., C. N., I, 225.)
Paris, 5 décembre 1833. (Affaire Parquin, S. V., *loc. cit.*)
Nancy, 4 mai 1835. (S. V., 36, II, 438.)
Rouen, 4 mai 1835. (*Gazette des Tribunaux* du 7 mai 1835.)
Agen, 4 mai 1835. (*Gazette des Tribunaux* du 14 mai 1835.)
Aix, 17 mars 1836. (S. V., 36, II, 435.)
Cassation, 24 décembre 1836. (Affaire Dupont. — *Loc. cit.*)
Cassation, 8 janvier 1838. (S. V. 38, I, 266.)
Bastia, 15 juillet 1857. (S. V., 57, II, 669.)

III

CODE DE COMMERCE [1]

En interdisant le ministère des avoués devant les tribunaux de Commerce, et en portant que nul ne pourrait plaider devant ces tribunaux si la partie présente à l'audience ne l'autorisait, ou s'il n'était muni d'un pouvoir spécial, l'art. 627 du Code de commerce, décrété en 1808, n'a touché en rien au droit absolu que nous tenons de notre profession de plaider devant toutes les juridictions dont la loi ne nous éloigne pas, par une disposition formelle. Il se borne pour nous à remplacer l'assistance de l'avoué par celle du fondé de pouvoir ou de la partie, ne nous permettant en aucun cas la postulation [1].

IV

CODE D'INSTRUCTION CRIMINELLE

Le Code d'instruction criminelle décrété de novembre à décembre 1808, ordonne que l'accusé traduit aux Assises soit interpellé sur le choix d'un conseil ; et que, s'il n'en a pas, le juge lui en désigne un, à peine de nullité [2].

Il veut que « le conseil de l'accusé ne puisse être choisi « par lui ou désigné par le juge que parmi les avocats ou « avoués de la Cour ou de son ressort, à moins que l'ac- « cusé n'obtienne du président de la Cour d'assises la

1. Le Code de commerce, décrété en plusieurs parties du 10 au 15 septembre 1808, a été promulgué du 20 au 25 du même mois.

2. Art. 294.

« permission de prendre pour conseil un de ses parents « ou amis [1]. »

Le commun usage a dérogé à cet article, et, partout, les présidents d'assises accueilent les avocats de toutes les Cours.

La Belgique, même, et je l'en remercie, au nom de l'humanité et du Barreau français, la Belgique, après avoir donné asile au premier de nos jurisconsultes modernes [2], a permis à nos avocats de présenter la défense dans ses débats criminels.

Aux termes de ce Code, le conseil de l'accusé doit être averti « qu'il ne peut rien dire contre sa conscience ou « contre le respect dû aux lois, et qu'il doit s'exprimer « avec modération, » disposition qui fait double emploi avec notre serment [3].

Enfin, la défense de l'accusé ne doit pas être interrompue; et le défenseur a le droit absolu de réplique : c'est à lui de parler le dernier [4].

---

1. Art. 295.
2. Merlin.
3. Art. 311.
4. Art. 328 et 335.

§

Le Code d'instruction criminelle renferme, en outre, différents articles relatifs à la publicité des débats, les communications entre le conseil et l'accusé, la copie des pièces, les questions à adresser aux témoins, les récusations des jurés, etc., notamment les articles 190, 302, 305, 319, 399, etc.

§

On avait un *Tarif* portant la date du **18 juin 1811**, dans lequel on lit, aux *Dispositions préliminaires:*

Art. 3. — « Ne sont point compris sous la dénomination de frais de

V

CODE PÉNAL [1]

En 1810, le Code pénal étendit aux injures et aux imputations écrites ou verbales de la défense les dispositions du Code de procédure relatives au trouble de l'audience ; et, en punissant la révélation du secret, il atteignit l'avocat qui pourrait trahir les confidences, que, chaque jour, la nécessité des affaires amène à verser dans son sein [2].

VI

DÉCRET IMPÉRIAL DU 14 DÉCEMBRE 1810

RÉTABLISSEMENT DE L'ORDRE DES AVOCATS

Enfin, arrive le décret impérial du 14 décembre 1810,

« justice criminelle : 1° les honoraires des conseils ou défenseurs des « accusés, même de ceux qui sont nommés d'office. »

Voy. cependant, la loi du 5 septembre 1807, *suprà*, p. 344 *ad not.*

D'après nos usages, il est interdit aux Avocats du Barreau de Paris, qui sont *nommés d'office*, de recevoir quoi que ce soit de leur client ou de sa famille, soit en matière civile, soit en matière criminelle.

1. ENTRE DÉCEMBRE 1808 ET LE 12 FÉVRIER 1810, ON TROUVE NOTAMMENT :

28 janvier 1809. — *Décision ministérielle sur le timbre.*

« Les mémoires, les consultations, les observations et les précis signés « par les avocats sont soumis au droit de timbre. » — (*Analyse des circulaires, etc.*, par M. GILLET.)

2. Art. 377 et 378.

Le Code pénal, décrété en plusieurs parties du 12 au 20 février 1810, a été promulgué du 22 février au 2 mars 1810.

obtenu par les persévérantes obsessions de Cambacérès [1].

Ce décret, tant désiré, trompa bien des espérances.

---

1. « Ce décret, dès son origine et toujours depuis, n'a pas cessé « d'être l'objet des protestations de l'Ordre, et d'une émission constante « du désir de le voir réformer, surtout en ce qui touche le mode de « nomination du Bâtonnier et du Conseil de discipline, et la suppression « des Assemblées générales où l'Ordre entier était appelé à prononcer « sur la radiation de ses membres, et sur les questions qui intéressaient « toute la profession.

« Napoléon était extrêmement prévenu contre les avocats. Il détestait « leur indépendance et leur esprit de controverse. Un premier projet « lui avait été présenté; il le repoussa avec colère, et le renvoya à « l'archi-chancelier avec une lettre que j'ai vue lors de la levée « du scellé administratif apposé au domicile de M. de Cambacérès « en 1824, et sur laquelle j'ai copié cette boutade plus digne d'un « dey d'Alger que du chef d'une nation civilisée : « Le décret est « absurde : il ne laisse aucune prise, aucune action contre eux. Ce sont « des factieux, des artisans de crimes et de trahisons ; tant que j'aurai « l'épée au côté, jamais je ne signerai un pareil décret ; *Je veux qu'on « puisse couper la langue à un avocat qui s'en sert contre le gouverne- « ment.* »

« Pour plaire à ce grand homme, il fallut ajouter diverses entraves, « par exemple le droit d'empêcher un avocat d'aller plaider sans « permission hors du ressort de la Cour, la faculté au Grand-Juge « ministre de la Justice de priver un avocat de son état en le rayant « du Tableau, et de lui appliquer, *de son autorité*, telle autre peine « de discipline que bon lui semblerait. »

M. DUPIN, *Profession d'avocat. — Recueil de pièces concernant l'exercice de cette profession.* 1830, t. Ier, p. 132.

Les stagiaires retrouveront cette anecdote dans le réquisitoire prononcé par M. DUPIN, devant la Cour de cassation, le 10 avril 1831 (*Réquisitoires, etc...*, t. Ier, p. 189), et dans les *Règles sur la profession d'Avocat* de M. MOLLOT, p. 155.

Ils verront, du reste, dans le décret même, combien différa le langage officiel du langage intime, car ils pourront lire dans le préambule les phrases suivantes, déjà relevées par *Paillet*, dans son Discours de 1839 :

« Napoléon... . Lorsque nous nous occupions de l'organisation de « l'Ordre judiciaire et des moyens d'assurer à nos Cours la haute consi-

1°

A qui veut être avocat, un serment, à la fois politique et professionnel, est imposé [1].

2°

A qui veut faire partie de l'Ordre, l'inscription au Tableau est ordonnée [2].

3°

A qui veut être inscrit, un stage de trois ans est prescrit [3].

4°

Le décret confie la *première* formation du Tableau aux *Présidents* et *Procureurs généraux*, sous l'approbation

---

« dération qui leur est due, une profession *dont l'exercice influe puissamment sur la distribution de la Justice* a fixé nos regards; nous « avons, en conséquence, ordonné, par la loi du 22 ventôse an XII, le « rétablissement du Tableau des Avocats, comme un moyen des plus « propres à maintenir la *probité*, la *délicatesse*, le *désintéressement*, le « *désir de la conciliation*, l'*amour de la vérité* et *de la justice*, un « *zèle éclairé pour les faibles et les opprimés, bases essentielles de leur* « *état*, etc...... »

Et, ailleurs, le préambule parle encore de la *liberté* et de la *noblesse* de notre profession.

1. « Je jure obéissance aux Constitutions de l'Empire, fidélité à l'Em« pereur; de ne rien dire ou publier de contraire aux lois, aux règle« ments, aux bonnes mœurs, à la sûreté de l'État et à la paix publique; « de ne jamais m'écarter du respect dû aux tribunaux et aux autorités « publiques; de ne conseiller ou défendre aucune cause que je ne « croirai pas juste en mon âme et conscience. » (Art. 14.)

2. Art. 9.

3. Art. 12.

du *Grand Juge*, avis pris de quelques anciens ; c'est le Conseil de discipline qui procédera aux formations suivantes [1].

A la première, on n'admettra que les licenciés pouvant donner renseignements suffisants sur leur capacité, probité, délicatesse, bonnes vie et mœurs [2].

5°

Il y a incompatibilité entre la profession d'Avocat et les fonctions de juge, préfet, sous-préfet, greffier, notaire, avoué, les emplois à gage, ceux d'agent comptable, et toute espèce de négoce.

L'agent d'affaires est exclu [3].

6°

Le Bâtonnier est, chaque année, nommé *par le Procureur général* [4].

7°

Notre Conseil de discipline, composé de quinze membres, doit être nommé, chaque année, *par le Procureur général*, sur une liste de trente candidats, élus en assemblée générale, et choisis parmi les deux tiers des plus anciens [5].

---

1. Art. 1, 4 et 6.
2. Art. 5.
3. Art. 18.
4. Art. 21.
5. Art. 19 et 20.

Veiller à la conservation de l'honneur de l'Ordre; maintenir les principes de probité et de délicatesse qui font la base de la profession; réprimer les infractions et les fautes; porter une attention particulière sur les mœurs et la conduite des stagiaires; au cas d'inexactitude habituelle ou d'inconduite notoire, prolonger d'une année la durée du stage, et, même, refuser l'admission au Tableau; pourvoir à la défense des indigents par l'établissement d'un bureau de consultations gratuites et des défenses d'office; avertir, censurer, réprimander, interdire, rayer du Tableau, telles sont les fonctions du Conseil de discipline [1], qui ne statue, d'ailleurs, qu'au premier degré, quand il prononce la censure, la réprimande, l'interdiction ou la radiation [2].

8°

L'Ordre ne peut s'assembler que sur la convocation du Bâtonnier et *pour un objet unique*, l'élection des candidats au Conseil. Pour cet objet même, il faut l'agrément du *Procureur général* [3].

Toute autre délibération est frappée des peines sur les associations et réunions illicites.

9°

Une radiation, sans rétablissement possible, menace ceux qui se coaliseront pour déclarer, sous quelque

1. Art. 23, 24 et 25.
2. Art. 29.
3. Art. 21 et 33.

prétexte que se soit, qu'ils n'exerceront plus leur ministère [1].

10°

Ce décret nous rend le chaperon; il donne même aux Docteurs celui de leur grade, le chaperon rouge [2].

11°

Il nous prescrit de parler debout et couverts; mais nous devons nous découvrir, quand nous prenons les conclusions ou quand nous lisons les pièces [3].

Pourquoi cette différence?

Parce qu'en lisant les conclusions et les pièces, nous remplissons l'office de l'avoué, à qui les lois et les usages ne permettent pas de rester couvert lorsqu'il parle à la Justice, sa personne étant, alors, considérée comme la personne même du plaideur.

---

1. Art. 33 et 34.

2. Art. 35.

Nous avons deux chaperons: l'un, en simple étoffe noire, sans fourrure, pour les audiences ordinaires; l'autre, avec fourrure blanche, pour les audiences solennelles et les cérémonies.

Quant au chaperon de docteur, ceux d'entre nous qui ont ce grade ne le portent jamais.

Ce chaperon est en soie, de couleur rouge, bordé d'hermine.

Décret impérial, concernant l'organisation des Écoles de droit, 4e complémentaire an XII.

Bulletin des lois, IV, bulletin 15, 239.
Duvergier, t. XV, p. 86.

Arrêté qui règle le costume des professeurs des Écoles de médecine; 20 brumaire an XII.

Bulletin des lois, III, bulletin 329, 3392.
Duvergier, t. XIV, p. 272.

3. Art. 35.

Quand nous plaidons, au contraire, c'est notre office propre quenous remplissons, soit que nous parlions directement au juge, soit que nous lisions les lois, les auteurs, les arrêts.

Or, cet office ne consiste pas à représenter le client, puisque celui-ci n'est pas lié par notre parole, et que l'avoué seul est le *dominus litis*. C'est, de notre part, un acte de protection libre et toute volontaire.

Et cette protection, on le comprend, ne peut s'exercer honorablement et efficacement pour la justice, pour les plaideurs et pour nous, que si l'indépendance la plus entière l'accompagne.

Si donc nous avons le droit de rester couverts devant la magistrature, quoiqu'elle représente la majesté du Souverain, et si elle-même nous y invite toujours, c'est que ce signe de liberté est destiné à rappeler sans cesse, et à nous et aux autres, cette indépendance, sans laquelle il n'y aurait ni défense, ni, par conséquent, justice.

Aussi, conservons-nous ce droit devant toutes les juridictions, de quelque nature qu'elles soient, et l'un de nos plus célèbres confrères l'a porté dans l'enceinte même de la Chambre des députés, assemblée politique, jugeant politiquement, instituée accusatrice et juge dans sa propre cause, parce qu'on avait trouvé que la magistrature ne la vengeait pas suffisamment [1].

---

1. « On sait que, chez les anciens, le bonnet qui couvrait la tête était « le signe de la liberté. En France, les avocats plaidaient ainsi couverts, « même *devant le Roi*. — *Indice alphabétique des Avocats*, à la fin du « dialogue de *Loisel*.

Voy. Coquart, p. 52.

« M. Dupin rapporte, t. 1, p. 87, que, dans l'affaire du maréchal Ney,

12°

Le décret réveille les anciennes ordonnances et nos principes traditionnels, lorsqu'il déclare que nous exerçons notre ministère librement, pour la défense de la justice et de la vérité, et lorsqu'il nous défend de signer des consultations, mémoires et écritures que nous n'aurions pas faits ; de tirer des traites pour nos honoraires ; de forcer les parties à reconnaître nos soins avant la Plaidoirie ; d'introduire des suppositions dans les faits, des surprises dans les citations ; de nous livrer à des discours superflus, à des injures et personnalités offensantes ; d'avancer aucun fait grave contre l'honneur et la réputation des parties, à moins que la nécessité de la cause ne l'exige et que nous n'en ayions charge expresse ; enfin, de respecter et les lois, et les autorités, et cette magistrature, que nous entourons d'une vénération aussi ancienne que notre Ordre lui-même [1].

13°

Mais le décret est en dehors de toutes les traditions,

« le chancelier, M. Dambray, ne permit pas aux avocats de se couvrir « devant la Chambre des Pairs ; mais, qu'en 1821, dans l'affaire de la « conspiration du mois d'août, leur droit leur fut rendu ; il est incontesté aujourd'hui. M. Barthe, plaidant à la Chambre des Députés « pour le *Journal du commerce*, allait se couvrir, lorsque M. Ravez, alors « président, lui en fit lui-même l'invitation.

« L'avocat s'assied, quand il ne parle pas. A Rome, il y avait certains « tribunaux où les avocats plaidaient assis.

Quintilien, *De orat.*, lib. II, cap III.
Pline, *Epist.*, 17, 2.
Coquart, p. 51.
M. Mollot, p. 107.

1. Art. 36, 37 et 38.

lorsque, indépendamment des énormités que vous venez de remarquer dans cette analyse, il reproduit l'article de l'ordonnance de Blois sur les reçus d'honoraires [1]; lorsqu'il crée une défense d'office en matière civile, hors du cas d'indigence [2]; lorsqu'il nous interdit de plaider hors du ressort de la Cour où nous sommes inscrits, sans la permission du Grand-Juge [3]; et, surtout, lorsqu'il permet au Grand-Juge de punir, de sa pleine autorité, et, même, de rayer un avocat du Tableau [4].

§

La résurrection de notre Ordre était, en soi, chose très-bonne et très-sage : mais on mesure facilement la distance qui sépare l'institution relevée en 1810 de l'institution tombée en 1790. Tout ce que celle-ci avait de

---

1. Art. 44.
2. Art. 41.
3. Art. 10.
4. La disposition relative au Grand-Juge est précédée de l'art. 39, relatif au pouvoir des tribunaux, et qui est ainsi conçu : « Si un avocat, « dans ses plaidoiries ou dans ses écrits, se permettait d'attaquer les « principes de la monarchie et les constitutions de l'Empire, les lois et « les autorités établies, le tribunal, saisi de l'affaire, prononcera sur-le-« champ, sur les conclusions du ministère public, l'une des peines « portées par l'art. 25 ci-dessus ; sans préjudice des poursuites extraor-« dinaires, s'il y a lieu.

« Enjoignons à nos procureurs et à ceux qui en font les fonctions, de « veiller, à peine d'en répondre, à l'exécution du présent article. »

Quant à l'art. 40, relatif au Grand-Juge, voici ce qu'il porte :

« Notre *Grand-Juge*, ministre de la justice, pourra, *de son autorité* « et *selon les cas*, infliger à un avocat l'une des peines portées en l'article « ci-dessus cité. »

puissance et de force nous était refusé, pour passer aux mains du Procureur général et du Grand-Juge [1].

Aussi, le décret fut-il l'objet d'incessantes réclamations, qui n'ont abouti que vingt ans plus tard, en août 1830.

§

Voyons ce qui s'est passé dans l'intervalle.

VII

DÉCRET DU 3 OCTOBRE 1811 [2]

Nous avions, autrefois, à l'archevêché, une magnifique bibliothèque due aux libéralités de nos confrères et du gouvernement.

En 1790, nous l'avons perdue, et un *décret du 12 juillet* 1793 en ordonna le transfert partiel au comité de législation. Diverses bibliothèques, et, spécialement, la Cour de cassation, le Conseil d'État et le Louvre en ont reçu des parties considérables. Malgré toutes nos démarches, et quoique chacun de nos livres soit encore frappé de notre estampille, on n'a jamais voulu nous les rendre.

---

1. — **14 décembre 1810.** — *Décret impérial contenant règlement sur l'exercice de la profession d'Avocat et la discipline du Barreau.*

Bulletin des lois, IV, bulletin 332, 6177.
Duvergier, t. XVII, p. 236.

2. ENTRE LE 14 DÉCEMBRE 1810 ET LE 3 OCTOBRE 1811, ON TROUVE NOTAMMENT :

18 juin 1811. — *Décret impérial contenant règlement pour l'administration de la justice en matière criminelle, de police correctionnelle et de simple police, et tarif général des frais.*

Bulletin des lois, IV, bulletin , 7035.

Mais, afin de nous aider à les remplacer, et, en même temps, afin d'augmenter les secours destinés à nos confrères dans le besoin, un *décret du* 3 *octobre* 1811 a ordonné qu'à chaque prestation de serment un droit de 25 francs serait payé [1].

C'est grâce à cet impôt, augmenté des dons de quelques anciens et de vos cotisations annuelles, que vous devez la possibilité de consulter, quand il vous plaît, les savants auteurs qui, rangés en silence autour de cette salle, écoutent vos plaidoiries, et, pour faciliter vos travaux, tendent perpétuellement vers vous leurs mains pleines de trésors.

Quant à l'autre usage de nos fonds, j'espère assez de vos succès pour croire que vous n'en aurez jamais besoin, quoiqu'il faille vous prévenir, au seuil de la carrière, qu'on est moins certain d'y rencontrer la fortune que le travail.

---

1. — **3 octobre 1811**. — *Décret impérial qui ordonne, pour les causes y énoncées, la perception d'un droit de vingt-cinq francs sur chaque prestation de serment des Avocats qui seront reçus à la Cour impériale de Paris.*

Bulletin des lois, IV, bulletin 396, 7336.
Duvergier, t. XVIII, p. 24.

Ce décret a été étendu à d'autres Cours. — Voy., spécialement pour Nancy, le décret du 7 août 1812.

Bulletin des lois, IV, bulletin 446, 8188.
Duvergier, t. XVIII, p. 165.

VIII

DÉCRET DU 2 JUILLET 1812 [1]

Le décret de 1810 ne nous donnait qu'un droit partagé.

Un nouveau décret décide, le 2 juillet 1812, que devant les Cours et les Tribunaux de chef-lieu les causes ordinaires seront plaidées par les avocats seuls; et que les avoués pourront, dans celles dont ils seront chargés, plaider uniquement les incidents de procédure et tous ceux de nature à être jugés sommairement [2].

Ce décret oblige l'avocat malade à instruire le président, par écrit, avant l'audience, et à renvoyer les pièces à l'avoué, cas auquel la cause peut être plaidée par l'avoué ou remise au plus prochain jour. Il en est de même lorsqu'au moment de l'appel de la cause, l'avocat sera engagé à l'audience du même tribunal séant dans le même temps [3].

Hors ces deux cas, lorsque l'avocat, chargé de l'affaire et saisi des pièces, ne se sera pas trouvé à l'appel

---

1. ENTRE LE 3 OCTOBRE 1811 ET LE 2 JUILLET 1812, ON TROUVE, NOTAMMENT :

5 février 1812. —*Décision du ministre de la justice:* « Il ne faut « pas employer la voie de la sommation à l'égard des Conseils nommés « d'office aux accusés : il suffit qu'il leur soit adressé une simple invi- « tation, soit par le président, soit par le greffier, au nom du président.» (*Analyse des circulaires, etc., par* M. GILLET.)

2. Art. 1, 2 et 3.

3. Art. 6 et 7.

de la cause, et que, par sa faute, elle aura été retirée du rôle et n'aura pu être plaidée au jour indiqué, il pourra être condamné personnellement aux frais de la remise et aux dommages et intérêts du retard envers la partie, s'il y a lieu [1].

Enfin, le décret ordonne que les avocats seuls porteront la chausse et parleront couverts [2].

Ainsi, l'avoué, même autorisé à plaider, doit plaider tête nue; et, même licencié, ne peut, en plaidant, porter le chaperon [3].

---

1. Art. 8.

2. Art. 12.

3. — **2 juillet 1812.** — *Décret impérial sur la plaidoirie dans les Cours impériales et dans les tribunaux de première instance.*

L'art. 5 porte, aussi, qu'au cas d'absence ou de refus des avocats, les avoués peuvent être autorisés à plaider.

Bulletin des lois, IV, bulletin 440, 810.
Duvergier, t. XVIII, p. 157.

TROISIÈME SECTION

DE LA RESTAURATION A LA RÉVOLUTION DE JUILLET 1830

I

LOI DU 21 OCTOBRE 1814[1]

L'Empire tombe ; la Restauration arrive ; et la *loi du 21 octobre* 1814 déclare que les mémoires sur procès,

---

1. ENTRE LE 2 JUILLET 1812 ET LE 21 OCTOBRE 1814, ON TROUVE NOTAMMENT :

1812. — *Discours sur la profession d'Avocat,* prononcé à l'ouverture d'une Conférence particulière, par BILLECOCQ.

Il considère l'avocat, successivement, à l'entrée, dans le milieu, et au terme de sa carrière.

Les Stagiaires y trouveront d'excellentes règles professionnelles.

Il débute ainsi :

« Il existe, dans l'ordre de notre société civile, une profession dont « l'exercice mène le plus souvent l'homme à la considération publique, « quelquefois à la gloire, presque jamais à la fortune.

« Cette profession condamne ceux qui l'embrassent à un travail per- « pétuel : Elle leur impose l'obligation d'une étude constante et le « fréquent sacrifice des plaisirs, même les plus innocents. L'occupation « doit y être une habitude, l'instruction un besoin, l'amour du bien une « passion, l'utilité d'autrui tout à la fois un but, un stimulant, une « récompense. En un mot, apprendre sans cesse, vivre dans un cours « non interrompu de soins nécessaires et d'actions importantes, demeurer « continuellement tributaire de chaque famille, de chaque individu, ne « pouvoir conquérir que par tous les genres de privations et de dévoue- « ment l'expérience des hommes et des choses, la confiance des citoyens,

signés d'un avocat ou d'un avoué, peuvent être publiés librement et sans examen ou censure préalable, quel que soit le nombre de leurs feuilles, quoique la censure atteignît tout écrit de vingt feuilles ou au-dessous : ils sont, aussi, dispensés de la déclaration et du dépôt comme sous l'ancien droit [1].

« et une réputation honorable, telle est, messieurs, la destinée de cette « profession, qu'aux principaux traits sous lesquels je viens de la « dépeindre, vous connaissez pour être celle de l'avocat. Tels sont, en « effet, ses devoirs ; telle y est la condition des succès, depuis le noviciat « le plus tendre jusqu'à la consommation de la plus longue carrière. » — (*Annales du Barreau français ou Choix de Plaidoyers et Mémoires les plus remarquables, tant en matière civile que criminelle, depuis Lemaistre et Patru jusqu'à nos jours, avec une notice sur la vie et les ouvrages de chaque orateur, par une société de jurisconsultes et de gens de lettres.* — T. IX, p. 270.)

Billecocq (Jean-Baptiste-Louis-Joseph), bâtonnier en 1821-1822, — 1822-1823, — né à Paris, le 31 janvier 1765, — mort le 15 juillet 1829

1813. — *Histoire des Avocats au Parlement et du Barreau de Paris, depuis saint Louis jusqu'au 15 octobre 1790, par* Fournel, *ancien avocat au Parlement de Paris,* 2 vol. in-8°, Maradan, 1813.

Cet ouvrage a été suivi d'un volume publié en 1816, sous ce titre : *Histoire du Barreau de Paris dans le cours de la Révolution.*

Fournel en est également l'auteur, mais il n'y a pas mis son nom.

Il a publié aussi d'autres ouvrages :

Traités sur le *Voisinage*, l'*Adultère*, la *Séduction*, etc.

Fournel (Jean-François), bâtonnier en 1816-1817, — né, à Paris, en 1745, — mort, à Paris, en juillet 1820.

4 juin 1814. — *Charte constitutionnelle,* — dont l'art. 64 ordonne la publicité des débats en matière criminelle.

Bulletin des lois, V, bulletin 17, 133.
Duvergier, t. XIX, p. 59.

1814. — *Guide de l'Avocat,* par Gibault, avocat, docteur régent de la Faculté de droit de Poitiers. — Paris, Beaucé, in-12.

1. — **21 octobre 1814**. — *Loi relative à la liberté de la presse.*

Bulletin des lois, V, bulletin 57, 395.
Duvergier, t. XIX, p. 221.

II

LOI DU 17 MAI 1819 [1]

Nous parlons, souvent et bien haut, de la liberté dont nos discours et nos écrits ont besoin; mais il n'y a rien de plus opposé à la liberté que la licence, et si l'une doit nous être donnée comme principe, l'autre doit être sévèrement punie.

Aussi, en 1819, l'*article* 23 *de la loi du* 17 *mai* déclara-t-il que les discours prononcés ou les écrits pro-

---

1. ENTRE LA LOI DU 21 OCTOBRE 1814 ET CELLE DU 17 MAI 1819, ON TROUVE NOTAMMENT :

22 avril 1815. — *Acte additionnnel aux constitutions de l'Empire.*

Art. 53. — « Les débats en matière criminelle sont publics. »

Bulletin des lois, VI, bulletin 19, 112.
Duvergier, t. XIX, p. 403.

Octobre 1815. — *Libre défense des accusés*, par M. DUPIN, — avec cette épigraphe : « Provident humano generi causarum patroni, qui « gloriosæ vocis confisi munimine, laborantium spem, vitam ac posteros « defendunt. »

Excellent et courageux petit livre sur l'un des devoirs capitaux de notre profession.

(*Opuscules de Jurisprudence*, par M. DUPIN, etc. — 1851, p. 561.)

1816. — *Essai d'institutions oratoires à l'usage de ceux qui se destinent au Barreau*, par M. DELAMALLE, *ancien avocat au Parlement de Paris, et bâtonnier de l'Ordre des Avocats à la Cour royale*, etc. — 2 vol. in-8°, Paris, 1816.

DELAMALLE (Gaspard-Gilbert), bâtonnier en 1811-1812, — né le 25 octobre 1752, — mort le 25 avril 1834.

1818. — Quatrième édition des *Lettres sur la profession d'Avocat et bibliothèque choisie*, etc., de CAMUS; *augmentées de plusieurs lettres et autres pièces intéressantes*, etc., par M. DUPIN.

duits devant les tribunaux ne donneraient lieu à aucune action en diffamation ou injure ; mais que, les juges saisis de la cause, c'est-à-dire les meilleurs appréciateurs des nécessités de la défense, pourraient, en statuant sur le fond, supprimer les écrits diffamatoires ou injurieux, prononcer des dommages et intérêts, faire des injonctions aux avocats, et, même, les suspendre.

Il fut dit, aussi, que les faits diffamatoires étrangers à la cause peuvent donner ouverture soit à l'action publique, soit à l'action civile des parties, lorsqu'elle a été réservée par les tribunaux, et, dans tous les cas, à l'action civile des tiers [1].

III

ORDONNANCE DU 27 FÉVRIER 1822 [2]

Le décret de 1810 avait permis la Plaidoirie de toutes affaires aux avoués des tribunaux situés ailleurs qu'au

---

1. — **17 mai 1819**. — *Loi sur la répression des crimes et délits commis par la voie de la presse, ou par tout autre moyen de publication.*
Bulletin des lois, VII, bulletin 278, 6444.
Duvergier, t. XXII, p. 147.

2. — ENTRE LA LOI DU 23 MAI 1819 ET CELLE DU 27 FÉVRIER 1822, ON TROUVE, NOTAMMENT :

14 novembre 1820. — *Discours prononcé par* M. DELAHAYE, bâtonnier.

Ce discours a pour objet le *Travail de l'avocat*. Les stagiaires le liront avec plaisir et avec fruit.

« L'homme, dit le bâtonnier, est né pour le travail ; mais celui qui « se destine à la noble profession d'avocat, se soumet, par là, plus « particulièrement, au travail, à un travail qui doit commencer presque « avec l'enfance, et qu'il ne cessera qu'en cessant de vivre. . . .
« . . . .

« Et comment, en effet, espérer de pouvoir réussir dans la profession

chef-lieu; une *ordonnance du 27 février* 1822 décida que ce droit ne leur appartiendrait que dans les tribunaux où

« d'Avocat, sans cette assiduité, cette persévérance que nous vous « recommandons? Quand on fait attention à tout ce que doit savoir et « savoir parfaitement un avocat, pour se faire un nom, il est inconce- « vable que le court espace de notre jeunesse, de notre vie suffise pour « y arriver.

« L'étude des lois, si étendue, si difficile, si épineuse, n'est qu'une « partie des connaissances qu'il doit acquérir, etc.... »

DELAHAYE, bâtonnier en 1820-1824, né à . . . . . , le . . . . , — mort à . . . . . . , le . . . .

§

Les *Discours des Bâtonniers*, depuis le rétablissement de notre Ordre, fournissent un recueil précieux, que les Stagiaires trouveront à la Bibliothèque.

Cependant je n'en indique, ici, que quelques-uns, ne pouvant, sans sortir du cadre qui m'est tracé, en citer d autres que ceux spécialement relatifs à nos *règles écrites ou traditionnelles*. — Mais je dois dire qu'il n'en est aucun dont l'étude ne soit utile, et je renvoie les Stagiaires à la lecture de tous.

J'en dis autant des ouvrages relatifs à notre profession. Je n'ai indiqué que ceux qui se rapportent à nos règles; tout ce qui est purement historique ou biographique et tout ce qui ne touche qu'à l'éloquence judiciaire a été écarté par moi. Ainsi, les *Recueils de Plaidoiries*, les *Biographies*, etc., ont été laissés de côté, quel que soit leur mérite et quelle que soit l'utilité que les Stagiaires trouveront à les étudier.

27 décembre 1820. — *Lettre du ministre de la justice.*

« Le défenseur a le droit de prendre au greffe de la Cour d'assises « communication de la procédure, d'en extraire les notes et même de « prendre des copies. Il n'est dû d'expédition au greffier que pour les « pièces dont l'accusé ou son conseil a spécialement demandé copie; « sans cela, les indigents ne pourraient réunir leurs moyens de défense. « La communication doit être donnée au défenseur en personne ou à « un secrétaire connu pour être attaché à son cabinet, et porteur de « l'invitation de l'avocat de laisser prendre copie. Elle doit avoir lieu en « présence d'un commis greffier pour prévenir les abus. — Code d'in- « struction criminelle, art. 295. » (*Analyse des circulaires, etc.*, par M. GILLET.)

27 avril 1821. — *Circulaire du ministre de la justice.*

« Un Avocat ne peut être admis à plaider hors du ressort de la Cour

le nombre des avocats inscrits et des stagiaires serait jugé insuffisant pour l'expédition des affaires [1].

IV

ORDONNANCE DU 20 NOVEMBRE 1822 [2]

Enfin, en 1822, une Ordonnance parut, qui devait,

« où il est inscrit, sans l'autorisation du Garde des Sceaux; la demande « contenant l'indication du nom des parties, de la nature de la cause, « doit être soumise préalablement au Bâtonnier de l'Ordre, qui, en « apposant son visa, certifie que l'Avocat réclamant n'a encouru au« cune peine de discipline. Avant d'admettre à plaider un Avocat « étranger, les Cours et les Tribunaux doivent vérifier s'il a obtenu ou « non cette permission. » — *Décret du 15 décembre 1810, art. 10.* (*Analyse des circulaires*, etc., par M. GILLET.)

5 novembre 1821. — *Décision du ministre de la justice.*

« Toute demande d'un avocat pour aller plaider dans un autre res« sort doit, avant d'être adressée au ministre de la justice, être visée « par le bâtonnier de l'Ordre près le siége et, à défaut de bâtonnier, « par le procureur du Roi. » (*Analyse des circulaires, etc., par* M. GILLET).

18 novembre 1821. — *Discours de* BILLECOCQ, *bâtonnier.* — Ouverture des Conférences.

Confiance que l'Avocat doit avoir dans ses Anciens.

1. — **27 février 1822.** — *Ordonnance du Roi qui modifie le Décret du 2 juillet 1812, relative à la Plaidoirie.*

Bulletin des lois, VII, bulletin 509, 12219.
Duvergier, t. XXIII, p. 460.

2. — ENTRE LE 27 FÉVRIER 1822 ET LE 20 NOVEMBRE 1822, ON TROUVE NOTAMMENT :

3 septembre 1822. — *Décision du ministre de la justice.*

« Les avoués licenciés ne doivent point prendre le titre d'avocat. — « Décret du 14 décembre 1810, art. 18; Cass., 19 août 1822. » (*Analyse des circulaires, etc.*, par M. GILLET.)

12 novembre 1822. — *Discours* de BILLECOCQ, *bâtonnier.* — Ouverture des Conférences.

Nécessité de l'alliance entre le Barreau et la Magistrature.

disait-on, soustraire le Barreau aux rigueurs du décret de 1810.

Mais, d'abord, elle eut un préliminaire fâcheux.

Malgré ses dispositions hostiles, le décret avait, par l'élection des candidats, laissé une porte entr'ouverte à la liberté ; après dix années de patience, le Barreau ouvrit cette porte tout à fait ; il ne présenta que des candidats vus de mauvais œil par le gouvernement ; ces élections furent déclarées factieuses ; ces redoutables factieux étaient MM. Dupin, Persil, Mérilhou, Parquin, Mauguin, Barthe, etc... Une enquête fut ordonnée, mais bientôt abandonnée.

Quant à l'ordonnance, elle porte la date du 20 novembre.

Rien n'est plus à notre louange que le rapport qui la précède : D'Aguesseau lui-même n'a pas parlé du Barreau en meilleurs termes que le Garde des sceaux de Peyronnet.

« La profession d'Avocat, y est-il écrit, est si noble « et si élevée ; elle impose à ceux qui souhaitent de « l'exercer avec distinction tant de sacrifices et de tra- « vaux ; elle est si utile à l'État par les lumières qu'elle « répand dans des discussions qui préparent les arrêts « de la justice que je croirais manquer à l'un de mes de- « voirs les plus importants, si je négligeais d'attirer sur « elle les regards bienveillants de Votre Majesté... L'in- « dépendance du Barreau est chère à la justice autant « qu'à lui-même. Sans le privilége qu'ont les avocats de « discuter avec liberté les décisions mêmes que la justice « prononce, ses erreurs se perpétueraient, se multiplie-

« raient, ne seraient jamais réparées ou plutôt un vain « simulacre de justice prendrait la place de cette autorité « bienfaisante qui n'a d'autre appui que la raison et la « vérité. Sans le droit précieux d'accorder ou de refuser « leur ministère, les avocats cesseraient bientôt d'inspi- « rer la confiance et peut-être de la mériter. Ils exerce- « raient sans honneur une profession dégradée. La « justice, toujours condamnée à douter de leur bonne « foi, ne saurait jamais s'ils croient eux-mêmes à leurs « récits ou à leurs doctrines, et serait privée de la ga- « rantie que lui offrent leur expérience et leur probité. « Enfin, sans une organisation intérieure qui l'affran- « chisse du joug inutile d'une surveillance directe et « habituelle, cet ordre ne pourrait plus espérer de rece- « voir dans ses rangs les hommes supérieurs qui font sa « gloire ; et la justice, sur qui rejaillit l'éclat de leurs ver- « tus et de leurs talents, perdrait, à son tour, ses plus « sûrs appuis et ses meilleurs guides. »

L'ordonnance ne répondait pas précisément à ces pompeux éloges.

Voici ce qu'elle a de nouveau :

1°

Notre Tableau est divisé en colonnes dans lesquelles la répartition est faite par les Conseils de discipline alors en exercice ; et le Conseil se compose, annuellement, des deux plus anciens de chaque colonne et des anciens Bâtonniers ; par là, il n'y a plus d'élection pour le Conseil [1].

---

1. Art. 1, 3, 7.

Quant au Bâtonnier et au Secrétaire, c'est le Conseil qui les choisit [1].

2°

Des peines indiquées par le décret de 1820, l'ordonnance de 1822 ne conserve que l'*avertissement*, la *réprimande*, l'*interdiction temporaire* et la *radiation*, auxquelles elle ajoute la *déchéance de rang* au cas d'*interdiction* et de *réprimande* [2].

L'appel est maintenu pour les cas d'interdiction à temps et de radiation; mais ce n'est pas à l'avocat seul qu'il appartient. Le procureur général peut, aussi, exercer ce droit ; et la Cour, qui juge en audience secrète, peut aggraver la peine, même sans réquisition du procureur général [3].

3°

Le Stage, conservé d'après les bases du décret de 1810, ne donne, cependant, le droit de plaider aux Stagiaires qui n'ont pas vingt-deux ans, que s'ils ont obtenu de deux membres du Conseil de discipline appartenant à la colonne au-dessous de laquelle leur nom est porté, un certificat visé par le Conseil et attestant leur assiduité aux audiences pendant deux années [4].

4°

Les avocats inscrits aux tableaux des Cours peuvent

1. Art. 8.
2. Art. 18 et 29.
3. Art. 24, 25, 27, 28.
4. Art. 34, 36.

seuls plaider devant elles. Ce droit n'est pas accordé à ceux qui ne sont inscrits qu'aux tableaux des tribunaux de première instance [1].

Quand un avocat inscrit au tableau d'une Cour veut plaider hors de son ressort, ce n'est plus seulement du ministre de la justice qu'il lui faut l'autorisation, il doit, de plus, obtenir, sur l'avis du conseil de discipline, l'agrément du premier président de cette Cour [2].

5°

A côté de ces dispositions exorbitantes et toutes politiques, il y a des améliorations.

Ainsi, le pouvoir dictatorial du Grand-Juge a disparu.

Ainsi, l'ordonnance ne parle plus de nomination d'office venant du tribunal, en matière civile.

Ainsi, les usages du Barreau relativement aux droits et aux devoirs des avocats sont formellement maintenus.

Ainsi, enfin, comme pour faire revivre l'ancienne

---

1. Art. 39, 40.
2. Art. 39.

Diverses autres dispositions de l'ordonnance méritent d'être signalées :

Art. 14.

« Les conseils de discipline sont chargés de maintenir les senti- « ments de fidélité à la monarchie et aux institutions constitutionnelles, « et les principes de modération, de désintéressement et de probité, « sur lesquels repose l'honneur de l'Ordre des Avocats. — Ils sur- « veillent les mœurs et la conduite des Avocats stagiaires. »

Art. 38.

« Les licenciés en droit sont reçus Avocats par nos Cours royales. Ils « prêtent serment en ces termes : Je jure d'être fidèle au Roi et d'o- « béir à la Charte constitutionnelle, de ne rien dire ou publier, comme « défenseur ou conseil, de contraire aux lois, aux règlements, aux « bonnes mœurs, à la sûreté de l'État et à la paix publique, et de ne

coutume, qui, suivant l'expression de Pasquier et de Loisel, faisait du Barreau la pépinière de la magistrature, « les Cours doivent faire connaître chaque année « au ministre de la justice ceux des avocats qui se seront « fait remarquer par leurs lumières, leurs talents, et, « surtout, par la délicatesse et le désintéressement qui « doivent caractériser cette profession [1]. »

J'ignore si cette dernière disposition est exécutée. Si elle l'est, c'est en dehors de tout renseignement demandé au Bâtonnier, au moins en ce qui touche mes prédécesseurs immédiats et moi-même; et Philippe Dupin en disait autant après son Bâtonnat.

6°

Enfin, l'ordonnance renferme une disposition, nou-

« jamais m'écarter du respect dû aux tribunaux et aux autorités publi-« ques. »

Art. 41.

« L'Avocat nommé d'office pour la défense d'un accusé ne pourra « refuser son ministère sans faire approuver ses motifs d'excuse ou « d'empêchement par les Cours d'assises, qui prononceront, en cas « de résistance, l'une des peines déterminées par l'art. 18 ci-dessus.

Art. 43.

« Toute attaque qu'un Avocat se permettrait de diriger, dans ses « plaidoiries ou dans ses écrits, contre la religion, les principes de la « monarchie, la Charte, les lois du royaume ou les autorités établies, « sera réprimée immédiatement, sur les conclusions du ministère « public, par le tribunal saisi de l'affaire, lequel prononcera l'une des « peines prescrites par l'art. 18; sans préjudice des poursuites extraor-« dinaires, s'il y a lieu. »

Art. 45.

« Le décret du 14 décembre 1810 est abrogé. Les usages observés « dans le Barreau, relativement aux droits et aux devoirs des Avocats « dans l'exercice de leur profession, sont maintenus. »

1. Art. 44.

velle pour l'époque, mais empruntée aux anciennes traditions, et dont l'application eût pu présenter, quelquefois, d'assez grandes difficultés, si les conseils de discipline eussent partagé les idées du garde des sceaux ; je veux parler de l'art. 5, ainsi conçu : « Nul ne pourra « être inscrit sur le Tableau des Avocats d'une Cour ou « d'un tribunal, s'il n'exerce réellement près de ce tribu- « nal ou de cette Cour [1]. »

§

Telles sont les nouveautés de l'ordonnance [2].

---

1. Voici, en effet, comment une circulaire du **6 janvier 1823** explique *l'exercice réel* : « L'exercice de la profession d'Avocat s'an- « nonce principalement par l'assiduité au Palais, par la plaidoirie, par « la rédaction habituelle et notoire d'écrits judiciaires. Le succès et « l'occupation sont pour tous le fruit des talents et du temps. — Ainsi, « tout avocat qui suit les audiences, qui se livre à la plaidoirie quand « l'occasion plus ou moins fréquente lui en est offerte, exerce véritable- « ment sa profession, autant qu'il est en lui de le faire. — Ainsi, tout « avocat qui, sans suivre le Palais, sans se livrer à la plaidoirie, s'oc- « cupe notoirement et habituellement de rédiger des consultations, des « mémoires, des avis et autres écrits judiciaires, exerce encore sa pro- « fession. — Mais aussi, et par opposition, tout avocat qui n'annonce « point, par un de ces faits faciles à constater, que son assiduité, ses « efforts et son travail le feront triompher des obstacles dont la carrière « est parsemée, n'exerce pas réellement sa profession, et ne peut aspi- « rer à faire partie de l'Ordre. — Ainsi, des signatures isolées, appo- « sées de loin en loin sur des écrits judiciaires, sans aucune autre « démonstration de l'exercice réel de la profession, ne suffiront point « pour constituer l'avocat et lui donner le droit d'être porté au Ta- « bleau : ainsi, et à plus forte raison, le gradué qui, placé dans ces « dernières circonstances, se trouvera de plus ne point résider au chef- « lieu de la Cour ou du tribunal, de manière qu'il ne pourrait offrir « aux justiciables un accès, un recours facile, ne pourra être considéré « comme avocat. »

La Circulaire accorde, aussi, au procureur général un droit d'appel contre les décisions du Conseil relatives à la formation du Tableau ; mais la maxime que *les avocats sont maîtres de leur Tableau* a prévalu.

2. — **20 novembre 1822.** — *Ordonnance du Roi contenant*

Elles donnèrent lieu à des réclamations et à une polémique plus vives encore que celles qui avaient accompagné le décret de 1810 [1].

Il n'y eut satisfaction pour quelques-unes qu'en 1830.

Un seul incident nous sépare de cette époque.

V

ORDONNANCE DU 10 MARS 1825 [2].

Il eut lieu au mois de mars 1825.

Notre ministère n'est pas un mandat, dans le sens que la loi attache à ce mot. Nous ne représentons pas la partie ; nous l'assistons.

---

règlement sur l'exercice de la Profession d'Avocat et la discipline du Barreau.

Bulletin des lois, VII, bulletin 566, 13757.
Duvergier, t. XXIV, p. 121.

1. Voir, spécialement, l'*Examen de l'ordonnance du 20 novembre 1822, concernant l'Ordre des Avocats*, par M. A. Daviel, *avocat à la Cour royale de Rouen.* (M. Dupin, *Profession d'Avocat, Recueil de pièces*, etc., t. I, p. 367).

2. Entre le 20 novembre 1822 et le 10 mars 1825, on trouve, notamment :

6 janvier 1823. — *Circulaire de son Excellence le Garde des sceaux, relative à l'exécution de l'ordonnance du 20 novembre 1822.* V. *suprà*, p. 367.

Duvergier, t. XXIV, p. 158.
Gillet, p. 225.

1823. — *Répertoire de la nouvelle Législation civile, commerciale et administrative, ou analyse raisonnée des principes consacrés par le Code civil, le Code de commerce et le Code de procédure; par les lois qui s'y rattachent ; par la législation sur le contentieux de l'Administration, et par la Jurisprudence* ; par M. le baron Favard de Langlade, conseiller d'État, membre de la Chambre des députés et de la Cour de cassation et par d'autres Magistrats et jurisconsultes. — V° *Avocat.*

L'article est de M. Dupuy, Conseiller à la Cour royale de Paris.

De là une difficulté qui nous fut faite, devant le tribunal de commerce.

Nous avons le droit de plaider devant toutes les juridictions ; et nous l'exerçons, spécialement, devant le tribunal de commerce de Paris où nous trouvons des magistrats aussi éclairés et aussi bienveillants pour nous qu'il soit possible d'en trouver.

Mais l'art. 421 du Code de procédure, et l'art. 627 du Code de commerce exigent que les tiers qui défendent un plaideur absent devant le tribunal de commerce soient munis d'un pouvoir spécial.

Cette disposition s'appliquait-t-elle à nous? Évidemment non ; car, alors, nous n'assisterions pas : nous représenterions la partie ; nous serions responsables, et nous revêtirions, par l'acceptation d'un mandat, un des caractères de l'agence d'affaires que nos lois nous interdisent expressément.

Cependant, une *ordonnance du* 10 *mars* 1825 ayant renouvelé le texte des deux Codes, en y ajoutant ces mots : *quelle que soit sa profession ou son titre*, on pensa qu'il y avait lieu de nous l'appliquer; mais le Conseil réclama près du garde des sceaux, et il fut reconnu que nous devions continuer à plaider sans avoir à nous munir d'un pouvoir. Il suffit qu'à défaut de la partie un mandataire nous assiste [1].

---

1. — **10 mars 1825.** — *Ordonnance du Roi qui prescrit de nouvelles formalités pour constater l'exécution de l'art.* 421 *C. pr. civ., et l'art.* 627 *C. comm.*

« Considérant que tout individu, *quelle que soit sa profession ou son* « *titre*, qui plaide devant le tribunal de commerce la cause d'autrui, « doit, conformément à l'art. 627, ci-dessus transcrit, être autorisé par « la partie présente ou muni d'un pouvoir spécial ; etc.... »

Bulletin des lois, VIII, bulletin 23, 578.
Duvergier, t. XXV, p. 49.

QUATRIÈME SECTION

DE LA RÉVOLUTION DE 1830 A LA RÉVOLUTION DE 1848

§

ORDONNANCE DU 27 AOUT 1830 [1]

Quant à l'ordonnance réparatrice, elle parut le 27 août 1830.

---

1. Entre l'ordonnance du 10 mars 1825 et la révolution de 1830, on trouve, notamment :

13 février 1826. — *Décision du ministre de la justice.*

« Un avoué dont la nomination est révoquée ne peut-être admis au « Tableau des Avocats. » (*Analyse des circulaires*, etc., par M. Gillet.)

19 mars 1827. — *Décision du ministre de la justice.*

« La présence au Barreau d'un seul avocat suffit pour nécessiter la « confection d'un Tableau. » — (*Analyse des circulaires*, etc., par M. Gillet.)

6 janvier 1829. — *Décision du ministre de la justice.*

« Le Tableau des Avocats doit énoncer la date de leur réception. — « La présence au Barreau d'un seul Avocat suffit pour nécessiter la « formation d'un Tableau. » — (*Analyse des circulaires*, etc., par M. Gillet).

17 août 1829. — *Décision du ministre de la justice.*

« Les consultations signées par les avocats, lors même qu'elles sont « gratuites, et qu'elles ne sont pas produites devant les tribunaux, doi- « vent être écrites sur papier timbré. » (Loi du 13 brumaire an VII, « art. 12. Avis du Comité des finances. V. Décision du 28 janvier 1809.) — (*Analyse des circulaires, etc.* par M. Gillet.)

1er décembre 1829. — *Discours prononcé à l'ouverture des*

Cette ordonnance rendit à l'assemblée générale le droit de nommer le Bâtonnier et les vingt membres du

---

Conférences de la Bibliothèque des Avocats, par M. Dupin aîné, bâtonnier de l'Ordre.

M. Dupin y traite de la profession d'Avocat, des études qu'elle exige, des devoirs qu'elle impose.

Les Stagiaires y trouveront, entre autres, ce passage :

« Aimons notre état, c'est le moyen le plus assuré d'y réussir et de « s'y trouver heureux. Efforçons-nous d'honorer notre profession ; et, « pour cela, ne craignons pas de nous en former une trop haute idée. « — Jamais nous ne dirons rien d'elle, qui puisse égaler ce qu'en ont « dit avant nous les plus illustres magistrats, d'Aguesseau surtout. Ce « sentiment ne peut pas nous être imputé à vanité, car il n'engendre « pour nous que des obligations. Exalter cette noble profession, c'est « dire que nous ne pouvons que bien difficilement atteindre à tout ce « qu'elle impose de devoirs et de sacrifices, à tout ce qu'elle exige de « capacité, d'application et de dévouement. Du reste, si le Barreau « moderne reste inférieur à l'ancien, ce sera notre faute ; car les gran- « des occasions de bien faire et bien dire ne nous auront pas man- « qué !..... De nos jours, en effet, l'état d'Avocat a acquis plus d'im- « portance encore par le développement de nos institutions, par l'éta- « blissement du gouvernement représentatif, la publicité des débats « judiciaires, soutenue de la liberté de la presse, et cette tribune na- « tionale dont le labeur, en variant seulement les formes de la discus- « sion et du langage, n'est pour nous qu'une continuation de la profes- « sion d'Avocat, puisqu'elle nous offre seulement une cause de plus à « défendre, et la plus belle de toutes, celle du pays !

« Un gouvernement constitutionnel est éminemment le gouverne- « ment du droit. Le mot légitimité dans toute sa puissance n'a pas « d'autre sens. L'ordre légal peut être raillé par les factieux ; il sera « toujours ce qu'il y a de plus saint et de plus respectable à nos yeux. « — Interprètes de la législation, nous saurons en garder le langage en « invoquant son appui ; amis de la règle, et par là même ennemis « irréconciliables de l'arbitraire, tout droit blessé trouvera parmi nous « des défenseurs. Fidèles à notre serment envers le prince, envers le « pays ; organes indéfectibles de la justice et des lois, et surtout de cette « loi fondamentale, gage suprême de notre avenir, et à laquelle nous « avons, comme au Roi lui-même et avec lui, juré d'obéir ; le droit « public comme le droit privé nous trouvera prêts à faire, en toute « rencontre, le devoir de notre profession.

« C'est au sein de notre Ordre que doit se trouver le type de ce « courage civil qui dans les grandes épreuves de la vie sociale, rend « l'homme capable des plus généreux efforts et des sacrifices les plus

Conseil [1]; et tout avocat inscrit au Tableau obtint le droit de plaider devant tous les tribunaux, sans autorisation; sauf les dispositions de l'art. 295 du Code d'instruction criminelle [2].

Telles sont les réformes obtenues après une lutte de vingt ans et grâce à une révolution [3].

« rigoureux pour obéir à sa conscience, et rester fidèle à sa conviction. « — Ce genre de courage n'exige pas la vigueur du corps, mais uniquement celle de l'âme : il s'appuie sur des doctrines arrêtées et dont « on s'est bien rendu compte ; il lui faut une vue nette du droit à « exercer ou du devoir à remplir ; il exige la fermeté de la vertu, la « constance du sage qu'aucun revers ne peut ébranler. »

1829. — *Encyclopédie moderne par* M. COURTIN, *ancien magistrat, et une société de gens de lettres*, v° *Barreau*.

L'article est de M. COURTIN.

14-24 août 1830. — *Charte constitutionnelle.*

ART. 55. — « Les débats seront publics en matière criminelle, à « moins que cette publicité ne soit dangereuse pour l'ordre et les « mœurs : et dans ce cas, le tribunal le déclare par un jugement.

Bulletin des lois, IX, bulletin 5, 59.
Duvergier, t. XXX, p. 110.

1830. — *Profession d'Avocat.* — *Recueil de pièces concernant l'exercice de cette profession, dédié au Roi par* M. DUPIN *aîné, avocat à la Cour royale de Paris, Bâtonnier de l'Ordre*. 2 vol. in-8°, 1830.

Cet ouvrage est, sous un autre titre, la cinquième édition, considérablement augmentée, des *Lettres sur la profession d'Avocat et bibliothèque choisie des livres de droit qu'il est le plus utile d'acquérir et de connaître, par* CAMUS.

M. Dupin avait été l'éditeur, en 1818, de la quatrième édition. La cinquième, beaucoup plus ample, est très-complète. Le second volume est consacré à la bibliographie.

1. Art. 1 et 3.

2. Art. 4.

3. — **27 août 1830.** — *Ordonnance du Roi contenant des dispositions sur l'exercice de la profession d'Avocat.*

Le préambule constate qu'il s'agit « de faire cesser, dès ce moment,

II

ORDONNANCE DU 30 MARS 1835 [1]

Cinq années étaient à peine écoulées, que cet esprit de faveur nous avait abandonnés, et qu'une ordonnance du 30 mars 1835 nous rattachait, non sans résistance, à la

---

« par des dispositions provisoires, les abus les plus graves et les plus « universellement sentis. »

Et l'art. 5 porte : « Il sera procédé dans le plus court délai possible « à la révision définitive des lois et règlements concernant l'exercice « de la profession d'Avocat. »

Bulletin des lois, IX, bulletin O, 7, 110.
Duvergier, t. XXX, p. 432.

1. ENTRE L'ORDONNANCE DU 27 AOUT 1830 ET CELLE DU 30 MARS 1835, ON TROUVE, NOTAMMENT :

22 octobre 1830. — *Circulaire du ministre de la justice.*

« On recommande de requérir des officiers ministériels et des avocats « le serment prescrit par la loi du 31 août 1830. » (*Analyse des circulaires*, etc., par M. GILLET.)

De 1830 à 1848, le serment a été celui-ci : « Je jure fidélité au « Roi des Français, obéissance à la Charte constitutionnelle et aux lois « du royaume, de ne rien dire, ni publier, comme défenseur ou con- « seil, de contraire aux lois, aux règlements, aux bonnes mœurs, à la « sûreté de l'État et à la paix publique ; et de ne jamais m'écarter du « respect dû aux tribunaux et aux autorités publiques. »

23 novembre 1832. — *Discours prononcé à l'ouverture des Conférences de la Bibliothèque des Avocats*, par PARQUIN, bâtonnier.

Les Stagiaires, entre autres passages, liront celui-ci : « M. Dupin, dans « un de ses meilleurs ouvrages, demandait spécialement la libre « défense des accusés ; moi je veux la libre défense partout, au civil « comme au criminel. Je la veux, non dans notre intérêt privé, non « pour satisfaire à une vaine ardeur de parole, que le bon sens public « aurait proscrite et condamnée, mais dans l'intérêt sacré de nos « clients, pour éviter des erreurs presque irréparables, pour la meil- « leure, pour la plus parfaite distribution de la Justice ; car, je le dis « encore, je ne conçois pas de bonne, de saine justice, sans une com- « plète liberté dans la défense. »

PARQUIN, né à, ... le 5 décembre 1785, bâtonnier en 1832-1833 et 1833-1834, — mort à Paris le 20 février 1839.

Mai 1833. — *Projet d'ordonnance sur l'exercice de la profession*

Cour des pairs, comme *Barreau spécial*, pour y subir, en matière politique, les nominations d'office que rejetaient les accusés, et nous voir frapper, au besoin, par la juridiction disciplinaire d'une assemblée dont nous n'avions pas l'honneur d'être connus, et qui, pour devenir, momentanément, une Cour de justice, ne se dépouillait pas entièrement de son caractère et de ses passions politiques [1].

---

d'Avocat et la discipline du Barreau, rédigé par le Conseil, à la demande de M. Barthe, garde des sceaux, et remis à ce ministre.

Les stagiaires le trouveront dans l'*Appendice*, à la suite de ce Discours.

22 novembre 1834. — *Discours sur l'alliance entre le Barreau et la Magistrature*, par Philippe Dupin, *bâtonnier*.

Entre autres passages, les Stagiaires y liront celui-ci :

« A chacun ce qui lui appartient : c'est la devise de la Justice.

« La Magistrature a droit à nos respects; mais le Barreau a droit à « des égards.

« Il a besoin surtout de voir respecter son indépendance; c'est en « elle seule qu'il peut trouver la force nécessaire pour accomplir sa « mission. Elle seule peut communiquer à ses paroles de l'éclat et de « l'énergie : tout ce qui n'est point libre est sans dignité.

« D'ailleurs, si le Barreau revendique, comme unique privilége, « celui de l'indépendance, c'est moins pour lui que pour ceux dont il « doit être l'organe. Toutes les libertés, tous les droits peuvent être « attaqués; ils peuvent dès lors avoir besoin d'être défendus, et viennent se résumer en quelque sorte dans la liberté de la défense. Cette « liberté est donc la garantie de toutes les autres; et comme elle se « personnifie dans l'avocat, on peut dire que l'indépendance du Barreau est le patrimoine de tous les citoyens. »

Philippe Dupin, bâtonnier en 1834-1835 et 1835-1836, — né à Varzy, le 6 octobre 1795, — mort à Pise, le 14 février 1846.

1. — **30 mars 1835.** — *Ordonnance du Roi portant règlement sur l'exercice de la profession d'Avocat devant la Cour des Pairs.*

Tout avocat peut plaider devant la Cour des Pairs; ceux du Barreau de Paris peuvent seuls être désignés d'office. — Mêmes droits, mêmes devoirs pour les Avocats, mêmes pouvoirs disciplinaires pour la Cour et son président, qu'en Cour d'assises.

Bulletin des lois, IX, Bulletin O, 1re section, 356, 5720.
Duvergier, t. XXXV, p. 65.

CINQUIÈME SECTION

DE LA RÉVOLUTION DE 1848 AU 2 DÉCEMBRE 1851

Il me reste à vous parler de deux impôts, d'une nature bien différente ; l'un, que nous avons toujours payé volontairement, avec zèle, ardeur et générosité ; l'autre, contre lequel nous avons toujours protesté.

Celui-ci est l'impôt des *patentes*; celui-là est la *désignation d'office* pour la défense des indigents, en matière civile.

I

LOI DES FINANCES DU 15 MAI 1850 [1]

La patente est un impôt spécial, inventé pour représenter les charges dont l'industrie et le négoce étaient

1. Entre le 30 mars 1835 et le 15 mai 1850, on trouve, notamment :

Septembre 1835. — *Méditations sur le Barreau*, par Charrié.

28 novembre 1835. — *Discours de* Ph. Dupin, *bâtonnier*, à l'ouverture des Conférences, — *sur le respect que l'Avocat doit, spécialement, avoir pour la loi.*

Les Stagiaires y liront, avec fruit, cette définition de notre profession qui résume une grande partie de nos règles et de nos devoirs :

« J'ai dit que ces respects (pour la loi) étaient dans le devoir de l'a-
« vocat, plus particulièrement encore que dans les devoirs du simple
« citoyen.

« En effet, c'est spécialement pour assurer le triomphe de la loi que
« notre profession a été créée.

« Consacrer ses veilles à l'étude des lois nombreuses et compliquées

grevés avant 1789 et indemniser l'État des dépenses spéciales qu'exige de lui la protection du commerce.

« qui régissent les immenses rapports d'une société civilisée ; expliquer « sincèrement à ses concitoyens les droits que ces lois leur assurent, « les devoirs qu'elles leur imposent ; invoquer pour celui qu'on op- « prime la loi qui garantit sa liberté ; pour celui qu'on accuse, la loi « qui protége sa vie ; pour celui qu'on dépouille, la loi qui défend sa « fortune ; pour celui qu'on outrage, la loi qui venge son honneur ; « préparer, par des travaux consciencieux, par une parole loyale et « pure, ces oracles qui ne sont que l'application de la loi aux actes de « la vie civile ; telle est la noble mission de l'avocat. Soit qu'il fixe par « ses réponses l'incertitude de ses clients, ou qu'il réclame pour eux « les bienfaits de la justice, il est en quelque sorte la loi parlante, « comme le magistrat est la loi agissante. »

28 mai 1836. — *Loi relative à la poursuite et au jugement des contraventions, délits et crimes commis par les Français dans les Echelles du Levant et de Barbarie.*

A l'occasion de l'instruction qui a lieu devant le tribunal consulaire, l'art. 49 porte :

. . . .

« La partie civile sera entendue ; le prévenu ou son conseil, ainsi « que les parties civilement responsables, proposeront leur défense ; « *la réplique sera permise à la partie civile*, mais le prévenu ou son « conseil aura toujours la parole le dernier. . . .

Bulletin des lois, IX, bulletin 428, 6323.
Duvergier, t. XXXVI, p. 159.

24 novembre 1836. — *Discours prononcés* par M. DELANGLE, bâtonnier — à la séance d'ouverture des Conférences.

J'ai parlé, ailleurs (*Devoirs, Honneurs*, etc., *de la profession*), de ce discours, que les Stagiaires feront bien de relire souvent ; je n'en cite, ici, qu'un court fragment sur la nécessité du travail :

« Tous les hommes qui ont jeté quelque éclat au Barreau ont passé « la plus grande partie de leur vie dans des travaux dont l'énonciation « nous effrayerait, si elle ne nous trouvait incrédules.

« Et pourtant ils ne cultivaient point une nature ingrate et rebelle. « Cochin et Gerbier étaient des intelligences d'élite, riches de leurs « fonds non moins que des conquêtes de l'étude : Cochin et Gerbier « ont consumé dans des veilles obstinées la plus belle partie de leur « jeunesse ! Après des débuts éclatants, ils se sont condamnés l'un et « l'autre à la retraite, pendant six années, pour y acquérir des forces « égales aux devoirs qu'impose la profession. M. Henrion de Pansey a « vécu dix ans loin du monde, ignoré, livré à d'arides travaux, et de-

Or, d'après les lois et les usages de notre profession, tout négoce nous est interdit; et toute réclamation d'ho-

---

« mandant à la science les avantages que la science seule peut don-
« ner. . . . .

« Faites-donc ce qu'ont fait nos maîtres. . . . . Les succès « sont à ce prix. Les talents naturels, la facilité de s'exprimer, la « grâce du débit et du geste, toutes ces facultés, qui peuvent assurer « le succès ailleurs, ne suffisent point pour faire l'avocat. Il ne peut « devoir sa gloire qu'au travail; l'éloquence ne répand la vie que lors- « qu'elle est nourrie de doctrine . . . .
« . . . . Étudiez! étudiez! mais que ce ne soit pas une « résolution éphémère; qu'une volonté constante vous anime et vous « soutienne; encore une fois, c'est à ce prix qu'est l'avenir de l'a- « vocat.

11 mai 1838. — *Décision du ministre de la justice.*

« Les tribunaux doivent demeurer étrangers à la nomination du « Bâtonnier et du Conseil de discipline; mais si les avocats ne s'ac- « cordent pas à cet égard, ou s'ils ne veulent pas se réunir pour exer- « cer leurs droits, le tribuual de première instance devient Conseil de « discipline et reprend naturellement les attributions qui lui apparte- « naient, aux termes de l'ordonnance du 20 novembre 1822. » (*Analyse « des circulaires*, etc., par M. GILLET.)

24 novembre 1839. — *Discours de* PAILLET, *bâtonnier.* — Ouverture des Conférences.

Amour de notre état. — Droits et devoirs professionnels. — Obéissance aux lois. — Liberté de discussion. — Respect pour le Magistrat. — Indépendance du Défenseur.

J'ai cité, ailleurs (*Devoirs, Honneurs*, etc.) plusieurs passages de ce Discours.

PAILLET (Alphonse-Gabriel-Victor), bâtonnier en 1839 et 1839-1840, — né à Soissons, le 17 novembre 1796, — mort à Paris, le 17 novembre 1855.

4 décembre 1841. — *Discours de* M. MARIE, *bâtonnier.* — Ouverture des Conférences.

Après avoir, dans son premier Discours, montré les forces que l'avocat doit puiser dans l'étude de la théorie et indiqué par quels moyens la défense peut s'élever et s'agrandir, le bâtonnier, dans le second discours, développe la nature et la puissance de notre association et de nos règles traditionnelles, qu'il résume ainsi :

« . . . . L'union formée, ne demandez pas d'où sont sortis « les droits et les devoirs de l'association; ils sont sortis tous puissants

noraires en justice entraîne notre radiation, la réclamation fût-elle juste et le tribunal en ordonnât-il le payement.

« et des traditions ressaisies du Barreau antique, et des nobles inspira-
« tions de tant d'hommes, l'orgueil de notre Ordre, dont la science et
« la vertu ont religieusement consacré les noms illustres.

« Et en effet, hiérarchie, indépendance, respect du droit et du
« devoir, probité dans les relations, dévouement dans le patronage,
« discipline ferme et sévère, tout ce qui constitue en un mot une
« organisation forte et vivace, est, dès cette époque, volontairement,
« traditionnellement accepté par l'Ordre des Avocats ; et le fait y est si
« éclatant même, qu'on serait tenté de se demander si les liens de
« notre association n'ont pas été, depuis, plutôt relâchés qu'affermis
« par les lois qui ont prétendu cependant les protéger de leur puis-
« sance. »

1842. — *Règles sur la profession d'Avocat, suivies : 1° des lois et règlements qui la concernent; 2° des précédents du Conseil de l'Ordre des Avocats à la Cour royale de Paris, avec des notes historiques et explicatives, par* M. Mollot, *avocat à la Cour royale, membre du Conseil de l'Ordre.* — Paris, Joubert, 1 vol. in-8°.

1842. — *Encyclopédie du Droit, ou Répertoire raisonné de législation et de jurisprudence en matière civile, administrative, criminelle et commerciale ; contenant par ordre alphabétique l'explication de tous les termes de droit et de pratique;— un traité raisonné sur chaque matière; — la jurisprudence des diverses Cours et du Conseil d'État ; — un sommaire des Législations étrangères.* Publié sous la direction de MM. Sebire et Carteret, avocats. — Paris, Mellier, 1842. — V° *Avocat.*

Le mot *Avocat* est de Philippe Dupin.

2 décembre. 1843. — *Discours de* M. Chaix-d'Est-Ange, *bâtonnier.* — Ouverture des Conférences.

Le bâtonnier, qui, dans un premier discours, a exigé des stagiaires les études les plus variées et les plus fortes, passe en revue, dans le second, les règles principales de notre profession, confraternité, communication loyale des pièces, conciliation, modération, désintéressement, etc., etc.

13 décembre 1845. — *Discours de* M. Duvergier, *bâtonnier.* — Ouverture des Conférences.

Dans son discours de l'année précédente, le bâtonnier avait examiné divers objets de législation et de doctrine, et traité plusieurs points relatifs à notre profession. Dans celui-ci, il traite « des devoirs de

De plus, la loi met sur nous l'impôt de la défense gra-

« notre profession, des règles auxquelles elle est soumise, des traditions « et des usages d'après lesquels elle se gouverne. »

1846. — *Jurisprudence générale.—Répertoire méthodique et alphabétique de législation, de doctrine et de jurisprudence en matière de droit civil, commercial, criminel, administratif, de droit des gens et de droit public.*

Nouvelle édition considérablement augmentée et précédée d'un *Essai sur l'histoire générale du Droit français*; par M. D. Dalloz aîné, député, etc., avec la collaboration de M. Armand Dalloz, son frère, avocat, et celle de plusieurs jurisconsultes. — V° *Avocat.*

7 février 1846. — *Lettre du ministre de la justice.*

« Dans les villes où siége un tribunal maritime, il convient que le « Bâtonnier des avocats désigne des défenseurs d'office aux accusés « traduits devant le tribunal maritime, toutes les fois que la demande « en sera faite. » (*Analyse des circulaires*, etc., par M. Gillet.)

11 décembre 1847. — *Discours de* M. Baroche, *bâtonnier.* — Ouverture des Conférences.

Le bâtonnier avait, l'année précédente, « conseillé la patience » aux jeunes avocats : cette année, après les avoir exhortés à consulter leurs forces avant d'embrasser la profession, il examine plusieurs de nos règles, la confraternité, la modération, le désintéressement, le dévouement, etc.

13 septembre 1848. — *Lettre du ministre de la justice.*

« Le serment professionnel des avocats et des avoués est maintenu ; « mais la formule de l'ordonnance du 20 novembre 1822 n'étant plus « possible, il faut se reporter à l'art. 31 de la loi du 22 ventôse an XII. » (*Analyse des circulaires*, etc., par M. Gillet.)

L'art. 31 de la loi du 22 ventôse an XII ordonne aux avocats et avoués « avant d'entrer en fonctions, de prêter serment : de ne rien dire ou « publier comme défenseurs ou conseils de contraire aux lois, aux « règlements, aux mœurs, à la sûreté de l'État et à la paix publique ; « et de ne jamais s'écarter du respect dû aux tribunaux et aux autorités « publiques. »

C'est le serment que nous prêtons encore aujourd'hui.

4 novembre 1848. — *Constitution de la République française.*

Art. 81. — « La justice est rendue gratuitement au nom du peuple « français ; les débats sont publics, à moins que la publicité ne soit

tuite. Voilà, certes, de singulières conditions pour être soumis à la patente [1].

« dangereuse pour l'ordre et les mœurs, et, dans ce cas, le tribunal le « déclare par un jugement. »

Bulletin des lois, X, bulletin 87, 825.
Duvergier, t. XLVIII, p. 360.

26 octobre 1849. — *Règlement d'administration publique déterminant les formes de procéder du tribunal des conflits.*

Art. 4. — « Les Avocats au Conseil et à la Cour de cassation peu- « vent être chargés par les parties intéressées, de présenter devant le « tribunal des conflits des mémoires et des observations. »

Bulletin des lois, X, bulletin 206, 1684.
Duvergier, t. XLIX, p. 368.

1. En 1834, Ph. *Dupin* disait :

« Au cours de cette année, une autre tribulation a menacé notre « Ordre, mais ne l'a pas atteint. Des hommes, habiles surtout à rape- « tisser tout ce qu'ils touchent, avaient formé le projet de vous sou- « mettre au joug de la patente, qui blesse si profondément les principes « de notre profession, et dont les législateurs de 1793 eux-mêmes « avaient reconnu la convenance et la nécessité de nous affranchir. « Heureusement le projet n'a pas reçu son exécution. S'il était repris, « nous aurions à le combattre. Mais, quoi qu'il advienne, j'ai cru de « mon devoir de protester à l'avance, au nom de l'Ordre, contre une « mesure si profondément subversive des idées généreuses qui font la « base de nos devoirs et la règle de nos rapports. » — (*Ouverture des Conférences* du 22 novembre 1834.)

En 1835, le Conseil de l'Ordre publia :

Réflexions sur l'article du projet de loi tendant à imposer la patente à la profession d'Avocat.

Enfin, en décembre 1849, il adressa à l'Assemblée législative un mémoire intitulé :

Observations du Conseil de l'Ordre des Avocats à la Cour d'Appel de Paris sur l'Impôt de la Patente ; auquel adhérèrent les avocats d'Agen, de Bastia, Besançon, Bourges, Dijon, Lyon, Metz, Pau, Poitiers, Riom et Rouen.

Les Stagiaires y trouveront résumées toutes les raisons qui devaient faire rejeter la loi.

C'est à la patente, cependant, que nous a soumis la loi du 15 mai 1850 [1].

II

LOI DU 22 JANVIER 1851 [2]

La désignation d'office, en matière civile, est régularisée par la *loi du* 22 *janvier* 1851.

Le Barreau y intervient : par la nomination des avocats faisant partie des bureaux d'assistance judiciaire, qui appartient au Conseil; par la nomination des avocats d'office, qui appartient au Bâtonnier : et par la plaidoirie, qui est le droit et le devoir des avocats désignés [3].

---

1. — **15 mai 1850.** — *Loi portant fixation du Budget des recettes de l'exercice* 1850.

Bulletin des lois, X, bulletin 259, 2128.
Duvergier, t. L, p. 170.

2. ENTRE LE 15 MAI 1850 ET LE 22 JANVIER 1851, ON TROUVE, NOTAMMENT :

7 décembre 1850. — Discours de M. Gaudry, bâtonnier. — Ouverture des Conférences. — *Le patronage des Anciens.*

« Je veux, dit le bâtonnier, vous parler du devoir le plus doux et qui « fait le charme de notre existence au Barreau, du patronage des « anciens Avocats, et de cette heureuse réciprocité qui leur rend, en « affection filiale, ce qu'ils donnent en bienveillance paternelle. » Et, en développant cette idée, il insiste sur la loyauté des communications de pièces, le désintéressement, la courtoisie réciproque des discussions, etc.

3. — **22 janvier 1851**. — *Loi sur l'Assistance judiciaire.*

Les art. 2 et 3 indiquent le nombre des avocats qui doivent entrer dans es Bureaux d'Assistance ; l'art. 13 parle de la désignation par le bâtonnier; l'art. 14 dispense provisoirement l'assisté du payement des honoraires.

L'art. 28 rappelle l'art. 294 du Code d'instruction criminelle pour la défense d'office devant la Cour d'assises et l'art. 29 l'introduit en faveur des indigents devant les tribunaux correctionnels, mais seulement pour le cas où ce secours est réclamé.

Bulletin des lois, X, bulletin 346, 2680.
Duvergier, t. LI, p. 16.

§

Je dois vous rappeler, à cette occasion, qu'au civil comme au criminel, les désignations sont personnelles et qu'il n'est permis ni à celui qui en a été honoré de les transmettre, ni à celui qui n'est pas désigné de les recevoir, sous quelque prétexte que ce soit. Quand l'avocat nommé est empêché ou quand il prévoit qu'il peut l'être, il doit en référer au Bâtonnier, qui, seul, a droit d'apprécier et de pourvoir.

Ces désignations renferment une obligation sacrée, dont je ne puis trop hautement vous recommander l'accomplissement religieux.

La probité la plus vulgaire exige de vous que toute affaire soit travaillée et suivie avec un soin, une attention, une exactitude qui ne laissent pas la plus petite place au plus petit reproche. Dans les causes des pauvres, il y a plus encore : la voix de l'humanité vient se joindre à celle du devoir professionnel.

Que le magistrat, je vous en supplie, pour votre honneur et pour l'honneur de notre profession, que le magistrat n'aperçoive donc jamais de différence entre les causes d'office et les autres, si ce n'est pour y trouver, si cela est possible, encore plus de travail, d'exactitude, de zèle et de scrupule.

Songez que lorsque le Bâtonnier vous donne un malheureux à défendre, il vous confie momentanément le drapeau de l'Ordre. Faites donc en sorte que, dans vos mains, ce drapeau se conserve tel qu'il a toujours été, sans reproches et sans peur.

SIXIÈME SECTION

DU 2 DÉCEMBRE 1851 AU 22 MARS 1852

DÉCRET DU 22 MARS 1852 [1]

La clôture de cette longue revue se trouve dans le *décret du 22 mars* 1852, qui a transporté au Conseil le

---

1. ENTRE LA LOI DU 22 JANVIER 1851 ET LE DÉCRET DU 22 MARS 1852, ON TROUVE, NOTAMMENT :

22 novembre 1851. — *Discours sur la Conférence des jeunes Avocats, par* M. GAUDRY, *bâtonnier*. — Ouverture des Conférences.

Le Bâtonnier rappelle plusieurs des Lois et Ordonnances qui ont rétabli notre discipline, et insiste sur l'assistance gratuite, sur l'utilité de la Conférence fondée par notre confrère de Riparfonds, sur la confraternité, et l'aide que les anciens doivent aux nouveaux.

§

DEPUIS LE 22 MARS 1852 JUSQU'A MON BATONNAT (nov. 1856), ON TROUVE NOTAMMENT :

30 avril 1852. — *Lettre du ministre de la justice.*

« Les décrets du 22 mars et du 5 avril 1852 n'ayant pas astreint les « avocats au serment politique, ils restent sous l'empire de la législation « qui ne les soumet qu'au serment professionnel. La jurisprudence de « la Cour de Cassation qui a annulé, pour excès de pouvoirs, des juge- « ments auxquels avaient concouru des avocats qui n'avaient pas prêté « le serment exigé par la loi du 31 août, n'est pas applicable. » (*Analyse des circulaires*, etc., par M. GILLET).

10 juillet 1852. — *Sénatus-Consulte sur l'organisation de la Haute Cour de Justice.*

ART. 12. — « Sa juridiction s'étend sur tout le territoire de la Répu- « blique.

« Elle procède selon les dispositions du Code d'instruction crimi- « nelle.

ART. 17. — « Les dispositions, formes et délais prescrits par le Code

choix du Bâtonnier ; défendu aux assemblées générales d'élire, pour membres du Conseil, des avocats qui ne seraient pas, depuis dix années, inscrits sur notre Tableau ; autorisé le Conseil à enlever à ceux qu'il punit le droit d'être élus pendant dix années ; donné au Conseil le choix des Secrétaires de la Conférence, sur la présentation du Bâtonnier ; et exclu du concours les Stagiaires frappés de peines disciplinaires [1].

« d'instruction criminelle, non contraires à la Constitution et à la pré-
« sente loi, seront observés devant la Haute Cour.

Bulletin des lois, X, bulletin 556, 4222.
Duvergier, t. LII, p. 477.

1852.— *Abrégé des Règles de la profession d'Avocat, par* M. MOLLOT, *juge au tribunal de la Seine, ancien avocat à la Cour d'appel de Paris, ancien membre du Conseil de l'Ordre.* 1 vol. in-12.

Cet excellent petit livre, fait à la demande du Conseil, est distribué par son ordre à chacun des Avocats qui se présentent au stage.

Le premier devoir des stagiaires est de le lire et de le méditer.

9 décembre 1852. — *Discours de* M. BERRYER, *bâtonnier.* — Ouverture des Conférences.

Le Bâtonnier, après avoir insisté sur l'utilité des Conférences, fait connaître les immenses avantages qui résultent, pour nous, pour nos clients et pour la justice, de la pratique fidèle de nos règles.

18 juillet 1854. — *Décret impérial qui institue un Conseil des prises à Paris.*

L'art. 7 réserve aux seuls *avocats au Conseil d'Etat* le droit de signer les mémoires et requêtes.

Bulletin des lois, XI, bulletin 203, 1833.
Duvergier, t. LIV, p. 435.

30 novembre 1854. — *Discours de* M. BETHMONT, *bâtonnier.* — Ouverture des Conférences.

Le Bâtonnier y traite : « de notre discipline et de l'amour que tout « Avocat doit avoir pour elle.... c'est-à-dire de l'ensemble des usages, « des règles, des devoirs, des mœurs traditionnelles qui nous sont pro- « pres, qui depuis plus de cinq cents ans caractérisent notre profession « et lui impriment cette beauté morale qui doit nous la faire aimer. »

1. — **22 mars 1852.** — *Décret relatif aux élections du Barreau.*

Bulletin des lois, X, bulletin 506, 3839.
Duvergier, t. LII, p. 245.

CONCLUSION

Tel est l'ensemble des lois et des règlements qui ont régi et qui régissent notre profession, au moment où je vous parle.

Mettez à part ce qui tient à quelques circonstances politiques et que le temps a, successivement, inscrit, effacé, reproduit, pour l'effacer encore; et vous y trouverez une série de dispositions destinées à assurer, d'une manière complète, en ce qui nous concerne, le service de la justice, et à faire vivre, parmi nous, les traditions de probité, de savoir et d'indépendance, sans lesquelles notre profession n'existe pas.

Nous ne sommes pas encore revenus au point où se trouvait notre Ordre en 1790; mais il faut tout espérer du temps et profiter de ce que nous donnent, dès aujourd'hui, nos lois et nos usages, pour aller jusqu'au but qu'ils ont voulu atteindre.

Ce but est de vous rendre d'excellents avocats, c'est-à-dire des hommes de la plus parfaite délicatesse, insouciants de toute faveur, au-dessus de toute crainte, et doués d'autant de sagesse pour le conseil que d'habileté pour la défense écrite ou parlée.

Écoutez donc et suivez ponctuellement leurs préceptes ; ne marchez jamais que dans la voie du bien, et marchez-y avec intrépidité et constance.

§

Faites plus.

Que l'enseignement qui sort de notre institution ne s'applique pas seulement à votre existence professionnelle. Étendez-le à votre vie entière ; adoptez, pour tous vos actes, une règle immuable ; et que cette règle soit *le respect absolu et permanent du Droit.*

Il n'y a pas de droit contre le droit, a dit Bossuet.

Et Bossuet a raison.

Le droit seul est maître légitime du monde ; la force et la ruse n'en sont que les usurpatrices.

Le droit ne craint ni violence ni torture ; il se rit de tout obstacle ; il échappe à toute conquête ; il n'y a, pour lui, ni confiscation ni exil. En le créant, Dieu lui a dit : « Sois immortel ! » Et on cherche encore un geôlier qui l'enferme et un bourreau qui sache le tuer.

On croit l'avoir égorgé du glaive ; et on le retrouve vivant au fond des cœurs ou réfugié dans la conscience, qui lui offrent leurs temples et lui consacrent leurs autels.

C'est dans le palais même d'Octave, et malgré ses faveurs, que la muse d'Horace et celle de Virgile, échos involontaires de l'univers enchaîné, chantent la vie et la mort de Caton, dont, plus tard, Lucain célébrera la cause vaincue, en la mettant au-dessus de celle de César, couronnée par les dieux [1] !

Telle est la force du droit.

§

Et croyez que ce qui est vrai du grand n'est pas moins vrai du petit ; l'histoire des puissants du monde n'a pas, quoi qu'on en dise, de règle, qui, en morale, la fasse différente de l'histoire vulgaire d'un simple citoyen ; le droit et la justice sont les mêmes pour tous.

Faites donc en sorte d'avoir, dans tous les accidents de la vie, le droit et la justice pour consolateurs.

Faites-le, spécialement, au Barreau, par le choix scrupuleux de vos causes ; car vous entrez dans une carrière où les succès et les revers se croisent chaque jour, et dans laquelle le cœur d'un homme généreux ressent à chaque instant le contre-coup de ses défaites et de ses victoires; or, le seul baume des blessures morales, c'est la conviction d'avoir toujours fait son devoir, et de n'avoir jamais cédé qu'aux conseils de la justice et de la probité.

---

1. HORACE :

. . . . Catonis
Nobile lethum.
LIBRO I, — *Od.* 12, — *V.* 35 et 36.

VIRGILE :

Secretos que pios : his dantem jura Catonem.
ENEIDOS, — LIB. VIII, — *V.* 670.

LUCAIN :

Victrix causa Diis placuit; sed victa Catoni.
PHARSALIA, — LIB. I, — *V.* 128.

§

Ce ne sont pas les exemples domestiques qui vous manqueront. Je ne parle pas des vivants; je ne veux blesser la modestie de personne. Je ne parle que des morts. Lisez leurs œuvres et étudiez l'histoire de leur vie. Prenez pour guides les plus vertueux, les plus savants, les plus éloquents. Puisez là les nobles sentiments que donnent le commerce habituel des grands esprits et la fréquentation assidue des grandes âmes. Opposez sans cesse leurs enseignements à la réalité, quelquefois si triste, des affaires humaines ; et que leur souffle inspirateur se fasse sentir dans vos paroles, dans vos écrits, et, surtout, dans vos actions !

Ayez donc, je vous le souhaite, la science et la profondeur de Dumoulin ; la pureté de style de Patru ; la simplicité, la clarté, la précision, le nerf de Cochin ; l'élévation et le pathétique de Gerbier ; la force et la dialectique de Tripier ; la raillerie de Mauguin ; la grâce d'Hennequin ; la finesse et le sourire de Paillet ; l'abondance, la verve, la variété de Philippe Dupin ; la simplicité de mœurs, la probité rigide, la délicatesse, le désintéressement de Montholon, de Lenormand, de Ferey, de Poirier, de Billecoq, de Delacroix-Franville, de Gairal... Qu'ils revivent en vous, et que la gloire de vos noms vienne s'ajouter à notre trésor commun, la gloire de notre profession !

§

Et, maintenant, chers enfants, séparons-nous!

Vous, qui restez dans la Conférence, je sais à quelles

dignes mains je vous confie; c'est pour moi une grande consolation. Ayez pour celui qui va vous guider respect, confiance, sympathie. Il le mérite à tous égards, et il vous aimera comme je vous aime [1].

Vous, qui sortez du Stage, allez où vous appellent vos destinées; allez vous consacrer à la défense de vos concitoyens, en vous disant que travailler pour la justice et la vérité, c'est travailler pour la patrie; la patrie, qui a, aussi, sa cause, la plus grande, la plus belle, la première de toutes, et que vous ne devez jamais mettre en oubli.

Adieu donc, chers confrères!

Soyez, les uns et les autres, soyez certains que mon cœur et mes vœux vous suivront partout, et que mon bonheur le plus grand sera de vous retrouver à la Barre et d'y saluer vos succès!

---

1. M. Plocque.

APPENDICE

APPENDICE

Cet Appendice comprend :

1° Un *Projet de Règlement sur l'exercice de la profession d'Avocat* ;

2° Le *Texte des lois, décrets, ordonnances et règlements qui régissent actuellement la profession d'avocat* ;

3° Une *Liste générale, par ordre chronologique, des lois, ordonnances, décrets, règlements, etc., où il est parlé des Avocats, et qui sont cités dans cet ouvrage* ;

4° Une *Table alphabétique, historique et raisonnée des matières*.

Voici ce qui donna naissance au premier document :

En 1833, M. Barthe, notre ancien confrère, étant Garde des Sceaux, demanda au Conseil de l'Ordre de lui soumettre un projet d'ordonnance pour le règlement de notre profession.

Après discussion dans les séances des 22, 29, 30 avril et 7 mai, le Conseil adopta un projet qu'il présenta immédiatement au Ministre.

Depuis cette époque, le projet est resté dans les cartons.

Il m'a paru qu'il était d'une grande utilité, pour les stagiaires, de le bien connaître ; ils y verront, en effet, de quelles améliorations nos règlements actuels sont susceptibles, et avec quelle sagesse le Conseil a signalé ces améliorations au Ministre de la justice.

Quant à la *Liste générale*, c'est un premier essai, auquel, sans doute, il manque beaucoup : mais cet essai doit pouvoir, dès à présent, guider un peu les Stagiaires dans l'étude de nos lois spéciales ; et peut-être conduira-t-il, par la suite, l'un d'eux à faire, sur le même sujet, un travail plus complet.

F. L.

Nous avons augmenté la *Liste générale*, destinée d'abord au quatrième discours, des Lois, Décrets, Règlements, etc., qui sont cités dans les trois autres discours : nous en avons fait ainsi la *Table historique* générale de tout l'ouvrage.

Nous l'avons fait suivre d'une table alphabétique et raisonnée des matières, qui, nous l'espérons, facilitera les recherches des lecteurs.

Ces deux nouveaux documents sont précédés du texte des lois, décrets et règlements qui nous régissent en ce moment. C'est le complément naturel de cet ouvrage, qui deviendra, de la sorte, le *code de l'Avocat*.

A. L.

I

PROJET DE RÈGLEMENT

Sur l'exercice de la profession d'Avocat,

PRÉSENTÉ A M. BARTHE, GARDE DES SCEAUX,

Au nom de MM. les Avocats à la Cour royale de Paris,

Par une députation du Conseil de l'Ordre, composée de MM. Gairal, Thévenin, Mollot, Duvergier, Vatimesnil et Parquin, bâtonnier [1].

TITRE PREMIER

De la Profession d'Avocat.

ARTICLE 1er. — Nul ne pourra prendre le titre ni exercer la profession d'Avocat, s'il n'est inscrit sur un Tableau d'Avocats ou admis au stage.

ART. 2. — Les Avocats inscrits au Tableau formeront seuls l'Ordre des Avocats dans chaque Cour ou Tribunal.

ART. 3. — Partout où il existe un Tableau d'Avocats, le droit de plaider devant les Cours et Tribunaux civils, même dans les causes sommaires, appartient exclusivement aux Avocats.

Les Avoués pourront expliquer les incidents de procédure, dans les causes où ils occupent.

Les anciens Avoués licenciés, qui ont le droit de plaider et d'écrire aux termes de l'art. 32 de la loi du 22 ventôse an XII, le conserveront comme par le passé.

---

1. Les Stagiaires le trouveront aussi dans l'ouvrage de M. MOLLOT, IIme partie, titre XI, page 247.

Art. 4. — Les Avocats inscrits au tableau dans le lieu où siége une Cour Royale, ont droit de plaider devant toutes les Cours et tous les Tribunaux du royaume.

Les Avocats, inscrits au tableau près d'un Tribunal, pourront plaider devant tous les Tribunaux de première instance du royaume, et devant la Cour d'assises de leur département.

Art. 5. — L'Avocat, nommé d'office à la défense d'une affaire civile, par le bâtonnier, et, dans les causes criminelles, par le président de la Cour d'assises, conformément à l'art. 295 du Code d'instruction criminelle, ne pourra refuser son ministère sans excuses légitimes. Ses motifs seront jugés par le Conseil de l'Ordre.

Art. 6. — L'Avocat communiquera librement avec son client détenu.

Art. 7. — La défense est libre, tant au civil qu'au criminel. L'Avocat parle couvert; il ne pourra se permettre, dans ses plaidoiries ou dans ses écrits, aucune attaque contre la loi, l'ordre public ou les bonnes mœurs.

Art. 8. — La profession d'Avocat est incompatible avec toutes les fonctions de l'ordre administratif ou judiciaire, qui ne seraient pas gratuites, avec les fonctions de Greffiers, de Notaires, d'Avoués et de tous autres Officiers ministériels, avec celles de Professeurs dans les Universités, autres que les Professeurs en droit, avec les emplois à gage et ceux d'agent comptable, avec toute espèce de négoce.

En sont exclues toutes personnes exerçant ou ayant exercé l'état d'agent d'affaires.

Art. 9. — L'étranger n'est pas apte à exercer la profession d'avocat, s'il n'est naturalisé Français.

Art. 10. — Le licencié en droit, qui voudra être reçu avocat, prêtera serment devant une Cour Royale, ou devant un Tribunal, en ces termes :

« Je jure fidélité au Roi des Français, obéissance à la Charte « constitutionnelle et aux Lois du Royaume; de ne point « m'écarter du respect dû aux Tribunaux, et de ne conseiller « ou défendre aucune cause que je ne croirai pas juste en « mon âme et conscience. »

TITRE II

Du Stage.

Art. 11. — Pour être inscrit au tableau d'une Cour ou d'un Tribunal, il faut avoir fait un stage.

Art. 12. — Le récipiendaire ne sera admis au stage qu'autant qu'il présentera des renseignements satisfaisants sur sa moralité.

Art. 13. — Le stage se fait en assistant exactement aux audiences des Cours ou Tribunaux et aux conférences présidées par le Bâtonnier.

Art. 14. — La durée du stage sera de trois années, sauf ce qui est dit à l'art. 33.

Il ne pourra pas être interrompu pendant plus de trois mois, sans congé du Bâtonnier.

Art. 15. — Les avocats stagiaires auront droit de plaider. Ils pourront aussi consulter, sauf les cas exceptés par la loi.

Art. 16. — La preuve du stage sera faite par un certificat du Bâtonnier.

Art. 17. — L'avocat qui, ayant fait un premier stage ou même ayant obtenu l'inscription au tableau, aurait quitté la profession pour exercer des fonctions incompatibles, autres que celles de la magistrature, est tenu de recommencer le stage.

Néanmoins, pour des considérations graves, le Conseil pourra dispenser de tout ou partie du stage.

TITRE III

Du Tableau.

Art. 18. — Il sera fait un tableau des avocats exerçant près d'une Cour royale ou d'un Tribunal de première instance.

Art. 19. — Pour être inscrit sur le tableau des avocats d'une Cour royale, il sera nécessaire d'avoir fait le stage près d'une Cour.

Pour être porté au tableau près d'un Tribunal, il suffira que ce stage ait été fait devant ce Tribunal ou tout autre.

Il n'y aura qu'un seul tableau pour les avocats exerçant près la Cour royale et le Tribunal de première instance de la même ville.

Art. 20. — L'admission au tableau ne sera prononcée qu'autant qu'il sera reconnu que le stagiaire satisfait aux conditions de délicatesse, de désintéressement et d'honneur, qui doivent distinguer la profession d'avocat.

Art. 21. — La date de l'inscription au tableau constitue le rang d'ancienneté, entre les avocats du même tableau.

Art. 22. — Les avocats de Cour royale qui s'établiront près d'un Tribunal y prendront la date qu'ils avaient au stage ou sur le tableau de leur Cour.

Art. 23. — Le tableau sera dressé par le Conseil de l'Ordre dans les trois premiers mois de chaque année judiciaire; il sera signé et déposé par le Bâtonnier au greffe de la Cour ou du Tribunal.

TITRE IV

Du Conseil de l'Ordre.

Art. 24. — Le Conseil de l'Ordre sera composé de trois membres, y compris le Bâtonnier, dans les villes où le nombre des avocats inscrits au tableau sera de six à quinze; de cinq, si ce nombre est de quinze à vingt-cinq; de sept, s'il est de vingt-cinq à quarante; de onze, s'il est de quarante à cent; de quinze, s'il est de cent et au-dessus; de vingt et un à Paris.

Dans le cas où le nombre des Avocats serait au-dessous de six, le pouvoir disciplinaire sera exercé par le Conseil de l'Ordre des avocats près la Cour royale.

Art. 25. — Le Bâtonnier est élu par l'assemblée de l'Ordre composée de tous les avocats inscrits au tableau.

L'élection a lieu par un scrutin individuel, à la majorité absolue des membres présents.

Art. 26. — Le Conseil de l'Ordre sera élu par la même assemblée, au scrutin de liste et à la majorité relative des membres présents.

ART. 27. — S'il s'élève des difficulés sur l'élection, elles seront décidées, séance tenante, et provisoirement par le bureau composé comme il est dit dans l'art. 29.

Les réclamations contre les décisions du bureau seront portées devant le Conseil de l'Ordre à la séance qui suivra l'élection contestée.

ART. 28. — Il sera procédé aux élections dans la première quinzaine du mois d'août de chaque année. Le Bâtonnier et le Conseil nouvellement élus n'entreront en fonctions qu'au premier novembre suivant.

ART. 29. — Le Bâtonnier est le chef de l'Ordre et le président du Conseil. Il convoque et préside l'assemblée générale de l'Ordre, toutes les fois que le Conseil juge nécessaire de la réunir.

Lorsqu'il s'agit de procéder aux élections, il désigne deux membres du Conseil, au moins, pour composer avec lui le bureau.

Il préside aussi les Conférences tenues, soit pour l'instruction des avocats stagiaires, soit pour les consultations gratuites réclamées par les indigents; il y appellera des avocats inscrits au tableau.

ART. 30. — Le Conseil élira dans son sein, et pour le temps de sa durée seulement, un secrétaire et tels autres fonctionnaires qu'il jugera utile d'adjoindre au Bâtonnier pour l'administration intérieure de l'Ordre.

ART. 31. — Les attributions du Conseil de l'Ordre consistent :

1° A prononcer sur les demandes en admission au stage;

2° A prononcer sur celles en admission au Tableau et sur les difficultés relatives au rang d'inscription;

3° A régler les changements, omissions et difficultés auxquels peut donner lieu la composition annuelle du tableau;

4° A veiller à la conservation de l'honneur et de la dignité de l'Ordre;

5° A surveiller la conduite des stagiaires;

6° A réprimer les fautes commises par les avocats dans l'exercice de leur profession;

7° A administrer, acquérir et aliéner au nom de l'Ordre.

ART. 32. — Aucune délibération ne sera prise par le Conseil

si la moitié plus un de ses membres ne se trouvent réunis. Le Conseil délibère à la majorité absolue des membres présents. En cas de partage, la voix du Bâtonnier ou du membre le plus ancien qui préside, est prépondérante; s'il s'agit d'appliquer une peine disciplinaire, l'opinion la plus favorable à l'inculpé prévaudra.

Art. 33. — Dans le cas d'inexactitude habituelle, d'interruption sans congé, ou d'inconduite notoire, le Conseil peut prolonger la durée du stage, ou même rayer du stage.

Art. 34. — Les peines de discipline que le Conseil de l'Ordre peut prononcer contre les avocats inscrits au tableau, sont :

L'avertissement;
La réprimande;
L'interdiction temporaire, qui ne pourra excéder une année;
La radiation du tableau.

Art. 35. — L'avocat, puni de l'interdiction temporaire, sera mis à la fin du tableau.

Art. 36. — Les opinions, discours ou écrits politiques de l'avocat ne sont pas soumis au pouvoir disciplinaire.

Art. 37. — Aucune des peines portées par les art. 33 et 34 ne peut être appliquée à l'avocat inculpé, sans qu'il ait été préalablement entendu ou appelé par lettre du Bâtonnier, cinq jours à l'avance.

Art. 38. — L'avocat, inscrit au tableau, contre lequel le conseil de l'Ordre aura prononcé l'interdiction temporaire ou la radiation, pourra se pourvoir contre la décision devant la Cour royale du ressort, dans les dix jours de la communication qui lui en aura été donnée par lettre du Bâtonnier.

L'appel sera interjeté par acte signé au greffe de la Cour, qui statuera en audience publique, deux chambres réunies.

Art. 39. — L'avocat qui aura été omis lors de la formation du tableau, pourra porter devant le Conseil sa demande, afin d'y être rétabli. Si cette demande est rejetée, il aura droit de se pourvoir contre la décision, conformément à l'article précédent.

Art. 40. — Il n'y aura lieu à appel des décisions du Conseil de l'Ordre que dans les cas prévus par les art. 38 et 39.

Art. 41. — En aucun cas, le ministère public ne pourra se pourvoir contre les décisions du Conseil.

Art. 42. — Si la conduite de l'avocat à l'audience, ou la publication de ses écrits sur procès, était de nature à donner lieu à des poursuites disciplinaires, il sera renvoyé devant le Conseil de l'Ordre, qui lui appliquera, s'il y a lieu, l'une des peines portées par l'art. 34, sans préjudice de l'application des lois sur la police de l'audience.

TITRE V

Dispositions transitoires.

Art. 43. — Les Conseils dont la nomination aura été faite en conformité de l'ordonnance du 30 août 1830, seront maintenus jusqu'au mois d'août prochain. Ils se conformeront, dans l'exercice de leurs attributions, aux dispositions nouvelles, à partir de la promulgation de la présente ordonnance.

Art. 44. — Les décrets du 14 décembre 1810 et du 2 juillet 1812, les ordonnances des 27 février et 20 novembre 1822 et celles du 27 août 1830 sur la profession d'avocat sont abrogés. Les usages observés dans le Barreau relativement aux droits et aux devoirs des Avocats dans l'exercice de leur profession, sont maintenus.

Le Bâtonnier de l'Ordre,	*Le Secrétaire du Conseil*,
J.-B.-N. PARQUIN.	J.-B. DUVERGIER,

II

LOIS, DÉCRETS, ORDONNANCES ET RÈGLEMENTS

QUI RÉGISSENT ACTUELLEMENT LA PROFESSION

SECTION PREMIÈRE

RÉGLEMENTATION GÉNÉRALE

I

LOI DES 22 VENTOSE-2 GERMINAL AN XII (13 MARS 1864),
RELATIVE AUX ÉCOLES DE DROIT.

TITRE IV

Des fonctions pour lesquelles l'étude du Droit et l'obtention des grades seront nécessaires.

ART. 24. A dater du 1er vendémiaire an XVII, nul ne pourra exercer les fonctions d'avocat près les Tribunaux et d'avoué près le Tribunal de cassation sans avoir représenté au commissaire du gouvernement et fait enregistrer, sur ses conclusions, son diplôme de licencié ou des lettres de licence, obtenues dans les universités, comme il est dit en l'article précédent.

TITRE V

Du Tableau des Avocats près les Tribunaux.

Art. 29. Il sera formé un tableau des avocats exerçant près les Tribunaux.

Art. 30. A compter du 1er vendémiaire an XVII, les avocats, selon l'ordre du tableau, et après eux les avoués, selon la date de leur réception, seront appelés, en l'absence des suppléants, à suppléer les juges, les commissaires du gouvernement et leurs substituts.

Art. 31. Les avocats et avoués seront tenus, à la publication de la présente loi, et à l'avenir, avant d'entrer en fonctions, de prêter serment de ne rien dire ou publier comme défenseurs ou conseils, de contraire aux lois, aux règlements, aux bonnes mœurs, à la sûreté de l'État et à la paix publique, et de ne jamais s'écarter du respect dû aux Tribunaux et aux autorités publiques.

TITRE VII

Dispositions générales.

Art. 38. Il sera pourvu par des règlements d'administration publique à l'exécution de la présente loi, et notamment à ce qui concerne :

.... 7° La formation du tableau des avocats et la discipline du barreau.

II

DÉCRET DU 3 OCTOBRE 1811, QUI ORDONNE LA PERCEPTION D'UN DROIT DE 25 FRANCS SUR CHAQUE PRESTATION DE SERMENT DES AVOCATS QUI SERONT REÇUS A LA COUR IMPÉRIALE DE PARIS.

ART. 1er. A compter de la publication de notre présent décret, il sera perçu un droit de 25 francs sur chaque prestation de serment des avocats qui seront reçus à notre Cour impériale de Paris.

ART. 2. Le produit de ce droit sera spécialement affecté :

1° Aux dépenses de la bibliothèque des avocats et du bureau de consultation gratuite ;

2° Aux secours que l'ordre des avocats jugera convenable d'accorder à d'anciens confrères qui seraient dans le besoin, ainsi qu'à leurs veuves et orphelins.

ART. 3. La perception ci-dessus ordonnée sera faite par le greffier en chef de notre Cour impériale, qui en remettra le produit au trésorier de l'Ordre des avocats.

ART. 4. Notre grand juge ministre de la justice est chargé de l'exécution du présent décret.

III

DÉCRET DU 2 JUILLET 1812, SUR LA PLAIDOIRIE DANS LES COURS IMPÉRIALES ET LES TRIBUNAUX DE PREMIÈRE INSTANCE.

ART. 1er. Dans toutes les Cours impériales de notre empire, les causes portées à l'audience seront plaidées par les avocats inscrits sur le tableau des avocats de la Cour, ou admis au stage, conformément à l'article 16 de notre décret du 14 décembre 1810.

ART. 2. Les demandes incidentes qui seront de nature à être jugées sommairement, et tous les incidents relatifs à la procédure, pourront être plaidés par les avoués postulants en la Cour, dans les causes dans lesquelles ils occuperont.

Art. 3. Il en sera de même dans les Tribunaux de première instance séant aux chefs-lieux des Cours impériales, des Cours d'assises et des départements : les avoués pourront y plaider dans toutes les causes sommaires. Dans les autres Tribunaux de première instance, ils pourront plaider toute espèce de cause dans laquelle ils occuperont.

Art 4 (abrogé par l'art. 4 de l'ordonnance du 27 août 1830 [1]).

Art. 5. En l'absence ou sur le refus des avocats de plaider, les avoués, tant en Cour impériale qu'en première instance, pourront être autorisés par le Tribunal à plaider en toute espèce de causes.

Art. 6. Lorsque l'avocat chargé de l'affaire et saisi des pièces ne pourra, pour cause de maladie, se présenter le jour où elle doit être plaidée, il devra en instruire le président par écrit, avant l'audience, et renvoyer les pièces à l'avoué ; en ce cas, la cause pourra être plaidée par l'avoué, ou remise au plus prochain jour.

Art. 7. Il en sera de même, lorsqu'au moment de l'appel de la cause, l'avocat sera engagé à l'audience d'une autre chambre du même Tribunal, séant dans le même temps.

Art. 8. Hors de ces deux cas, lorsque l'avocat chargé de l'affaire et saisi des pièces ne se sera pas trouvé à l'appel de la cause, et que, par sa faute, elle aura été retirée du rôle et n'aura pu être plaidée au jour indiqué, il pourra être condamné personnellement aux frais de la remise, et aux dommages et intérêts du retard envers la partie s'il y a lieu.

Art. 9 et 10 (articles purement transitoires).

Art. 11. Les dispositions des articles 37, 38 et 39 de notre décret du 14 décembre 1810, seront applicables aux avoués usant du droit de plaider.

Art. 12. Les avocats seuls porteront la clause et parleront couverts, conformément à l'article 35 du décret du 14 décembre 1810.

Art. 13. Notre grand juge, ministre de la justice, est chargé de l'exécution du présent décret.

---

1. Voy. *infrà*, p. 421.

IV

RAPPORT AU ROI PAR M. DE PEYRONNET, GARDE DES SCEAUX, SUR L'ORDONNANCE DU 20 NOVEMBRE 1822.

§

« Sire, la profession d'avocat est si noble et si élevée, elle impose à ceux qui souhaitent de l'exercer avec distinction tant de sacrifices et tant de travaux; elle est si utile à l'État par les lumières qu'elle répand dans les discussions qui préparent les arrêts de la justice, que je craindrais de manquer à l'un de mes devoirs les plus importants, si je négligeais d'attirer sur elle les regards bienveillants de Votre Majesté.

« Cette profession a des prérogatives dont les esprits timides s'étonnent, mais dont l'expérience a depuis longtemps fait sentir la nécessité. L'indépendance du Barreau est chère à la Justice autant qu'à lui-même. Sans le privilége qu'ont les avocats de discuter avec liberté les décisions mêmes que la justice prononce, ses erreurs se perpétueraient, se multiplieraient, ne seraient jamais réparées, ou plutôt, un vain simulacre de justice prendrait la place de cette autorité bienfaisante, qui n'a d'autre appui que la raison et la vérité. Sans le droit précieux d'accorder ou de refuser leur ministère, les avocats cesseraient bientôt d'inspirer la confiance et peut-être de la mériter. Ils exerceraient sans honneur une profession dégradée. La justice, toujours condamnée à douter de leur bonne foi, ne saurait jamais s'ils croient eux-mêmes à leurs récits ou à leurs doctrines, et serait privée de la garantie que lui offrent leur expérience et leur probité. Enfin, sans une organisation intérieure, qui l'affranchisse du joug inutile d'une surveillance directe et immédiate, cet Ordre ne pourrait plus espérer de recevoir dans ses rangs les hommes supérieurs qui font sa gloire; et la Justice, sur qui rejaillit l'éclat de leurs vertus et de leurs talents, perdrait à son tour ses plus sûrs appuis et ses meilleurs guides.

« Il y aurait peu de sagesse à craindre les dangers de ces priviléges. On a vu sans doute des avocats, oubliant la dignité de leur ministère, attaquer les lois, en affectant de les expliquer, et calomnier la justice, sous prétexte d'en dévoiler les méprises. On en a vu qu'un sentiment exagéré de l'indépendance de leur état accoutumait par degrés à n'en respecter ni les devoirs ni les bienséances. Mais que prouveraient ces exemples, qu'on est contraint de chercher dans les derniers rangs du barreau, et faudrait-il, pour un petit nombre d'abus, abandonner ou corrompre une institution nécessaire ?

« Votre Majesté, qui cherche avec tant de soin les occasions d'honorer le savoir et les talents de l'esprit, ne partagera point les préventions que cette institution a quelquefois inspirées, et jugera bien plutôt qu'il convient de la consacrer et de l'affermir.

« Dans un temps déjà éloigné et auquel l'époque actuelle ressemble si peu, on entreprit de constituer l'Ordre des avocats et de le soumettre à une organisation régulière. C'était le moment où les diverses classes de la société, fatiguées de la confusion dans laquelle la Révolution les avait plongées, éprouvaient je ne sais quel besoin de subordination et de discipline, qui les rendait en général plus dociles aux devoirs qu'on se hâtait de leur imposer. Un long oubli des formes protectrices de l'ordre et de la décence semblait exiger alors une sévérité plus constante et plus rigoureuse, afin de plier sous des habitudes nouvelles ce reste d'esprits inquiets que le spectacle de nos malheurs n'avait pas encore désabusés, et pour qui la règle la plus salutaire n'était que gêne et servitude. Le gouvernement, d'ailleurs, préoccupé des obstacles qui l'environnaient, était contraint, par l'illégitimité même de son origine, d'étendre perpétuellement ses forces et son influence. L'instinct de sa conservation l'entraînait à n'accorder aux hommes unis par des intérêts communs et par des travaux analogues que des priviléges combinés avec assez d'artifice pour lui donner à lui-même plus de ressort et d'activité.

« Telles sont les causes auxquelles on doit attribuer le fâcheux mélange de dispositions utiles et de précautions excessives dont se compose le décret du 14 décembre 1810. Ce fut ainsi que la formation du premier tableau fut attribuée aux chefs des Tribunaux et des Cours, et que la volonté des procureurs généraux fut substituée, pour la composition du Conseil de l'ordre, à cette désignation si respectable et si naturelle qui, sous l'empire des vieux usages, résultait de l'ancienneté. Ce fut ainsi que les Conseils de discipline furent dépouillés du droit d'élire leur chef, et qu'enfin, indépendamment de la juridiction de ces conseils et des cours de justice, une juridiction supérieure, directe et illimitée, fut réservée au ministre, comme pour se ménager une garantie contre la faiblesse des juges de l'Ordre et des magistrats.

« Les avocats, dont ces mesures inusitées blessaient la fierté et offensaient tous les souvenirs, se plaignirent dès le jour même de la publication du décret, et n'ont cessé depuis cette époque de renouveler leur réclamation. Retenu longtemps dans la position la plus favorable pour bien juger de la légitimité de ces reproches, ce désir de corriger des règlements si défectueux fut l'un des premiers sentiments que j'éprouvai lorsque Sa Majesté eut daigné arrêter ses regards sur moi et m'imposer le soin difficile de cette haute administration qu'elle a confiée à mon zèle. Des travaux dont Votre Majesté connaît l'importance m'ont forcé pendant plusieurs mois de détourner mon attention de cet utile projet. Mais aussitôt que le cours des affaires me l'a permis, je me suis livré avec empressement, et même avec joie, aux recherches et aux discussions préliminaires qu'exigeait une entreprise aussi délicate.

« Non content des observations que j'avais faites moi-même, j'ai soigneusement comparé toutes celles qu'ont bien voulu me fournir les hommes habiles auxquels de longues études ont rendu notre législation familière. J'ai rassemblé près de moi des magistrats blanchis dans les exercices du Barreau, et pour qui les fonctions publiques n'ont été que la récompense des longs succès qu'ils avaient obtenus dans cette carrière. J'ai interrogé des jurisconsultes pleins de savoir et d'expérience, en qui vivent encore toutes les traditions qui leur ont été transmises dans leur jeunesse, et qui sacrifieraient bien plutôt leur propre intérêt et leur propre gloire que ceux de l'Ordre au milieu duquel leur honorable vie s'est écoulée. J'ai recueilli leurs vœux, et j'ai médité leurs conseils. Aussi (je n'hésite pas à le déclarer, Sire), ce règlement nouveau que je vous apporte est leur ouvrage plutôt que le mien. Ce sont eux qui m'ont indiqué la plupart des modifications que je soumets à l'approbation de Votre Majesté. C'est à eux surtout que je dois l'utile pensée de remplacer par les formes employées dans l'ancien Barreau de Paris le mode d'élection établi par le décret du 14 décembre 1810. En un mot, je puis me rendre à moi-même ce témoignage, qu'ils ne m'ont rien proposé de favorable à l'honneur et à l'indépendance du barreau, que je ne me sois empressé de l'accueillir; certain, comme je l'étais, que Votre Majesté aimerait à accorder à un Ordre composé d'hommes utiles, éloquents et laborieux, ces hautes marques d'intérêt et de confiance. »

§

ORDONNANCE DU 20 NOVEMBRE 1822, CONTENANT RÈGLEMENT SUR L'EXERCICE DE LA PROFESSION D'AVOCAT ET LA DISCIPLINE DU BARREAU.

LOUIS, etc.

Ayant résolu de prendre en considération les réclamations qui ont été formées par les divers barreaux du royaume contre les dispositions du décret du 14 décembre 1810, et voulant rendre aux avocats, exerçant dans nos Tribunaux, la plénitude du droit de discipline qui, sous les rois, nos prédécesseurs, élevait au plus haut degré l'honneur de cette profession, et perpétuait dans son sein l'invariable tradition de ses prérogatives et de ses devoirs;

Voulant, d'ailleurs, attacher à la juridiction que l'ordre doit exercer sur chacun de ses membres une autorité et une confiance fondées sur les déférences et sur le respect que l'expérience des anciens avocats leur donne le droit d'exiger de ceux qui sont entrés plus tard dans cette carrière ;

Sur le rapport de notre Garde des sceaux, nous avons ordonné et ordonnons ce qui suit :

TITRE PREMIER

Du Tableau.

Art. 1, 2, 3 et 4 (abrogés par l'ordonnance du 27 août 1830, ci-après).

Art. 5. Nul ne pourra être inscrit sur le Tableau des avocats d'une Cour ou d'un Tribunal, s'il n'exerce réellement près de ce Tribunal ou de cette Cour.

Art. 6. Le tableau sera réimprimé au commencement de chaque année judiciaire et déposé au greffe de la Cour ou du Tribunal auquel les avocats inscrits seront attachés.

TITRE II

Du Conseil de Discipline.

Art. 7 et 8 (abrogés par les art. 1 et 2 de l'ordonnance du 27 août 1830).

Art. 9. Le bâtonnier est chef de l'Ordre et préside le Conseil de discipline.

Art. 10. Lorsque le nombre des avocats portés sur le tableau n'atteindra pas celui de vingt, les fonctions des conseils de discipline seront remplies, savoir : s'il s'agit d'avocats exerçant près d'une Cour royale, par le Tribunal de première instance de la ville où siége la Cour ; dans les autres cas, par le Tribunal auquel seront attachés les avocats inscrits au tableau.

Art. 11. Les Tribunaux qui seront chargés, aux termes de l'article précédent, des attributions du Conseil de discipline nommeront annuellement, le jour de la rentrée, un Bâtonnier, qui sera choisi parmi les avocats compris dans les deux premiers tiers du tableau, suivant l'ordre de leur inscription.

Art. 12. Les attributions du conseil de discipline consistent : 1° à prononcer sur les difficultés relatives à l'inscription dans le tableau de l'Ordre ; 2° à exercer la surveillance que l'honneur et les intérêts de cet ordre rendent nécessaire ; 3° à appliquer, lorsqu'il y a lieu, les mesures de discipline autorisées par les règlements.

Art. 13. Le Conseil de discipline statue sur l'admission au stage des licenciés en droit qui ont prêté le serment d'avocat dans nos Cours royales ; sur l'inscription au tableau des avocats stagiaires après l'expiration de leur stage, et sur le rang de ceux qui, ayant déjà été inscrits au tableau et ayant abandonné l'exercice de leur profession, se présenteraient de nouveau pour la reprendre.

Art. 14. Les Conseils de discipline sont chargés de maintenir les sentiments de fidélité à la monarchie et aux institutions constitutionnelles, et les principes de modération, de désintéressement et de probité sur lesquels repose l'honneur de l'ordre des avocats.

Ils surveillent les mœurs et la conduite des avocats stagiaires.

Art. 15. Les Conseils de discipline répriment d'office, ou sur les plaintes qui leur sont adressées, les infractions et les fautes commises par les avocats inscrits au tableau.

Art. 16. Il n'est point dérogé par les dispositions qui précèdent au droit qu'ont les Tribunaux de réprimer les fautes commises à leur audience par les avocats.

Art. 17. L'exercice du droit de discipline ne met point obstacle aux poursuites que le ministère public ou les parties civiles se croiraient fondés à intenter dans les Tribunaux, pour la répression des actes qui constitueraient des délits ou des crimes :

Art. 18. Les peines de discipline sont :

L'avertissement,

La réprimande,

L'interdiction temporaire,

La radiation du tableau.

L'interdiction temporaire ne peut excéder le terme d'une année.

Art. 19. Aucune peine de discipline ne peut être prononcée sans que l'avocat inculpé ait été entendu ou appelé avec délai de huitaine.

Art. 20. Dans les siéges où les fonctions du Conseil de discipline seront exercées par le Tribunal, aucune peine de discipline ne pourra être prononcée qu'après avoir pris l'avis écrit du bâtonnier.

Art. 21. Toute décision du Conseil de discipline emportant interdiction temporaire ou radiation sera transmise dans les trois jours au procureur général, qui en assurera et en surveillera l'exécution.

Art. 22. Le procureur général pourra, quand il le jugera nécessaire, requérir qu'il lui soit délivré une expédition des décisions emportant avertissement ou réprimande.

Art. 23. Pourra également le procureur général demander expédition de toute décision par laquelle le Conseil de discipline aurait prononcé l'absolution de l'avocat inculpé.

Art. 24. Dans les cas d'interdiction à temps ou de radiation, l'avocat condamné pourra interjeter appel devant la Cour du ressort.

Art. 25. Le droit d'appeler des décisions rendues par les Conseils de discipline, dans les cas prévus par l'article 15, appartient également à nos procureurs généraux.

Art. 26. L'appel, soit du procureur général, soit de l'avocat condamné, ne sera recevable qu'autant qu'il aura été formé dans les dix jours de la communication qui leur aura été donnée par le bâtonnier, de la décision du Conseil de discipline.

Art. 27. Les Cours statueront sur l'appel en assemblée générale et dans la chambre du conseil, ainsi qu'il est prescrit par l'article 52 de la loi du 20 avril 1810, pour les mesures de discipline qui sont prises à l'égard des membres des Cours et des Tribunaux.

Art. 28. Lorsque l'appel aura été interjeté par l'avocat condamné, les Cours pourront, quand il y a lieu, prononcer une peine plus forte, quoique le procureur général n'ait pas lui-même appelé.

Art. 29. L'avocat qui aura encouru la peine de la réprimande ou de l'interdiction sera inscrit au dernier rang de la colonne dont il fera partie.

TITRE III

Du Stage.

Art. 30. La durée du stage sera de trois années.

Art. 31. Le stage pourra être fait en diverses Cours sans qu'il doive néanmoins être interrompu pendant plus de trois mois.

Art. 32. Les Conseils de discipline pourront, selon les cas, prolonger la durée du stage.

Art. 33. Les avocats stagiaires ne feront point partie du tableau. Ils seront, néanmoins, répartis et inscrits à la suite de chacune des colonnes, selon la date de leur admission.

Art. 34. Les avocats stagiaires ne pourront plaider ou écrire dans aucune cause qu'après avoir obtenu, de deux membres du conseil de discipline appartenant à leur colonne, un certificat constatant leur assiduité aux audiences pendant deux années. Ce certificat sera visé par le conseil de discipline.

Art. 35. Dans les siéges où le nombre des avocats inscrits au tableau sera inférieur à celui de vingt, le certificat d'assiduité sera délivré par le président et par notre procureur.

Art. 36. Sont dispensés de l'obligation imposée par l'art. 34 ceux des avocats stagiaires qui auront atteint leur vingt-deuxième année.

Art. 37. Les avoués licenciés en droit qui, après avoir donné leur démission, se présenteront pour être admis dans l'Ordre des avocats, seront soumis au stage.

TITRE IV

Dispositions générales.

Art. 38. Les licenciés en droit seront reçus avocats par nos Cours royales. Ils prêtent serment en ces termes :

« Je jure d'être fidèle au Roi et d'obéir à la Charte consti-

« tutionnelle[1] de ne rien dire ou publier, comme défenseur ou « conseil, de contraire aux lois, aux règlements, aux bonnes « mœurs, à la sûreté de l'Etat et à la paix publique et de ne « jamais m'écarter du respect dû aux Tribunaux et aux auto- « rités publiques. »

ART. 39 et 40 (abrogés par l'art. 4 de l'ordonnance du 27 août 1830).

ART. 41. L'avocat nommé d'office pour la défense d'un accusé ne pourra refuser son ministère sans faire approuver ses motifs d'excuse ou d'empêchement par les Cours d'assises, qui prononceront, en cas de résistance, l'une des peines déterminées par l'art. 18 ci-dessus.

ART. 42. La profession d'avocat est incompatible avec toutes les fonctions de l'ordre judiciaire, à l'exception de celle de suppléant ; avec les fonctions de préfet, de sous-préfet et de secrétaire général de préfecture ; avec celles de greffier, de notaire

---

1. La partie politique du serment imposé à l'avocat a été abolie, en 1848, par le décret suivant du gouvernement provisoire (1er et 2 mars 1848, *Bulletin des lois*, X ; bull. III, n° 52.)

« Considérant que depuis un demi-siècle chaque nouveau gouvernement « qui s'est élevé a exigé et reçu des serments qui ont été successivement » remplacés par d'autres à chaque changement politique ;

« Considérant que tout républicain a pour premier devoir le dévouement « sans réserve à la patrie, et que tout citoyen qui, sous le gouvernement « de la République, accepte des fonctions ou continue à les exercer, con- « tracte plus spécialement encore l'engagement sacré de la servir et de se « dévouer pour elle.

« Décrète : Les fonctionnaires publics de l'ordre administratif et judi- « ciaire ne prêteront pas de serment. »

Une lettre du ministre de la justice, du 13 septembre 1848, déclare que le *serment professionnel* des avocats et des avoués est maintenu : qu'il faut se reporter pour la formule à l'art. 31 de la loi du 22 nivôse an XII.

C'est le serment que nous prêtons encore aujourd'hui : en effet, depuis ce décret du Gouvernement de 1848, le serment politique a été rétabli pour un grand nombre de fonctions par les décrets des 22 mars et 3 avril 1852 : il ne l'a pas été en ce qui concerne les avocats, qui continuent à ne prêter, entre les mains de la Cour, qu'un serment professionnel.

V. Conf., lettre du ministre de la justice du 30 avril 1852, *suprà*, page 389.

et d'avoué; avec les emplois à gages et ceux d'agent comptable; avec toute espèce de négoce. En sont exclues toutes personnes exerçant la profession d'agent d'affaires.

Art. 43. Toute attaque qu'un avocat se permettrait de diriger, dans ses plaidoiries ou dans ses écrits, contre la religion, les principes de la monarchie, la charte, les lois du royaume ou les autorités établies, sera réprimée immédiatement, sur les conclusions du ministère public, par le Tribunal saisi de l'affaire, lequel prononcera l'une des peines prescrites par l'art. 18, sans préjudice des poursuites extraordinaires, s'il y a lieu.

Art. 44. Enjoignons à nos Cours de se conformer exactement à l'art. 9 de la loi du 20 avril 1810, et, en conséquence, de faire connaître, chaque année, à notre Garde des sceaux, ministre de la justice, *ceux des avocats qui se seront fait remarquer par leurs lumières, leurs talents, et surtout par la délicatesse et le désintéressement qui doivent caractériser cette profession.*

Art. 45. Le décret du 14 novembre 1810 est abrogé. Les usages observés dans le barreau, relativement aux droits et aux devoirs des avocats dans l'exercice de leur profession, sont maintenus.

V

ORDONNANCE DU 27 AOUT 1830, CONTENANT DES DISPOSITIONS SUR L'EXERCICE DE LA PROFESSION D'AVOCAT.

Louis Philippe, etc.

Vu la loi du 22 ventôse an XII, le décret du 14 décembre 1810 et l'ordonnance du 20 novembre 1822;

Considérant que de justes et nombreuses réclamations se sont élevées depuis longtemps contre les dispositions réglementaires qui régissent l'exercice de la profession d'avocat;

Qu'une organisation définitive exige nécessairement quelques délais;

Que néanmoins il importe de faire cesser dès ce moment,

par des dispositions provisoires, les abus les plus graves et les plus universellement sentis ;

Prenant en considération, à cet égard, les vœux exprimés par un grand nombre de Barreaux de France ;

Avons ordonné et ordonnons ce qui suit :

ART. 1er (voir ci-après le décret du 22 mars 1852, art. 1er et 4).

ART. 2. Les Conseils de discipline seront provisoirement composés de cinq membres dans les siéges où le nombre des avocats inscrits sera inférieur à trente, y compris ceux où les fonctions desdits Conseils ont été jusqu'à ce jour exercées par les Tribunaux; de sept si le nombre des avocats inscrits est de trente à cinquante; de neuf, si ce nombre est de cinquante à cent; de quinze, s'il est de cent et au-dessus; de vingt et un à Paris.

ART. 3 (abrogé par l'art. 2 du décret du 22 mars 1852).

ART. 4. A compter de la même époque, tout avocat inscrit au tableau pourra plaider devant toutes les Cours royales et Tribunaux du royaume, sans avoir besoin d'aucune autorisation, sauf les dispositions de l'art. 295 du Code d'instruction criminelle.

ART. 5. Il sera procédé dans le plus court délai possible à la révision définitive des lois et règlements concernant l'exercice de la profession d'avocat.

VI

DÉCRET DU 22 MARS 1852, RELATIF AUX ÉLECTIONS DU BARREAU.

LOUIS-NAPOLÉON,

Président de la République française ; — Sur le rapport du garde des sceaux, ministre secrétaire d'Etat au département de la justice ;

Considérant que les formes tracées par l'ordonnance du 27 août 1830 pour les diverses élections du barreau ont donné lieu à de justes réclamations et n'offrent point une suffisante garantie de la sincérité des choix,

Décrète :

ART. 1er. Les Conseils de discipline des avocats exerçant près les Cours et Tribunaux continueront d'être élus directement par l'assemblée générale des avocats inscrits au tableau. L'élection se fera au scrutin de liste, mais à la majorité des membres présents.

ART. 2. Le Bâtonnier de l'Ordre sera élu par le Conseil de discipline, à la majorité absolue des suffrages; il ne pourra être choisi que parmi les membres du Conseil.

ART. 3. A l'avenir, l'avocat auquel sera appliquée l'une des peines disciplinaires énoncées dans l'art. 18 de l'ordonnance du 20 novembre 1822 pourra, suivant les circonstances et par la même décision, être privé du droit de faire partie du Conseil de discipline pendant un espace de temps qui n'excédera pas dix ans.

ART. 4. Ne pourront être élus membres du Conseil de discipline, à Paris, les avocats qui n'auront point été inscrits au tableau pendant dix ans; et, dans les autres villes chefs-lieux de Cour d'appel, ceux qui n'auront point été inscrits au tableau pendant cinq ans.

ART. 5. Les secrétaires de la conférence des avocats, à Paris, seront désignés par le Conseil de l'ordre, sur la présentation du Bâtonnier. Les avocats stagiaires frappés de peines disciplinaires sont exclus du concours.

Art. 6. Sont maintenues les dispositions des ordonnances du 20 novembre 1822 et 27 août 1830 qui ne sont pas contraires au présent décret.

Art. 7. Le Garde des sceaux, ministre secrétaire d'Etat au département de la justice, est chargé de l'exécution du présent décret.

SECTION II

JURIDICTION CRIMINELLE ET CORRECTIONNELLE

COURS D'ASSISES[1]

(CODE D'INSTRUCTION CRIMINELLE)

ART. 294. L'accusé sera interpellé de déclarer le choix qu'il aura fait d'un conseil pour l'aider dans sa défense : sinon le juge lui en désignera un sur-le-champ, à peine de nullité de tout ce qui suivra.

Cette désignation sera comme non avenue, et la nullité ne sera pas prononcée, si l'accusé choisit un conseil.

ART. 295. Le conseil de l'accusé ne pourra être choisi par lui ou désigné par le juge que parmi les avocats ou avoués de la Cour impériale ou de son ressort, à moins que l'accusé n'obtienne du président de la Cour d'assises la permission de prendre pour conseil un de ses parents ou amis.

ART. 296. . . . . . . L'exécution du présent article et des deux précédents sera constatée par un procès-verbal que signeront l'accusé, le juge et le greffier : si l'accusé ne sait ou ne veut signer, le procès-verbal en fera mention.

ART. 302. Le conseil pourra communiquer avec l'accusé après son interrogatoire. Il pourra aussi prendre communication de toutes les pièces sans déplacement et sans retarder l'instruction.

ART. 305. Les conseils des accusés pourront prendre ou faire prendre à leurs frais copie de telles pièces du procès qu'ils jugeront utiles à leur défense.

ART. 311. Le président avertira le conseil de l'accusé qu'il ne peut rien dire contre sa conscience ou contre le respect dû aux lois, et qu'il doit s'exprimer avec décence et modération.

ART. 319. . . . . . Le témoin ne pourra être interrompu : l'accusé ou son conseil pourront le questionner, par l'organe du président, après sa déposition, et dire tant contre lui que

1. Pour la communication de la procédure et les copies à prendre, voir la lettre ministérielle de 1820 dont le texte est cité p. 366 not.

contre son témoignage tout ce qui pourra être utile à la défense de l'accusé.....

La partie civile ne pourra faire de questions, soit au témoin, soit à l'accusé, que par l'organe du président.

ART. 328. Pendant l'examen le procureur général et les juges pourront prendre note de ce qui leur paraîtra important soit dans les dépositions des témoins, soit dans *la défense de l'accusé*, pourvu que la discussion n'en soit pas interrompue.

ART. 335. A la suite des dépositions des témoins et des dires respectifs auxquels elles ont ou auront donné lieu, la partie civile ou son conseil et le procureur général seront entendus et développeront les moyens qui appuient l'accusation.

L'accusé et son conseil pourront leur répondre.

La réplique sera permise à la partie civile et au procureur général, mais l'accusé ou son conseil aura toujours la parole le dernier.

Le président déclarera ensuite que les débats sont terminés.

ART. 399. Au jour indiqué, et pour chaque affaire, l'appel des jurés non excusés et non dispensés sera fait avant l'ouverture de l'audience en leur présence et en présence de l'accusé et du procureur général.

Le nom de chaque juré répondant à l'appel sera déposé dans une urne.

L'accusé premièrement ou son conseil et le procureur général récuseront tels jurés qu'ils jugeront à propos, à mesure que leurs noms sortiront de l'urne, sauf la limitation exprimée ci-après.

L'accusé, son conseil ni le procureur général ne pourront exposer leurs motifs de récusation.

Le jury de jugement sera formé à l'instant où il sera sorti de l'urne douze noms de jurés non récusés.

ART. 468. Aucun conseil, aucun avoué ne pourra se présenter pour défendre l'accusé contumax.

Si l'accusé est absent du territoire européen de la France, ou s'il est dans l'impossibilité absolue de se rendre, ses parents ou ses amis pourront présenter son excuse et en plaider la légitimité.

POLICE CORRECTIONNELLE.

DES TRIBUNAUX EN MATIÈRE CORRECTIONNELLE.

Art. 185. Dans les affaires relatives à des délits qui n'entraîneront pas la peine d'emprisonnement, le prévenu pourra se faire représenter par un avoué; le Tribunal pourra néanmoins ordonner sa comparution en personne.

Art. 190. L'instruction sera publique à peine de nullité.

Le procureur impérial, la partie civile ou son défenseur, et, à l'égard des délits forestiers, le conservateur, inspecteur ou sous-inspecteur forestier, ou à leur défaut le garde général, exposeront l'affaire : les procès-verbaux ou rapports, s'il en a été dressé, seront lus par le greffier; les témoins pour et contre seront entendus s'il y a lieu, et les reproches proposés et jugés : les pièces pouvant servir à conviction ou à décharge seront représentées aux témoins et aux parties; le prévenu sera interrogé, le prévenu et les personnes civilement responsables proposeront leurs défenses : le procureur impérial résumera l'affaire et donnera ses conclusions; le prévenu et les personnes civilement responsables du délit pourront répliquer.

§

Loi du 22 janvier 1851, sur l'assistance judiciaire.

Art. 29. Les présidents des Tribunaux correctionnels désigneront un défenseur d'office aux prévenus poursuivis à la requête du ministère public ou détenus préventivement lorsqu'ils en feront la demande et que leur indigence sera constatée, soit par les pièces désignées dans l'art. 10, soit par tous autres documents.

III

CONSEILS DE GUERRE ET DE RÉVISION.

1° ARMÉE DE TERRE

9 juin-4 août 1857. *Code de justice militaire pour l'armée de terre.*

Bulletin des Lois, XI; Bull. DXXVII, n. 4828.
DUVERGIER, t. 57, p. 305.

PROCÉDURE DEVANT LES CONSEILS DE GUERRE PERMANENTS DANS LES DIVISIONS TERRITORIALES EN ÉTAT DE PAIX.

ART. 109. L'ordre de mise en jugement est adressé au commissaire impérial avec toutes les pièces de la procédure.

Trois jours avant la réunion du Conseil de guerre, le commissaire impérial notifie cet ordre à l'accusé en lui faisant connaître le crime ou le délit pour lequel il est mis en jugement, le texte de la loi applicable et les noms des témoins qu'il se propose de faire citer.

Il l'avertit, en outre, à peine de nullité, que, s'il ne fait pas choix d'un défenseur, il lui en sera nommé un d'office par le président.

ART. 110. Le défenseur doit être pris soit parmi les militaires, soit parmi les avocats et les avoués, à moins que l'accusé n'obtienne du président la permission de prendre pour défenseur un de ses parents ou amis.

ART. 112. Le défenseur de l'accusé peut communiquer avec lui aussitôt l'accomplissement des formalités prescrites par l'art. 109; il peut aussi prendre communication sans déplacement ou obtenir copie, à ses frais, de tout ou partie des pièces de la procédure, sans néanmoins que la réunion du Conseil puisse être retardée.

Art. 117. Le président fait amener l'accusé, lequel comparaît sous garde suffisante, libre et sans fers, assisté de son défenseur.....

Art. 121. Le président fait lire par le greffier l'ordre de convocation, le rapport prescrit par l'art. 108 et les pièces dont il lui paraît nécessaire de donner connaissance au Conseil : il fait connaître à l'accusé le crime ou le délit pour lequel il est poursuivi; il l'avertit que la loi lui donne le droit de dire tout ce qui est utile à sa défense; il avertit aussi le défenseur qu'il ne peut rien dire contre sa conscience ou contre le respect qui est dû aux lois, et qu'il doit s'exprimer avec décence et modération.

Art. 130. Le président procède à l'interrogatoire de l'accusé et reçoit les dépositions des témoins.

Le commissaire impérial est entendu dans ses réquisitions et développe les moyens qui appuient l'accusation,

L'accusé et son défenseur sont entendus dans leur défense.

Le commissaire impérial réplique, s'il le juge convenable; mais l'accusé et son défenseur ont toujours la parole les derniers.

Le président demande à l'accusé s'il n'a rien à ajouter à sa défense et déclare ensuite que les débats sont terminés.

PROCÉDURE DEVANT LES CONSEILS DE RÉVISION.

Art. 160. Le commissaire impérial près le Conseil de révision envoie sur-le-champ les pièces de la procédure au greffe du Conseil, où elles restent déposées pendant vingt-quatre heures.

Le défenseur de l'accusé peut en prendre communication sans déplacement et produire, avant le jugement, les requêtes, mémoires et pièces qu'il juge utiles.

Le greffier tient un registre sur lequel il mentionne à leur date les productions faites par le commissaire impérial et par le condamné.

Art. 164. Le rapporteur expose les moyens de recours : il présente ses observations, sans toutefois faire connaître son opinion. Après le rapport, le défenseur du condamné est entendu, il ne peut plaider sur le fond de l'affaire.

Le commissaire impérial discute les moyens présentés dans la requête ou à l'audience, ainsi que ceux qu'il croit devoir proposer d'office, et il donne ses conclusions, sur lesquelles le défenseur est admis à présenter des observations.

PROCÉDURE DEVANT LES PRÉVOTÉS.

ART. 174. Les prévenus sont amenés devant la prévôté, qui juge publiquement.

La partie plaignante expose sa demande.

Les témoins prêtent serment.

Les prévenus présentent leur défense.

DE LA CONTUMACE ET DES JUGEMENTS PAR DÉFAUT.

ART. 176. ..... Nul défenseur ne peut se présenter pour l'accusé contumax.

§

2° ARMÉE DE MER.

4-13 *juin* 1858, *Code de justice militaire pour l'armée de mer.*

Bulletin des Lois, XI. Bull. DCXI, n. 5667.

PROCÉDURE DEVANT LES CONSEILS DE GUERRE PERMANENTS DANS LES ARRONDISSEMENTS MARITIMES.

ART. 139. L'ordre de mise en jugement est adressé au commissaire impérial avec toutes les pièces de la procédure.

Trois jours avant la réunion du Conseil de guerre, le commissaire impérial notifie cet ordre à l'accusé en lui faisant connaître le crime ou le délit pour lequel il est mis en jugement, le texte de la loi applicable et les noms des témoins qu'il se propose de faire citer.

Il l'avertit en outre, à peine de nullité, que, s'il n'a pas fait choix d'un défenseur, il lui en sera nommé un d'office par le président.

Art. 140. Le défenseur doit être pris, soit parmi les marins et militaires, soit parmi les avocats et les avoués, à moins que l'accusé n'obtienne du président la permission de prendre pour défenseur un de ses parents ou amis[1].

Art. 142. Le défenseur de l'accusé peut communiquer avec lui aussitôt après l'accomplissement des formalités prescrites par l'art. 139; il peut aussi prendre communication, sans déplacement, ou obtenir copie à ses frais de tout ou partie des pièces de la procédure, sans néanmoins que la réunion du Conseil puisse être retardée.

Art. 151. Le président fait lire par le greffier l'ordre de convocation, le rapport prescrit par l'art. 138 du présent Code et les pièces dont il lui paraît nécessaire de donner connaissance au Conseil; il fait connaître à l'accusé le crime ou le délit pour lequel il est poursuivi; il l'avertit que la loi lui donne le droit de dire tout ce qui est utile à sa défense; il avertit aussi le défenseur de l'accusé qu'il ne peut rien dire contre sa conscience ou contre le respect qui est dû aux lois, et qu'il doit s'exprimer avec décence et modération.

Art. 160. Le président procède à l'interrogatoire de l'accusé, et développe les moyens qui appuient l'accusation.

L'accusé et son défenseur sont entendus dans leur défense.

Le commissaire impérial réplique, s'il le juge convenable, mais l'accusé et son défenseur ont toujours la parole les derniers.

Le président demande à l'accusé s'il n'a rien à ajouter à sa défense et déclare ensuite que les débats sont terminés.

---

1. La Commission aurait voulu que le défenseur d'office ne pût être pris parmi les marins ou militaires qu'à défaut d'avocats ou d'avoués. Le Conseil d'État n'a pas adopté l'amendement. Voy. art 110, Code militaire.

PROCÉDURE DEVANT LES CONSEILS DE RÉVISION, DANS LES ARRONDISSEMENTS MARITIMES ET LES CORPS EXPÉDITIONNAIRES.

ART. 184. Le commissaire impérial près le Conseil de révision envoie sur-le-champ les pièces de la procédure au greffe du Conseil, où elles restent déposées pendant vingt-quatre heures.

Le défenseur de l'accusé peut en prendre communication sans déplacement et produire, avant le jugement, les requêtes, mémoires et pièces qu'il juge utiles.

Le greffier tient un registre sur lequel il mentionne à leur date les productions faites par le commissaire impérial et par le condamné.

ART. 188. Le rapporteur expose les moyens de recours; il présente des observations sans toutefois faire connaître son opinion. Après le rapport, le défenseur choisi ou nommé d'office est entendu : il ne peut plaider sur le fond de l'affaire.

Le commissaire impérial discute les moyens présentés dans la requête ou à l'audience ainsi que ceux qu'il croit devoir proposer d'office, et il donne ses conclusions sur lesquelles le défenseur est admis à présenter des observations.

PROCÉDURE DEVANT LES JURIDICTIONS MARITIMES SIÉGEANT A BORD.

ART. 218...... L'inculpé peut se faire assister d'un défenseur.

Après l'audition des témoins, l'inculpé ou son défenseur présente la défense.

Le président demande à l'inculpé s'il n'a rien à ajouter à sa défense, et ordonne qu'il en soit délibéré.

DE LA CONTUMACE ET DES JUGEMENTS PAR DÉFAUT.

ART. 228. ..... Nul défenseur ne peut se présenter pour l'accusé contumax.

ARRÊTÉ DU CONSEIL DE L'ORDRE DES AVOCATS DE PARIS,

RELATIF A LA TENUE DES AVOCATS DEVANT LES CONSEILS DE GUERRE

(16 mars 1858).

Le Conseil de discipline de l'ordre des avocats à la Cour impériale de Paris,

Ouï Me Plocque en son rapport;

Attendu que récemment il est venu à la connaissance du Conseil que les avocats se présentaient journellement devant les Conseils de guerre de la division pour y plaider en habit de ville et sans robe ;

Attendu que, sous l'empire des anciennes traditions, il était constant que l'avocat, devant toutes les juridictions où l'appelait l'exercice de son ministère, devait être revêtu du costume et des insignes de la profession ; que la législation nouvelle a maintenu ces règles, et que de la combinaison de l'art. 6 du décret du 2 nivôse an XI, de l'art. 105 du décret du 30 mars 1808 et du décret du 2 juillet 1812 il résulte qu'un costume spécial a été attribué aux avocats et qu'il a été ordonné que, soit aux audiences de tous les Tribunaux, soit dans les comparutions et séances particulières devant les magistrats, les avocats devraient toujours porter ce costume ;

Attendu que les Tribunaux militaires, Conseils de guerre et Conseils de révision, sont des Tribunaux institués par la loi pour la répression des crimes et délits ; que le respect dû à la justice ne permet pas qu'il soit à leur égard dérogé par les avocats aux règles et prescriptions légales relatives au costume ; que c'est donc à tort que des avocats croiraient pouvoir se présenter devant eux, pour assister les accusés, sans être revêtus de la robe et des insignes de la profession.

Arrête :

Art. 1er. A l'avenir les avocats ne pourront plaider devant les Conseils de guerre ou Conseils de révision sans être revêtus du costume qui leur est attribué par la loi.

Art. 2. Expédition du présent arrêté sera adressé à M. le procureur général et messieurs les commissaires impériaux près les Conseils de guerre et les Conseils de révision de la division.

Fait en conseil le 16 mars 1858.

Le Secrétaire,
Rivolet.

Le Bâtonnier,
Félix Liouville.

SECTION III

JURIDICTION CIVILE

CODE DE PROCÉDURE.

(Lois des 14-24, 17-27 avril 1806).

Art. 85. Faculté pour les parties de se défendre elles-mêmes, assistées de leurs avoués, et avec l'autorisation du Tribunal.

Art. 86. Interdiction aux magistrats de plaider et consulter, même en dehors de leur ressort, si ce n'est pour eux-mêmes, leurs femmes, parents ou alliés en ligne directe et leurs pupilles.

Art. 87. Publicité des plaidoiries, sauf le cas où le huis clos est jugé nécessaire.

Art. 90. Trouble à l'audience par un avocat. Peine spéciale: suspension d'au moins trois mois.

Art. 118. Partage d'opinions. Appel d'un avocat pour le vider à défaut de juge et suppléant.

Art. 495 et 499. Requête civile; consultation de trois anciens avocats, indispensable.

CODE NAPOLÉON.

Art. 467. Avis de trois jurisconsultes nécessaire pour la validité d'une transaction consentie par un tuteur au nom du mineur.

Art. 1597. Les juges, leurs suppléants, les magistrats remplissant le ministère public, les greffiers, huissiers, avoués, défenseurs officieux et notaires ne peuvent devenir cessionnaires des procès, droits et actions litigieux qui sont de la compétence du Tribunal dans le ressort duquel ils exercent leurs fonctions, à peine de nullité et des dépens et dommages intérêts.

Nota. Jugé que l'art. 1597 s'applique aux avocats.—30 juillet 1828. Tribunal de Châtellan-sur-Seine. — S. V. 32, 1, 364; D. 32, 1, 85. *Sic* Duvergier, t. Ier, n° 197.

JURYS D'EXPROPRIATION

ARRÊTÉ DU CONSEIL DE L'ORDRE DES AVOCATS DE PARIS, RELATIF A LA MISSION DES AVOCATS DEVANT LE JURY D'EXPROPRIATION

(25 janvier 1859).

Le Conseil, après avoir entendu M. Lacan en son rapport :

Attendu que la mission des avocats dans les affaires d'expropriation consiste essentiellement à plaider devant le jury présidé par un magistrat directeur des affaires dont ils sont chargés ;

Attendu que si l'accomplissement de leur mission devant le jury implique pour eux le droit de s'éclairer, soit par la visite des localités, soit par les renseignements puisés dans les bureaux de la ville de Paris ou ailleurs, en se conformant toujours aux convenances professionnelles, ce droit ne saurait s'étendre à des démarches faites pour débattre les intérêts des clients devant les fonctionnaires administratifs ou commissions qui représentent la Ville ;

Que le ministère de l'avocat ne peut en principe s'exercer qu'en présence et sous la sauvegarde de l'autorité judiciaire, au sujet d'une contestation dont elle est saisie ;

Que lorsqu'il y a lieu à tentative de transaction, à l'origine ou dans le cours d'un débat quelconque, ce n'est pas hors de son cabinet, ni près de l'adversaire de son client que l'avocat peut aller en discuter les bases ;

Qu'on ne pourrait tolérer la violation de cette règle sans méconnaître la ligne de séparation qui existe entre la profession d'avocat et l'agence d'affaires ;

Décide que les règlements de la profession s'opposent à ce que les avocats, chargés d'affaires d'expropriatiou, puissent assister leurs clients et aller débattre le chiffre de leurs indemnités devant les fonctionnaires administratifs ou commissions qui représentent la ville de Paris.

Le Secrétaire du Conseil,
RIVOLET.

Le Bâtonnier de l'Ordre,
PLOCQUE.

JUSTICES DE PAIX

ARRÊTÉ DU CONSEIL DE L'ORDRE DES AVOCATS DE PARIS, RELATIF A LA TENUE DES AVOCATS DEVANT LES JUSTICES DE PAIX

(16 Mars 1858).

Le Conseil de discipline de l'ordre des avocats à la Cour impériale de Paris :

Ouï M. Plocque en son rapport :

Attendu qu'il est venu à la connaissance du Conseil que des avocats se présentaient aux audiences des justices de paix pour y plaider en habit de ville et sans robe ;

Attendu que, sous l'empire des anciennes traditions, il était constant que l'avocat devant toutes les juridictions où l'appelait l'exercice de son ministère devait être revêtu du costume et des insignes de la profession;

Que la législation nouvelle a maintenu les règles et que de la combinaison de l'art. 6 du décret du 2 nivôse an XI, de l'article 105 du décret du 30 mars 1808 et du décret du 2 juillet 1812, il résulte qu'un costume spécial a été attribué aux avocats et qu'il a été ordonné que, soit aux audiences de tous les Tribunaux, soit dans les comparutions et séances particulières devant les magistrats, les avocats devraient toujours porter ce costume ;

Attendu que les justices de paix sont des Tribunaux institués par la loi; que le respect dû à la justice ne permet pas qu'il soit à leur égard dérogé par les avocats aux règles et prescriptions légales relatives au costume; que c'est donc à tort que des avocats croiraient pouvoir se présenter devant les Tribunaux de paix sans être revêtus de la robe et des insignes de la profession ;

Par ces motifs, le Conseil arrête :

ART. 1er. A l'avenir les avocats ne pourront plaider aux audiences des justices de paix sans être revêtus du costume qui leur attribué par la loi.

ART. 2. Expédition du présent sera expédié à M. le procureur général.

Fait en Conseil le 16 mars 1858.

Le Secrétaire, RIVOLET.

Le Bâtonnier, FÉLIX LIOUVILLE.

SECTION IV

JURIDICTION COMMERCIALE

CODE DE COMMERCE.

(Décrété et promulgué en septembre 1808).

L'art. 627 interdit le ministère des avoués devant les Tribunaux de commerce; il remplace pour l'avocat, qui peut plaider devant toutes les juridictions, l'assistance de l'avoué par celle de la partie ou de son fondé de pouvoir.

Nota. L'avocat n'a pas besoin de *pouvoir* pour plaider devant le Tribunal de commerce : c'est ce qui a été reconnu malgré les termes ambigus de l'ordonnance du 10 mars 1825, relative à l'exécution de l'art. 627 du Code de commerce. (Voyez ce qui est dit à ce sujet, page 375.)

SECTION V

JURIDICTION ADMINISTRATIVE

CONSEILS DE PRÉFECTURE

RÈGLEMENT DU CONSEIL DE PRÉFECTURE

(Arrêté du préfet de la Seine du 20 avril 1863).

Art. 15. — Toute personne qui voudra introduire une instance devant le Conseil de préfecture pourra le faire, soit en déposant au greffe du Conseil, soit en adressant au préfet ou au président, par lettre chargée, une requête en double exemplaire, dont un sur papier timbré, contenant : 1° ses nom, profession et demeure; 2° l'élection d'un domicile à Paris; 3° l'exposé sommaire des faits et des moyens; 4° ses conclusions.

Elle y joindra les pièces dont elle entend se servir, accompagnées d'un bordereau.

Elle déclarera, en même temps, si elle désire présenter des observations à l'audience, soit en personne, soit par un mandataire, en vertu de la faculté que lui confère, à cet égard, l'article 2 du décret du 30 décembre 1862.

S'il s'agit d'une commune ou d'un établissement public, la délibération qui aura autorisé l'instance sera jointe aux pièces.

Art. 17. — Les avocats à la Cour de cassation et au Conseil d'État et les avoués près la Cour impériale de Paris ou près le Tribunal civil de la Seine seront dispensés de toute justification de mandat, et seront considérés comme régulièrement constitués par leur signature apposée au bas de la requête. Dans ce cas, l'élection de domicile aura lieu de plein droit dans leur étude.

La constitution de tout autre mandataire devra être faite par une procuration notariée ou par une procuration sous seing privé, dûment légalisée et enregistrée, qui accompagnera la requête.

Art. 38. — Les affaires seront appelées dans l'ordre du rôle.

Après la lecture du rapport du conseiller-rapporteur, les parties ou leurs mandataires seront admis à présenter oralement des observations sommaires à l'appui de leurs conclusions écrites.

Le commissaire du gouvernement sera ensuite entendu et donnera ses conclusions.

Art. 39. — L'instruction écrite formant la base de la procédure devant le Conseil de préfecture, toutes les fois que les parties ou leurs mandataires auront, dans leurs observations orales, modifié les conclusions des mémoires produits, elles seront tenues de consigner ces modifications dans de nouvelles conclusions écrites et signées.

Le Conseil décidera s'il sera passé outre à la continuation de l'affaire, ou si elle sera renvoyée pour un complément d'instruction.

§

ARRÊTÉ DU CONSEIL DE L'ORDRE DES AVOCATS DE PARIS RELATIF AUX FONCTIONS DES AVOCATS DEVANT LES CONSEILS DE PRÉFECTURE

(22 décembre 1863).

Le Conseil,

Après avoir entendu M. Senard en son rapport :

Considérant que le nouveau règlement du Conseil de préfecture de la Seine a donné lieu, en ce qui concerne l'exercice de la plaidoirie, à des interprétations très-diverses et à des doutes qu'il importe de faire cesser;

Que l'article 17 de ce règlement est ainsi conçu :

« Les avocats à la Cour de cassation et au conseil d'État, et les avoués près la Cour impériale de Paris, ou près le Tribunal civil de la Seine, *seront dispensés de toute justification de mandat*, et seront considérés comme régulièrement *constitués* par leur signature apposée au bas de la requête. Dans ce cas, l'élection de domicile aura lieu de plein droit en leur étude.

« La constitution *de tout autre mandataire* devra être faite par une procuration notariée ou par une procuration sous seing privé, dûment légalisée et enregistrée, qui accompagnera la requête. »

Qu'on s'est demandé si le silence gardé, par cet article, sur les avocats à la Cour impériale, n'avait pas pour résultat, ou de leur retirer le droit de plaider devant le Conseil de préfecture, ou de ne le leur accorder que sous la condition de justifier d'une procuration;

Considérant que si telle pouvait être la portée du règlement, le Conseil de l'Ordre devrait certainement réclamer et agir;

Mais que, d'abord, cette interprétation paraît repoussée par l'exécution jusqu'alors donnée au règlement, puisque tous les avocats qui se sont présentés aux audiences du Conseil de préfecture ont été admis à plaider sans difficulté et sans condition;

Que, d'un autre côté, le sens qu'on avait attribué à l'article 17 n'est justifié ni par cet article lui-même ni par l'ensemble des dispositions du règlement;

Considérant que la faculté qui appartient aux plaideurs de se faire assister et de faire présenter leur défense par un avocat inscrit au tableau de l'Ordre, sans autre mandat que la présence de l'avocat à la barre, est de droit commun en France dans toutes les juridictions, et qu'il n'y peut être dérogé que par des dispositions législatives exceptionnelles qui interdisent la défense orale, ou qui en attribuent le privilége exclusif à des personnes spécialement désignées;

Qu'aucune disposition de ce genre ne se rencontre dans le règlement qu'il s'agit d'apprécier, ou dans le décret pour l'exécution duquel il est fait;

Considérant que les articles 15, 38 et 39 du règlement portent que : « *les parties ou leurs mandataires* seront admis à présenter oralement des observations à l'appui de leurs conclusions écrites; » mais que ces termes ne contiennent rien de restrictif quant au mode selon lequel les observations pourront être présentées;

Que là où la faculté de se faire assister d'un défenseur est de droit, il faudrait une interdiction formelle pour empêcher soit les parties, soit leurs mandataires, d'en appeler un pour expliquer et soutenir leurs conclusions;

Que cette interdiction ne se trouve ni dans les dispositions qui viennent d'être citées, ni dans les articles 1 et 2 du décret du 30 décembre 1862, dont elles ne sont que la reproduction et le développement;

Considérant que l'art. 17 du règlement qui reconnaît certains droits aux avoués de première instance et d'appel, et aux avocats au Conseil d'État et à la Cour de cassation, n'aurait pas pu légalement, et n'a d'ailleurs évidemment pas voulu leur attribuer le privilége exclusif de la défense devant le Conseil de préfecture;

Que l'unique objet de cet article est, comme l'indique la rubrique sous laquelle il est placé, de régler *l'instruction* des affaires contentieuses, et d'organiser non *la défense*, mais *la représentation* des parties dans l'instance;

Que c'est avec raison qu'on y soumet la représentation *spéciale* à la justification de pouvoirs réguliers, et que la représentation *légale* dispensée de mandat y est limitée aux avocats pourvus d'offices et aux avoués de première instance et d'appel;

Qu'eux seuls en effet, en vertu du mandat qu'ils tiennent des lois de leur institution, peuvent, selon les termes de l'article 17, « *se constituer* par leur signature apposée au bas de la requête, » et avoir, « en leur étude, *l'élection de domicile de plein droit*, » nécessaire pour les significations à recevoir dans le cours de l'instruction;

Considérant que l'omission des avocats à la Cour impériale dans l'énumération des personnes ainsi désignées pour représenter les parties, loin de pouvoir être regardée comme une atteinte aux droits du Barreau, est au contraire en conformité parfaite avec ses règles professionnelles, et repose sur des distinctions qu'il a tout intérêt à maintenir;

Que, pour ne garder sur ce point aucun doute, il suffit de se reporter aux conditions constitutives de la profession d'avocat, et de rappeler les principes dont le Conseil de l'Ordre a toujours assuré la rigoureuse observation;

Considérant que la mission de l'avocat est *d'assister* ses clients, soit en les éclairant et les dirigeant par ses conseils, soit en les défendant par sa parole et ses écrits, mais qu'il ne peut et ne doit, en aucun cas, *les représenter* en agissant, en stipulant, en concluant pour eux;

Que c'est ainsi, et avec cette distinction entre *l'assistance* et le *mandat*, que le Barreau français s'est constitué, et qu'il s'est créé la situation indépendante que tous les efforts de ses membres doivent tendre à conserver;

Considérant que la législation, d'accord avec les traditions de l'Ordre, ne reconnaît pas à l'avocat d'autre caractère que celui de *conseil* et de *défenseur*;

Que c'est le titre qu'elle lui donne dans son serment professionnel ;

Que, loin de chercher à étendre le cercle ainsi tracé à ses attributions, l'avocat doit comprendre que ce n'est qu'en s'y tenant étroitement renfermé qu'il peut garder intactes l'indépendance et la dignité de sa profession ;

Considérant que cette situation est clairement tracée par les lois sur l'organisation judiciaire, dans toutes les juridictions civiles, où les parties sont *représentées* par un avoué et *défendues* par un avocat ;

Qu'elle apparaît avec la même netteté dans les juridictions correctionnelles, où le ministère de l'avoué n'est pas obligatoire ;

Que là, en effet, l'avocat assiste et défend le client en personne, ou son mandataire spécial lorsqu'il s'agit d'affaires où il a pu se faire représenter ; et que dans l'un et l'autre cas, s'il y a des conclusions à déposer, elles sont signées par le client ou par son mandataire, puis développées et soutenues par l'avocat ;

Considérant que cette pratique, constante devant les Tribunaux ordinaires, doit être également suivie devant toutes les juridictions où la représentation est facultative ;

Que l'avocat, dont la profession est déclarée, par l'ordonnance de 1822, incompatible avec l'agence d'affaires, ne peut pas plus recevoir de mandat pour intenter ou instruire des procès, que pour faire d'autres actes de la vie civile ;

Que la signature des requêtes et des conclusions, qui sont les éléments des contrats judiciaires, engagerait sa responsabilité et compromettrait sa position autant et souvent plus que son intervention dans d'autres contrats ;

Qu'il doit donc, pour rester fidèle à sa mission et à son titre, s'abstenir de toute immixtion dans la représentation du plaideur et dans les actes de la procédure, et n'être jamais, soit en écrivant, soit en plaidant, que l'assistant, le conseil et le défenseur de son client ;

Considérant qu'il résulte de tout ce qui précède qu'aucune disposition du règlement du Conseil de préfecture ne porte atteinte aux droits du Barreau, et ne fait obstacle à ce que les avocats se présentent aux audiences du Conseil pour y défendre leurs clients;

Considérant que pour y être admis avec leur titre, et pour revendiquer les droits qui y sont attachés, les avocats doivent se présenter revêtus du costume professionnel;

Par ces motifs,

Arrête : 1° Il n'y a lieu de former aucune réclamation à l'occasion du nouveau règlement du Conseil de préfecture, ses dispositions, sainement appréciées et confirmées par l'exécution qu'il a reçue depuis sa publication, n'ayant rien de contraire aux droits des avocats et à l'intérêt des clients.

2° Les avocats qui auront des affaires à plaider aux audiences publiques du Conseil de préfecture, devront s'y présenter en robe et se conformer aux règles et usages suivis dans les juridictions civiles.

Le Secrétaire, *Le Bâtonnier,*

EDMOND ROUSSE. J. DUFAURE.

SECTION VI

LOIS ET DÉCISIONS DIVERSES

SUR DES POINTS RELATIFS A LA PROFESSION

§

COSTUME

DÉCRET DU 2 NIVOSE AN XI,

QUI RÈGLE LE COSTUME DES MEMBRES DES TRIBUNAUX, DES GENS DE LOI ET DES AVOUÉS.

ART. 6. Aux audiences de tous les Tribunaux *les gens de loi* et les avoués porteront la toge de laine, fermée par devant, à manches larges, toque noire : cravate pareille à celle des juges (cravate tombante de batiste blanche plissée); cheveux longs ou ronds.

DÉCRET DU 30 MARS 1808,

CONTENANT RÈGLEMENT POUR LA POLICE ET LA DISCIPLINE DES COURS ET TRIBUNAUX.

ART. 105. Les avocats, les avoués et les greffiers porteront dans toutes leurs fonctions, soit à l'audience, soit au parquet, soit aux comparutions et aux séances particulières devant les commissaires, le costume prescrit.

§

Au costume décrit par le décret de l'an XI, le décret du 14 décembre 1810 a ajouté la chausse par son art. 35, la seule disposition de ce décret qui soit restée en vigueur, grâce à l'art. 12 du décret du 2 juillet 1812, ainsi conçu : « Les avocats seuls porteront la chausse et parleront couverts, conformément à l'art. 35 du décret du 14 décembre 1810. »

§

DÉCRET DU 14 DÉCEMBRE 1810

ART. 35. Les avocats porteront la chausse de leur grade de licencié ou de docteur; ceux inscrits au tableau seront placés dans l'intérieur du parquet.

Ils plaideront debout et couverts; mais ils se découvriront lorsqu'ils prendront des conclusions ou en lisant les pièces du procès.

DÉCRET DU 30 MARS 1808,

CONTENANT RÈGLEMENT POUR LA POLICE ET LA DISCIPLINE DES COURS ET TRIBUNAUX.

Art. 105. Les avocats, les avoués et les greffiers porteront dans toutes leurs fonctions, soit à l'audience, soit au parquet, soit aux comparutions et aux séances particulières devant les commissaires, le costume prescrit.

§

ASSISTANCE JUDICIAIRE

LOI DU 22 JANVIER 1851, SUR L'ASSISTANCE JUDICIAIRE.

Art. 2. L'admission à l'assistance judiciaire devant les Tribunaux civils, les Tribunaux de commerce et les juges de paix est prononcée par un bureau spécial établi au chef-lieu judiciaire de chaque arrondissement et composé :

... 3° De trois membres pris parmi les anciens magistrats, les avocats ou anciens avocats... Ces trois membres seront nommés par le Tribunal civil. Néanmoins, dans les arrondissements où il y aura au moins quinze avocats inscrits au tableau, un des trois membres mentionnés dans le paragraphe précédent sera nommé par le Conseil de discipline de l'Ordre des avocats.

Art. 3. Le bureau d'assistance établi près d'une Cour d'appel se compose de sept membres, savoir : ..... deux par le Conseil de discipline de l'Ordre des avocats.

Art. 13...... Si la cause est portée devant une Cour ou un Tribunal civil, le président invite le bâtonnier de l'Ordre des avocats, le président de la Chambre des avoués et le syndic des huissiers à désigner l'avocat, l'avoué et l'huissier qui prêteront leur ministère à l'accusé.

S'il n'existe pas de bâtonnier ou s'il n'y a pas de chambre de discipline des avoués, la désignation est faite par le président du Tribunal.

Si la cause est portée devant un Tribunal de commerce, ou devant un juge de paix, le président du Tribunal ou le juge de paix se borne à inviter le syndic des huissiers à désigner un huissier.

ART. 14. L'assisté est dispensé provisoirement du payement des sommes dues aux greffiers, aux officiers ministériels et aux avocats pour droits, émoluments et honoraires.

ART. 28. Il sera pourvu à la défense des accusés devant les Cours d'assises conformément aux dispositions de l'art. 294 du Code d'instruction criminelle.

ART. 29. Les présidents des Tribunaux correctionnels désigneront un défenseur d'office aux prévenus poursuivis à la requête du ministère public ou détenus préventivement, lorsqu'ils en feront la demande et que leur indigence sera constatée, soit par les pièces désignées dans l'art. 10, soit par tous autres documents.

§

VACANCES

DÉCRET DU 10 FÉVRIER 1806

CONCERNANT LES VACANCES DES COURS D'APPEL ET DES TRIBUNAUX DE PREMIÈRE INSTANCE,

Il les fixe : du 1er septembre au 1er novembre.

§

PATENTE

LOI DES FINANCES DU 15 MAI 1850

PORTANT FIXATION DU BUDGET DE L'EXERCICE 1850.

Le tableau G de la loi, additionnel au tableau D de la loi du 25 avril 1844, assujettit au droit proportionnel du quinzième les avocats inscrits au tableau des Cours et Tribunaux, mais seulement pour les locaux servant à l'exercice de la profession.

§

SECRETS PROFESSIONNELS

Code pénal. Art. 378. Les médecins, chirurgiens et autres officiers de santé, ainsi que les pharmaciens, les sages-femmes, et *toutes autres personnes dépositaires par état ou profession* des secrets qu'on leur confie, qui, hors le cas où la loi les oblige à se porter dénonciateurs, auront révélé ces secrets, seront punis d'un emprisonnement d'un mois à six mois et d'une amende de 100 francs à 500 francs.

§

CLÉRICATURE

ARRÊTÉ DU CONSEIL DE L'ORDRE DES AVOCATS DE PARIS
(31 mars 1857).

Le Conseil,

Après avoir entendu M. le Bâtonnier en son rapport, arrête :

Art. 1. Les Stagiaires qui désireront travailler dans une étude pourront obtenir du Conseil la faculté de suspendre leur stage.

Art. 2. Pendant la durée de la suspension, ceux qui l'auront obtenue ne pourront exercer les fonctions d'avocat, ni en porter le costume. Ils ne pourront reprendre le cours de leur stage qu'avec l'autorisation du Conseil.

Art. 3. L'inscription au Tableau ne remontera, lorsqu'il y aura eu suspension de stage, qu'à trois années avant la demande d'inscription au Tableau.

Le Secrétaire,
Rivolet.

Le Bâtonnier,
Félix Liouville.

§

PLAIDOYERS ET MÉMOIRES IMPRIMÉS

1° CODE PÉNAL

(décrété et promulgué en février et mars 1810).

Art. 377, relatif aux imputations et injures contenues dans des écrits relatifs à la défense des parties ou dans les plaidoyers, abrogé par la loi du 17 mai 1819, modifiée elle-même par la loi du 25 mars 1822. (V. ci-après.)

2° LOI DU 21 OCTOBRE 1814

RELATIVE A LA LIBERTÉ DE LA PRESSE.

Elle déclare que les mémoires sur procès signés d'un avocat ou d'un avoué peuvent être publiés librement, sans déclaration et sans dépôt.

3° LOI DU 17 MAI 1819

SUR LA RÉPRESSION DES CRIMES ET DÉLITS COMMIS PAR LA VOIE DE LA PRESSE OU PAR TOUT AUTRE MOYEN DE PUBLICATION.

Art. 23. Ne donneront lieu à aucune action en diffamation ou injure les discours prononcés ou les écrits produits devant les Tribunaux; pourront néanmoins les juges saisis de la cause, en statuant sur le fond, prononcer la suppression des écrits injurieux et condamner qui il appartiendra en des dommages-intérêts.

Les juges pourront aussi, dans le même cas, faire des injonctions aux avocats et officiers ministériels ou même les suspendre de leurs fonctions.

La durée de cette suspension ne pourra excéder six mois; en cas de récidive, elle sera d'un an au moins et de cinq ans au plus.

Pourront toutefois les faits diffamatoires, étrangers à la cause, donner ouverture, soit à l'action publique, soit à l'action civile des parties, lorsqu'elle leur aura été réservée par les Tribunaux, et, dans tous les cas, à l'action civile des tiers.

§

RAPPORTS AVEC LES MAGISTRATS

ARRÊTÉ DU CONSEIL DE L'ORDRE DES AVOCATS DE PARIS
(24 février 1863)

LE CONSEIL,

Rapport fait sur la question de savoir si les avocats peuvent se rendre *au domicile* d'un magistrat, même sur son invitation ou sur l'invitation du Tribunal ou de la Cour, pour conférer d'une affaire pendante à l'audience; et si, dans le même but, les avocats peuvent se rendre auprès d'un magistrat *dans la chambre du conseil;*

Après en avoir délibéré, décide :

1° Que les avocats ne doivent jamais se rendre *au domicile* du magistrat;

2° Qu'ils ne doivent se rendre dans la chambre du conseil qu'exceptionnellement, *et après avoir pris l'avis du Bâtonnier.*

Le Secrétaire du Conseil,
ED. ROUSSE.

Le Bâtonnier de l'Ordre,
J. DUFAURE.

III

LISTE DES BATONNIERS

DE

L'ORDRE DES AVOCATS DE PARIS

DE 1617 A 1864

I. *Avant la Révolution de 1789 et le décret des 2-11 septembre 1790 qui a aboli l'ordre des Avocats* [1].

Denis Doujat	1617	Vezin	1722
Maréchal	1618	Blanche-Barbe	1723
Amariton	1619	Vaillant de Guelis	1724
....		Tripolet	1725
De Montholon	1661	G. Leroy	1726
....		Guyot de Chesne	1727
Pausset de Montauban	1681	Groteste	1728
De Berlize	1708	Berroyer	1729
Guyné	1709	Rousselet	1730
Nivelle	1710	G. Tartarin	1731
Euffroy	1711	Leroy de Valiers	1732
Gueau	1712	Nouët	1733
Roberton	1713	Delavigne	1734
Chenuot	1714	Froland	1735
Robert	1715	Lepoupet	1736
Duperray	1716	Amb. Guérin	1738
Chubéré	1717	Maillart	1738
Aroult	1718	Denyau	1739
Ducornet	1719	Nivelle	1740
Taupinart de Tilier	1720	Alixant de Chamenet	1741
Babel	1721	....	

1. Nous avons emprunté la liste des Bâtonniers avant la Révolution de 1789 à l'excellent et instructif ouvrage de notre ancien Bâtonnier, M. Dupin aîné, *Opuscules de jurisprudence*.

Guillet de Blaru..........	1743
Ramonet................	1744
C. Pajan................	1745
Pothouin................	1746
Maignan................	1747
Gin....................	1748
Visinier................	1749
Sarasin.................	1750
Doulcet................	1751
Pillon..................	1752
Doulcet................	1753
Rassicod..............	1754 1755
Demahis................	1756
Pans..................	1757 1758
Lherminier.............	1759
De la Marnière...........	1760
Dains..................	1761
Gillet..................	1762 1763
Grosjard de Mongenault...	1764
Paignon................	1765
Estienne................	1766
Le Prestre de la Motte.....	1767
Rousselet...............	1768
Pays de Maisonneuve.....	1769
Rigault................	1770
De Lambon..............	1771
....	
De Lambon..............	1775
Pothouin...............	1776
Lefebvre de Dampierre....	1777
J. Duvert d'Emalleville....	1778
Caillau................	1779
D'Autremont............	1780
Laget-Bardelin..........	1781
Babille................	1782
Aubry..................	1783
Le Camus d'Haulonne.....	1784
Rouhelte..............	1785
Dandasne..............	1786
Sanson................	1787
Gerbier de la Massilaye....	1788
Sanson................	1788 1789
Tronchet (François, Denis).	1790

II. *Depuis le décret du 14 décembre 1810 qui rétablit l'ordre des Avocats.*

Delamalle..........	1811
Delacroix-Frainville..	1812-1813 1813-1814 1814-1815 1815-1816
Fournel...........	1816-1817
Bonnet............	1817-1818
Archambault........	1818-1819 1819-1820
Delahaye..........	1820-1821
Billecoq...........	1821-1822 1822-1823 1823-1824
Gairal............	1824-1825 1825-1826
Pantin............	1826-1827
Thevenin..........	1827-1828 1828-1829
Louis.............	1829-1830
Dupin, aîné........	1830-1831
Mauguin...........	1831-1832 1832-1833
Parquin...........	1833-1834 1834-1835
Philippe Dupin......	1834-1835 1835-1836

Delangle	1836-1837
	1837-1838
Teste	1838-1839
Paillet	1838-1839
	1839-1840
Marie	1840-1841
	1841-1842
Chaix-d'Est-Ange	1842-1843
	1843-1844
Duvergier	1844-1845
	1845-1846
Baroche	1846-1847
	1847-1848
Boinvilliers	1848-1849
	1849-1850
Gaudry	1850-1851
	1851-1852
Berryer	1852-1853
	1853-1854
Bethmont	1854-1855
	1855-1856
F. Liouville	1856-1857
	1857-1858
Plocque	1858-1859
	1859-1860
Jules Favre	1860-1861
	1861-1862
Dufaure	1862-1863
	1863-1864

IV

DISCOURS DE RENTRÉE

PRONONCÉS A LA BIBLIOTHÈQUE DES AVOCATS DE PARIS

PAR LES BATONNIERS EN EXERCICE ET LES SECRÉTAIRES DE LA CONFÉRENCE

DEPUIS 1806 JUSQU'EN 1863.

---

14 avril 1806. Éloge de *Tronchet*, par DE LAMALLE.

5 février 1810. Éloge de *Ferey*, par BELLARD.

14 novembre 1815. Discours de rentrée, par A. L. TAILLANDIER, avocat, sur les travaux de la conférence des avocats.

10 novembre 1818. Discours de rentrée, par ARCHAMBAULT, Bâtonnier, sur la profession d'avocat.

16 novembre 1819. Discours de rentrée, par ARCHAMBAULT, sur les études de l'avocat.

14 novembre 1820. Discours de rentrée, par DELAHAYE, Bâtonnier, sur la profession d'avocat.

13 novembre 1821. Discours de rentrée, par BILLECOCQ, Bâtonnier : De la confiance que l'avocat doit avoir dans ses anciens.
Éloge de *Fournel*, par F. DE CLUGNY, avocat stagiaire.

12 novembre 1822. Discours de rentrée, par BILLECOCQ : Alliance nécessaire entre le Barreau et la magistrature.

8 août 1826. Discours de clôture des conférences des avocats, par PANTIN, Bâtonnier : Éloges de MM. *Londieu de la Calprade* et *Bellard* [1].

---

[1] Le manuscrit autographe de ce discours est à la Bibliothèque des avocats de Paris.

25 août 1829. Discours de clôture, par Louis, Bâtonnier : sur l'utilité des conférences.

1er décembre 1829. Discours d'ouverture des conférences, par Dupin aîné, Bâtonnier : Profession d'avocat, étude qu'elle exige, devoirs qu'elle impose.

26 novembre 1832. Discours d'ouverture des conférences, par Parquin : Devoirs des magistrats, des avocats et du bâtonnier; de l'honneur de la profession d'avocat; institution des discours prononcés par les jeunes avocats.

Éloge de *De la Croix Frinville*, par Eugène de Coulard.

Indépendance de l'avocat dans ses rapports avec les libertés publiques, par Baillehache, avocat stagiaire.

28 novembre 1833. Reprise des conférences des avocats. Discours prononcé par Durand Saint-Amand : Devoirs civiques des avocats.

22 novembre 1834. Discours d'ouverture par Philippe Dupin, Bâtonnier : Rapports de la magistrature et du Barreau.

Discours sur le découragement du jeune Barreau, par Castian, avocat stagiaire.

Eloge de *M. de Lamalle*, par Richomme, avocat stagiaire.

28 novembre 1835. Discours d'ouverture des conférences, par Philippe Dupin : Respect qu'on doit à la loi.

Éloge de *Gaïral*, par Auguste Marie, avocat stagiaire.

Le Barreau français au seizième siècle, par Édouard Ternaux, avocat stagiaire.

14 novembre 1836. Discours de rentrée par Delangle, Bâtonnier : L'Avocat doit être écouté des magistrats, son travail doit être incessant et persévérant.

Éloge de *Toullier*, par Paulmier, avocat stagiaire.

Coup d'œil sur l'éloquence judiciaire, par Eugène Migneron, avocat stagiaire.

1837. Éloge d'*Henrion de Pansey*, par Forgues, avocat stagiaire[1].

Discours sur l'influence du Barreau sur nos libertés, par Falconnet, avocat stagiaire.

Éloge de *Lanjuinais*, par Mourier, avocat stagiaire.

26 novembre 1838. Discours de rentrée prononcé par Teste, Bâtonnier : Avantage de Paris pour la science du droit. La loi ne doit rien laisser à l'arbitraire du juge. Esprit d'égalité, diversité de coutumes, tendance à l'unité, concentration du droit

---

[1] Ce discours existe à la Bibliothèque des avocats de Paris, mais sans nom d'auteur.

civil, abrogation des lois par la désuétude et l'interprétation. La certitude, première dignité des lois, fixité du droit. Langue des lois : le français, par exemple, non sujet à l'inversion. Ne faut pas trop consulter l'esprit de la loi, ne pas trop non plus matérialiser le texte, ne pas trop consulter l'équité, suivre plutôt l'inflexibilité du texte. La contrariété de la jurisprudence détruit la loi.

26 novembre 1838. Éloge de *Lanjuinais* par MOURIER, avocat stagiaire.

Esquisse de l'histoire judiciaire, par LOISEAU, avocat stagiaire.

23 novembre 1839. Discours de rentrée des conférences d'avocats prononcé par PAILLET, Bâtonnier, sur l'état d'avocat : Amour de l'état, sentiment du devoir.

De la justice absolue, discours de rentrée, par BLOT LE QUESNE, avocat stagiaire.

Eloge historique de *Merlin*, par Auguste MATHIEU, avocat stagiaire.

21 novembre 1840. Discours de rentrée prononcé par MARIE, Bâtonnier : Grandeur de notre mission, comme avocats et comme orateurs; le progrès; travaux de la conférence et de l'avocat; l'étude.

Eloge de *Bonnet*, discours de rentrée, par MARC DE HAUT, avocat stagiaire.

Eloge d'*Hennequin*, par NOGENT-SAINT-LAURENS, avocat stagiaire.

4 décembre 1841. Discours de rentrée, par MARIE, Bâtonnier : Histoire de l'ordre : sa destinée dans les temps anciens, dans le présent et dans l'avenir, le secret de sa force, la preuve de sa légitimité, la cause de sa grandeur, sa constitution, son organisation, son esprit d'association, d'unité, de patronage et de fraternité.

Eloge de *Proudhon*, professeur de droit, par Félix TENAILLE.

Eloge de *Tripier*, par JOSSEAU, avocat stagiaire.

26 novembre 1842. Discours de rentrée, par CHAIX-D'EST-ANGE, Bâtonnier : sur la profession d'avocat et les études qu'elle exige aujourd'hui.

Eloge de *Cochin*, par DUPRÉ-LASALLE, avocat stagiaire.

Discours sur *Domat*, par E. DESMAREST, avocat stagiaire.

2 décembre 1843. Discours de rentrée prononcé par CHAIX-D'EST-ANGE, Bâtonnier : Encouragements et conseils aux jeunes avocats; vérités pratiques, dignité de la profession, les devoirs qu'elle entraîne, règles de son organisation, sa discipline.

Eloge de *Férey*, ancien avocat, par Edouard ALLOU, avocat stagiaire.

Discours sur l'union de la littérature et du Barreau, par C. A. SAPEY, avocat stagiaire.

4 janvier 1845. Discours de rentrée des conférences, par DUVERGIER, Bâtonnier.

Discours sur le Barreau moderne, par Eugène AVOND, avocat stagiaire.

Discours sur *Tronchet*, par GOUSSART, avocat stagiaire.

13 décembre 1845. Discours de rentrée des conférences, par DUVERGIER, Bâtonnier : Des devoirs de la profession, des règles auxquelles elle est soumise ; de ses traditions et de ses usages

Le Barreau sous Louis XIV, par Adolphe DE FORCADE LA ROQUETTE.

Eloge historique de *Portalis*, par Félix HACQUIN, avocat stagiaire.

28 novembre 1846. Discours de rentrée des conférences, par BAROCHE, Bâtonnier : Nécessité de la patience pour le jeune avocat.

Eloge historique de *Philippe Dupin*, par Auguste AVOND, avocat stagiaire.

Discours sur le Barreau et la liberté sous les *Valois*, par Alfred LÉVESQUE, avocat stagiaire.

11 décembre 1847. Discours de rentrée, par BAROCHE, Bâtonnier : Confraternité, modération, désintéressement, dévouement.

Discours sur *Dumoulin*, par MERVILLE, avocat stagiaire.

Discours sur le Barreau politique, depuis 1789 jusqu'à 1830, par Ernest ADELON, avocat stagiaire.

2 décembre 1848. Discours d'ouverture des conférences, par BOINVILLIERS, Bâtonnier : De l'esprit de subordination. Le respect du pouvoir.

Discours sur *Cujas*, par DECOUS LAPEYRIÈRE, avocat stagiaire.

Eloge de *Daguesseau*, par BOINVILLIERS fils, avocat stagiaire.

15 décembre 1849. Discours de rentrée des conférences, par BOINVILLIERS, Bâtonnier : Respect de la loi. Il faut savoir être de son temps.

Eloge du chancelier de l'*Hospital*, par CRESSON, avocat stagiaire.

Discours sur *Pothier*, par Henri BUSSON, avocat stagiaire.

7 décembre 1850. Discours de rentrée des conférences, par GAUDRY, Bâtonnier : Le patronage des Anciens.

Eloge historique d'*Etienne Pasquier*, par Charles DE MANNEVILLE, avocat stagiaire.

Etude sur les mémoires et défenses judiciaires, publiés pendant les dix-septième et dix-huitième siècles par des écrivains étrangers au Barreau, par Albert GRÉVY, avocat stagiaire.

29 novembre 1851. Discours d'ouverture des conférences, par GAUDRY, Bâtonnier : Assistance gratuite. Utilité de la conférence des avocats. Confraternité. Aide que les anciens doivent aux nouveaux.

Eloge d'*Olivier Patru*, par Prosper PÉRONNE, avocat stagiaire.

Etude sur Charlemagne législateur, par BERGER, av. stagiaire[1].

9 décembre 1852. Ouverture des conférences, par BERRYER, Bâtonnier : De la pratique fidèle des règles de la profession.

Eloge d'*Antoine Loisel*, par Charles TRUINER, avocat stagiaire.

Discours sur les *Etablissements* de *Saint-Louis*, par EMION, avocat stagiaire.

5 janvier 1854. Ouverture des conférences, par BERRYER, Bâtonnier : Eloge d'*Antoine Lemaitre*, par Me J. J. DELSOL, av. stagiaire.

Discours sur l'origine et le caractère du ministère public en France, par Me Emile DURIER, avocat stagiaire.

30 novembre 1854. Discours de rentrée des conférences, par BETHMONT, Bâtonnier : Des usages, des règles, des devoirs, des mœurs traditionnelles de la Profession.

Eloge de *du Vair*, par Paul ANDRAL, avocat stagiaire.

Esprit de la loi française des successions, par Achille GOURNOT, avocat stagiaire.

13 décembre 1855. Discours de rentrée des conférences, par BETHMONT, Bâtonnier : Historique des colonnes.

Eloge de *Pierre Pithou*, par Elie PAILLET, avocat stagiaire.

Influence des idées philosophiques sur le Barreau au dix-huitième siècle, par J. FERRY, avocat stagiaire.

22 novembre 1856. Devoirs, honneur, avantages, jouissances de la profession d'avocat, discours prononcé par FÉLIX LIOUVILLE, Bâtonnier.

Eloge de Guillaume *de Lamoignon*, premier président du parlement de Paris (1617-1677), par A. C. CHEVRIER, av. stagiaire.

Discours sur l'influence des institutions politiques sur la quotité disponible, par PHILIS, avocat stagiaire.

17 août 1857. Discours de clôture des conférences, prononcé par FÉLIX LIOUVILLE, Bâtonnier : Le Stage.

28 novembre 1857. Discours d'ouverture des conférences, par FÉLIX LIOUVILLE, Bâtonnier : La plaidoirie, les mémoires et consultations.

Eloge de *Paillet*, par Julien LARNAC, avocat stagiaire.

De l'autorité de la jurisprudence et de son influence sur la législation, par L. BRÉSILLION, avocat stagiaire.

---

1 Ce discours n'a pas été imprimé, il en existe des copies manuscrites à la Bibliothèque des avocats de Paris.

16 août 1858. Discours de clôture des conférences, par FÉLIX LIOUVILLE, Bâtonnier : Lois et Règlements depuis Charlemagne.

20 novembre 1858. Discours d'ouverture des conférences, par PLOCQUE, Bâtonnier. De l'étude des grands orateurs.

Des légistes et de leur influence aux douzième et treizième siècle, par F. Ernest LEFÈVRE, avocat stagiaire.

Eloge de *Billecocq*, par Ernest GUIBOURD, avocat stagiaire.

19 novembre 1859. Discours d'ouverture des conférences, par PLOCQUE, Bâtonnier. Conseils pratiques sur les travaux de la Conférence. — Etude de la philosophie, de l'histoire et de la poésie.

Essai sur l'histoire du droit criminel en France avant 1789, par Albert LAVAL, avocat stagiaire.

Eloge d'*Antoine Arnauld*, par Henri BOISSARD, av. stagiaire.

3 décembre 1860. Discours d'ouverture des conférences, par Jules FAVRE, bâtonnier. Universalité des connaissances nécessaires à l'avocat. Beauté de la forme. Travail opiniâtre.

Des formes et du style de la plaidoirie, par François BESLAY, avocat stagiaire.

Colbert, promoteur des grandes ordonnances de Louis XIV, par Alfred AYMÉ, avocat stagiaire.

16 novembre 1861. Discours d'ouverture des conférences, par Jules FAVRE, Bâtonnier : Confraternité, Devoirs de l'avocat. Rapports avec les clients. Simplicité, réserve.

Eloge de *Bethmont*, par Henri BARBOUX, avocat stagiaire.

Parallèle entre l'éloquence du Barreau, celle de la Tribune et celle de la Chaire, par BALLOT-BEAUPRÉ, avocat stagiaire.

6 décembre 1862. Discours d'ouverture des conférences, par DUFAURE, Bâtonnier : Il n'y a rien d'arbitraire dans les règles de la profession. Grandeur du rôle de l'avocat.

Eloge de *Félix Liouville*, par Eugène POUILLET, av. stagiaire.

De l'influence de la philosophie du dix-huitième siècle sur les réformes de la procédure criminelle, par L. C. RENAULT, avocat stagiaire.

19 décembre 1863. Discours d'ouverture des conférences, par DUFAURE, Bâtonnier : Devoirs généraux.

Eloge de M. *de Vatimesnil*, par Albert DECRAIS, avocat stagiaire.

Etude sur l'organisation de la juridiction civile en France de 1789 à 1810, par Albert MARTIN, avocat stagiaire.

V

LISTE GÉNÉRALE

PAR ORDRE CHRONOLOGIQUE

DES

LOIS, ORDONNANCES, DÉCRETS, RÈGLEMENTS, ETC.

où il est question, directement ou indirectement, des Avocats

ET QUI SONT CITÉS DANS CET OUVRAGE

Ve ET VIe SIÈCLES.

VIIIe ET IXe SIÈCLES.

XIIe SIÈCLE.

XIIIe SIÈCLE.

XIVe SIÈCLE.

XVe SIÈCLE.

XVIe SIÈCLE.

XVIIe SIÈCLE.

1. Tit. III et XIII. Non cités dans l'ouvrage : On les trouve à la suite des *Coutumes du bailliage de Saint-Mihiel*, p. 21 et 51 de l'édition in-12 (Nancy, Thomas père et fils, 1762).

Années | Pages

XVIIIe SIÈCLE.

1. Non cité dans l'ouvrage. — V. Duvergier, t. VI, p. 211.
2. Non citée dans l'ouvrage. — V. Bulletin des lois, II, 74, n° 690. — Duvergier, t. IX, p. 170.
3. Le texte des articles relatifs à la Profession se trouve *supr.*, p. 408.

1. Le texte en est donné, *suprà*, p. 410.
2. Non citée dans l'ouvrage. — V. *Bulletin des lois*, VII, 17, n° 83. — t. XX, p. 37.
3. Voy. le texte, avec le préambule de l'ord., p. 414.

Années | Pages

1823. 6 janvier. Circulaire du garde des sceaux, « relative à l'exécution de la présente ordonnance. » (*Exercice réel de la profession, droit d'appel du ministère public.*) 373, 374

1825. 10 mars. Ordonnance de Charles X, « qui prescrit de nouvelles formalités pour constater l'exécution de l'art. 421 C. pr. civ. et de l'art. 627 C. de comm. » (*Plaidoirie devant le trib. de comm., pouvoir.*)................ 375

1826. 13 février. Décision du Ministre de la justice. (*Admission au Tableau, ancien avoué.*).................... 377

1827. 19 mars. Décision ministérielle « sur le Tableau des avocats. » (*Présence d'un seul avocat.*)............... 377

1829. 6 janvier. Décision ministérielle « sur le Tableau. » (*Date de la réception*, etc.)............................ 377

» 17 août. Décision ministérielle. (*Consultations, timbre.*) 377

1830. 14-24 août. Charte constitutionnelle. (*Publicité des débats.*) 378

» 27 août. Ordonnance de Louis-Philippe, « contenant des dispositions sur l'exercice de la profession d'avocat. » (*Élection du Conseil, du bâtonnier*, etc.[1]).... 58, 107, 378

» 22 octobre. Circulaire du Ministre de la justice. (*Serment.*).. 379

» 22 octobre. Arrêté « portant institution et détermination de la juridiction de la compétence du Cadi maure, du tribunal israélite, de la Cour de justice et du tribunal correctionnel. » (*Faculté de suivre les usages et coutumes judiciaires de France*[2]).

1832. 16 août. Arrêté, « portant dénomination de la compétence des Conseils de guerre et de la Cour criminelle, et des formes de l'instruction et de la procédure. » (*Procédure des tribunaux correctionnels français.*)[3].

1833. Mai. Projet d'ordonnance, « sur l'exercice de la profession d'avocat et la discipline du Barreau. ».......... 379, 401

1834. 10 août. Ordonnance royale, « sur l'organisation de la justice. » (*Codes français, défenseur*[4].)

» 20 octobre. Arrêté du gouverneur général, « qui détermine les attributions de l'intendant civil, du procureur

---

1. Voy. le texte, *supr.* 421.

2. Non cité dans l'ouvrage. — V. *Bulletin officiel des actes du Gouvernement d'Algérie*, p. 24, n° 17.

3. Non cité dans l'ouvrage. — V. *Bulletin officiel des actes du Gouvernement d'Algérie*, t. 0, p. 222, n° 157.

4. Non citée dans l'ouvrage. — V. *Bulletin des lois*, IX, 0, 324, 5452. — Duvergier, t. XXXIV, p. 264.

Années | Pages

général et du directeur des finances. » (*Discipline des défenseurs*, etc. [1].)

1835. 27 janvier. Arrêté du gouverneur général, « sur l'exercice et la discipline des professions de défenseurs près les tribunaux et d'huissiers. » (*Monopole des défenseurs, conditions*, etc. [2].)

» 30 mars. Ordonnance de Louis-Philippe, « portant règlement sur l'exercice de la profession d'avocat devant la Cour des Pairs. » (*Désignation d'office*, etc.). 379, 380

1er septembre. Arrêté du gouverneur général, « qui détermine la durée des vacances des tribunaux dans les possessions françaises du nord de l'Afrique [3]. »

1836. 28 mai. Loi « relative à la poursuite et au jugement des contraventions, délits et crimes commis par des Français dans les échelles du Levant et de Barbarie. » (*Réplique*.)................................... 382

1837. 3 juillet. Arrêté du gouverneur général, « qui augmente la durée des vacances des tribunaux d'Afrique » [4].

» 13 juillet. Arrêté du gouverneur général, « qui règle l'exercice et la discipline des professions de défenseur et d'huissier près les tribunaux d'Afrique. » (*Monopole des défenseurs, chambre de discipline*, etc. [5].)

1838. 11 mai. Décision du Ministre de la justice. (*Nomination du bâtonnier*, etc.)........................... 383

1841. 28 février. Ordonnance du Roi, « sur l'organisation de la justice en Algérie. » (*Procédure des tribunaux de commerce français, discipline des défenseurs réglée par le Ministre de la guerre.*) .

---

1. Non cité dans l'ouvrage. — V. ***Bulletin officiel des actes du Gouvernement d'Algérie***, t. Ier, p. 35, no 10.

2. Non cité dans l'ouvrage. — V. ***Bulletin officiel des actes du Gouvernement d'Algérie***, t. Ier, p. 89, no 34.

3. Non cité dans l'ouvrage. — V. ***Bulletin officiel des actes du Gouvernement d'Algérie***, t. Ier, p. 208, no 99.

4. Non cité dans l'ouvrage. — V. ***Bulletin officiel des actes du Gouvernement d'Algérie***, t. Ier, p. 385, no 196.

5. Non cité dans l'ouvrage. — V. ***Bulletin officiel des actes du Gouvernement d'Algérie***, t. Ier, p. 391, no 200.

6. Non citée dans l'ouvrage. — V. ***Bulletin des lois***, IX, O, 802, no 9242. — Duvergier, t. XLI, p. 94.

Années | Pages

1841. 26 novembre. Arrêté ministériel, « qui règle l'exercice et la discipline de la profession de défenseur près les tribunaux d'Algérie. » (*Avocats inscrits en France peuvent plaider avec autorisation spéciale du Ministre de la guerre* [1].)

1842. 26 septembre. Ordonnance du Roi, « sur l'organisation de la justice en Algérie. » (*Discipline des défenseurs à régler par le Ministre de la guerre* [2].)

» 22 novembre. Arrêté ministériel, « portant règlement des attributions du procureur général et de la discipline de l'ordre judiciaire. » (*Pouvoir disciplinaire* [3].)

» 18 décembre. Arrêté ministériel, « portant règlement des attributions des commissaires civils. » (*Pas d'officier ministériel*, etc. [4].)

» 26 décembre. Ordonnance du Roi, « qui institue en Algérie des curateurs aux successions vacantes. » (*Curatelle obligatoire pour les défenseurs, défense d'y postuler, émolument* [5].)

1843. 16 avril. Ordonnance du Roi, « qui rend applicable à l'Algérie, sous les modifications y établies, le Code de procédure civile [6]. »

1845. 26 mars. Arrêté ministériel, « portant qu'à l'avenir les 18 défenseurs, actuellement en exercice à Alger, seront attachés : 10 au tribunal de première instance, et 8 au tribunal spécial de commerce [7]. »

1846. 7 février. Lettre du Ministre de la justice. (*Tribunal maritime, défense d'office.*) 385

---

1. Non cité dans l'ouvrage. — V. ***Bulletin officiel des actes du Gouvernement d'Algérie***, t. II, p. 381, n° 219.

2. Non citée dans l'ouvrage. — V. ***Bulletin des lois***, IX, O, 497, n° 10260. — Duvergier, t, XLII, p. 326.

3. Non cité dans l'ouvrage. — V. ***Bulletin officiel des actes du Gouvernement d'Algérie***, t. III, p. 175, n° 133.

4. Non cité dans l'ouvrage. — V. ***Bulletin officiel des actes du Gouvernement d'Algérie***, t. III, p. 220, n° 137.

5. Non citée dans l'ouvrage. — V. ***Bulletin des lois***, IX, O, 973, n° 10462. — Duvergier, t. XLIII, p. 14.

6. Non citée dans l'ouvrage. — V. ***Bulletin des lois***, IX, O, 998, n° 10618. — Duvergier, t. XLIII, p. 116.

7. Non cité dans l'ouvrage. — V. ***Bulletin officiel des actes du Gouvernement d'Algérie***, t. V, p. 102, n° 200.

1. Non cité dans l'ouvrage. — V. *Bulletin officiel des actes du Gouvernement d'Algérie*, t. VI, p. 307, n° 242.

2. Non cité dans l'ouvrage. — V. *Bulletin officiel des actes du Gouvernement d'Algérie*, t. VII, n° 272.

3. Non cité dans l'ouvrage. — V. *Bulletin des lois*, XI, 45, n° 406. — Duvergier, t. LIII, p. 132.

4. Non cité dans l'ouvrage. — V. *Bulletin des lois*, XI, *Bull.* CXLIV, 1143. — Duvergier, t. 54, p. 66.

Années

1854. 19 août. Décret impérial, « portant organisation de la justice en Algérie. » (*Application aux Cours d'assises de diverses dispositions des Codes français.*) [1].

9-30 août. Décret concernant l'organisation judiciaire au Sénégal. (*Conseils commissionnés près les tribunaux de la colonie; nomination par le gouverneur.*) [2].

» 16 août-15 septembre. Décret portant organisation du service judiciaire à la Guiane française [3].

» 16 août-15 septembre. Décret portant organisation du service judiciaire à la Martinique, à la Guadeloupe et à la Réunion [4].

1856. 17-23 juillet. Loi relative à l'arbitrage forcé [5].

1857. 9 juin-4 août. Code de justice militaire pour l'armée de terre. (*Nomination d'office, défenseurs*).

1858. 4-13 juin. Code de justice militaire pour l'armée de mer.

» 21 juin-8 juillet. Décret portant règlement d'administration publique pour l'application aux colonies du Code de justice militaire pour l'armée de mer [6].

1859. 2-19 mars. Décret qui déclare applicable en Algérie, avec certaines modifications de détail, la loi du 22 janvier 1851 sur l'assistance judiciaire, et relatif à la défense d'office au criminel [7].

1860. 16-24 décembre. Décret relatif à la prestation de serment des avocats exerçant dans les départements de la Savoie et de a Haute-Savoie [8].

---

1. Non cité dans l'ouvrage. — V. *Bulletin des lois*, XI, *Bull.* CCVIII, n° 1886; Duvergier, t. LIV, p. 453.
2. Non cité dans l'ouvrage. — V. *Bulletin des lois*, XI, *Bull.* CCXI, 1908; Duvergier, t. 54, p. 460.
3. Non cité dans l'ouvrage. — V. *Bulletin des lois*, XI, *Bull.* CCXV, 1939; Duvergier, t. 54, p. 473.
4. Non cité dans l'ouvrage. — V. *Bulletin des lois*, XI, *Bull.* CCXV, 1948; Duvergier, t. 54, p. 475.
5. Non cité dans l'ouvrage. — V. *Bulletin des lois*, XI, *Bull.* CDIV, 3837; Duvergier, t. 56, p. 352.
6. Non cité dans l'ouvrage. — V. *Bulletin des lois*, XI, *Bull.* DCXVI, 5703; Duvergier, t. 58, p. 434.
7. Non cité dans l'ouvrage. — V. *Bulletin des lois*, XI, *Bull.* DCLXXII, 6290; Duvergier, t. 59, p. 51.
8. Non cité dans l'ouvrage.— V. *Bull. des lois*, XII, *Bull.* DCCCLXXXV, 8529; Duvergier, t. 60, p. 612.

Années

1860. 24 octobre-16 novembre. Décret qui supprime les écoles universitaires de droit établies en Savoie et dans l'arrondissement de Nice [1].

» 1er-10 décembre. Décret qui déclare exécutoire dans les départements de la Savoie et de la Haute-Savoie et dans l'arrondissement de Nice les lois, ordonnances et décrets concernant l'organisation, la police et la discipline de l'ordre des avocats [2].

1861. 7-12 novembre. Décret qui institue le titre d'avoué honoraire dans les compagnies d'avoués près les cours impériales et les tribunaux de première instance [3].

---

1. Non cité dans l'ouvrage.—V. *Bulletin des lois*, XI, *Bull.* DCCCLVIII, 8375; Duvergier, t. 60, p. 556.

2. Non cité dans l'ouvrage.—V. *Bulletin des lois*, XI, *Bull.* DCCCLXXVI, 8448; Duvergier, t. 69, p. 592.

3. Non cité dans l'ouvrage.—V. *Bulletin des lois*, XI, *Bull.* DCDLXXV, 9638; Duvergier, t. 61, p. 533.

TABLE

ANALYTIQUE, ALPHABÉTIQUE & HISTORIQUE

DES MATIÈRES CONTENUES EN L'OUVRAGE

ET DES NOMS DE PERSONNES ET D'AUTEURS QUI Y SONT CITÉS.

NOTA. Les chiffres arabes renvoient aux pages. Les chiffres entre parenthèses indiquent les dates et n'ont pas de rapport avec la pagination.

Quelques lignes de biographie et de bibliographie précèdent la plupart des noms propres cités.

A

B

C

D

E

F

G

H

I

J

M

O

P

Q

R

S

T

U

V

W

Y

TABLE DES MATIÈRES

Nota. — Cette table n'est faite que pour le corps de l'ouvrage. — Les renvois aux *notes* se trouvent dans la *Table alphabétique*, qui s'applique du reste à l'ouvrage entier.

I

DEVOIRS, HONNEUR, AVANTAGES, JOUISSANCES DE LA PROFESSION D'AVOCAT

CHAPITRE PREMIER

But. — Bases. — Moyens.

CHAPITRE II

Honneur et avantages.

CHAPITRE III

Jouissances.

CHAPITRE IV

Devoirs.

CHAPITRE V

ÉLOGES DONNÉS A LA PROFESSION D'AVOCAT.

NOTICES NÉCROLOGIQUES

ÉLOGE DE PAILLET

II

LE STAGE

TRAVAUX DE LA CONFÉRENCE

NOTICES NÉCROLOGIQUES.

CHAPITRE PREMIER

Le travail.

CHAPITRE II

Première cause. — Préparation de l'avenir. — Récompenses.

CHAPITRE III

Les mœurs.

III

LA PLAIDOIRIE

LES MÉMOIRES ET LES CONSULTATIONS

LA PLAIDOIRIE

I

AFFAIRES CRIMINELLES.

CHAPITRE PREMIER

Petit criminel.

CHAPITRE II

Grand criminel.

II

AFFAIRES CIVILES.

CHAPITRE PREMIER

Préparation.

CHAPITRE II

Plaidoirie.

MÉMOIRES ET CONSULTATIONS

CHAPITRE PREMIER

Mémoires.

CHAPITRE II

Consultations.

Conclusion.

IV

LOIS ET RÈGLEMENTS

DEPUIS CHARLEMAGNE

§

TRAVAUX DE LA CONFÉRENCE

CHAPITRE II

DEPUIS LE 2 SEPTEMBRE 1790

I. De la Révolution à l'Empire.

II. De l'Empire à la Restauration.

V. De la Révolution de 1848 au 2 décembre 1851.

VI. Du 2 décembre 1851 au 22 mars 1852.

CONCLUSION.

V.

APPENDICE.

FIN DE LA TABLE DES MATIÈRES.

Paris. — Typ. Cosson et Comp., rue du Four-St-Germain, 43

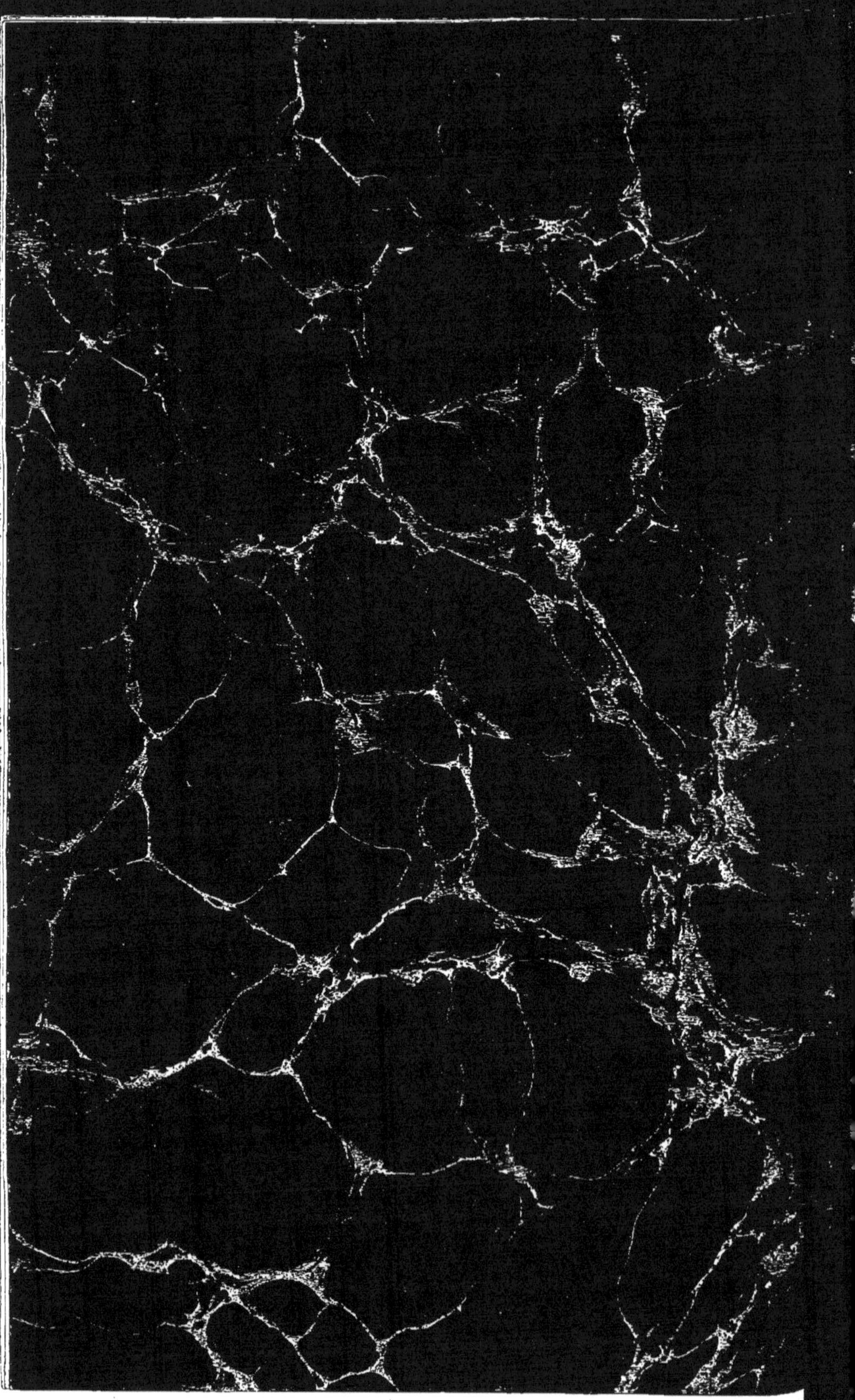

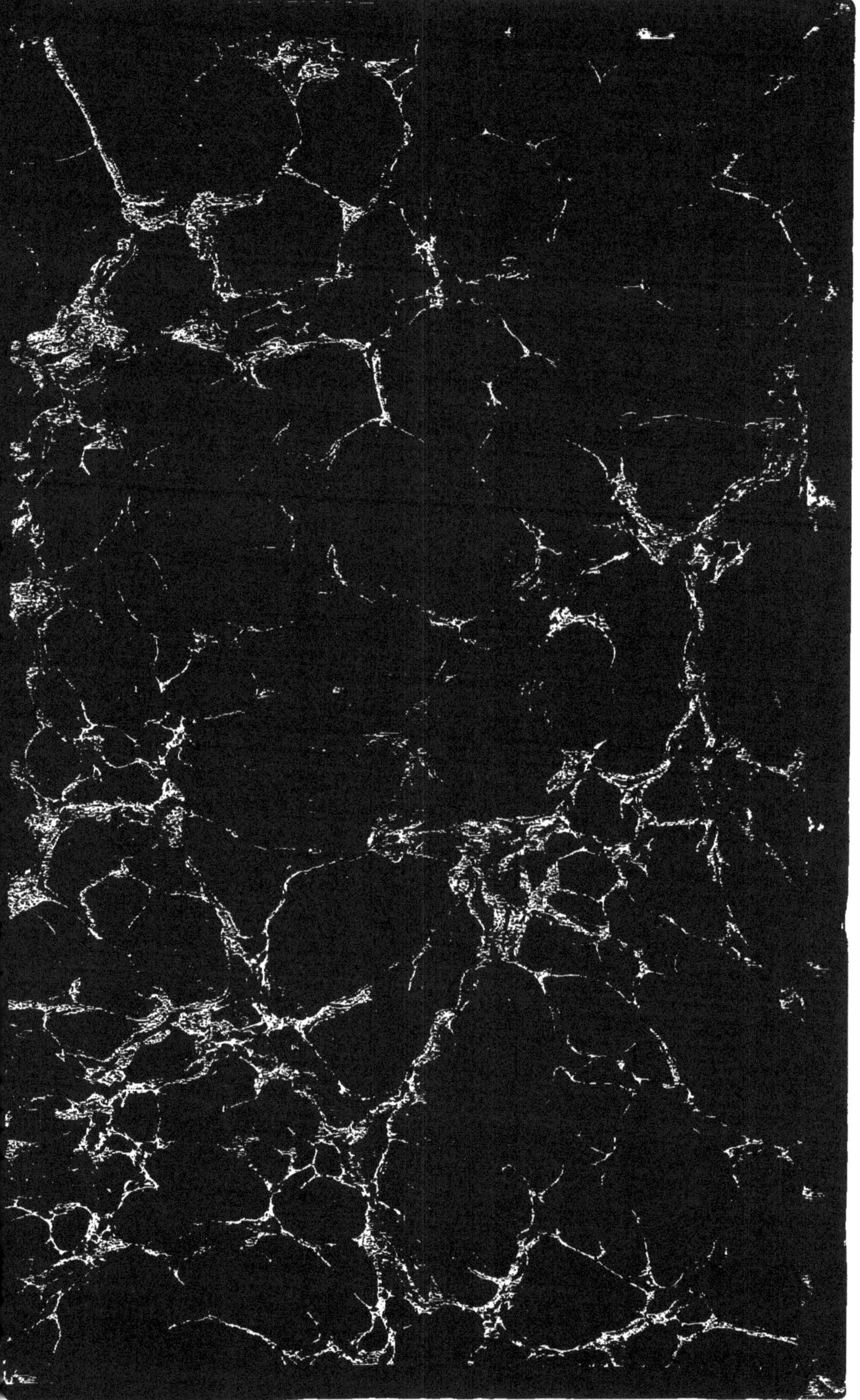

BIBLIOTHEQUE NATIONALE DE FRANCE
3 7531 03841187 3

www.ingramcontent.com/pod-product-compliance
Lightning Source LLC
Chambersburg PA
CBHW031728210326
41599CB00018B/2554
* 9 7 8 2 0 1 9 6 0 6 4 8 0 *